# 재활행정 및 정책

| 조영길 저 |

Rehabilitation Administration & Policy

학지사

## 머리말

　우리나라의 재활정책은 지난 10년간 역동적인 변화를 거듭하고 있다. 이동권 보장, 장애인 차별금지 법안이 채택되었고, 장애연금 도입, 활동지원제도 도입 등 지난 수십 년간 꿈꾸어 왔던 장애정책이 일시에 논의되고 제도화되었다. 그중에서도 지난 10년간 중증장애인의 자립생활과 직업재활에 대한 정책이 가장 많은 변화를 가져왔다. 자립생활은 양적 · 질적인 측면에서 많은 변화를 가져왔고, 직업재활정책은 장애인일자리 창출과 보호고용정책을 중심으로 인프라를 구축하여 왔다.

　전국에 보호작업장의 시설이 약 400여 개로 확충되었으며, 자립생활센터도 전국에 180여 개가 운영되고 있다. 기존의 장애인복지관은 이미 행정이나 프로그램이 정형화되어 안정적인 운영을 하고 있지만, 인적 인프라가 취약한 자립생활센터와 직업재활센터, 사회적 기업, 보호작업장, 사회서비스센터, 장애인단체, 비영리법인 등 최근 10년 사이에 확대된 재활 인프라에 정부의 보조금을 지원받는 기관이 보다 안정적이고 체계적으로 관리 · 운영되도록 하기 위해 재활행정을 집필하게 되었다.

　특히 전국에 11개의 직업재활을 전공하고 있는 대학생들이 재활행정 과목에 사회복지 행정을 배우고 있는 실정이므로 그들에게 도움을 주고자 선배들의 연구를 바탕으로 전공자의 진로 및 현장 학문에 접목한 재활행정과 정책을 정리하였다.

또한 재활기관에서 꼭 필요한 예산, 회계, 문서 관리 등 실용적인 학문을 쉽게 기술하여 보조금을 지원하는 기관과 마찰이나 행정 혹은 절차상의 오류로 문제가 발생하지 않도록 현장 종사자의 행정 입문서가 되도록 구성하였다.

　이 책을 집필하는 데 참여한 재활학과 이지안, 박민욱, 박진희 학생에게 감사한 마음을 전하고, 고신대학교 재활학과 동료 교수에게도 감사 인사를 올린다.

2014년 1월

# 차 례

# 재활행정의 접근

# 1. 재활행정의 개념

## 1) 서비스 전달체계

우리나라의 재활행정은 소득보장, 고용서비스, 사회서비스정책 등으로 추진되고 있다. 소득보장 제도는 국민기초생활보장과 기초장애연금, 장애수당 등으로 형성되고 있으며, 일자리서비스는 중증장애인에 대하여 보호고용과 지원고용, 복지일자리 제도가 추진되고 있다. 또한 사회서비스정책은 중증장애인에 대한 활동지원은 물론 각종 아동치료 바우처 제도로 자리 잡아 가고 있다. 고용서비스는 고용노동부, 보건복지부, 교육과학기술부에서 각기 다른 체계로 추진되고 있으며, 일자리서비스와 사회서비스는 보건복지부가 추진하고 있다.

그동안 우리나라의 재활행정은 국내 장애에 대한 문제점을 해소하기보다는 국제사회의 변화에 발맞추어 왔다. 재활 관련 국제 조직이 2012년 인천에서 각종 세미나와 회의를 개최하였다. 그동안 UN 소속기구를 중심으로 추진되어 온 '세계인권선언' '장애인권리선언' '세계장애인의 해' '아시아 · 태평양장애인행동계획', 2008년의 '유엔권리선언' 등은 국제사회와의 공동의 노력으로 낳은 결실이다. 2012년 '제3차 국가장애인복지발전계획'이 마감되었고 새롭게 '제4차 국가장애인발전계획'이 수립되고 있다. 보편적으로 정부조직에서 이루어지는 행정을 공공행정으로 지칭하지만 학교, 군대, 병원, 보건소, 기업뿐 아니라 비정부 조직에서도 행정은 다양하게 행해지고 있다.

재활행정은 보는 시각에 따라 공공행정의 유사성과 차별성을 갖게 된다. 신현욱(2009)은 일반 행정과 동일선상에서 보는 입장은 모든 조직들이 추구하고자 하는 목표, 구조, 기술, 서비스 대상의 차이가 있기는 하지만 조직의 고유 목표를 달성하기 위해 반복되는 행정 요소인 기획, 예산, 인력, 인사, 사업, 서비스, 평가 등 공공행정과 기능의 유사성을 강조하였다.

재활행정은 각 나라의 재활정책과 서비스 전달체계에 초점이 맞추어져 있으며, 그 나라의 경제수준과 밀접한 관련이 있다. 특히 세계적으로 노인 · 장애 인구의 증가, 생애 주기적 관점, 장애로 인한 경제적 손실과 예방, 직업재활을 통한 사회

통합, 국민의 인식과 가치관의 변화에 따른 다양한 원리가 적용되고 있다.

재활행정은 국가정책을 서비스 이용자에게 전달하는 서비스 전환과정으로, 정책을 구체적인 재활서비스로 전환시키고 그 경험을 다시 정책 수행에 반영하도록 제의하는 과정에 있다(황성철, 2003). 재활행정은 기술적 측면과 프로그램 측면에서 서비스로 전환시키는 과정을 재활행정의 주요 기능으로 볼 수 있으며 또한 조직을 구성하는 의사결정, 리더십, 프로그램의 개발, 평가 과정으로 볼 수 있다(SIU, 2008). 이는 관리자가 수행하는 특정한 과업과 기능을 강조하면서 서비스 과정으로 파악할 수 있게 한다. 재활행정의 주체는 관리자를 포함한 조직의 모든 구성원이며, 이들의 복잡 다양한 행정 및 관리 과정의 참여는 전체 조직의 목표달성에 영향을 주고 있다.

재활행정은 전문가들의 직무수행에 의존한다. 재활조직의 핵심 구성원인 재활전문가들은 서비스 이용자의 욕구에 따라 전문성과 자율성을 가지고 서비스를 제공한다. 재활전문가의 우수한 서비스는 이용자의 삶의 질을 향상시키는 동시에 조직의 성공적 발전을 가능하게 한다.

재활행정은 정책을 집행하기 위해 다양한 프로그램을 계획하고 서비스를 산출하는 과정으로 볼 수 있다. 이런 과정에서 핵심적 위치를 차지하는 것이 재활서비스조직이다. 재활서비스조직은 행정기관, 지역사회재활시설 또는 민간자원 등으로 구성된다.

재활행정은 조직구성원의 역동적인 활동을 의미한다. 행정은 관리자만이 수행하는 것이 아니라 일선 재활전문가와 중간관리자에 의해서도 집행된다. 또한 관리자의 리더십은 조직구성원을 위해 수용될 때 비로소 효과적으로 발휘될 수 있기 때문에 모든 구성원의 역동적 협력과정으로 볼 수 있다. 재활행정은 특정한 조직의 목표를 달성하기 위해 자원과 프로그램을 관리하는 일련의 과정으로 볼 수 있다.

재활서비스는 무형의 즉시성과 소멸성을 갖고 있으며, 비축이 불가능하고 일반 행정의 원칙이 그대로 적용되기 어렵다. 재활상담의 경우 소비자가 요청할 때 즉각적으로 제공되기 때문에 물품과 같이 항상 사용될 수 있는 재고품으로 보관할 수 없는 성격을 지닌다. 재활서비스의 경우 불특정 다수의 다양한 장애유형과 욕구를 가진 이들을 대상으로 하기 때문에 일반 사무행정과 같은 포괄적 접근방식은 한계를 가질 수밖에 없다.

재활행정은 종사자의 상당한 재량권을 갖고 행해진다. 직업재활상담의 경우 평가와 상담, 프로그램, 직업배치 및 사례관리 등의 업무를 전문가의 능력에 의존하게 되며, 서비스도 전적으로 전문가에 의해 수행된다. 따라서 일반 공공행정과 차별성을 강조하는 입장에서는 재활조직의 목적, 가치, 활동 등 조직의 특성을 고려한다면 공공조직의 명령 전달 형식의 조직과는 관리방법이 차별화될 수 있다.

재활행정조직의 인력구성은 다양한 전문가로 형성되며, 서비스 이용자의 문제를 해결하기 위해 팀을 구성하여 종합적으로 문제 해결을 접근하게 된다. 따라서 이용자의 문제에 따라 전문가의 진단과 처방이 각기 다르기 때문에 전문가 중심의 팀접근방식은 조직적이고 수평적인 조직구조를 형성하여 사례관리를 중심으로 문제를 해결한다.

재활행정조직은 장애의 다양성과 복잡성 그리고 임상적 접근이 동시에 고려되어야 한다. 서비스 제공자의 전문성은 임의로 통제 운영하는 시스템이 아니기 때문에 이용자의 대변자 혹은 안내자로 장애인에 대한 권익옹호(advocacy)를 강조한다(황성철, 2003). 재활행정은 다음과 같이 공공행정과 구별되는 특별한 요소를 지닌다.

- 재활행정은 이용자의 문제해결에 중심을 둔다. 재활조직에 당면한 인력, 재정, 프로그램 및 서비스 전달상의 문제를 규명하고, 그 대안을 모색하여 실행 · 평가하는 일반적인 행정체계를 가지고 있으나 재활행정은 조직의 관리보다 이용자 서비스에 우선한다.
- 재활행정은 인적 · 물적 자원을 조직화한다. 공공행정은 최적의 서비스 또는 양질의 상품을 생산하도록 인적 · 물적 자원을 조직화하고 조정하는 데 관심을 두지만, 재활조직은 효율성보다 효과성에 초점을 둔 서비스를 산출하여 목표관리 중심의 인력배치와 프로그램 수행에 필요한 조직관리 기능을 가진다.
- 재활행정은 국가정책 전달과정이다. 재활조직은 사회적 편익증대와 필요성에 의해 설립되고 유지된다. 따라서 정부가 공공재원을 투입하고 재활기관의 운영이나 프로그램에 높은 의지를 보이는 것은 재활행정이 민간조직의 대부

분을 운영하고 있지만 정부 측면에서는 공적서비스를 수행하기 때문이다.

## 2) 재활행정의 특성

재활행정은 사회적으로 책임성, 공익성, 전문성, 기술성, 안정성, 활동성, 관계성, 복지성, 효과성을 가지고 있다. 재활행정의 사회적 책임성(accountability)은 재활기관이 수행해야 하는 사업에 대한 정당성과 필요성을 제시할 수 있는 능력을 의미한다. 재활사업은 그 자체가 목적이 아닌 사회적으로 공인된 목표를 달성하는 수단으로 여겨진다. 모든 재활기관에서 수행하는 사업이 합의된 사회적 목표를 달성하는 데 이바지할 수 있다는 사례를 보여 주어야 한다.

우리나라 지원 사업 중 시설에 투자되는 비용이 많은 비중을 차지하고 있다. 재활기관이 수행하는 사업에 투입된 예산은 대부분 공적예산으로 사회에 투자된 자원이 얼마나 공헌되고 있는가를 객관적으로 증빙해야 된다는 압력을 받고 있다. 이러한 대외적 압력은 재활조직의 평가라는 형태로 사회적 책임성을 확인하고 있다.

재활행정은 공익성을 지니고 있다. 공익성이란 국가사회 전체적 성격 내지 국민 전체적 성격을 의미한다. 따라서 국가 또는 전체적 통합의 의미에서 수행되는 활동을 공익성이라고 할 수 있다. 재활은 사회적이고 공공의 목적 때문에 사회적인 책임으로 전개되는데, 이와는 달리 사회에는 욕구에 대응하는 갖가지 내용의 자유로운 개인적인 사업도 많이 볼 수 있다. 그러나 이들 사업이 비록 욕구에 대응하는 사업이라 해도 개인적인 욕망이나 이익추구를 목적으로 하는 경우에는 사회적인 사업이나 사회적 서비스라고 할 수 없다. 이에 대해 재활은 사회적 목적에 의해 규정된 활동으로 사회적인 자금, 즉 공적기금이나 지역사회의 후원금에 의해 충당되는 것이다.

Kahn은 분업화된 재활기관이 전문성을 추구한 나머지 그 기관의 기능을 좁게 한정하는 폐쇄적인 경향을 지적하였다. 그러나 재활기관이 개방성을 갖지 않고서는 지역사회의 기금이나 자금을 받을 자격도 사라진다. 지역에 재활시설이나 기관이 설치되고 사회적으로 규정되어지는 것은 이윤 추구나 그 자체의 관심이나 발전을 주목적으로 하는 것이 아니다.

기술성은 목표를 달성하기 위하여 특별한 기술이 요청된다. 사무처리 과정이나 정책결정과 서비스 집행과정에서뿐만 아니라 조직이나 사람을 관리하는 과정에서도 고도의 전문적 기술이 요청된다.

안전성은 국민의 요구와 국가적 이익을 추구하는 과정으로 안정성과 지속성을 요구한다. 무질서와 혼란 등으로 행정의 계속성이 무너지고 안정성을 갖지 못할 때 서비스 이용자의 요구에 적절히 대응하기 어렵고 국가적 손실을 가져올 수 있다.

활동성은 조직을 기본으로 하는 활동이다. 앞서 언급한 '사회적 책임과 주관성'에서 생겨나는 필연적인 한 측면이다. 장애인이나 걸인을 보고 불쌍한 마음에서 금품을 준 행위는 귀한 행위이기는 하나 어디까지나 자선행위이지 근대적인 재활사업으로는 볼 수 없다. 왜냐하면 근대적인 자선행위는 걸인의 형편이나 처지보다는 기부하는 사람의 의지에 초점이 있고, 받는 사람의 형평성이나 처지에 좌우되지 않기 때문에 항상성이나 일관성이 없는 행위로 문제 해결의 초점이 될 수 없다.

관계성은 소비자가 욕구에 직접 관계함으로써 이용자 개인에게 직접 관계되는 것이어야 한다. 수많은 인간 활동은 사회적 목적을 가지며, 또 넓은 의미에서는 인간의 복지문제와 어떤 관련성을 갖는 것으로 볼 수 있다. 재활은 장애인의 인권과 복지를 우선시하며 그것을 직접목적으로 한다. 산업의 발전도 사회적 목적이라 할 수 있다. 재활의 특성은 장애인의 사회통합과 자립에 그 목적을 두게 된다.

영국의 Marsh는 '사회복지는 개인의 복지를 유지하고 향상시키는 그 자체를 위하여 사회에 의해 마련된 것'이라고 말하고 있다. 따라서 목적은 다른 데 있고, 그것에 부수적인 결과로서 발생되는 것은 '재활'이라 할 수 없다. 즉, 재활은 장애인의 복지성을 제일의 목적으로 사람에게 보다 직접적으로 작용하는 사회적·조직적 정책인 것이다. 따라서 재활행정은 장애인의 자립을 최우선한다는 특성이 강조된다.

재활행정은 공적자원과 민간자원을 동시에 투입하기 때문에 목표달성의 정도를 수시로 점검해야 한다. 보통 목표 달성 정도를 효과성이라 하며, 효과성은 서비스 과정보다는 자원의 투입과 산출결과에 따른 결과 중심의 문제해결에 관심을 갖는다. 효과성은 능률성과 유사한 점이 있다. 능률성이란 투입에 대한 산출비율로, 산출과 효과성에 있어서 목표달성의 결과로서의 산출 측면은 동일하다. 그러나 효과성이 결과로서의 목표성취를 강조한다는 점에서 능률성과는 구별된다.

또한 효과성이 목표 달성도를 의미한다면 능률성은 목표 성취에 들어가는 비용과의 관계를 비교한다. 즉, 효과성이 자원이나 비용과 같은 조건을 고려하지 않고 목표달성 결과만을 고려한다면 능률성은 비용의 문제가 개입된다. 이와 같이 효과성은 목표달성의 정도라는 결과를 중시하나 능률성은 투입이라는 과정 내지 수단을 강조한다. 때로는 능률성과 효과성을 합쳐 효율성이라는 용어를 사용하기도 한다. 따라서 우리나라 재활기관 평가에 있어 효과성에 관한 부분은 관심 밖의 일로 여겨져 왔으나 최근 재활기관의 정부예산 증가와 민간재단의 관심증대로 인한 책임성이 증대되고 있으며, 고객서비스 차원에서 품질관리의 요구로 인해 재활행정의 효과성이 더욱 강조되고 있다.

## 2. 재활행정 체계

### 1) 생애 주기 서비스개발

모든 개인은 출생에서 사망으로 끝나며, 이 양자의 시간적 간격을 생애기간(life span)이라고 한다. 생애 주기(life cycle)란 '유기체가 그 최초의 단계에서 다음의 세대와 같은 단계의 재현에 이르기까지 나타나는 일련의 발달상의 모든 변화'라고 정의한다. 즉, 생애 주기란 개인의 출생에서 사망까지의 전 과정을 의미하는데 그 과정에는 개인이 공통으로 반복하는 발달상의 모든 변화 패턴이 내재되어 있다.

이는 입학, 진학, 취직, 결혼, 직업전환, 은퇴 등의 일정한 지표에 의해 표시될 수 있다. 이러한 지표 설치방법은 개인이 생활하고 있는 문화에 따라 다르겠지만 지표가 설치되어 있는 순서는 공통적으로 연령과 관련된다. 개인의 출생에서 사망까지 직접적 또는 간접적으로 경험되는 모든 변화는 나이를 먹는 일정한 발달 순서로 진행되고, 모든 사람의 일생에 있어 반복되면서 다음 세대와 접속된다.

생애 주기에 대한 관심은 모든 세대 혹은 개인의 전 생애에 영향을 미치는 사회적 이슈와 과제에 대해 고찰할 수 있는 기회를 제공한다. 장애에 대한 생애 주기적 관점은 자연스러운 것이며 중요한 것임에도 불구하고 그동안 소홀히 다루어 왔다. 이러한 현상이 발생되고 있는 이유는 '장애인의 자연스러운 성장과 발달 가능성에 대한 부정'에 근거를 두고 있기 때문이다.

그동안 장애인은 일방적으로 어떤 도움을 받아야 하는 위치에 있는 동질적인 인구집단이라는 정도로 인식되어 왔다. 이러한 인식이 장애인에 있어 장애라는 불편함에도 불구하고 자기 과업의 완성을 위하여 끊임없이 도전하는 개별성을 가진 개인이라는 관점을 가지지 못하도록 하였다. 장애인이 일반적인 사회에서 일반인과 더불어 살아갈 수 있도록 하는 서비스 이념인 '사회통합'은 일반적인 사람들과 똑같이 장애인의 경우에도 생애 주기와 발달 과업에 대하여 집중적인 관심을 기울일 것을 강조한다(김용득, 1999).

생애 주기는 단순히 개인의 문제가 아니라 문화와 정책의 형태로 사회에 깊이 내재되고 조직화되어 있다. 생애 주기적 관점은 사회제도를 변화시키고, 문화적 편견과 오류를 시정하고자 하는 집합적 노력의 근거를 제공한다. 예를 들어, 생애 과정에서 접하게 되는 교육, 노동, 복지 등을 관리하는 방식에 있어 적합한 모형을 제시하고 사회제도의 개혁과 문화적 과정의 변화를 모색할 수 있다.

최근 장애인복지의 방향에 대한 논의는 '개인과 상황에 대한 균형적인 접근'으로 요약된다. 이는 개인이 가지고 있는 능력의 손상 또는 제약에 관심을 집중시켜 온 과거의 방식에서 탈피하여 개인이 처한 상황에 대한 적응 및 대처의 과정에서 발생하는 사회적 관계에 관심을 기울여야 한다는 점을 강조한다. 또한 재활의 핵심인 '상황 속의 개인(person-in-situation)'과도 맥을 같이 한다. 따라서 생애 주기적 관점은 장애를 사회적 관점에서 이해하는 데 중요한 근거를 제공한다.

장애로 인해 발생하는 사회적 박탈은 개인이 속한 연령집단에 따라 상이하게 나타난다. 즉, 특정 연령단계에서의 과업수행에 문제가 생기는 상황이 곧 장애를 유발하는 상황이라고 볼 수 있다(Priestley, 2003). 예를 들어, 학령기에 있는 장애학생의 경우 학습과제의 수행이 가장 중요한 과업이 되며, 이 연령단계에 있는 장애인에 대한 사회적 대처는 학습 과업을 잘 수행할 수 있도록 하는 것이다.

장애청소년의 경우 동료관계 형성, 이성관계 탐색, 미래에 대한 준비 등이 가장 중요한 과업이 될 수 있다. 이 연령단계에 있는 장애인에 대한 사회적 대처는 아동기에서 성인기로 넘어가는 전환과정의 이슈를 잘 처리할 수 있도록 돕는 것이다(Anderson & Clark, 1982). 이처럼 장애를 가지고 있는 사람들의 과업은 일반적인 생애 주기에 따라 큰 차이를 보이고 있으며, 따라서 재활정책의 수립, 서비스의 제공, 각종 지표의 제시 등에서 생애 주기 및 생애과업을 구체적으로 다룰 필요가 있다(김용득, 1999).

Lewis(1991)의 연구에 따르면 지역사회 차원에서 제공되는 서비스는 직접서비스와 간접서비스 그리고 지역사회서비스와 클라이언트 서비스라는 분류의 조합형태를 제시하였다.

- 클라이언트에 대한 직접적 서비스는 클라이언트에 대한 상담이나 아웃리치 서비스가 대표적인 예라고 할 수 있다.
- 클라이언트에 대한 간접적 서비스는 특정 개인이나 집단의 문제에 관련된 소규모 환경을 변화시키기 위한 활동으로서 클라이언트 권익옹호나 자문활동이 그 대표적인 예라고 할 수 있다.
- 직접적 지역사회서비스는 지역사회 전체구성원과 직접 접촉하는 서비스로서, 다양한 이슈에 대한 예방교육을 들 수 있다.
- 간접적 지역사회서비스는 지역사회의 환경과 정책이 서비스를 필요로 하는 사람들에게 보다 우호적으로 변화할 수 있도록 하는 활동으로 공공정책에 영향을 미치는 활동이다.

복지서비스는 아동, 청소년, 노인의 경우 일시적이고 제한적이지만 장애인의 경우 전생애에 걸쳐 복지서비스를 지원받아야 된다. 생애 주기별 서비스 모델은 장애인재활과 관련하여 몇 가지 의의가 있다.

- 재활서비스를 삶의 전 과정이라는 거시적 관점에서 계획하고 실시함으로써 재활서비스의 종적인 연결이 이루어질 수 있다. 우리의 삶은 단절적인 것이 아니라 연속적인 것임에도 불구하고 재활서비스를 제공하는 기관의 행정가와 직원의 안목은 생애의 어느 한 시기에 단절되는 경우가 많다. 따라서 그 단절을 접고 연속적인 서비스 전달체계의 모색이 필요하다.
- 이 모델에서는 생애 주기별 발달특성을 고려한 서비스를 시도하고 있다. 아

동기, 청소년기, 성인기, 노년기는 인간발달 측면에서 갖는 특성이 있고, 공통적으로 필요한 재활서비스가 있을 수 있는데, 생애 주기별 분석을 토대로 서비스를 제공함으로써 재활서비스의 적절성을 높일 수 있다.

• 이 모델에서는 재활서비스를 제공함에 있어서 수요자들의 요구와 필요를 보다 적극적으로 반영할 수 있다. 서비스를 계획하기 이전에 수요자의 욕구를 조사하고 분석함으로써 기관이 편의에 의한 서비스가 아니라 수요자의 욕구에 기초한 서비스를 제공할 수 있다.

그러나 이와 같은 생애 주기별 서비스모델이 갖는 여러 가지 장점에도 불구하고 우리가 유의해야 할 점이 있다. 생애 주기별 서비스모델을 보다 정착시키기 위해서는 다음과 같은 유의점을 검토해야 한다.

• 기존의 서비스를 제공하는 궁극적인 목적에 대하여 생애 주기별로 주어지는 서비스의 목표는 한 개인의 전체적인 삶과 연계되고 일관성을 가질 수 있어야 한다.
• 한 생애 주기에서 다음 생애 주기로 이동하기 전에 서비스의 연계가 원활하게 이루어질 수 있도록 연계체계의 마련이 필요하다.
• 생애 주기별 서비스를 제공함에 있어서 장애인이 보다 많은 선택권을 가질 수 있고, 선택되어진 서비스가 그들의 자립능력과 생존에 적극적으로 기여하는 방향으로 구성되어야 한다. 기관의 서비스가 생애 주기별로 제공하는 것과 서비스를 통하여 장애인 스스로의 역량강화나 권익옹호를 도모할 수 있는 것과는 별개라고 할 수 있다. 따라서 생애 주기별로 주어지는 서비스가 장애인의 자조능력 신장과 자기역할 수행에 기여할 수 있도록 해야 한다.
• 생애 주기별 서비스는 각 주기별로 가장 자연스러운 환경에서 일차적으로 관련되는 사람들과 함께 실시될 수 있어야 한다. 예를 들면, 아동기에는 가정이나 가족의 역할이 중요하므로 아동기의 서비스는 가정이라는 환경을 보다 적극적으로 활용하고, 가족을 중요한 파트너로 인정하여 서비스를 제공하는 것이 보다 자연스러울 것이다. 그리고 청소년기에는 학교와 지역사회, 성인기에는 사업체와 지역사회, 노년기에는 지역사회와 가정이 서비스 제공

환경으로 고려되어야 한다(박희찬, 오길승, 2000).

## 2) 재활조직 체계

재활조직은 「장애인복지법」을 근간으로 하고 있다. 장애인복지시설의 종류는
장애인생활시설, 장애인지역재활시설, 장애인직업재활시설, 장애인유료복지시설
로 구분하고 있다.

'장애인생활시설'은 장애인에 대한 주거 및 요양서비스를 제공하는 시설로 장
애유형별생활시설, 중증장애인요양시설, 장애영유아생활시설이 있다. '장애인지
역재활시설'은 장애인을 대상으로 재가서비스, 치료 · 교육서비스, 문화 · 여가 서
비스 등의 다양한 사회서비스를 직 · 간접적으로 제공하는 것을 목적으로 하며,
시설에는 장애인복지관, 장애인의료재활시설, 주간보호시설, 단기보호시설, 장애
인공동생활가정, 장애인체육시설, 장애인수련시설, 장애인심부름센터, 수화통역
센터, 점자도서관, 점서 및 녹음서 출판시설 등이 있다. '장애인유료복지시설'은
장애인생활시설로서 장애인에게 필요한 치료, 상담, 훈련 등 편의를 제공하고, 이
에 소용되는 일체의 비용을 입소자로부터 수납하여 운영하는 시설이다.

재활조직은 보건복지부, 고용노동부, 교육과학기술부, 문화관광부가 지정하는
대표적인 조직 형태다. 보건복지부는 우리나라 장애인복지정책을 총괄하는 부처
로서 장애인정책국을 두고 있으며, 장애인정책과, 장애인권익증진과, 재활지원
과, 장애인소득보장과로 편성되어 있다. 교육과학기술부는 장애인교육과 관련된
업무를 총괄하는 부처로서 '교육복지지원국' 산하에 '특수교육지원과'가 있다. 고
용노동부는 장애인고용과 관련된 업무를 총괄하는 부처로서 고용정책실 안에 '고
용평등정책관'이 있으며, '고용평등정책관'에는 '장애인고용과'가 있어 장애인고
용지원 업무를 전담하고 있다. 이와는 별개로 지방행정기관은 독립적인 지방행
정조직을 갖추지 못하고 있어 '행정안전부' 소속의 지방행정조직인 시 · 도 혹은
시 · 군 · 구 또는 읍 · 면 · 동을 통하여 장애인복지 시책을 전달하고 있다. 지방행
정조직은 중앙부처의 정책을 기초로 자체적인 프로그램 개발을 통해 장애인복지
서비스를 제공하고 있는데, 서울특별시, 광역시, 도에는 복지건강국 등이 설치되
어 있고, 그 안에 재활과  혹은 장애인복지과 또는 사회복지과에서 장애 관련 업

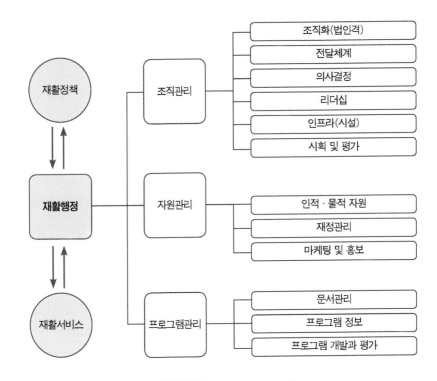

**그림 1-1** **재활행정의 구성**

무를 전담하고 있다.

지역복지 욕구에 따른 서비스의 질을 제고하기 위해, 2005년 중앙정부는 장애인시설에 대한 관리와 책임을 지방으로 이양하고자 하였다. 그러나 지방이양정책은 중앙이 재활정책을 포기하고 지방에 재정 부담을 지워 재활조직의 발전을 저해하는 결과를 초래하였다.

## 3) 직업재활서비스조직

우리나라 직업재활서비스는 이원화 체계로 운영되고 있는데, 직업재활조직은 보건복지부, 고용노동부, 교육과학기술부가 직 · 간접적으로 관여하고 있다. 보건복지부는 직업재활시설을 관장하고, 고용노동부는 고용과 직업재활 훈련을 전담하고 있다. 일선 전달체계로서는 고용노동부는 '한국장애인고용공단'을 통해 장애인고용 및 직업훈련 업무를 지원하고 있다.

장애인직업재활은 보건복지부가 「보호작업장」과 「근로작업장」 시설운영을 관리하고 있으며, 효과적 관리를 위해 '한국장애인개발원'이 그 업무를 전담하고 있다. 뿐만 아니라 보건복지부 소관의 장애인종합복지관, 직업재활시설, 장애인단체 등에서 직업재활서비스의 실제 업무를 수행하고 있다.

정부는 2000년부터 '직업재활센터'를 설치하여 장애인복지기관 및 시설 등에서 직업교육, 직업훈련, 취업지도 등의 서비스를 담당하고 있다. 장애인을 위한 직업재활서비스는 「장애인고용촉진 및 직업재활법」의 개정으로 인하여 장애인복지관, 직업재활시설, 장애인단체 등에서 직업재활 기금의 2/9를 재원으로 각종 직업재활 사업을 수행해 왔다. 그러나 2008년부터는 '한국장애인개발원'이 직업재활 사업을 기금사업에서 일반회계로 전환하고 보건복지부에서 일원화시켜 관리하고 있다. 보건복지부의 직업재활사업은 '직업재활센터'와 '직업평가센터'로 전국에 설치되어 직업상담, 직업평가, 직업훈련, 지원고용, 취업알선 등의 사업을 수행하고 있다.

교육과학기술부는 특수학교와 고등교육 지원을 위해 노력하고 있으며, 중증장애인 전환교육 체계를 마련하고 있다. '국립특수교육원'과 특수학교에서 사회로의 원활한 이동을 촉진시켜 줄 수 있는 2년 과정의 전공과와 고등부 직업교과 과정을 통해 직업재활사업을 일부 담당하고 있다.

우리나라 직업재활서비스 전달체계의 문제점은 다음과 같다.

- 장애인직업재활서비스 관련 업무가 기능별로 분담되어 있기 때문에 각 부처의 직업재활 업무가 현실적인 통합·조정기능 없이 각자 독자적으로 시행되고 있다.
- 직업재활서비스가 중앙집권적 특성을 지니고 있어 지역사회의 실정과 욕구에 맞는 사업실행에 한계가 있다.
- 직업재활서비스는 영역별 일선 담당기관들이 다원화되어 있는데, 지역사회에서는 직업재활서비스를 통합·조정하는 기구나 기능이 없기 때문에 각자 독립적으로 서비스를 수행함으로써 서비스의 중복, 이용자 누락, 자원 낭비, 서비스 불균형 등을 초래하며 서비스의 이용률이 저조하게 나타나고 있다.

### (1) 고용노동부

고용노동부에서는 장애인 고용을 목표로 '한국장애인고용공단'이 기술훈련과 취업을 지원하고 있다. 국가 및 지방자치단체, 사업주로 하여금 근로자 수의 일정비율 이상 장애인을 고용하도록 부과하는 '장애인고용의무제도'를 실시하고 있다. 의무고용 적용을 받는 사업체는 현재 월 평균 상시근로자 수가 50인 이상인 사업체 또는 건설업체는 노동부장관이 고시하는 일정 공사금액 이상인 사업체를 말하며, 「장애인고용촉진 및 직업재활법」 제27조에 따라 의무고용률 2%에 미달

**표 1-1** 우리나라 직업재활사업 수행기관 유형

| 행정부처 | 사업수행 기관 | 기능 |
|---|---|---|
| 보건복지부 | 근로작업장 | 일반고용이 어려운 장애인에게 능력과 적성에 맞는 직업생활을 통해 인간다운 생활을 할 수 있도록 취업기회 제공 |
| | 보호작업장 | 중증장애인에게 직업적응훈련을 실시하고 일거리를 제공해 전인격적인 발달을 도모하는 한편 일정기간 동안 안정된 직장생활을 영위 |
| | 직업재활센터 | 종합적이고 전반적인 서비스를 제공해 장애인들이 지역사회의 구성원으로 활동할 수 있도록 필요한 기술지원과 서비스 제공 |
| | 직업능력평가센터 | 전문적인 직업평가서비스를 제공해 직업에 대한 통찰력을 향상시키고 개인별 능력과 특성을 고려해 적합한 직종을 개발하고 직업재활서비스 방향 결정 |
| 보건복지부 | 장애인복지단체 | 능력과 적성에 맞는 직업을 알선하고 고용유지를 지원하는 직업상담, 직종개발, 취업알선, 취업 후 적응지도 서비스 제공 |
| 고용노동부 | 장애인능력개발원 | 장애인에게 특정한 공과 기술을 훈련하여 능력과 적성에 적합한 사업체에 고용이 가능할 수 있도록 하고, 취업알선을 통해 직업적 경제적 자립도모 |
| | 한국장애인고용공단 | • 직업상담, 직업적성검사, 직업평가 등 직업지도<br>• 직업적응훈련, 능력개발훈련 등 취업알선, 취업 후 적응지도<br>• 장애인 고용사업주에 대한 지원<br>• 직업안정자금 및 창업자금융자<br>• 장애인의 직업적응훈련시설, 직업능력개발훈련시설 및 장애인표준사업장 운영<br>• 장애인고용부담금 적용, 징수업무 |

되는 장애인을 고용하는 사업주는 대통령령이 정하는 바에 의하여 매년 노동부장
관에게 장애인 고용 부담금을 납부하도록 하고 있다.

### (2) 보건복지부

「장애인복지법」에서는 직업재활에 대한 조항을 포함하고 있다. 특히 직업재활
시설은 「장애인복지법 시행규칙」에서 상세히 명시하고 있으며, 매년 장애인복지
사업안내를 통하여 직업재활 사업의 방향을 제시하고 있다. 국가와 지방자치단체
는 「장애인복지법」 제19조에 의거 장애인이 자신의 적성과 능력에 따라 적절한
직업에 종사할 수 있도록 하기 위하여 직업지도, 직업평가, 직업적응훈련, 직업훈
련, 취업알선, 고용 및 취업 후 지도 등 필요한 시책을 강구하도록 하고 있다.

직업재활훈련이 원활히 추진될 수 있도록 장애인 적합직종 및 재활사업에 관한
조사·연구를 촉진하도록 규정하고 있고, 직업재활을 실시하는 기관으로는 보호
작업장과 근로사업장으로 구분하고 있다.

직업재활서비스는 [그림 1-2]의 직업재활 과정을 제시한 것이다. 직업재활 과
정에 대한 의뢰와 접수가 이루어지면 초기면접이 실시된다. 초기면접을 통하여
직업재활서비스의 대상으로 적격한지를 결정하는 적격성 판단이 이루어지게 되
며, 적격성 판단을 위하여 추가적인 평가가 실시되기도 한다. 이러한 직업평가를
바탕으로 재활계획을 수립하게 되며, 재활계획에서 직업재활서비스의 방향이 설
정된다. 재활계획에 따라 서비스 전달이 이루어지게 되고, 직업재활은 종결하게
된다.

직업평가는 장애인에게 적합한 평가를 계획하고 의료평가, 심리평가, 직업표본
평가, 상황평가, 현장평가 등을 실시하여 평가보고서를 작성하며 평가결과에 따
라 각종 작업내용과 현장에 관한 정보를 제공하는 서비스다. 직업평가와 직업상
담 결과를 중심으로 직업재활계획을 수립하고, 그 계획에 따라 보호고용, 작업활
동, 지원고용, 직업적응훈련, 직업훈련, 직종개발 취업알선, 취업 후 적응지도 등
전문적인 서비스가 제공된다. 이러한 서비스는 상호 밀접하게 연관되며, 장애인
의 욕구를 심층적으로 조사하게 된다.

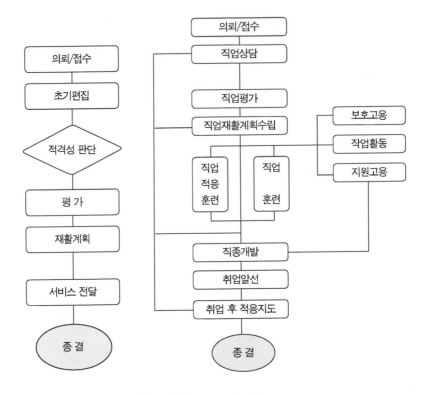

**그림 1-2** 직업재활 과정도

## 3. 재활정책과 과제

### 1) 재활정책

재활정책이란 장애인에게 당면한 문제를 해결하기 위한 정부의 실제적이고 의
도적인 활동을 의미하며, 이러한 정책은 여러 형태로 구체화되어 나타나게 된다.
이러한 정책의 결정과정은 정책의 재형성단계로써 '문제가 어떻게 정책결정자의
관심을 끌 것인가' 정책대안 수립단계로써 '특정문제를 해결하기 위한 정책들이
어떻게 공식화되는가' 그리고 정책채택단계로써 '경쟁관계에 있는 많은 대안 가
운데 어떻게 특정 대안이 채택되어야 하는가'를 볼 수 있다(Anderson, 1979).

우리나라는 모두 3차에 걸쳐 '국가장애인복지발전5개년계획'을 추진하여 왔다.

그러나 그동안 여러 성과에도 불구하고 다양한 복지욕구를 충분히 반영하지 못하였다. 제도의 양적 확대에만 치우쳐 장애인의 복지욕구에 대한 체감 온도는 크게 개선되지 못하고 있다. 이러한 근본적 원인은 '국가장애인복지발전계획'이 비전과 목표를 세우고 이를 달성하기 위하여 세부과제를 수립하는 방식으로 진행되어 전체 목표와 세부과제의 연관성을 명확하게 연결하지 못하였으며, 정책우선 순위에 따라 예산 부족으로 늘 당초 목표의 달성여부를 평가하는 수준에 머물렀기 때문이다.

'국가장애인복지발전계획'에서와 마찬가지로 향후 장애인복지 서비스의 질이 얼마나 향상될 것인지에 대한 구체적인 목표와 그것을 총체적으로 평가할 수 있는 체계는 지금까지 결여되어 왔다. 장애인복지발전계획의 결함은 정책목표와 세부과제가 구체적으로 상호 유기적으로 연결되어 있지 않았기 때문에 발생하는 문제로, 단순히 정부 부처가 해당 정책을 입안하고 그것을 각기 추진한다고 해서 완결될 수 있는 것은 아니다. 재활정책은 전문인력에 투자하여 보다 세밀하고 정밀한 계획을 만들 필요가 있고, 장애인의 개별적인 욕구에 대한 대응전략이 구체적으로 요구된다.

재활정책은 정책수립의 체계적인 수행 일정을 구체적으로 제시해야 된다. 우리나라 재활정책의 경우 장애인의 운동이 제기될 경우에 당장 눈앞에 보이는 문제를 해결하는 방식으로 추진되어 왔다. 보다 장기적인 비전이나 예산이 집중적으로 투입된 경우는 매우 드물다. 최근 도입된 「장애아동복지지원법」 제정 과정에서 보여 준 내용 역시 단편적 법제정에 머물고 있다고 볼 수 있다. 이러한 정책을 입안할 때 그것을 개별적 프로그램으로 파악하는 동시에 전체적인 시각을 통해 정책의 폭과 깊이를 정확하게 조사한 후, 모든 변수를 탐색하고 가능한 한 모든 장애인의 욕구를 담아 낼 수 있는 총체적인 체계를 만들도록 노력해야 한다. 정책이 구체화되면 법체계를 구성하고, 그러한 정책 시행의 과정을 면밀하게 운영하기 위한 예산과 스케줄을 만들어 실천할 수 있도록 정책을 강구해야 한다.

정책의 재형성과정이란 정부가 사회문제를 정책적으로 해결하기 위해 결정하는 단계로서 여러 문제 중에 특정의 문제만이 정책의제로 전환되는 이유는 장애당사자의 활동, 이익집단의 활동, 정치적 지도자에 의해 의제가 결정될 수 있기 때문이다. 이외에도 위기나 극적인 사건이 발생하거나 혹은 언론 매체에 사회 문제가 노출되었을 때 정책의재형성 가능성이 크다고 할 수 있다(남준우, 1999). 정책의 재형성에 있어서 참여자의 활동유형은 참여유형에 따라 외부주도모형, 동원모형, 내부접근모형으로 구분할 수 있다(Cobb & Elder, 1977). 외부주도모형이란 외부, 즉 환경으로부터 논제가 제기되고 대중에게 확산되어 최종적으로 정부의 정책의제로 성립되는 과정을 설명하는 모형을 의미하며, 동원모형은 이와는 정반대로 논제가 정부 내부에서 생성되어 자동적으로 정부의 정책의제가 되고 성공적인 정책집행을 위해 공중의 논제로 확산시키는 과정을 의미한다. 내부접근모형은 논제가 정부 내부에서 생성되어 자동적으로 정부의 정책의제로 성립되기는 하나 정책 환경으로의 확산과정을 거치지 않아 공중의제가 형성되지 않는 경우를 의미하며, 특히 내부접근모형은 의도적으로 정책결정체계 내부의 과정에 외부의 환경이 접근하지 못하도록 봉쇄하는 정책형성과정이다.

정책대안수립단계는 공공문제를 다루기 위해 제안된 타당하고 수용 가능한 행동경로의 개발과 관련이 있지만, 이 단계에서 항상 정책안이 수립되는 것은 아니다. 정책결정자는 어떤 문제에 대해서는 적극적인 행동을 취하는 반면, 어떤 문제는 정책의제로 설정되었음에도 불구하고 그냥 내버려 두는 경우도 있다. 정책의제가 공식화되는 것에는 두 가지 유형이 있는데, 하나는 특정문제와 관련하여 일반적으로 무엇이 행해져야 하는 것인가를 결정하는 것이고, 또 하나는 결정된 내용을 가지고 실제적인 법률의 초안 혹은 행정규칙의 작성이 이루어지는 것이다.

정책채택단계에서 정책을 채택하는 것은 공무원 개인 또는 기관이 제시된 정책대안을 승인, 수정, 거부하는 행위와 관련된다. 정책의 채택과 관련이 있는 것은 완전히 성숙된 일단의 정책 대안 가운데 어느 한 가지를 선택하는 것이 아니라 선택한 것을 발탁된 정책 안으로 지정하기 위해 어떤 작용을 가하는 것이다. 즉, 정책 대안을 채택하는 단계를 특정의 행위로 본 것이 아니라 각 안들이 수정되면서 상호 간의 견해 차이가 좁혀지며 형성되는 하나의 과정으로 보고 있다. 이 과정에서 결정의 기준으로 작용하게 되는 것이 가치, 정당관계, 선거 구민의 이익, 여론, 전문가의 조언, 결정 규칙 등이 있으며, 이러한 탐색된 안을 가지고 각 행위자 간의 흥정과 설득 그리고 의사결정과 같은 유형을 활용할 수 있다.

## 2) 재활정책 이슈

### (1) 장애판정 제도 개선

우리나라의 장애등록 판정 제도는 1981년에 처음으로 도입되었다. 장애판정 체계는 그동안 여러 차례 새로운 정책 도입 시 지속적으로 개선이 요구되어 왔다.

장애인을 국가가 직접 관리하는 것은 국가서비스 개발과 정책을 통해 장애문제를 보다 효과적으로 관리하는 데 있다. 1981년 이후 장애등록은 의료적 판정만으로 결정되어 왔으며, 그 개선책으로 2010년 장애판정에 있어 의학적 판단과 근로능력 및 사회적 생활능력을 파악하는 다면적 평가방식으로 전환하여 서비스에 대한 이용자 중심의 전달체계연구를 추진하였다(오혜경, 이승기, 이효성, 2008). 그러나 조정된 장애판정 체계는 전달체계의 혼선과 중증장애인의 불만을 가중시키고 있다.

종전의 의료 중심 판정체계는 2010년 '국민연금관리공단'이 보건복지부의 장애판정기관으로 지정되어 장애인의 기초장애연금 수급, 국민기초생활보호 수급, 중증장애인 활동지원정책의 도입에 따라 국가 재정의 관리에 의해 한층 강화되었다. 이는 부정 수급이나 재원의 관리에 중심을 두어 운영하기 때문에 의료적 판정에서 국민연금관리공단의 통합적 판정체계는 중증장애인의 축소로 이어져 장애판정제도의 논란을 가져왔다.

이는 국가 서비스 대상자 선정에 초점을 맞춘 이중적 장애판정 제도를 강화하는 것으로, 각종 정부시책과 서비스의 목적에 부합하지 않거나 의도적으로 중증장애의 의료적 등급을 축소·조정하고 있다. 이와 같은 의료평가 중심의 장애등급 판정은 장애문제 해결에 초점을 두기보다는 중증장애 수를 극히 제한하여 예산을 축소하는 데 목적이 있다. 즉, 장애등록이 장애문제를 해소하는 데 목표를 두기보다는 소비자의 서비스 양을 줄이는 평가에 더 큰 목적을 둔다. 이와 같은 정책 방향은 향후 국가 예산을 더욱 더 투입하여도 장애문제는 그대로 존재하게 되며, 서비스 이용 대상자만 한시적으로 줄이는 정책이 될 가능성이 높다. 국가가 장애등록 제도를 직접 운영하고 있는 나라는 독일과 일본이다.

## (2) 소득보장정책 개선

사회보장 차원에서 2010년부터 '기초장애연금'이 도입되었으며, 종전의 장애수당은 연금으로 일부 흡수되었다. 기초장애연금의 도입은 장애인의 추가비용 보존과 소득보장 측면에서 장애수당을 연금 형태로 조정하거나 전환하였다. 장애연금은 생애 주기에 맞는 재활 프로그램 개발에 있어 전환점이 될 수 있다. 저소득 장애인의 국가보호 원칙에 따라 「국민기초생활보장법」에서 장애인의 기초 생활을 지원하고, 기초장애연금에서 장애연금을 지급하는 최소한의 국가 지원이 이루어지고 있다.

장애인은 비장애인과 달리 추가비용이 발생한다. 장애인은 의식주에 관련된 비용이나 교통비 등과 같은 일상생활에서 필요한 비용과 의료비, 간병비와 같은 추가비용이 비장애인보다 약 1.5배 이상이 필요하다.

현재 장애연금 수준으로 장애인의 자립은 요원하다. 국민기초생활보호를 받기 위해서는 최소의 수입이 있어야 하는데, 장애인의 직접적인 소득활동인 노동이나 근로로 인하여 소득활동이 발생하면 바로 국가보호 대상에서 탈락시키기 때문에 장애인은 근로의욕이나 자립을 생각할 수 없는 정책에 머물러 있다. 이를 해결하기 위해서는 국가정책이 기초수급자이면 모든 서비스를 지원하고, 장애근로자이면 모든 서비스를 포기하도록 강요하는 기초수급정책은 향후 장애인 기초수급 선정 기준을 달리하여야 한다. 장애인은 소득 기준이 아니라 생활능력 기준이 적용되어야 한다. 즉, 기초수급자는 매월 30만 원 이상의 소득 발생 시 즉시 현금급여는 물론 의료보호와 각종 지원정책에서 제외된다. 이와 같은 국가정책은 현실적으로 장애인을 원천적으로 자립할 수 없도록 만들고 있으며, 장애인에 대한 기초생활보장과 소득보장 측면을 동일시하고 있다.

'제3차 장애인정책발전5개년계획'에서는 장애인 경제활동분야 기본방향을 장애인고용환경 개선과 고용확대, 장애인기업 활성화 및 창업촉진, 장애인직업재활 및 직종개발, 장애인생산품 판매 활성화를 제시하였다. 이는 중증장애인이 많이 고용될 수 있도록 다양한 방법을 강구하는 방향으로, 스스로 직업생활능력을 갖춘 경증의 자립장애인에 대해서는 고용차별 해소를 통한 일반고용을 기대하였다.

그러나 기업이나 사회환경은 장애인의 소득을 올려 주지 못하고 있다. 이러한 정책방안은 제도나 정책 인프라 구축만으로는 성공하기 어려우며, 서비스 전달방

식의 효율화, 전문지식을 기반으로 하는 질 높은 서비스 제공, 장애인의 직업능력
개발, 다양한 자원개발과 서비스의 연계 등 소프트웨어적인 접근을 강화하는 방
안을 모색해야 한다(오혜경, 이승기, 이효성, 2008).

## 📖 참고문헌

강혜규(2007). 한국 사회서비스 정책의 현황과 서비스 확충 과제, 보건복지포럼통
　　　권 제125호, 한국보건사회연구원.

김미곤, 박능후, 유정원, 최현수, 이승경(2000). 외국의 공공부조제도 비교연구, 한
　　　국보건사회연구원.

김영(1992). 장애아 조기중재 서비스 전달체계 모형에 관한 연구, 이화여자대학교
　　　석사학위 논문.

김용득(1999). 한국장애인 복지의 이해. 서울: 인간과 복지.

김용득, 이동석(2003). 장애담론과 한국장애인복지의 변천. 성공회대학교 논총. 서
　　　울: 성공회대학교 출판부.

나운환(2000). 재활행정 및 기획론. 서울: 홍익재.

남준우(1999). 사회복지정책의 결정과정에 관한연구 – 국민기초생활보장법제정 과
　　　정을 중심으로, 연세대학교 석사학위 논문.

박경순(2006). 재활행정 · 정책. 한국직업재활학회 연수회 자료집.

박수경(2008). 장애의 사회적 의미와 사회통합. 경기: 집문당.

박희찬, 오길승(2000). 장애인직업재활시설의 사업과 운영. 한국장애인복지시설협회.

보건복지부(2008). 장애인복지사업 안내.

신현욱(2009). 재활행정 및 정책. 제14회 직업재활사 연수회(3급) 자료집. 한국직업재
　　　활학회. 253-270.

오혜경, 이승기, 이효성(2008). 제3차 장애인정책발전5개년계획의 성공적인 실천을
　　　위한 토론회. 한국장애인개발원.

윤상용(2008). 장애인 소득보장체계 개편 방안. 한국보건사회연구원.

이미선, 김경진(2000). 장애 영유아 가족지원 방안 연구. 국립특수교육원.

한국보건사회연구원(2008). 장애인복지 인프라 개선 방안 연구.

한국장애인개발원(2008). 제3차 장애인정책발전5개년계획 성공전략. 한국장애인개발원.

황성철(2003). 사회복지행정론. 경기: 학현사.

Allen, K. E. (1984). Federal legislation and young handicapped children, *Topics in Early Childhood Special Education, 4*(1), 9–18.

Anderson, J. E. (1979). *Public Policy Making* (2nd ed.). New York: Rinehart and Winston.

Anderson, E. M., & Clark, A. (1982). *Disability in Adolescence.* London & New York: Metheun.

Apache Jakarta Project. (2008). Public Law 99–457. Retrieved August 6, 2008.

Cobb, R., & Elder, C. (1977). *Participation in American politics: The dynamics of agenda building.* The Jones Hopkins University Press.

Fantuzzo, J. W., Rouse, H. L., McDermott, P. A., Sekino, Y., Childs, S., & Weiss, A. (2005). Early childhood experiences and kindergarten success: A Population-based study of a large urban setting. *School Psychology Review, 34*(4), 571–588.

Harbin, G. L. (1988). Implementation of P. L. 99–457: State technical assistance needs. *Topics in Early Childhood Special Education, 5*(2), 36–56.

Kaczmarek, L. A., Goldstein, H., Florey, J. D., Carter, A., & Cannon, S. (2004). Supporting families: A preschool model. *Topics in Early Childhood Special Education, 24*(4), 213–226.

Lewis, J. A., Lewis, M. D., & Souflee, F. S. Jr. (1991). *Management of Human Service Programs.* Pacific Grove: Brooks/Cole Publishing Company.

Meisels, S. J., & Provence, S. (1989). Screening and Assessment: Guidelines for identifying young disabled and developmentally vulnerable children and their families. *National Center for clinical Infant Program.* Washington DC: North Calolina Univ., Chapel Hill. Frank Porter

Graham Center.

Priestley, M. (2003). *Disability: A life Course Approach*. Cambridge: Polity Press.

SIU. (2008). Rehabilitation Administration and Services. Retrieved December, 1, 2008

Wagner, C. C., Armstrong, A. J., Fraser, R. T., Vandergoot, D., & Thomas, D. F. (2006). Evidence-based employment practices in vocational rehabilitation. In K. A. Hagglund & A. W. Heinemann(Eds.), *Handbook of Applied Disability and Rehabilitation Research*. NewYork: Springer Publishing Groups.

White, B. L. (1975). *First Three Years of Life*. Englewood Cliffs, NJ: Prentice-H.

## 참고 사이트

http://basis.caliber.com/cwig/ws/library/docs/gateway/Blob/57490

http://www.siu.edu/departments/coe/ras1

# 1. 기독교와 재활

## 1) 성경의 재활 관점

### (1) 구약성경의 재활 관점

장애인에 대한 학대와 유기가 자행된 고대 사회에서는 종교적 동기에 입각한 보호사상이 발견된다. 특히 유대교 사상에서 지배적이던 보호사상과 권리에 대한 근거가 다양하게 나타나고 있다. 중세시대 기독교의 사회적 약자에 대한 보호사상은 서구 인권론의 사상적 뿌리가 된다. 특히 성경에 나타난 하나님의 형상론은 자연법 사상과 함께 서구 인권사상에 근거를 제시하는 중심 줄기로 형성된다.

구약성경에서의 장애인관은, 인간은 하나님의 형상대로 창조된 존재로 언급하며, 장애인을 포함한 인간 존엄성의 근거를 제공한다. '모든 인간은 하나님의 형상(Imago Dei)대로 창조'되었다는 인간론은 하나님으로부터 부여받은 존엄성을 내용으로 하는 것이다(창세기 1:27).

하나님의 형상론은 서구 인권학에 있어 '왜 인간이 존엄한가.'라는 질문에 대해 자연법사상의 줄기를 형성한다. 출애굽기에서 '언어장애인과 시각장애인은 하나님이 내신바라.' 하여 장애인이 존재하게 된 것은 하나님의 뜻이며, 하나님에 의해 창조되었음을 명시하고 있다(출애굽기 4:11).

성경에는 장애인을 포함한 약자에 대한 보호 의무를 규정하고 있다. '청각장애인을 저주하지 말라. 시각장애인 앞에 장애물을 두지 말라. 그렇지 않으면 여호와의 노여움을 받게 될 것이다.'라고 하여 약자와 불행한 자는 보호되어야 함을 교시하고 있다(레위기 9:14).

구약성경에는 하나님 나라 도래의 표징으로서 장애에 대해 언급한다. 예언자들은 메시아의 도래 혹은 하나님 나라에 대한 예언을 장애인의 회복을 통하여 설명하고 있다. 구원의 날에는 청각장애인이 듣고 말하고, 시각장애인이 보게 될 것이며, 지체장애인이 뛰게 될 것임을 암시하고 있다(이사야 29:18, 35:5-6, 42:7, 16, 61:1-11).

구약성경에서는 장애인에 대한 부정적인 언급도 볼 수 있다. 창세기 19장 10절에 야곱이 라헬보다 레아를 사랑하지 않은 이유는 레아의 시력이 부족하기 때문이라고 하는데, 이는 장애를 이유로 하는 차별 사례를 볼 수 있다. 레위기(21:17-23)는 제사를 드리는 자의 자격으로서 육체의 흠, 즉 장애인은 합당치 않다고 하였다. 또한 욥기(29:15), 열왕기상(13:4), 열왕기하(6:18), 사사기(16:1), 창세기(19:11), 이사야(6:10, 29:9, 42:16, 18, 19, 56:10), 잠언(26:7), 에스겔(12:2), 예레미야, 애가(4:14), 신명기(28:9) 등에서는 패전 용사의 눈을 뽑고, 적군에게 벌을 내리고, 죄의 대가로 시각장애인이 되게 하는 당시의 시대적 풍습과 훈계와 실망은 경고의 표시로 언급되고 있다. 또한 진리를 실행하지 않는 자를 장애인과 비유하여 설명하고 있다.

구약성경은 장애에 대하여 하나님의 형상대로 창조된 존엄한 존재로서 장애인은 하나님의 뜻이고, 장애인을 보호해야 한다는 긍정적 견해를 볼 수 있는 동시에 차별의 대상이자 죄의 대가로서 부정적 견해를 함께 볼 수 있다. 구약성경에서는 장애문제가 주된 이슈로 언급되거나 거론되지 않는다. 이것은 신약성경에서 예수를 비롯한 초기 기독교 사도가 질병으로 고통받는 장애인을 정성으로 돌본 것과는 매우 대조적이다.

### (2) 신약성경의 재활

예수는 수많은 장애인을 치료해 주는 동시에 그들이 공동체의 일원으로 당당히 살아가도록 돕고 있다. 예수는 자신이 이 땅에 온 목적을 하나님 나라의 실현이라고 하였으며, 하나님 나라 실현의 구체적 모습은 장애인을 포함한 약자의 자유와 해방이라 언급했다. 예수는 회당에서 선지자 이사야의 글을 인용(이사야 61:1 이하, 주의 성령이 내게 임하셨으니 이는 가난한 자에게 복음을 전하게 하시려고 내게 기름을 부으시고 나를 보내사 포로된 자에게 자유를 눈먼 자에게 다시 보게 함을 전파하며 눌린 자를 자유케 하고 주의 은혜의 해를 전파하게 하려 하심이라)하여 예수의 사역 목적이 소외된 자의 회복 혹은 치유와 연관된 것임을 말하고 있다.

세례요한이 예수께 "당신이 메시아냐 아니면 우리가 다른 사람을 기다려야 하느냐."고 제자들을 통하여 물었을 때, 예수는 "시각장애인이 보며, 지체장애인이 걸으며, 나병환자가 깨끗함을 받으며, 청각장애인이 들으며, 죽은 자가 살아나며, 가난한 자에게 복음이 전파된다."고 말하여 자신의 목적이 장애인의 치유와 해방임을 구체적으로 언급했다.

예수는 장애인에 대한 구체적 사랑을 표현하였다. 당시 유대인의 비난에도 불구하고 손 마른 병자를 치유한 기록(마태복음 12:9-13), 회당에서 18년 동안 귀신 들려 앓으며 꼬부라져 조금도 펴지 못하는 여인을 고친 기록(누가복음 13:10-13), 베데스다 못에서 38년 된 병자를 고친 기록(요한복음 5:2), 날 때부터 시각장애 된 사람을 고친 기록(요한복음 9:1-14)과 같은 사건은 당시의 지배적인 의식보다도 장애인의 생명을 더욱 귀하게 여겼음을 보여 준다.

예수는 장애를 하나님의 섭리로, 하나님의 영광을 위한 관점으로 보고 있다. 시각장애인이 된 것은 누구의 죄 때문이냐는 질문에 누구의 죄가 아니라 하나님의 영광을 드러내기 위함이라고 답하였다(요한복음 9:1-13). 죄의 결과로 장애인이 된다는 시각은 당시 사회에서는 보편적인 것이었다. 그러나 예수는 장애인에 대한 사회적 관점과는 대조적으로 장애는 하나님의 영광을 위한 도구이며, 하나님 나라의 당당한 구성원임을 언급했다.

누가복음에서 가난한 사람과 장애인을 초청한 잔치를 통하여 하나님 나라에 장애인과 가난한 자가 가장 먼저 초청되었음을 언급함으로써 장애인도 하나님 나라의 한 구성원임을 강조하고 있다. 장애인은 하나님 나라에서 차지할 몫을 가지고 있는 귀한 존재로서 종말론적인 의미를 갖는다. 성경의 장애인관은 시대적 한계에도 불구하고 장애인에 대한 적극적이고 긍정적인 인식을 표현하였다. 이러한 사상은 중세 박애사상에 많은 영향을 미치게 되었다.

## 2) 중세의 재활

중세사회는 기독교의 가르침을 기초로 빈민이나 장애인에 대한 구제사상의 태동기였다. 물론 그 당시에는 장애인에 대한 학대와 유기가 일반적인 현상이었다. 그러나 기독교 사상의 영향으로 중세시대에는 종교적 자선과 박애사상에 입각한 구제의 노력이 싹트기 시작하였다.

기독교는 초기 교회시대를 거쳐 콘스탄티누스 대제에 의해 기독교가 공인(313년)되었고, 니케아 종교회의(325년) 이후 그리스나 로마시대의 장애인 학대는 자비와 동정으로 변화하게 되었다. 이것은 기독교의 가르침, 즉 모든 인간은 하나님 앞에 동등한 의무와 권리를 갖는다는 데서 연유한다. 이러한 배경하에 중세 초기의 성직자는 빈민, 장애인을 보호하기 위한 시설을 설립하기 시작하였다. 그 과정은 다음과 같다. ① 4세기경 성 니콜라스(St. Nicolas)와 성 바질(St. Basil) 등의 수도자는 지적장애인과 시각장애인을 위한 양로원을 따로 설치하여 이들을 수용·보호하였으며, 특히 성 니콜라스는 지적장애인 구빈보호 사업에 관심을 보인 성직자였다. ② 성 크리소스토무스(St. J. Chrysostomus) 등은 시각장애인 및 지체장애인을 대상으로 한 보호시설을 운영하였다. ③ 5세기경 림나에우스(Lymnaeus)에 의해 시리아에 시각장애인보호소가 설치되었으며, 이와 같은 유형의 시설이 예루살렘에서 운영되었다. 초기의 산발적인 장애인 보호시설은 후에 수도원이 주축이 되어 봉건체제의 붕괴와 신흥도시 발달과 함께 장애인의 수용보호 사업이 도시를 중심으로 행해지기 시작했다. 기독교의 장애인보호사상은 중세 기독교의 장애인 구제를 위한 구체적인 움직임으로 나타났다. 수도원이 중심이 되어 장애인을 보호하려는 움직임은 후기에 접어들면서 도시의 역할로 대치된다.

중세의 기독교 사상 역시 장애인도 동등한 권리를 갖는 것으로 인식하는 데는 시대적 한계가 있다. 16세기에 독일을 중심으로 북부유럽에서는 프로테스탄티즘에 의한 종교개혁운동이 전개되었다. 종교개혁가 마틴 루터(M. Luther)는 하나님은 개개인의 혼에 내재하므로 인간의 자율적이고 주체적인 깊은 체험적 신앙이야말로 하나님과 인간을 합치시킨다고 보았다. 따라서 장애인이라 할지라도 스스로의 자연스러운 선한 마음을 가지고 하나님과 접촉할 수 있으며, 지금까지 전승되어 온 편견과 미신에 쌓인 장애인의 사회적 처우를 개선하는 중요한 계기가 되었다.

마틴 루터 이후 장애인관의 변화와 인문주의자의 학문적 연구의 영향을 받아 16~17세기에 이르러서는 장애에 대한 의학적 탐구가 이루어지게 되었다. 의학적 발전은 장애인에 대한 과학적 이해에 기초하여 장애인관은 크게 변화되었다.

종교개혁은 두 가지 관점에서 중요한 의의를 갖게 된다. '첫째, 교육은 빈부, 성별, 능력, 계급에 관계없이 모든 국민을 대상으로 한 교육이어야 한다. 둘째, 학교의 설립 및 유지는 정부의 책임이다.'라고 주장한다. 종교개혁 사상은 인간성 본위의 사상에서 진일보하여 보통의 교육사상에 입각한 국민교육제도의 실시를 주장하였다는 점에서 큰 의의를 가지며, 이것은 장애아동의 공교육 실현을 위한 사상적 기반이 되었다.

중세 후기에 접어들면서 의학이 크게 발전하게 되었다. 의학의 진전은 장애를 생리와 병리를 과학적으로 해명함으로써 장애아동의 과학적 이해에 크게 공헌하게 되었다. 장애아동에 대한 과학적 이해는 종래의 미신적 편견에 의한 인간의 장애에 대한 운명론을 극복하게 하였으며, 합리적 · 과학적 기초에서 장애를 이해하게 되었다.

## 2. 미국의 재활행정

### 1) 1950년대 이전

미국의 재활행정은 지속적인 「재활법」 개정과 독립생활 패러다임의 등장으로 조직적으로 정책에 반영되었다. 뿐만 아니라 중증장애에 대한 문제해결 방안으로 교육제도의 도입과 직업재활정책이 크게 반영되었다. 이로 인해 직업재활의 발전과 차별금지법안의 도입으로 재활에 대한 미국의 합리적인 복지체계와 실용주의 재활정책이 조기에 도입되었다.

1917년 연방정부가 직업교육을 위해 보조금을 지원하기로 한 것이 그 시초다. 이후 1920년에 「직업재활법」이 제정되었고, 1954년에 이루어진 「직업재활법」 개정 이후 오늘날까지 발전하고 있다.

미국은 전쟁에 참여한 부상자의 책임을 국가의 책무로 인정하여 상이군경을 우대하고 있다. 이로 인해 재활은 확고히 국가의 책무성으로 인식되었다. 1808년 연방행정이 시작된 이래 상이군경을 위해 복지 · 교육 그리고 수당을 포함하는 여러 가지 형태의 지원의 근거가 시행되었다. 그러나 이들의 지원이나 서비스 비용은 재활이념이라는 측면보다는 국가를 위해 기여한 사람에 대한 국가적 책임을 다한다는 의미를 내포하고 있다.

미국의 직업재활은 특수교육과 직업교육에 그 뿌리를 두고 있다. 예일대학을 졸업한 Thomas Gallaudet는 유럽에서 농교육을 받고 1816년에 하트퍼드로 돌아와 청각장애교육에 헌신하면서, 1857년에 Gallaudet 대학을 설립한 후 청각장애를 지닌 많은 교사와 법률가를 양성하였다(Rubin & Roessler, 1995). 또한 프랑스 의사인 Itard의 교육성과를 통해 지적장애인의 재활에 대한 효과가 관심을 받게 되었으며, 감리교 목사인 Samuel Howe의 지적장애와 청각장애 재활에 고무된 매사추세츠 주에서는 1848년에 연구와 시범사업을 위한 정부예산보조에 관한 법률을 제정하였다(Rubin & Roessler, 1995). 이어 미국에서는 1898년까지 24개의 지적장애인 시설이 설립되었다. 1875년까지 미국의 각 주는 지적장애인 수용시설을 설치하기 시작하였고, 치료교육의 표방과 더불어 시설이 서비스와 설비면에서 변화되기 시작했다. 시설 프로그램은 기본적으로 지적장애인을 보호하기 위한 욕구에 의해 동기가 부여되었으며, 그들 자신만의 삶을 행복하게 누리도록 하는 데 초점을 두었다. 이와는 별도로 미국에서 최초로 시각장애인을 위한 보호작업장 형태의 시설이 1850년에 매사추세츠 주에 설립되었으며, 1874년에는 시각장애인을 위한 작업장과 범죄자를 위한 전이형 보호시설이 펜실베이니아에 설립되었다(Wright, 1980).

1900년 초반 미국의 일부지역 학교체제 내에서는 장애인을 위한 특별 프로그램을 제공하였지만 다른 지역에서는 그렇지 못하였고, 따라서 교육혜택을 받지 못하는 장애 부모 사이에서 교육기회의 불공정에 대한 인식이 싹텄다. 특히 지적장애인과 뇌성마비장애인의 부모는 자조기구를 조직하고, 그들 자녀를 위한 학교를 설립하기 시작하였다. 여기에서는 대상자에 대한 정규학업뿐만 아니라 직업적이고 사회적인 발달을 동시에 도모하였다.

1880년과 1890년대에 미국에서는 공립학교에 특수학급이 설립되기 시작했지만 그것은 오직 지적장애가 가벼운 학생을 위한 것이었다. 따라서 지적장애인이 훈련을 받을 수 있도록 사립 혹은 공립의 수용보호시설이 생겨나기 시작하였는데, 이것이 후에 장애인보호작업장의 효시가 되었다.

1880년과 1920년 사이의 건물은 주거용이라기보다는 법원 건물처럼 건축되었다. 지적장애인의 시설은 도시로부터 동떨어진 먼 거리에 대규모 캠퍼스처럼 지어지고, 배치되었다. 그러나 이 대규모 시설 외에도 번스테인(Bernstein)의 리더십에 의해 뉴욕, 뉴저지 같은 곳에 지역사회 혹은 주 캠퍼스 내에 가정과 같은 소규모 건물이 지어졌다.

뉴욕의 알트로(Altro) 보호작업장은 1917년에 결핵환자를 재활시키기 위해 설립되었으나 1920년대에 정서적 문제를 지닌 결핵환자에게 정신과적 서비스를 보호작업장 프로그램에 부가하고 1950년대 초까지 프로그램을 개발하여 정신장애인에 대한 경험을 축적하였다.

### (1) 「스미스 허그법」

1917년, 미연방정부는 「스미스 허그(smith-hughes)법」을 제정하여 장애인 직업교육을 위해 미연방보조금 지원 근거를 최초로 마련하였다. 이 법은 인간서비스 프로그램의 전례를 만드는 계기가 되었으며, 새로운 연방직업교육위원회(the federal board for vocational education)에 의해 집행되었고, 위원회는 후에 상이군인뿐만 아니라 장애인에게까지 재활서비스를 제공하는 권한을 갖게 되었다.

### (2) 「재향군인재활법」

1918년, 「재향군인재활법(Veterans rehabilitation act)」(PL 65-178)은 상이군인의 직업교육상 필요한 재훈련 권한을 부여하고, 장애인의 복직, 취업알선 등의 직업재활서비스 등을 시행할 것을 규정하였다. 이 법이 제정되었을 당시 적격판정은 연방정부의 전쟁보험국(the bureau of war risk insurance)이 담당하였으나 대상자의 폭증으로 후에 '연방직업교육위원회'가 전담하게 되었다.

### (3) 「민간인직업재활법」

1920년에 재정된 「민간인직업재활법(Smith-Fess)」은 진로지도, 직업교육, 직업적응, 직업배치에 관한 재활법이다. 이 법(civilism vocational rehabilitation. PL 66-236)은 일반장애인에 대한 직업재활이 공공의무로 규정되는 법으로 연방정부의 예산이 투입되었다. 특히 동법은 연방정부와 주정부가 5:5의 각출금 형식을 취함으로써 주정부가 연방정부와 유사한 정책을 시행하도록 계기를 마련하였으며, 조정된 예산은 장애인의 진로지도, 직업교육, 직업적응 및 훈련, 직무배치 등의 서비스를 실시하는 데 사용하도록 하였다.

### (4) 「사회보장법」

1930년대 들어 미국을 비롯한 전 세계에 밀려닥친 경제대공황은 적극적인 재활정책을 필요로 하게 되었고, 그 일환으로 1935년에 「사회보장법(the social se-curity act)」(PL 74-271)이 제정되었다. 이를 근거로 연방정부의 예산이 직업재활 프로그램을 위해 보조하게 되었고, 또한 시각장애인 직업재활을 위하여 그들이 만든 상품들을 판매하기 위해 안정된 시장을 개발하도록 하였다.

### (5) 「랜돌프쉐퍼드법」

1936년의 「랜돌프쉐퍼드법(the randolph-sheppard act)」(PL)을 통해 1938년 「와그너오데이법(Wagner-O'day act)」(PL)이 제정될 수 있었다. 「랜돌프쉐퍼드법」은 시각장애인들의 자영업 확대를 위해 매점과 자동판매기를 장애인이 우선하여 운영하도록 지원하였다.

### (6) 「와그너오데이법」

「와그너오데이법(Wagner-O'day act)」은 시각장애인이 만든 상품을 판매하기 위해 도입되었다. 1938년, 「와그너오데이법」은 보호작업장에서 일하는 시각장애인의 유상적 임금제공과 일자리를 확대해 나갈 수 있도록 시각장애인 보호작업장에서 생산한 생산품을 연방정부가 의무적으로 구매하도록 하였다.

시각장애인의 자영업 확대와 보호를 위하여 그들이 연방정부의 건물에서 자동판매기나 매점 등을 우선적으로 운영할 수 있도록 하였다. 이는 1974년 「재비츠누정법(the Javits act)」(PL)으로 개정되어 전 보호작업장으로 확대됨으로 보호작업장 활성화에 결정적인 계기를 마련하였다. 후에 이 사업을 수행하기 위하여 미국시각장애인산업장(the national industries for the blind: NIB)과 중증장애인산업단(the national industries for severely handicapped)이 만들어지는 계기가 되었다.

### (7) 1943년 개정 「재활법」

1943년 「직업재활법」 개정안(PL 78-113)은 연방정부와 주정부의 직업재활 프로그램에 많은 변화를 가져왔다. 재활 프로그램의 효과적인 수행을 위하여 교육부에 직업재활국(the office of vocational rehabilitation)이 설치되었으며, 그동안 신체장애인 위주로 서비스되어 왔던 범위를 정신장애인과 지적장애인까지 확대하였다. 서비스의 범위도 교정수술, 치료, 입원치료, 운전 및 각종 자격증 훈련,

직업도구와 장비, 훈련자의 생계부양, 직업배치, 보장구, 훈련, 의료검사 및 지도 등으로 확대하였다.

## 2) 1950년대 이후

1950년대 이후 보호작업장이 더욱 활성화되고 레크리에이션과 자기보호 프로그램이 보호작업장의 재활 프로그램에 포함되었다. 20세기 중반 공립학교에서는 장애인의 교육에 대한 보다 많은 책임을 맡게 되자 부모에 의해 운영되던 많은 사립학교는 대부분의 학생을 공립학교로 보내게 되었다. 이에 따라 사립학교 학생의 장애는 보다 중증화되는 결과를 초래하여 학교는 교육기능에 직업 프로그램을 함께 운영하게 되었다. 또한 학교, 직업, 사회적 활동을 위한 보호작업장으로 발전되었으며, 이것을 '기회의 센터(The Opportunity Center)'라 부르기도 하였다.

1954년, 미국은 「직업재활법」의 개정을 통해 보호작업장에 정부재정을 지원하기 시작하였다. 그 결과 보호작업장에서 서비스를 제공받는 내담자의 숫자가 300% 이상 증가하였다. 그리고 사설 비영리 시설에 정부교부금을 지원할 수 있도록 조치하였으며, 이러한 정부지원금의 확대와 증가는 재활기관이 공동 프로젝트를 활발히 수행할 수 있게끔 만들었다. 이러한 입법을 통해 주정부 재활기관의 내담자가 직업평가와 적응훈련을 받을 수 있도록 하였다(Krantzler, 1970).

1954년에 개정된 「직업재활법」은 보다 많은 장애인을 비롯하여 지역에서 보호작업장서비스를 제공할 수 있도록 비영리민간조직을 지원하고 주정부 직업재활기관이 보다 많은 보호작업장을 후원하는 등 보다 효과적으로 활동하도록 하였다. 이 개정 「직업재활법」에 의해 연방정부는 보호작업장의 확대와 개선을 위한 재정을 지원하여 직업평가와 직업적응훈련 프로그램에 필요한 계획, 직원, 그리고 장비를 갖추도록 하였다. 또한 동법은 비영리보호작업장과 기타 재활시설을 설립할 수 있도록 지원책을 강구하였다.

보호작업장의 설립은 기존의 시설이 고용기회를 확대할 수 있도록 초기 장비의 구입, 건물개조, 변경, 확대 등에 대해 지원을 가능하게 하였다. 여기서 보호작업장은 중증장애인에게 유상적 고용(remunerative employment)을 목적으로 하고, 공장생산 혹은 수제품을 만들어 내는 장소로 개념이 규정되었다. 연령이나 혹은 신체적 · 정신적 결함으로 인해 생산성이 지나치게 낮은 보호작업장의 내담자는 「웰시-힐리 공중계약법(the Walsh-Healey Public Contracts Act)」에 의해 최저 임금지급을 면제받았다.

1960년대, 유자격(entitlement) 프로그램인 공공 직업재활서비스의 대상이 되지 않을 정도의 심한(non-eligible) 장애를 지닌 내담자는 주간활동센터, 직업 활동센터, 그리고 보호작업장의 대상이 되었다. 1968년에 개정된 「직업재활법」은 직업평가와 직업적응 프로그램을 직업재활시설에서 수행하도록 후원을 하였다 (Krantzler, 1970). 1965년, 「직업재활법」의 개정으로 보호작업장의 신축과 직원의 인건비지원이 가능해졌다.

1960년대 말, 미국은 지적장애인 및 정신장애인들을 지역사회로 복귀시키려는 국가적 우선 정책은 평가, 훈련 그리고 보호고용의 강조점 사이에 균형을 유지하는 일이었다. 이후 지역사회 내에서 서비스를 제공하기 위한 움직임이 일어났고, 1970년경에는 직원과 시설 내담자의 비율이 1 : 4로 낮아졌다. 또한 많은 시설에서는 약 25%를 내담자 시설관리 인력으로 충원하였다(Baumeister & Butterfield, 1970).

지적장애인은 보호작업장이나 주간활동 프로그램에서 활동은 하지만 이동의 어려움, 증가된 프로그램 비용, 일반 사회와 통합 기회의 부족 등과 같은 지적장애인의 고용욕구를 보다 잘 충족시킬 새로운 대안을 촉구했다. 여기에 부모와 후원자의 요구, 연방 및 주의 자금조달과 정책의 변화, 정부지원 고용시범 계획의 성과 있는 결과, 그리고 근로현장의 수요증대로 새로운 통합된 고용훈련제도가 등장하게 되었다. 통합된 고용훈련은 지역사회 사업체에 정부에서 지속적으로 지원을 해 주고, 사업체는 지적장애인을 고용하여 일할 수 있도록 훈련을 시켰다.

중증장애 직업재활에 큰 영향을 미친 또 다른 제도적 노력은 미국 직업재활국에 의해 수행된 특별시범사업(project program)이다. 이 시범사업을 통해 각종 공식적 및 민간 비영리조직이 활발한 연구와 시범사업, 특별시설 프로젝트를 통해 보호작업장 재활방법을 개선하고 독특한 직업재활시설의 설비를 개선할 수 있는 주요한 기회를 가지게 되었다. 연구교부금(grant)의 주요 목적은 직업재활에 필요한 지식을 증대시키고 확대하도록 하는 것이며, 시범사업 교부금의 주요목적은 직업재활 프로그램의 적용에 효과적인 방법과 기준을 설정하거나 여러 가지 조사

활동을 통해 보다 나은 직업재활서비스를 제공하려는 실험적 노력과 특수한 재활서비스의 제공, 수행방법, 그리고 비용과 관련한 정보를 얻는 것이었다. 특수시설에 대한 교부금은 제한되었으나 부적절한 단편적 주정부 프로그램의 결함들을 개선하고 시범사업들을 수행할 기회를 부여한 것이다.

보호작업장 발달의 다른 측면은 미국사회의 경제적·문화적 이유에서 비롯된다. 인도주의적 박애활동을 위한 기구는 빈민을 구제하기 위한 물질적 원조뿐만 아니라 경제적 자기충족을 위한 토대와 함께 영적인 가치가 복구되어야 한다고 믿고 보호작업장을 설립하기 시작하였다.

구직자에게 일자리를 제공하기 위해 폐품의 재활용, 서비스 직종, 그리고 하청계약을 보호작업장 내에서 수행하였다. 특히 1973년의「재활법」제정은 보호작업장에서 담당할 수 있는 직업재활기관의 내담자를 크게 확대시켰다. 그 후 1978년에 개정을 통해 직업적 목적을 지니지 않은 장애인 내담자에게도 서비스를 제공하도록 하였다. 이러한 양적 팽창과정을 거쳐 1980년대 중반에 미국은 약 5,000여 개의 직업재활시설에서 160만 명의 장애인에게 서비스를 제공하여 120,000명의 전문인력을 고용한 것으로 추산되었다.

### (1) 1965년「재활법」

1965년「직업재활법」개정안(PL 89-333)에서는 연방정부와 주정부의 예산분담 비율을 75:25로 증대시키고, ① 중증장애인에게 서비스를 제공하기 위한 보조공학에 대한 지원, ② 작업장의 증설 및 기능의 내실화, ③ 고용을 저해하는 건축구조 및 시설물을 개선하기 위하여 건축장벽개선위원회(the national committee on architectural barriers)와 정책 및 행정위원회(the national policy and performance council)의 설치, ④ 직업재활 전문교육을 받는 학생에 대한 장학금 지원, ⑤ 직업재활분야 각 기관의 내실화를 위한 지원을 정하였다.

### (2) 1973년「재활법」

1973년,「재활법」(PL 93-112)의 전면 개정이 이루어졌다. 보건 및 복지부(HWE)에 재활서비스국(the rehabilitation services administration)을 설치하는 등 다음과 같은 내용이 추가되었다. ① 중증장애인에 대한 서비스 우선권 부여, ② 장애인 개인에 대한 성문화된 재활 프로그램(individual written rehabilitation plan: IWRP) 작성의 의무화, ③ 고용잠재력은 부족하지만 자립생활능력 등의 향상을 필요로 하는 중증장애인에 대한 재활서비스 방법의 연구, ④ 재활전문가에 대한 훈련기회 확대, ⑤ 공공기관 및 연방조달계약기관의 장애인고용 시 장애인차별금지, ⑥ 공적서비스에서 장애인의 평등권 보장, ⑦ 건축물 및 교통기관에 대한 장벽제거에 관한 연구시행, ⑧ 장애인에 대한 전반적인 서비스의 확대다.

### (3) 1974년 「와그너오데이법」

1974년에 개정된 「재활법」은 보호작업장 활성화의 계기를 마련하였다. 미국 시각장애인사업단과 중증장애인 사업단을 만들어 지원하였으며, 지적장애인에 대한 서비스를 개시하였다.

### (4) 1978년 「재활법」

영구적인 예산지원 프로그램과 독립생활 서비스를 규정한 법이다.

### (5) 1986년 「재활법」

① 지원고용(supported employment)의 제도화, ② 재활 분야에의 공학적인 개입, ③ 전국고용촉진주간의 실시, ④ 독립생활생활위원회의 설치, ⑤ 연방정부 사용의 모든 전자기기를 장애인이 이용할 수 있도록 하는 지침의 제정이다.

### (6) 1992년 「재활법」

1992년 개정된 「재활법」(개정 PL 102-569)은 고용, 독립생활, 개별재활계획, 내담자 참여와 역할 강조, 재활자문위원회 설치, 자립생활센터 위원 중 장애인의 과반수 이상 참여, 당사자의 선택과 목표 설정, 당사자의 역량강화, 서면재활계획의 구체화를 도입하였다.

### (7) 1998년 「재활법」

연방정부의 장애인고용촉진, 장애인중소기업협회의 자문, 고용성과, 지원고용, 내담자지원, 권한강화, 출장상담, 전문인력, 보조공학(assistive technology)에 대한 규정을 마련하였다.

### 3) 「장애인교육지원법」

1975년과 1976년에는 각각 「장애인교육법(the education of all handicapped children act)」과 「발달장애원조 및 권리법(the development disabilities assistance and bill of right act)」이 제정되는 등 미국 재활행정의 발전을 이룬 시기다. 장기적인 서비스를 필요로 하는 발달장애인 및 중증장애인에 대한 생활의 장을 제공하고 사회적 통합을 지원하고자 「발달장애인서비스 및 시설건축물법」을 제정하였다. 이 법률은 장애의 기능적 정의와 분류별 정의를 명시하였다. 이 법은 1975년에 수정되어 주정부의 책임하에 장애인의 권리를 보호할 수 있는 프로그램을 명시하였는데, 이는 인간적 생활환경 안에서 장애인이 생활하고 적절한 치료를 받을 수 있도록 장애인의 권리를 보호하는 것이었다.

1975년에는 「장애아동교육법」이 통과되어 장애 정도와 관계없이 학교에서 교육을 받게 하였으며, 1978년에는 「장애인부조 및 관리법」이 제정되어 종래에 사용되어 오던 장애의 분류별 정의를 삭제하고 사례관리를 통한 장애인의 욕구충족을 중시하는 행정방식을 도입하였다.

「재활법」 성립 이후 미국에서는 중증장애인을 포함한 모든 장애인의 사회적 자립을 지향하는 종합적 지원을 내용으로 1972년에 '캘리포니아 버클리 자립생활센터'와 1974년에 '보스턴 자립생활센터'가 설립된 것을 시초로 자립생활센터(CIL) 설립이 활발히 추진되었다.

### 4) 「미국장애인법(Americans with Disabilities Act: ADA)」

재활법의 획기적 전환으로 미국의 장애에 대한 정책은 범사회적으로 실천적 파장의 빛을 보게 되었다. 장애문제의 해결은 인권을 바탕으로 해야 하며, 재활의 궁극적인 목표인 평등하고 완전한 사회참여와 통합을 달성하는 데 목적이 있다. 1990년 7월 26일, 부시 대통령이 서명한 이 법은 미국의 인종과 성별, 출신 국가 및 종교에 바탕을 두고 장애를 가진 개인의 시민권을 보호하고 있다. 장애인의 재활은 기회 균등이 전제조건이 되어야 하며, 균등한 기회부여를 가로막는 가장 큰 장애요인은 사회적·물리적 장벽이다. 따라서 장애인에 대한 차별행위를 막기 위해 구체적으로 이를 규제하는 조치가 필요하였다.

이 법은 통신, 고용, 공공교통, 민간기관 서비스에 대한 차별금지를 명시하고 있다. 장애인이 사업장, 도로, 전화, 통신 서비스 이용을 자유롭게 할 수 있도록 조건이 마련되어야 하고, 장애인의 근무여건에 적합한 환경, 물리적 접근권의 보장, 장비의 마련과 청각장애인을 위한 통역사 배치를 명시하고 있다.

고용차별은 15인 이하의 종업원을 고용하는 고용주는 다음과 같은 분류에서 장애를 이유로 자격이 있는 장애인을 차별하는 것을 금지하며, 이것은 고용주뿐만 아니라 고용알선기관, 노동단체, 그리고 노사합동위원회에도 적용된다. 고용차별은 구직절차, 고용, 진급, 퇴직, 보상, 직업훈련, 고용에 수반되는 기타 조건을 제시하고 있다.

공공교통(public transportation)과 공공서비스(public service)에서도 차별을 금지하고 있는데, 공공교통은 1990년 8월 26일자로 고정노선을 운영하는 모든 공공기관에서는 휠체어를 사용하는 장애인을 포함한 모든 장애인이 접근할 수 있는 서비스를 강구해야 한다. 공공기관이 고정노선을 운영할 때는 그 담당지역 내에서 보조적 교통서비스(complementary paratransit)나 다른 특별한 조치를 취해야 한다. 공공기관에 의해서 건설되는 공공교통을 제공하는 모든 새로운 시설과 기존 시설을 개수할 때는 장애인이 접근할 수 있도록 해야 한다. 고속 및 전철에 있어서 객실 중 적어도 한 차량을 휠체어를 사용하는 장애인을 포함한 장애인이 접근할 수 있도록 해야 하며, 국유철도에 의해 새로이 구매되는 모든 새로운 승객차량은 장애인에게 접근성이 있어야 하며, 단층 객차의 경우 휠체어를 탄 채로 차내에 탑승할 수 있도록 해야 한다. 열차 내의 공중화장실을 이용할 수 있어야 하고 민간기관에 의해 운영되는 공공시설(public accomodation)에 있어서는 장애를 가진 사람을 차별하지 못하도록 규정하고 있다.

청각장애와 언어장애를 가진 사람들을 위해 통신서비스 제공에 관해서도 규정하고 있는데, 모든 통신회사는 이들을 위해 전화통신 릴레이서비스(telecommunication relay service)를 마련하도록 하고 있다. 이 서비스는 청각장애나 언어장애를 전혀 갖지 아니한 두 사람이 무·유선으로 음성통신을 하는 것과 마찬가지로 이들이 장애가 없는 사람과 유무선 통신을 할 수 있도록 하는 중계 서비스다.

## 3. 유럽의 재활행정

서구의 재활행정은 근대 이전, 근대, 현대의 재활 형성시대로 구분한다. 시대 구분을 위해 제2차 세계대전의 발발을 기점으로 삼고자 한다. 근대시대의 도래로 장애인관에 큰 변화가 이루어졌고, 제2차 세계대전 이후 장애인에 대한 직업재활 및 고용정책의 확산을 시작으로 현대적 재활이 모색되었다.

### 1) 근대 이전

고대사회의 당면한 문제는 어떻게 하면 자기생명을 보존하고, 파괴적인 자연과 동물, 그리고 자기 이외의 인간으로부터 자신과 종족을 보존할 수 있는가 하는 것이 최대의 관심사였다. 따라서 한 부족의 구성원으로서 안정과 단결에 공헌하지 못하거나 이를 저해하는 자는 추방당하거나 생존권마저도 박탈당해야 했다. 따라서 장애인은 부족의 생존투쟁에 도움을 주지 못한다는 이유로 유기되거나 도태하는 경우가 많았다.

기원전 5세기경, 히포크라테스 당대를 기점으로 하여 심신질환을 의학적으로 치료하려는 노력이 이루어졌다고 할 수 있으나, 고대의 도시국가에서 '신체장애아를 절벽에 던져 버리거나 유아살해를 허용했다.'는 것이 역사적 사실로 밝혀지고 있다. 그리스인은 장애인을 식충이라 하여 산에 버리고 자살을 방임했으며, 특히 스파르타에서는 미와 건강을 가치기준으로 삼아 장애인을 추한 인간의 표본으로 생각하였다. 스파르타의 리쿠르고스(Lycurgus) 법전에 따르면 국가적 번영과 인간 존엄이라는 사상에 입각하여 지체장애인, 지적장애인, 기타 장애인을 산중에 버리는 것을 허용하였다.

로마인은 청각장애인을 리베르강에 던져 익사시키거나 투기장과 흥행장, 연회의 노리갯감으로 이용하였으며, 네로왕은 장애인을 활쏘기 연습의 표적으로 사용하였으며, 로마건국의 아버지라고 불리는 로물루스(Romulus)는 출생 시에 뚜렷

한 장애를 보이는 아이는 살해했다고 하며, 출생 직후는 건강하였으나 3세 이전에 장애를 수반하는 아동의 경우 살해를 허용하였다.

로마법에 모체에서 출생한 인간이 인간의 형체를 갖추지 못한 경우에 이를 살해하거나 유기하는 것이 인정되었으며, 이들에 대해서는 출생의 법적 효과가 인정되지 않았다. 장애인들의 경우 법적 권리능력은 인정되었으나 행위능력에 있어서는 일정한 제한이 가해졌다. 지역과 문화적 특수성에 따라 정도의 차이는 있었으나 고대사회의 장애인 처우는 미신, 편견, 유기, 학대 등이었다. 이러한 현상은 중세에 이르기까지 지속되어 장애인을 무능한 인간의 표상으로 보고 배척하는 사회의식이 보편화되었다.

## 2) 근 대

역사적으로 근대(modern)라는 말은 '방금'을 의미하는 라틴어에서 파생하였다. 근대정신의 발전은 15세기 후반에서 17세기까지의 휴머니즘, 프로테스탄티즘, 합리주의에서 찾아볼 수 있다. 근대시대는 르네상스, 의학의 발전, 종교개혁, 철학사상의 변화 등으로 인하여 장애인에 대한 인식이 크게 변화되는 계기를 마련하였다. 장애인관의 변화는 장애아동의 공교육을 시작하게 하는 계기가 되지만 근대에 있어서도 장애인복지 제도의 발전은 크게 달라지지 않았다. 장애인복지의 제도적 발전은 제1차 세계대전과 제2차 세계대전에 와서야 그 태동기를 맞이하게 되었다.

### (1) 장애인관의 변화

고대와 중세에 이르기까지의 장애인에 대한 차별과 편견은 일반적인 사회적 통념으로 이어져 내려왔다. 그러나 근대사회에서는 장애인의 재활가능성을 모색하게 한 몇 가지 사상적 추이를 발견할 수 있다. 르네상스는 고대 그리스, 로마의 학예 부흥을 중심으로 한 인간의 자각운동이자 자아발견이었다. 이것은 신 중심에서 인간 중심으로, 내세주의에서 현세주의로, 금욕주의에서 자연주의로, 권위주의에서 이성주의로 모든 중세적 세계관을 극복하고 근대적인 인간중심주의로 환원하려는 특징을 갖는다. 르네상스에 영향을 받은 인문주의자의 교육적 이상은 고대 그리스와 로마사회의 교육에서 강조되어 온 '심신의 조화적 발달'의 부활이었다. 인문주의자들의 사상은 고대와 중세의 편견과 미신으로부터 탈피하여 장애인의 본성과 장애의 본질을 현실적 근거에서 합리적으로 이해하도록 하였으며, 장애인에 대한 교육적 가능성을 탐색하도록 하였다.

레오나르도 다 빈치(Leonardo da Vinci)는 그의 저서 『*Codice Atlantino*(1449년 경)』에 언어장애인을 관찰한 경험에 의해 읽기의 기능을 분명히 기술하고 있다. 독일의 인문주의 교육에 공헌하였던 루돌프 아그리콜라(Rudolf Agricola)는 그의 저서 『*De Invention Dialectica*(1474)』에 하나의 감각기관의 결함은 다른 감각을 아주 예민하게 하는 보상의 기능이 있다고 저술함으로써 청각장애인이나 시각장애인은 감각기능의 대치에 의해 교육이 가능하다고 보았다.

### (2) 장애인교육의 중요성

근대 초기에 문예부흥, 인문주의, 종교개혁의 대표자는 장애아동의 교육을 시도했다. 특히 16세기에 접어들면서 지금까지 부정되어 왔던 장애아동교육의 시도가 개신교 수도사를 중심으로 실험적으로 이루어지기 시작하였다. 17세기 중엽에 이르러서는 인간의 이성 및 자연성을 존중하는 사상적 기풍과 철학적 인식론에 있어 경험을 바탕으로 지식에서 원리를 귀납하는 방법을 중시하는 경험학파와 연역적 방법으로 인식체계를 조직화하는 관념학파가 형성되었다.

영국의 경험론자인 베이컨은 인간의 이해에 있어 일체의 선입견적 편견을 일소할 것을 주장하여 지금까지 내려오던 장애인에 대한 편견과 미신 등을 타파하고 전통적 장애인관을 시정하는 사상적 기반을 마련하였다. 베이컨에 의해 주도된 경험주의 철학사조에 영향을 받아 교육에 있어서는 종래의 인문주의 교육에서 실학주의 교육으로 이행하게 되었으며, 실학주의 사조 가운데 감각적(과학적) 실학주의 교육사상은 교육의 방법론에 있어 장애아동의 교육에 관해서도 새로운 가능성을 열게 되었다.

18세기에 접어들면서 교육은 국가 관리와 보편화운동의 하나로서 일반서민의 자녀 교육에 대한 대책이 마련되었다. 일반아동에 대한 교육은 특수아동에 대한 관심도 증폭시키는 결과를 가져오게 되었다. 19세기 후반부터는 생리학, 의학, 심리학, 사회학 등의 발전으로 인하여 장애의 원인 규명과 함께 특수교육을 발전시키게 되었으며, 이러한 특수교육의 발전은 1992년 프랑스를 시작으로 장애아동 의무교육으로 이어지게 되었다.

### (3) 장애인시설

19세기 초 유럽 각지에 장애인수용시설이 개설되었는데, 이는 보호적인 성격을 띠고 있었다. 수용시설은 장애인교육과 보호가 함께 이루어졌다. 학교가 수용시설에 미친 영향은 20세기 초에 일어난 우생학과 관련이 깊다. 영국에서는 열악한 인자를 가진 사람의 출산을 억제하는 우생학운동이 활발해 졌고, 우생학적 견지에서 범죄자의 발생을 유전적으로 설명하려는 연구가 시행되었다. 이 연구보고서는 지적장애의 유전설을 뒷받침하는 것이 되었으며, 지적장애는 범죄, 타락, 빈곤의 근원이라는 인상을 만들어 내어 사회방어 및 장애발생 예방을 목표로 격리수용이 촉진되었다.

비록 소수이기는 하나 일부에서는 보호차원을 탈피하여 보다 적극적인 서비스를 제공하는 움직임도 있었다. 1863년 뉴욕시에 개설된 장애인전문병원, 1889년에 설립된 클리블랜드재활원, 1893년에 설립된 장애인을 위한 산업학교 등은 재활의 성격을 보다 강하게 내포하고 있었다.

## 3) 현대적 재활행정의 발달

유럽에서 현대적 재활행정이 태동된 시기는 제2차 세계대전 이후(1945년 이후)부터 약 30년간으로 미국, 영국, 스웨덴, 오스트레일리아 등 선진국들에서 의료재활, 교육재활, 직업재활을 중심으로 각종 재활정책이 마련되기 시작하였다. 1960년대에 선진국들이 정상화(normalization)원리를 급속히 받아들임으로써 장애인의 사회통합이 현대 장애인복지의 이념으로 정착됨과 동시에 현대 장애인복지의 기본적 틀이 구성되기 시작했다. 1970년대 이후 장애인복지에 대한 국제적 동향은 종래의 의료재활, 교육재활, 직업재활 중심의 복지에 대한 반성으로부터 1980년대 이후 장애인의 사회통합을 지향하는 복지형태로서 장애인복지의 틀을 갖출 수 있는 변혁을 가져오기 시작했다.

## (1) 영국

1919년에, 영국에서는 임의할당 제도로서 퇴역상이군인을 일정비율 이상 자주적으로 고용하고 있는 고용주 방명록제도를 설치하였다. 이탈리아에서는 1921년 8월에 전쟁으로 인한 신체장애인의 의무고용을 정한 법률이 제정되었는데, 이 법률은 관공서에 대해서는 우선고용, 민간 사업소에 대해서는 종업원이 10인 이상의 경우, 20인을 넘을 때마다 1인의 의무고용을 행할 것을 규정하였다. 입법조치는 그 후 국제조약으로도 인정되어 1923년 ILO가 제네바에서 퇴역상이군인을 중심으로 한 신체장애인의 고용촉진방법을 연구하기 위해 소집한 전문가 회의에서도 법률에 의한 고용의무라는 수단이 필요하다고 지적하게 되었다.

그 후 제2차 세계대전의 발발은 세계 전역에 걸쳐 제1차 세계대전의 수배에 해당하는 인적 피해를 가져왔으며, 1944년 필라델피아에서 개최된 ILO 제26차 총회에서는 '고용조직에 관한 권고'를 채택하였다. 제2차 세계대전 이후에는 세계 각국에서 장애인의 고용에 관한 법률이 적극적으로 제정되었다. ILO의 권고에 호응하여 서유럽제국(영국 · 서독 · 오스트리아 · 프랑스 · 네덜란드 · 룩셈부르크 등)뿐만 아니라 북아메리카(미국 · 캐나다), 동유럽(동독 · 불가리아 · 체코슬로바키아 · 유고슬라비아 등), 중근동(이스라엘 · 그리스 등), 아시아(일본), 오세아니아(오스트레일리아)에서 신체장애인의 고용에 관한 법률이 제정되었다. 제2차 세계대전 이후의 주요국가의 입법조치 상황을 보면 다음과 같다.

영국에서는 「신체장애인고용법」이 제정되었다. 이 법률은 포괄적인 것으로 신체장애인의 직업훈련과 직업재활, 그리고 특수한 조건하에 자영노동으로 취업하는 경우의 중증신체장애인의 원조가 포함되어 있으며, 고용률은 종업원 20인 이상의 사업소에 적용되며 3%로 정하고 있다.

영국은 1944년에 제정된 「장애인고용법」에 따른 고용대책만으로는 중증장애인의 사회적 자립생활을 보장할 수 없었기 때문에 1970년에 「만성병 및 장애인법(The Chronicaly Sick and Disabled Persons Act)」을 제정하고 중증장애인의 사회적 자립을 위한 욕구에 대처하였다. 이 법은 장애인서비스, 정보의 제공, 각종 재가서비스, 레크리에이션과 식사의 제공 등 사회적 보호욕구와 충족, 책임을 지방행정당국에 부가하였다.

1981년 「장애인법(The Disabled Persons Act)」과 1986년 개정 「장애인서비

스·상담 및 대리법」을 제정하였다. 1981년 법에서는 장애인에 대한 일상생활의 편의를 도모하기 위해 건축물의 출입구에 장애인편의시설 및 주차공간 확보에 대한 규정이 명시되었고, 1986년의 개정 「장애인법」에서는 지방정부의 공공서비스에 대한 책임을 명시, 장애인을 위한 서비스의 계획부터 실행까지 전체의 정책결정 시 장애인의 의견이 수렴되도록 조치해야 함을 명시하고 있다.

1995년에는 「장애차별금지법(The Disability Discrimination Act)」을 제정하였다. 「장애차별금지법」은 영국 내의 장애인들의 차별을 없애기 위해 제정되었으며, 특히 고용, 상품, 시설, 서비스, 토지 혹은 자산의 임대, 구매, 관리에 있어 장애인을 보호하고자 제정되었다. 「장애차별금지법」의 규정은 단계적으로 추진되고 있다. 2001년까지 고용, 교육, 모든 사물, 서비스, 커뮤니케이션에 대한 접근권을 보장하고, 2006년까지는 물리적 장벽의 제거로 접근이 가능케 규정되었다.

최근 복지국가를 축소하는 조치를 취해 왔으나, 공공부문이 중심이 된 장애인 관련 사회보장의 기본적인 틀은 대체로 유지되고 있다. 대인서비스 부문에서는 지역사회보호정책에 의해서 공공부문의 역할은 약화되고 민간부문의 역할이 강조되고 있다.

### (2) 이탈리아

이탈리아에서는 1947년 10월에 산업재해, 직업병에 의해 신체장애인이 된 자에 대하여 의무고용을 정한 「산재장애인의무고용법」이 제정되어 50인 이상의 종업원을 가진 민간기업은 50인마다 1인의 신체장애인을 고용해야 했다. 1950년 6월에는 「전쟁신체장애인의무고용법」이 제정되었고, 이에 따라 종래에는 전쟁으로 인한 신체장애인으로 한정되었던 것이 일반시민에게까지 확대되어 전쟁에 의해 노동력을 상실한 모든 자에게 법률이 적용되게 되었다. 고용률은 종업원 10인 이상의 사기업에 대해서는 군인이었던 전쟁 신체장애인에 대해서는 6%, 일반시민이었던 전쟁 신체장애인에 대해서는 2.5%로 정해졌다. 1953년 2월에는 「국가봉사신체장애인의무고용법」이 제정되었다. 이 법률은 중앙·지방의 공무원, 직업군인이 업무수행 중 신체장애인이 된 경우 1950년 법이 정하는 고용률 범위 내에서 장애인을 고용할 것을 의무화하고 있다.

### (3) 독 일

서독은 1953년 3월에 「신체장애인고용법」을 제정하였는데, 이것은 종전의 입법을 통일한 것이다. 이 법률에서 신체장애인이라 함은 종전의 전쟁, 산업재해에 의한 것 외에 나치의 박해에 의한 것을 추가하고, 수행능력을 50% 이상 상실한 자로 규정하였다. 기타 수행능력을 상실한 신체장애인에 대해서는 신체장애인의 고용을 방해하지 않는 한 신체장애인을 준하여 취급한다. 또한 전쟁미망인 등에 대해서도 우선고용 조치가 취해지고 있다. 이 법률에서는 종업원 수의 10%, 종업원 8인 이상의 민간사업소에 의해 8%의 의무고용을 부가하고 있다.

독일은 세계장애인의 해를 1년 앞두고 '1980년대의 재활'이란 주제로 1970년에 이어 두 번째 활동강령이 제시되었다. 이 강령은 장애인의 권리의 발전, 조기 발전, 치료, 조기후원, 의료재활 제공의 완성, 교육기회의 확대, 직업재활영역의 확대, 중증장애인의 노동시장 진입을 위한 후원과 보호작업장 설치, 사회재활의 확대 등을 주요내용으로 하는 것이었다.

독일은 이전까지 전쟁희생자 원호와 재해보험의 이원적 구조로 이루어지던 체계를 1970년 4월에 연방정부 '장애인재활촉진을위한행동강령'에 의해 하나로 조정하였다. 근본 목적은 장애의 원인이나 정도에 관계없이 모든 장애인이 성공적인 의료적·교육적·직업적·사회적 도움을 받을 수 있도록 하는 것이었다. 1974년에 「중증장애인법」을 제정하고 법적 교육을 확정, 납부금제도 확립, 해고 제한, 직장 내의 장애인노동자권리 옹호자 선임과 동시에 중증장애인의 직장정착을 보장하기 위해 노·사·정부·장애인 조직대표 등으로 조직위원회를 설립하고, 보호작업장을 설치하여 중도장애인에 대한 정책을 강화하였다.

### (4) 프랑스

프랑스는 1955년에 「할당고용법」이 제정되어 원래 군인이었던 자뿐 아니라 재혼하지 않은 전쟁미망인, 재혼했으나 1인 이상의 부양자녀를 가진 전쟁미망인, 20세 미만의 전쟁유아, 등을 포함하였다. 고용률은 10인 이상 종업원을 가진 민간사업소에 대해서 10%로 되어 있다. 1957년 11월에는 「재활기준법」을 제정·실시하였다. 이 법률은 모든 신체장애근로자에 적용되는 것이며, 신체장애근로자의 직장 재적응, 직업재교육 및 직업훈련, 우선고용, 보호고용 등에 대하여 규정하고 있다.

### (5) 스웨덴

스웨덴은 1960년대 말부터 정상화로 인하여 전통적인 장애인복지정책방향에 변화가 일어나기 시작했다. 1970년대 이후 정상화 원칙이 실천적 복지이념으로 정착되기 시작했으며, 외진 곳에 위치한 대규모 시설의 장애인 수용을 금지하였다. 중증장애인을 제외하고 시설수용보다는 위탁양육가정이나 부모 또는 본인의 가정에서의 생활을 원칙으로 하였다.

1986년에는 「지적장애인특별법(the Act on Special for Developmentally Disabled Person)」을 발효하였다. 지적장애인, 자폐성장애인을 위한 특별법을 제정한 배경은 장애와 이들이 접하는 생활이 장애로 인한 영향을 받기 때문에 추가적인 지원이 필요하다는 이유였다. 또한 장애인단체, 장애인조직의 활성화가 이루어졌다. 각 주와 시 · 도에 설치되고 장애인의 권익과 복지향상을 위해 활동하고 있으며, 장애운동은 스웨덴에서 가장 대표적인 시민조직으로 성장하게 되었다. 1993년에는 UN에서 제정한 장애인을 위한 '기회균등을 위한 표준규칙'에 따라 UN이 정한 표준기준을 준수하고 장애인서비스에 대한 모니터링, 법률 제정, 정부와의 협상, 로비활동 등 장애인의 동등권 확보를 위해 노력했다. 1994년에는 '장애인 옴부즈맨 사무소(the Office of the Disability Ombudsman)'를 설립 · 운영하며 전반적인 서비스에 대한 역할을 담당했다.

### (6) 호 주

호주는 1992년에 「장애차별금지법(The Disability Discrimination Act)」을 제정하여 인종, 민족, 성, 장애, 원주민을 이유로 한 차별을 금지하였으며, 장애를 이유로 한 차별은 대부분 「장애차별금지법」의 적용을 받게 되었다. 이 법률은 장애인 고용, 편의시설, 교육, 접근권, 물품, 서비스, 시설의 제공, 토지의 양도, 클럽이나 스포츠 활동, 연방정부의 행정, 정보욕구 등의 활동에서 장애를 이유로 기회를 제한하거나 불이익 또는 손해, 비합법적인 행동으로 차별하는 것을 금지하고 있다.

## 4. 일본의 재활행정

일본의 경우 시설의 목적이나 재활서비스의 성격에 따라 그 명칭을 여러 가지로 달리 하고 있다. 종류별로 보면 일정한 직업능력은 있으나 특별한 설비와 직원의 도움 없이는 취업이 어려운 자를 수용 또는 통원하게 하여 생산적인 일을 하며 잠재능력을 개발하여 일반사회에 취업을 도모하는 취업활동과 훈련의 재활기능을 강조하는 신체장애인 '수산시설'이 있다.

수산(授産)시설(신체장애자복지법 31조)은 신체장애인으로서 취업이 어려운 자들을 입소시켜 직업을 제공하여 자립시키는 시설이다. 수산시설은 ① 일반고용이 어려운 중증장애인이나 빈곤장애인을 수용하여, ② 필요한 훈련을 실시하는 한편 직업을 주어서 자활시키는 시설로 정하고 있다.

1951년, 「신체장애자복지법」이 시행될 당시 전국에 21개소의 수산시설이 있었는데 정원은 100명이었으며, 종목은 양재, 인쇄, 수리, 목공, 축산 등이 주종을 이루었다. 이 시설에서는 생활지도, 작업지도를 시키되 일상생활 서비스는 하지 않는 것을 원칙으로 한다. 또한 중증의 신체장애인으로 직업능력은 있으나 직장의 설비구조나 통근 등의 문제로 일반기업에 취업이 곤란한 자를 위해 고용계약에 의한 근로자로서 직장을 주고 사회복지법인체 또는 도, 시, 부, 현, 시가 운영하는 신체장애인 복지공장이 있다. 복지공장(「신체장애자복지법」 31조)은 일반기업체에 취업이 곤란한 자에게 직장을 주어 사회생활을 영위할 수 있도록 하였다.

이 시설은 제도상 수산시설의 한 종류이기는 하나 그 기능은 근본적으로 다르다. 복지공장의 운영주체는 도도부현 또는 사회복지법인으로 기업적 색채를 가지고 있어 입소자는 노동관계 법규에 의해 노동관계가 성립되며, 원칙적으로 종업원이 자활할 수 있는 최저임금으로 능력에 따라 차등적으로 지급한다.

그리고 건강보험, 후생연금, 실업보험, 노재보험 등이 적용되고 있어 수산시설과는 전혀 다른 특징을 가지고 있으며, 복지서비스나 운영비의 보조명목으로 정부지원이 계속되고 있다. 따라서 복지공장제도는 신체장애인 복지법상의 신체장애인 수산시설로 위치가 정립되지만 일반고용과 복지적 취업의 중간에 위치한 고용의 한 형태다(권도용, 이달엽, 1997).

복지공장에서 일하는 장애인은 종업원으로 고용되어 업종별로도 최저 수준을 받고 있어(수산시설보다는 높음) 신분이 보장된다. 수산시설에서 일하는 사람은 원칙적으로 「노동기준법」의 적용에서 제외되나 복지공장에서 일하는 경우는 「노동상법」의 적용을 받게 되어 있는 등 두 시설은 서비스 측면에서 서로 다르다(윤광석 외, 1986). 그 밖에 일반 취업이 곤란한 재가장애인에 대하여 보호적 조건하에 통근 취업의 장을 제공하여 지역사회의 일원으로 생활하도록 하여 대인관계의 조정, 여가의 활용, 건강관리 등 자립생활에 필요한 지도를 함으로써 입소자의 사회적 적응력을 향상시키고 지적장애인의 원활한 사회복귀를 도모하였다.


## 5. 우리나라의 재활행정

1961년 전국에 심신장애시설이 30개에 달하였는데, 그중 지체부자유아 시설이 7개였으나 1983년에 일반아동시설이 줄고 심신장애시설이 78개로 증가되었다(민은식, 구본권, 1983). 1952년에 전쟁으로 생겨난 장애고아를 대상으로 수용보호를 시작한 우리나라 최초의 지체부자유아 재활시설인 삼육아동불구원(현 삼육재활센터)이 설립되었는데, 1967년 최초로 3개 공과 22명을 대상으로 직업보도를 실시하였으며, 1979년에는 우리나라 최초로 보호작업장을 개원하였다(나운환, 1990).

전쟁으로 인해 사회의 모든 영역이 황폐화되고 격리형 수용시설이 급증하였다. 개인의 종교적 신앙이나 철학을 바탕으로 전쟁이 양산해 낸 많은 장애인의 일부를 수용·보호하고 재활을 촉진시키기 위한 노력이 이루어진 것이다. 1952년 대구 안식원이 신체장애인에게 직업지도와 취업을 보도하였고, 같은 해 외국 원조에 의해 부산의 국립재활원이 설립되었다(황의경, 배광웅, 1991).

1967년에 이방자 여사에 의해 사회복지법인 명휘원이 설립되었고, 이외에 부산의 양지재활원과 인천의 성린아동직업재활원 등이 각기 다른 시기에 설립되었다. 정부가 육성비를 지원하기 시작한 1987년 이전에는 보호작업장, 수산장, 복지공장, 복지수산장, 복지공작소, 재활복지공장, 자립작업장 등 여러 가지 용어를 사용해 왔으나 1987년 이후에는 자립작업장으로 용어를 통일하고 장애인고용 확대를 도모하였다.

우리나라에서 장애인이 독립된 장소에서 일을 하는 시설, 즉 보호작업장 혹은 자립작업장이라고 통칭하기 시작한 것은 불과 1980년 초에 지나지 않는다. 자립작업장이라는 용어를 본격적으로 사용하기 시작한 것은 정부가 장애인고용 확대 일환으로 육성비를 지원하기 시작한 1987년이다. 그전까지만 해도 시설이나 학자에 따라 제각기 보호작업장, 수산장, 복지공장, 복지수산장, 복지공작소, 재활복지공장, 자립작업장 등 여러 가지로 사용해 왔으며, 아직도 일부에서는 서로 상이하게 사용하고 있어 용어의 개념에 혼란을 가져오고 있다. 이와 같은 작업장은 「심신장애자복지법」 제15조 심신장애자 근로시설에 근거를 두고 있는데, 동법의 내용을 살펴보면 심신장애자로서 취업이 곤란하거나 생활이 곤란한 자를 입소 또는 통원하게 하여 필요한 훈련을 행하고 직업을 주어 자활시키는 시설이라고 정의하고 있다.

'장애자복지편람'을 보면 '재활복지공장'은 일반사업장에 취업이 불가능한 장애인에게 취업의 기회를 주고 장애인이 지니고 있는 잔여능력을 최대한으로 개발하여 생산적 활동에 참여시킴으로써 제한된 환경에서나마 인간으로서의 보람을 느끼게 하는 데 그 목적이 있다. 이와 같은 재활복지공장은 재활기관의 하나로서 장애자의 직업평가, 적응훈련, 취업알선, 사회심리적 지원, 개인 및 집단상담, 의료지원, 보충교육, 생활훈련, 인간관계 훈련 등을 하고 있기 때문에 국가적 · 사회적 지원과 협조 및 유능한 관리자와 전문상담가를 배치해야 한다(이진명 외, 1989).

현대적 의미의 재활행정은 1981년 「장애인복지법」의 재정으로 근간이 마련되었다. 그리고 1999년, 2003년, 2006년 법의 개정으로 장애범주가 확대되었으며, 2013년에는 '제4차 장애인복지발전5개년계획'이 시행되었다. 그리고 자립생활 지원과 「차별금지법」 도입으로 선진국 형태의 체계를 갖추게 되었다.

우리나라 재활행정의 특징은 '장애인복지관'이라는 지역사회통합시설이 있어 장애인의 대표적 이용시설로 활용되고 있다. 그리고 장애인 소득보장을 위해 '직업재활시설'이 활성화되고 있으며, 2010년 「국민기초장애연금」 도입으로 선진국 대열에 합류하게 되었다.

## 1) 일제 강점기 전후

우리나라는 고대 삼국시대의 구휼제도와 더불어 고려시대 불교의 자비사상, 조선시대 유교사상의 영향으로 장애인의 구제를 위한 움직임을 볼 수 있다. 고구려 고국천왕 때는 '사궁구휼', 신라 유리왕 때는 구휼사업(환과고독), 고려시대 맹승계급, 고려 초기 매복맹인(복업, 종 4-5품 벼슬), 조선 세조에는 명과학, 잡학, 관현맹인이 있었으며, 정조 7년에는 점과 그물 짜는 일과 같은 직업 등이 있었다. 1894년 갑오개혁 이후에는 유길준의 서유견문을 통해 언어장애인의 특수교육과 시각장애인의 직업교육을 소개하였고, 수예, 안마, 침구 등과 같은 교육이 재생원 안에서 진행되었다. 또한 박두성(1888~1963)은 한글점자를 개발하였다.

조선 말기 때는 외국 선교사의 장애인을 위한 교육적 노력을 엿볼 수 있다. 한국에서 최초로 장애인을 보호하고 교육을 시켰던 시기는 고종 31년(1894년)으로 미국 선교사 부인인 홀(Hall) 여사가 평양에서 시각장애인 학생을 집에서 보호하며 교육을 실시한 것이었다. 고종 34년(1897년) 역시 장로교 선교사인 모퍼(Moffer)가 평양에 남자 시각장애인을 위한 교육시설을 마련했고, 같은 해에 서울에서도 영국인 패시(Pash)와 페리(Perry)가 자신의 집에서 시각장애인 남자학생을 수용ㆍ보호하였다.

1910년 한일병합 후 광무 9년(1905년) 9월에 개설한 경성고아원을 1911년에 조선총독부가 접수하여 제생원(濟生院)이라 칭하였다. 1913년에 시각장애인에 대하여 최초로 직업교육을 실시하였다. 처음에는 당시의 경성고아원에서 양육 중이던 고아 90명을 넘겨받아 양육부를 두고 고아양육사업을 시작하였다. 2년 뒤 「조선총독부제생원규칙」이 제정되면서 맹아부를 설치하고 시각장애인들 중 일부를 수용보호하면서 그들에게 초등교육과 직업교육을 실시하였다. 이 기관은 일종의 복지시설형 특수교육기관이었다.

일본은 1944년에 「조선구호령」을 제정했다. 그 적용대상은 65세 이상의 노인, 1세 이하의 유아, 임신부, 불구, 폐질, 상이, 기타 정신 또는 신체의 장애로 인하여 노동을 못하는 자로 규정하고 있다. 그러나 형식적이고 임시적인 방편에 불과하였다.

일제 강점기의 제생원과 조선구호령은 국민복지적인 동기에서 출발한 것이 아니라 식민통합을 보다 합리화하고, 정당화하기 위한 수단으로 도입하였다는 데기본적인 한계가 있었다. 8 · 15 해방과 더불어 국가의 공공행정은 물론이고 정책과 제도도 미군으로 이관되었다. 미군정이 실시되면서 사회사업정책 및 구호에 관한 각서가 '후생국보'에서 발표되어 조선구호령과 함께 사용되었다. 미 군정청이 일본으로부터 제생원을 인수받아 교명도 '국립맹아학교'로 고쳤다. 1948년 2월에는 보건복지부로부터 문교부로 이관되었다.

1948년에 이문형이 지적장애아수용시설로서 '중심각심학원'을 설립한 것이 한국 최초의 지적장애인보호시설이 되었다. 이 기관은 1949년에 정식 허가되었으며, 이후 '국립재활원'이 되었다. 미군정 시기에는 사회복지 분야 중 장애인복지제도에 관련되는 조항은 찾아볼 수 없으나, 아동 · 부녀를 대상으로 한 구빈목적의 지원 내용을 볼 수 있다.

## 2) 재활행정의 도입기

대한민국 정부수립 이후 1970년까지는 현대적 의미의 재활행정의 역사가 태동한 시기라고 할 수 있다. 1960년대에 한국 전쟁의 영향으로 군인이나 경찰을 위한 제도가 마련되기 시작하였다. 이는 장애인복지제도가 장애인을 위한 복지의 차원에서 비롯된 것이 아니라 군인과 경찰의 권익증진이라는 차원에서 제정되었다고 볼 수 있다. 이는 서구의 현대적 장애인복지가 제2차 세계대전 이후 전쟁부상자에 대한 대책으로 태동한 것과 맥을 같이 한다.

1970년대를 거치면서 장애인을 위한 본격적인 법령은 1977년의 「특수교육진흥법」 뿐이었다. 1970년 1월 1일 「재활상담사업법」이 제정 · 공포될 때도 장애인복지사업은 포함되지 않았다. 독자적인 장애인복지에 대한 법적인 장치가 마련되지 않았지만 정부수립 후 1970년대까지는 전후 군인, 경찰 등의 입법화와 「특수교육진흥법」이 제정되어 장애인복지가 태동된 시기로 볼 수 있다. 「특수교육진흥법」의 제정으로 교육 분야에서 처음 장애인복지가 태동하게 되었다.

현대적 의미의 장애인복지는 1950년 이후 상이군경을 대상으로 한 고용제도의 마련을 시작으로 1977년에 가서야 「특수교육진흥법」의 제정으로 이루어졌다.

우리나라는 1970년 산업재활원, 1976년 「근로복지공사법」, 1978년 '심신장애자 종합보호대책'이 마련되었다. 1981년 '세계장애인의 해'를 맞이하여 우리나라에서는 장애인복지를 위한 법률인 「심신장애자복지법」 제정과 함께 장애인복지는 전환기를 맞게 되었다.

1988년 서울올림픽 당시 장애인올림픽을 동반개최함으로써 장애인에 대한 사회적 관심이 증가하였고, 이에 따라 장애인복지제도도 급격히 발전하게 되었다. 그 후 정부는 1997~2002년까지 '장애인복지발전5개년계획'을 추진하여 도약의 시기를 맞이하였다.

정부수립 이후 1980년까지는 현대적 의미의 장애인복지가 태동된 시기라고 볼 수 있다. 이 시기의 우리나라의 사회경제적 상황은 한국 전쟁 이후, 5·16 군사혁명, 6·3 사태 등을 거치면서 정치의 정통성 확보와 경제 성장 일변도의 경제정책을 주도하여 경제발전과 함께 노동문제, 실업문제, 계층·지역 간의 소득불균형 문제 등이 야기된 시기라고 할 수 있다.

1970년대 말 정부는 경제성장의 결과로 국민의 신임을 얻는 측면도 있었으나 민주주의적 정통성의 결과로 큰 정치적 부담을 안고 있었다. 이러한 정치, 경제, 사회적 상황을 배경으로 하여 정부는 1977년 '제3차 경제개발5개년계획'을 마련하였는데, 첫해부터 경제성장과 사회복지의 균형발전을 국가의 기본정책 방향으로 설정하여 사회복지와 경제성장의 균형발전을 꾀하고자 하였다(차흥봉, 2004).

대한민국 정부수립 이후 1960년까지는 빈곤의 시대로서 일반장애인에 대한 독자적인 법령상 또는 제도상의 접근을 찾아보기는 어려우며, 장애인 문제는 빈곤, 재난, 아동·부녀문제에 포함되어 다루어졌다. 그리고 빈곤문제도 정부가 적극적으로 개입하지 못하고, 민간자선사업이나 외국의 원조기관이나 종교단체의 역할에 맡겨져 왔다. 이 시기의 활동은 크게 네 가지로 설명할 수 있다(임안수, 송영욱, 1996; 조흥식, 2006).

- 군사원호자와 국가유공자 대책: 이 시기는 군사원호자와 국가유공자에 대한 대책이 주로 이루어졌다. 「군사원호법」(1950)과 「경찰원호법」(1951)의 제정으로 상병군인, 상병경찰 및 그 유족에 대한 생계부조, 직업보호, 수용보호 등이 행해졌으며, 전몰군경유족과 「상이군경연금법」(1952), 「군사원호보상급여금법」(1952), 「군사원호보상법」(1961), 「군사원호대상자고용법」(1961),

「국가유공자 및 월남귀순자특별원호법」(1962)이 제정되어 상이군경이나 국가유공자에 대한 각종 시책과 제도가 마련되었다. 1963년에는 「산재보험법」이 제정되어 소수의 산재장애인에 대한 의료재활과 소득보장급여가 제공되었다.

• 「생활보호법」 제정과 상속세 감면: 정부가 장애인문제에 개입을 시작한 것은 1961년 「생활보호법」 제정에서부터라고 볼 수 있다. 이 법은 노령, 질병, 기타 근로능력의 상실로 인하여 생활유지의 능력이 없는 자에 대하여 생계보호, 의료보호, 해산보호, 상장보호 등을 목적으로 한다. 이 법의 대상자 중에는 불구, 폐질, 상이, 기타 정신 또는 신체의 장애로 인하여 근로능력이 없는 자가 포함되어 있기 때문에 장애로 인한 빈곤자에 대한 국가의 보호가 시작되었다고 볼 수 있다. 또한 이 법에 따른 시설보호 중에는 재활시설이 있으며, 재활시설은 신체상 또는 정신상의 장애가 있는 자로서 의료와 직업보도를 함으로써 재활을 할 수 있으며, 보호를 필요로 하는 자를 수용하여 의료재활과 직업보도를 행하는 것을 목적으로 하는 시설이다. 그러나 이 당시의 장애인복지시설은 재활이라는 개념보다는 수용, 보호라는 차원이 더 강했으며, 정부가 운영하기보다는 주로 외원기관에 의존되어졌다.

• 「교육법」에 장애인 대상 특수교육 규정: 1949년에 제정 · 공포된 「교육법」에 초 · 중등 특수학교, 초 · 중등과정에 특수학급을 설치할 수 있도록 한 규정을 최초로 마련하였다. 특수학교는 시각장애인, 청각장애인, 지적장애인, 기타 심신에 장애가 있는 자를 대상으로 특별시 또는 도에 1개교 이상 설립하여야 한다고 규정하였다. 특수학급은 신체허약자, 성격이상자, 정신박약자, 농자 및 난청자, 맹자 및 난시자, 언어부자유자, 기타 불구자인 학생을 위하여 만들 수 있는 것으로 규정하였다. 이러한 법은 장애인을 위한 특수교육제도의 근원이 되었다. 그 후 1967년 '특수교육5개년계획'이 마련된 후 몇 차례 특수교육 발전 계획이 발표되었으나, 이 계획은 당시 경제발전 우선이라는 고도성장정책에 밀려 그 추진이 흐지부지되고 말았다.

• 민간단체의 장애인복지사업: 민간단체를 설립하여 장애인을 위한 프로그램을 제공하기 시작하였다. 1952년에 우리나라 최초의 지체장애인복지시설인 삼육아동재활원, 1954년에 한국불구자협회(현 한국장애인재활협회), 1959년에

연세재활원 내에 최초의 재활병원인 소아재활원, 1962년에 한국특수교육협
회, 1964년에 세브란스특수학교 초등과정, 1965년에 삼애회(현 한국소아마비
협회), 1967년에 명휘원 등이 설립되었다. 장애 관련 서비스 및 프로그램으
로는 삼육아동재활원의 직업보도사업(1967), 문교부 주최 제1회 장애아동실
기경진대회(1968, 11개 직종, 250명 참가), 한국장애인재활협회의 제1회 장애
아동캠프(1969)가 개최되었다. 또한 한국장애인재활협회에서는 1954년에 국
제장애자재활협회(RI)에 가입하였고, 제11차 RI세계대회에 한국대표단을 최
초로 파견하는(1969) 등 국제협력 사업을 시작하였다.

### 3) 지역사회 중심 재활

　지역사회 중심 재활사업이 처음 소개된 것은 1984년 마닐라에서 개최된 지역
사회 중심 재활사업 관련 세미나에 우리나라 재활관계자 3명(보건사회부 직원 1인,
의료분야 전문가 1인, 장애인복지전문가 1인)이 참석하여 동 사업의 필요성을 추진하
게 되었다. 그 후 1985년 1월 보건사회부가 한국장애인재활협회로 하여금 서울
관악구 신림 7동을 대상지역으로 선정하여 지역사회 중심 재활사업을 위한 '재가
장애인에 대한 실태 조사'와 3년간의 '시범사업'을 전개하도록 한 것이 최초의 사
업으로 볼 수 있다.
　시범사업은 도시형과 농촌형의 모델을 개발하기 위해서 서울 관악구 신림 3동,
7동, 그리고 충북 청원군 북일면, 북이면을 대상으로 하였다. 주요 사업으로는 조
사사업(장애자실태와 욕구조사, 지역 내 인적·물적 자원 조사), 상담사업, 재활서비
스사업[단기 훈련된 자원봉사자(가정봉사원)에 의하여 장애자의 사회 복귀를 위한 제반
재활서비스 알선 및 제공], 교육지도사업(장애인과 가족, 자원봉사자), 장애예방과 인
식개선, 홍보, 정보제공 등이 있다(나운환, 2006).

### 4) 서울장애자올림픽

　1982년부터 매년 열리는 '전국장애인체육대회'가 서울에서 개최되었으며,
1988년 10월 15일에는 국제대회인 제8회 서울장애자올림픽(paralympic)이 서울

에서 개최되었다. 이 대회의 개최는 올림픽대회를 개최하는 나라가 동반 개최하는 관례에 따라 1988년 서울올림픽대회에 이어서 개최되었다(조직위원장 고건, 조직위 사무총장 조일묵, 61개국 7,375명 최대 규모 참가, 한국 7위 석권).

1984년 '서울장애자올림픽대회 조직위원회'가 구성되었고, 이때부터 정부는 4년간 대회 개최를 준비하는 동안 약 450억 원을 들여 정부종합청사, 올림픽경기장, 서울 시내 중심가로 12개 종별경기장, 선수촌, 공항 등 공항으로부터 선수촌 및 경기장까지의 동선(動線)을 중심으로 도로, 교통수단(특수차량보급) 및 부수시설, 통신시설, 기타 물리적 환경에 관한 편의시설을 정비하였다. 이 대회의 개최로 장애인에 대한 국민의 인식이 급격하게 개선되었다(한민규, 1996).

한편 1988년 '서울장애자올림픽'을 대비하여 정부에서는 시설 현대화계획(1985~1987)을 수립하고 약 250억 원을 투자하여 시설의 현대화를 꾀하고자 했다. 대부분의 장애인복지시설이 영세성과 비전문성을 면치 못하고 있다는 판단하에 노후시설의 증·개축, 의료재활시설 및 직업재활시설 등 당시 장애인시설 확충 및 전문재활기능을 보강하여 장애인에게 각종 전문재활서비스를 제공하고 시설운영에 필요한 제반비용을 정부가 80%를 부담하여 장애인의 수용보호 및 재활을 통하여 장애인복지증진에 기여하고자 하였다(보건사회부, 1987).

'서울장애자올림픽대회'가 종료된 후 100억 원의 기본 재산(장애인올림픽대회 조직위원회의 잉여금 50억 원과 서울올림픽대회 조직위원회의 기부금 50억 원)을 가진 재단법인 '한국장애인복지체육회'가 설립되었고, 동 기금으로 국제경기에서 입상한 장애인 체육선수에 대한 연금을 지급하는 제도가 마련되었다.

'한국장애인복지체육회'는 이후 '한국장애인복지진흥회'로, '한국장애인개발원'으로 전신이 변모하였다. 현재 체육업무는 문화관광부가 주부부처로, '대한장애인체육회'가 국내외 장애인체육 발전을 이끌고 있다. 한편 '한국장애인개발원'은 보건복지부의 직업재활사업, 장애인편의시설, 장애인정책연구 기관으로 그 역할을 다하고 있다.

### 5) '장애자복지대책위원회' 활동

장애자올림픽대회 이후 급격히 증가된 장애인복지욕구에 부응하여 제도적 틀을 정비하고 재가장애인을 위한 서비스가 활발하게 전개되었다. 이 시기는 1987년 민주화 투쟁 이후 각계 · 각층에서 분출된 민주화 요구와 더불어 진행된 저소득층의 복지요구운동으로 장애인에게 많은 영향을 미쳤다.

이전까지는 자신의 목소리를 내지 못했던 장애인 및 장애인단체는 1988년 '서울장애자올림픽' 개최를 계기로 사회운동이라는 틀을 통해 장애인문제를 해결하고자 하는 욕구를 일시에 표출하게 되었다. 또한 '장애자복지대책위원회'가 대통령께 건의한 11개 부문에 걸친 대책(안)에 의해 보건복지부 외에 타 부처에서 장애인복지 관련법의 제정 및 다양한 정책과 서비스를 개발하였다. 이 시기의 특징으로는 다음과 같이 정의할 수 있다.

- 장애와 관련된 법률의 제 · 개정이 많았다. 장애자를 장애인으로 용어 변경 등을 주요 골자로 「장애인복지법」 전면 개정(1989), 「장애인고용촉진 등에 관한 법률」 제정(1990), 「고용보호법」(1993), 「장애인편의시설 및 설비의 설치기준에 관한 규칙」 제정(1994), 「특수교육진흥법」 전면개정(1994), 「장애인 · 노인 · 임산부 등의 편의증진보장에 관한 법률」(1997)이 제정되었다. 또한 장애인의 날(4월 20일)이 법정기념일로 지정(1989)되었다.
- 장애인의 소득보전 및 생활지원을 위한 다양한 경제적부담 경감시책 등의 지원대책이 대거 마련되었다. 세금감면과 면세, 공공요금 감면과 저소득 중증 · 중복장애인 생계보조수당 지급, 장애인이 영구임대아파트 입주 시 가산점 부여(1993), 국민주택 공급 시 장애인특별분양(1995) 등 주거복지대책도 실시되었다.
- 장애문제에 대한 체계적 접근을 위한 종합대책이 수립되었다. 노인 · 장애인 복지종합대책(1996), 특수교육발전5개년계획(1997~2001), 장애인복지발전 5개년계획(1998~2002)이 수립되었다.
- 장애인복지를 전담하는 국가 전달체계가 확대되었다. 재활과를 장애인복지과로 직제 변경(1994), 장애인복지심의관 설치(1997), 국무총리실 산하에 장애인복지대책위원회(1997), 노동부의 장애인고용과(1991)가 설치되었다. 또한 재단법인 '한국장애인복지체육회(1989)' '한국장애인고용촉진공단(1991)' '국립특수교육원(1994)' 등의 법정단체가 설립되었다. 장애인복지시설정책

이 본격적으로 탈시설화, 사회통합을 위한 재가서비스 전달체계로의 변화와 제도적 개선이 시작되었다. 또한 이용시설과 장애인직업재활시설의 확대, 재가장애인순회재활센터, 장애인공동생활가정 등 소규모시설 확대 등의 정책 변화를 꾀하였다.

- 정부와 민간 주도의 대국민 장애인인식 개선운동이 본격화되었다. 한국갤럽이 1990년부터 매 5년마다 실시되는 장애인에 대한 국민인식조사와 장애인먼저실천운동본부가 설치(1996, 한국장애인재활협회 내)되었다.
- 사회적 관심이 장애인 인권에 초점이 맞추어지기 시작하였다. 장애인단체를 중심으로 장애인운동이 조직적으로 전개되었다. 정책과 인권운동을 중심으로 한 운동세력과 자조단체들의 양적 성장과 역량이 강화되었으며, 장애인단체(자조단체)와 장애인을 위한 단체(지원단체)의 논쟁과 대립각이 형성되면서 장애인복지단체가 성장하였다.

## 6) 재가복지 서비스 도입

장애인복지시설의 주요정책으로 탈시설화, 사회통합을 위한 재가서비스 전달체계로의 변화 및 제도적 개선이 시작되었다. 이용시설과 장애인직업재활시설 확대, 재가장애인순회재활센터, 장애인공동생활가정 등의 변화를 꾀하였다.

1989년 12월 30일에 전부 개정된 「장애인복지법」에서는 장애인복지시설을 장애인재활시설, 장애인요양시설, 장애인유료복지시설, 장애인이용시설, 장애인직업재활시설, 점자도서관, 점서 및 녹음서 출판시설의 7종으로 분류하였다.

재가장애인을 위해 무료 또는 저렴한 요금으로 집에서 통원하면서 재활에 필요한 상담, 치료, 훈련, 사회와의 교류촉진 및 여가활동 등의 편의를 종합적으로 제공하는 시설을 이용시설로 규정하였다. 이 규정에 의해 정부는 1982년부터 '장애인종합복지관'과 단종복지관(현재의 종별복지관)을 설치하기 시작하였다.

1992년부터 대규모 시설 중심에서 지역사회 내의 소규모 시설로의 변화가 시작되었다. 가정 내에서 생활하고 있는 재가장애인을 직접 방문하여 이들이 필요로 하는 재활서비스를 제공하는 재가장애인순회재활서비스센터를 설립하였으며, 1997월 1월 1일부터는 국고지원으로 장애인공동생활가정(Group Home)이 설치 · 운영되었다. 중앙정부차원에서 지원하기 이전에 1981년 전남 광주에서 엠마우스장애인공동생활가정이 최초로 설치 · 운영되었으며, 1992년에는 서울특별시의 지원으로 지적장애인애호협회에서 2개의 장애인공동생활가정을 시범사업으로 실시하였다. 1994년 5월 서울시는 장애인공동생활가정 설치 · 운영지침을 마련하는 등 실질적으로 장애인공동생활가정 운영을 지원하였다. 1996년에는 주 · 단기 보호시설을 설치 · 운영하였다(백은령, 2006).

## 7) 인식개선 대책

국민인식의 전환기인 2000년에는 편의시설, 교육, 고용, 여성장애인 등에 대한 인식이 보다 본격적으로 확산되고, 장애차별에 대한 대응이 국민인식의 변화에도 영향을 주었다. 특히 '장애인먼저운동'이 대국민을 대상으로 본격 전개되었으며, 장애 관련 신문, 언론 등이 양적으로 확대된 점으로 인식개선을 위한 기초를 넓히는 시기라 할 수 있다.

미디어 부문에서 먼저 장애인식개선 활동을 시작하였다. TV 프로그램으로는 1981년 4월 13일에 첫 방송이 시작된 이래 25년 이상 장수해 온 KBS 제1라디오의 〈내일은 푸른 하늘〉, 1991년 SBS 개국과 함께 시작하여 1996년에 폐지된 SBS의 〈사랑의 징검다리〉, 1993년 10월에 신설되어 현재까지 정규 프로그램으로 진행되고 있는 KBS-2TV의 〈사랑의 가족〉 등이 있다. 신문으로는 1989년 4월부터 발행, 장애인의 관점에서 장애인이 만드는 신문을 표방함으로써 장애인의 삶과 장애인복지를 사회화시키는 역할을 해 오고 있는 '장애인복지신문', 1989년 5월부터 발행, 일반인이 장애인을 이해시키려는 논조를 지니고 있는 '장애인신문', 1994년 9월에 창간되어 장애뿐 아니라 노인과 불우청소년문제에도 관심을 가졌던 주간신문 '장애복지21' 등이 창간되어 바야흐로 장애언론이 활발하게 등장하는 시기를 맞이하게 되었다. 또한 1995년 12월에는 서강대학교 언론대학원이 주축이 되어 장애인 전용방송인 〈사랑의 소리방송〉이 개국하였다. 〈사랑의 소리방송〉은 방송국에서 편성한 한 개의 프로그램이 아닌 장애인 전문방송이라는 점에서 의의가 있다. 이 방송은 KBS-1 FM 97.3MHz를 통해 방송되는데, SCA수신기를 부착해야 청취가 가능하였다.

1990년대에 접어들면서 장애문제에 대한 국민적 관심이 다양한 영역에서 나타나기 시작했고, 1996년 정부는 '한국장애인재활협회' 내에 '장애인먼저실천운동본부'를 출범시켰는데, 장애인에 대한 정서적·사회적 불리를 국민운동 차원에서 개선하고자 전국단위에서 운동을 전개했다. 이 운동은 장애와 장애인에 대한 편견과 차별을 해소하고 생활에서 불편을 겪는 장애인을 먼저 배려함으로써 복지공동체를 가꾸어 가자는 취지로, 사회 각계 지도층 인사들이 뜻을 모아 출범하여 다양한 대국민인식개선 활동을 추진해 오다가 1997년에 별도의 사단법인으로 발족하였다.

## 8) 경제생활지원

1989년에 개정된 「장애인복지법」에 의해 장애인을 위한 경제적 부담 경감 시책이 포괄적으로 실시되었다. 저소득 중증장애인을 대상으로 소득보전 개념의 장애인생계보조수당을 최초로 지원하기 시작하였으며, 이동지원수단으로서 자동차 관련 세제 감면과 교통지원제도가 폭넓게 제공되었다. 또한 영세 장애인을 위해 실시되었던 보장구 무료보급 사업이 부가세감면, 건강보험급여지원 등 대상품목과 지원방식이 다양한 형태로 발전하였다.

## 9) 차별금지 대책

2000년 「국민기초생활보장법」의 도입과 2005년 「정보격차 해소법」, 2006년 저상버스도입, 특수이동수단인 콜밴 서비스가 시작되었다. 2007년에는 활동도우미 제도의 시범사업과 노인요양보호제도가 시작되었으며, 2008년에는 '유엔 권리협약'과 「장애인차별금지 및 권리구제법」이 시행되었다. 그리고 장애연금 및 활동지원제도가 2010년에 본격화되었으며, 2011년에는 「장애아동지원법」과 2012년에는 제4차 장애인정책발전계획 수립 등의 결실을 맺었다. 1998년 이후부터 2007년까지는 우리나라의 장애인복지가 도약한 시기로, 장애문제에 대처하는 방식이 복지에서 인권적 관점으로 변화되어 장애인의 사회활동과 참여의 제한을 제거 또는 완화하는 정책에 초점이 맞춰졌다.

국내적으로는 1997년 말 금융위기로 실업자의 폭발적 증가와 가족해체가 심각하였고, 다양한 사회복지서비스 대상자가 발생하여 이에 대한 적극적 대처를 필요로 했으며, 장애분야에서도 그 어느 때보다도 장애운동이 성숙되고 또 이를 뒷받침하는 정치세력이 형성되었던 시기라고 할 수 있다(권선진, 2006). 이러한 국내·외적으로 장애정책 환경이 급변함으로써 우리나라의 장애인복지정책의 패러다임의 전환을 가져왔으며, 정부 또한 적극적으로 사회적 지원을 확대하여 양적·질적으로 발전될 수 있었다. 이러한 변화와 발전은 2008년 장애계의 오랜 염원이었던 「장애인차별금지 및 권리구제에 관한 법률」이 제정됨으로써 최고조에 달하게 된다. 이 시기의 특징은 다음과 같이 정의할 수 있다.

- 장애인복지 패러다임의 대전환을 가져왔다. 장애문제를 완전한 사회문제로 그리고 인권의 관점에서 인식하기 시작하였다. '장애인인권헌장'의 제정·공포, 'UN장애인권리협약' 서명, 「장애인차별금지 및 권리구제에 관한 법률」 제정 등의 결실과 함께 복지에서 인권의 차원으로, 수혜자에서 소비자의 권리로, 복지서비스의 이용과정에서 장애당사자의 선택과 결정이 존중되고 참여 기회가 확대되었다.
- 장애인의 사회참여와 권리를 누리는 데 제약이 되는 사회 환경을 개선하기 위하여 종합적인 장애인복지계획을 수립·이행하였으며, 이를 통해 각종 장애 관련 법령의 제·개정과 정책과 서비스 개발이 활발하였다.
- 장애운동세력의 성숙과 이를 뒷받침할 수 있는 정치세력이 형성되면서 장애복지제도의 발전을 가속화시켰다. 장애인연합단체의 출범, 비법인단체의 활약, 특히 장애인차별금지추진연대를 시작으로 장애인단체의 연대활동, 비례대표 장애국회의원의 활동 등으로 장애당사자와 장애인단체연대체가 장애인복지정책의 중심에서 활동하였다.
- 여성장애인을 위한 지원과 관심, 소규모시설의 확대, 활동지원인제도 도입, 중증장애인의 자립생활지원이 확대되는 등 장애 정도나 능력에 상관없이 지역사회에서 생애 주기에 따른 개별화된 맞춤형 서비스의 이용이 강조되었다.
- 중앙정부의 책임인 장애인복지사업이 지방자치단체의 책무로 대거 이양되어 장애인복지의 규모가 축소되고, 지방자치단체 간의 격차가 장애인의 '삶

의 질'의 격차로 이어지는 등 거주지에 따라 장애인의 삶의 질이 달라지게
되었다.

## 참고문헌

강태석(1996). 장애인 고용제도 및 시책의 변천. **한국장애인복지변천사**, 한국재활재
　　단. 경기: 양서원.

교육인적자원부(2004). 교원정책자료.

교육인적자원부(2004). 특수교육 연차보고서.

교통개발연구원(2004). 교통약자의 이동편의증진법(안) 제정 공청회.

국가인권위원회(2008). 알기 쉬운 장애인차별금지법.

국회 보건복지위원회(2007). 「장애인복지법」 전부 개정 법률안(대안).

국회 보건복지위원회(2007). 장애인차별금지 및 권리구제 등에 관한 법률안(대안).

권도용, 이달엽(1997). **보호작업장 활성화 방안**. 서울: 한국장애인복지시설협회.

권도용(1998). **현대장애인복지개론**. 서울: 홍익재.

권선진(2006). **장애인복지론**. 서울: 청목출판사.

김미숙(2002). 미신고시설의 실태 및 관리개선 방안. 보건사회연구원.

김용득, 이동석(2003). 장애담론과 한국장애인복지의 변천. **성공회대학교 논총**. 성공
　　회대학교.

김윤정(1997). 우리나라 장애인운동의 역사적 전개에 관한 고찰, 가톨릭대학교 대
　　학원 석사학위논문.

김종인 외(2007). 여성장애인 임신출산, 육아관련 종합정보모델 개발, 보건복지부.

김홍덕(2010). 하나님 앞에서 나는 누구인가? **장애신학**. 대전: 대장간.

나운환(2000). **재활행정 및 기획론**. 서울: 홍익재

나운환(2006). 장애인복지 영역별 변천: 직업재활. **한국장애인복지 50년사**, 한국장애
　　인재활협회 편. 경기: 양서원.

나운환(2008). **장애학-통합재활적 접근**. 서울: 나눔의집.

남상만 외(2002). **장애인복지개론**. 서울: 홍익재.

민은식, 구본권(1983). 한국의 지체부자유아 재활복지 발생과 발전과정. 재활연구, 9, 5-21.

민주노동당(2005). 재활상담사업 지방이양에 따른 문제점과 대응방안. 민주노동당 정책 자료집.

박을종(2004). 장애인복지 50년의 분야별 고찰 및 향후 전망과 과제: 접근권. 한국 장애인복지 50년 기념 국제학술대회. 한국장애인재활협회.

백은령(2006). 장애인복지 영역별 변천: 장애인복지시설. 한국장애인복지 50년사, 한국장애인재활협회 편. 경기: 양서원.

백종만(2008). 사회복지 재정분권의 쟁점과 정책과제, 지방이양 재활상담사업 문제에 대한 모색을 위한 토론회, 국회의원 정화균 의원실.

법제처(2007). 전부 개정된 「장애인복지법」 개정에 대한 보도자료.

보건사회부(1987). 보건사회백서.

보건사회부(1995). 보건사회 통계연감.

보건복지부(2005). 제2차 편의증진국가종합5개년계획.

보건사회부(2005). 중증장애인 자립생활센터 시범사업 추진계획.

보건사회부(2005). 미신고복지시설 종합관리대책 정책설명회 자료집.

보건사회부(2007). 장애인활동지원지원사업 안내.

보건복지부(2008). 장애인차별금지 및 권리구제에 관한 법률 설명 자료.

성민선(2005). 사회복지개론. 서울: EM실천.

신정순, 나운환(2006). 한국장애인재활협회 50년사. 한국장애인복지 50년사, 한국장애인재활협회 편. 경기: 양서원.

여성담당정책관(2003). 여성장애인 생활실태와 대책, 보건복지부.

오혜경 외(2007). 참여정부5년평가: 여성. 장애인복지정책 현장에서 만든다. 한국장애인재활협회.

윤광석(1986). 한국장애자복지시설의 당면과제. 국책연구 9. 314-331. 민주자유당 국책연구소.

임안수, 송영욱(1996). 장애인 복지제도의 변천. 한국장애인복지변천사, 한국재활재단. 경기: 양서원.

이달엽(1997). 재활과학론: 재활상담관점. 서울: 형설출판사.

이달엽(1998). 재활과학론. 서울: 형설출판사.

이진명, 강호성, 이종길, 백남중, 이달엽, 김경미(1989). 서울시립자립장의 실태 및 육성 · 활성화 방안. 서울: 서울특별시 남부 장애자종합복지관.

장애우권익문제연구소(1998). **장애우 법률 입문**. 사단법인 장애우권익문제연구소.

장애인복지발전계획수립단(2003). 제2차 장애인복지발전5개년계획(2003-2007).

관계부처합동(2008). 제3차 장애인복지발전5개년계획(2008-2012).

관계부처합동, 장애인제도과(1997). 장애인복지발전5개년계획 확정내용, 보건복지부.

장애인차별금지법제정추진연대(2005). 장애인차별금지법률 제정 공청회.

전봉윤(2004). 장애인복지50년의 분야별 고찰 및 향후 전망과 과제: 장애인시설 및 지역사회 서비스. 한국장애인복지50년 기념 국제학술대회. 한국장애인재활협회.

정무성(2007). **장애인복지개론**. 경기: 학현사.

정무성, 양희택, 노승현(1992). **장애인복지개론**. 경기: 학현사

정정진(2004). 장애인복지50년의 분야별 고찰 및 향후 전망과 과제: 장애인교육. 한국장애인복지50년 기념 국제학술대회, 한국장애인재활협회.

정정진(2005). 제2차 장애인복지발전5개년계획 중간평가 정책워크샵, 한국장애인재활협회.

정정진(2006). 장애인복지 영역별 변천: 교육. **한국장애인복지 50년사**, 한국장애인재활협회 편. 경기: 양서원.

조문순(2001). 장애인 직업정책 결정과정의 참여자 갈등에 관한 연구, 성공회대학교 석사학위논문.

조흥식(2006). 장애인복지정책의 변천. **한국장애인복지 50년사**, 한국장애인재활협회 편. 경기: 양서원.

차흥봉(2004). 한국장애인복지 50년의 평가와 새로운 도전. 한국장애인복지50년 기념 국제학술대회, 한국장애인재활협회.

한국보건사회연구원(2005). 장애인실태조사.

한국장애인고용촉진공단(1995). 장애인고용 1995 봄호.

한국장애인재활협회(2002). 아태장애인10년(1993-2002) 평가논문집.

한민규(1996). 장애인체육의 변천. **한국장애인복지변천사**, 한국재활재단편. 경기: 양서원.

황의경, 배광웅(1991). 심신장애인 재활복지론. 서울: 홍익재.

Baumeister, A. A., & Butterfield, E. (1970). *Residentical Facilities for the mentally retarded.* Chicago, IL: Aldine Publishing Co.

Cull, J. G., & Hardy, R. E. (1973). *Adjustment to work.* Spring Field, IL: Charles C. Thomas Publisher.

Krantzler, M. (1970). workshops and disadvantaged black youth: challenge and opportunity. *Jaurnal of rehabilitation, 36*(2), 27-29.

Robin. S. E., & Roseeler, R. T. (2001). *Foundations of the vacational rehabilitation process*(4th ed.). Austin, Texas Pro-ed.

Wright, G. N. (1980). Total rehabilitation. Baston: Little Brown & Company, Inc.

## 참고 사이트

http://cowalk.or.kr
http://www.mw.go.kr
http://www.moleg.go.kr
http://www.molab.go.kr
http://www.mest.go.kr
http://www.mopas.go.kr
http://www.nltm.go.kr
http://www.mcst.go.kr

## 제3장

# 재활 관련 법률의 이해

# 1. 재활정책의 도입

21세기는 재활분야에서 새로운 변화를 시도하는 시기로, 그동안 전문가에 의해 수립된 복지정책이 이용자의 참여에 의해 정책이 새롭게 정비되었다. 정무성은 '새로운 정책 수립 시 장애인 당사자의 참여 활동이 매우 활발해졌다.'고 강조한다. 그동안 장애인은 사회적 약자의 위치에서 복지 서비스에 대한 욕구를 공무원이나 정치인에게 의존하여 자신의 정책을 만들어 왔다. 그러나 최근 장애인은 스스로 자신의 경험을 객관화하고 정책을 수립하는 데 참여하는 방향으로 변화되었다. 이 시기는 각종 집회에서 장애인의 많은 활동과 요구로 메워졌다. 이들은 공동의 권리와 이익을 확보하기 위해 사회참여를 부르짖었다. 그 결과 재활분야의 정책은 많은 변화를 가져왔다.

공공시설에서는 장애인편의시설 설치와 대중교통 기반시설 설치를 위한 노력이 큰 결실을 맺었고, 더불어 장애인차별금지에 대한 공동 대응은 멈추지 않았다. 이에 따라 국가정책은 한층 진일보하게 되었다. 1990년대 말 장애인의 지역사회 통합에 대한 욕구가 증가하면서 자립생활에 대한 논의가 활발하게 전개되었고, 장애인은 사회적 권리와 인권문제에 눈을 돌리는 계기가 되었다. 그 결과 2008년도에는 「장애인차별금지법」이 시행되었고, 그동안 시혜적 복지에서 소비적 권리로 장애인의 정책이 변화되었다. 이러한 흐름은 세계적 추세로 장애에 대한 관점이 시혜적 관점에서 권리적 관점으로 인식되었다고 볼 수 있다. 그 결과 국가의 재활정책은 복지 시책에서 독립생활로, 공공부조정책에서 사회서비스로 변화되었다.

## 1) 국제연합의 권고

1980년대에 국제연합(UN)은 각 나라에 대하여 장애인복지를 국가의 책무로 권고한 바 있으며, 정부는 정치적 상황을 고려하여 복지사회를 국가의 주요 지표로 삼고 일본의 「심신장해자복지법」을 근간으로 우리나라는 「심신장애자복지법」을 제정하였다. 이 법에는 장애인의 보호와 재활, 시설지원, 복지서비스 제공 등 공급자 중심의 정책이 담겨져 있다. 또한 국제경제사회이사회(UN ESCAP)에서는 '아시아·태평양장애인10년행동계획'(1993~2002년)을 결산한 후 2003년부터 실시될 '새로운 10년계획'(2003년~2012년)을 연이어 발표하면서 국가별 실천계획 수립을 권장한 바 있다.

## 2) 국가 재활정책 수립

1996년 12월, 정부는 '장애인복지대책위원회' 제1차 회의에서 '장애인복지발전5개년계획'을 수립하도록 결정함에 따라 '국민복지구상' 등 기존에 발표된 장애인복지 시책을 기본으로 복지·고용 부문을 유기적으로 연계하여 OECD 회원국에 걸맞은 장애인복지 수준을 달성하기 위하여 종합계획을 수립하였다. 복지의 확대를 위하여 장애발생의 예방, 생활안정지원 강화, 사회참여 확대 및 편의시설 확충, 장애범주 확대 등의 사업을 추진하고, 장애아동의 교육기회 확대, 특수교육의 내실화, 특수교육 지원체제의 효율화를 통한 특수교육 강화, 장애인 고용촉진을 위하여 장애인직업능력개발 증진, 중증장애인 고용환경 개선, 사업체의 장애인고용촉진사업을 연차적으로 시행하는 것을 주요 내용으로 하였다.

우리나라의 중장기 장애인복지발전계획은 1998년부터 2012년까지 총 3차에 걸쳐 이어져 오고 있다. 2002년 4월 19일 국무총리를 위원장으로 하고, 학계, 민간전문가, 장애인단체, 사회단체 등 민간위원과 정부부처가 참여하는 '장애인복지조정위원회'에서 '제1차 장애인복지발전5개년계획'의 추진상황을 평가하고 제2차 5개년계획의 기본방향을 재정립하였다. '제2차 5개년계획'의 수립을 위해 '민·관·학계'가 포함된 '장애인복지발전계획수립기획단'을 구성(2002. 7.)하여 총 세 차례의 회의를 개최하고 회의를 통해 계획안을 마련하여 2003년부터 2007년까지 '제2차 장애인복지발전5개년계획'을 추진하였다. 그리고 '제3차 장애인복지발전계획'(2008~2012)은 2012년 말로 종료되고 2013년에 새로운 제4차 계획을 맞게 되었다.

## 3) 장애인복지단체의 정책 참여

### (1) 1960년대

1967년, 소아마비어린이날이 제정되면서 '한국소아마비운동특수보육협회'에서는 '성한 사람들이 돌보자, 소아마비 어린이'라는 슬로건을 내걸고 캠페인을 시작하였는데 이를 장애인 인권운동의 효시로 볼 수 있다.

그 당시 부산의 ○○중학교에 지원한 소아마비 장애인 장 모 군이 학과시험에 만점을 받았으나 체능검사에서 장애를 가졌다는 이유로 입학을 거절당한 사건이 알려졌다. 이와 비슷한 사건이 일어나자 소아마비 장애인에게 체능 특전을 마련해야 한다는 여론이 일어났고, 1968년 문교부에서 이를 해결하기 위해 체능특전을 마련하는 조치가 이루어졌다. 그러나 문교부장관이 바뀌면서 이러한 조치는 전면 백지화되었고, 이에 '한국특수교육보육학회'에서는 백지화를 반박하고 대책위를 구성하여 가두 서명운동을 벌였다.

### (2) 1970년대

1972년, '재활의 날'이 제정됨으로써 1960년대의 장애인권리운동이 소폭의 결실을 맺어 중 · 고등학교 시험에서 장애학생에 대한 체능검사가 면제되었다. 물론 이들의 항의 행동이 체능검사의 면제라는 결과를 가져온 직접적 결과라 말하기는 어려우나, 최소한 이들의 움직임이 한국 사회에서 장애인의 권리를 찾기 위한 시발점이 되었다고 볼 수 있다.

1974년에는 대학입시 불합격 사건과 이를 해결하기 위한 움직임이 있었다. 대학예비고사에는 합격하였으나 시각장애를 가졌다는 이유로 대학입시원서 접수를 거절당한 다섯 명의 학생이 생기자 시각장애와 관련된 11개의 단체가 문교부장관과 각 대학 총장 앞으로 탄원서를 보내어 시각장애학생이 대학에 진학할 수 있도록 제도적인 보장을 해 줄 것을 요청하였다. 이와 유사하게 서울대학교 등 명문대학교에서 30여 명이 입학을 거절당한 사건이 생기자 장애인계와 장애인 가족은 1976년에 입학제한 조치에 대한 항의 궐기대회를 열었다. 이에 박정희 대통령의 특별지시에 의하여 장애학생에 대한 입학제한 조치가 철회되었다. 그러나 1977년에도 ○○대학교에서 이와 유사한 사건이 일어났다. ○○대학교 약학과에 지원한 여섯 명의 장애인 학생이 필기시험에 합격했지만 장애인이라는 이유로 불합격판정을 받은 일이 일어났고, 청와대 등 관련 부처에 진정서를 보내고 서명운동을 펼쳐 불합격이 취소되는 판정을 얻어 냈다. 그러나 약대가 아닌 인문계열을 선택해야 하는 등 제도적으로 장애인에 대한 평등교육권이 구현되지 않은 시기였다. 결국 1960년대와 1970년대의 장애권리운동은 장애인에 대하여 사회적인 이슈를 불러일으키는 정도에 그쳤고, 근원적인 문제해결을 시도하지 못하는 한계를 가지고 있었다.

### (3) 1980년대

1980년대는 우리나라 재활정책의 전환기로 1981년은 UN이 정한 '세계장애인의 해'였고, 1983~1992년은 UN이 정한 '세계장애인10년'이었으며, 1982년 12월 3일은 UN이 '세계장애인의 해 행동계획'을 채택한 날이다. 또한 한국 역사상 최초의 재활에 대한 종합적 법률이라 할 수 있는 「심신장애자복지법」이 공포되었다 (1981년 6월 5일 공포).

「심신장애자복지법」은 한국역사상 최초의 장애인복지에 관한 종합적 법률이라는 데 의의를 갖는다. 이 법률은 ① 심신장애자의 기준, ② 재활상담 및 의료기관 또는 심신장애자 복지시설에의 입소·통원 조치, ③ 보장구의 교부, ④ 고용촉진, ⑤ 시설 우선이용, ⑥ 공공건물·교통·통신 등의 편의시설, ⑦ 장애자 부양수당, ⑧ 심신장애자 복지시설의 종류와 설치·운영, ⑨ 보장구 제조·수리업의 허가 등에 관하여 규정하고 있다. 또한 심신장애자 복지시설을 ① 지체장애자 재활시설, ② 시각장애자 재활시설, ③ 청각·언어장애자 재활시설, ④ 지적장애자 재활시설, ⑤ 심신장애자 요양시설, ⑥ 심신장애자 근로시설, ⑦ 점자도서관, ⑧ 점자출판시설 등의 내용을 담고 있다.

1980년대는 세계적으로 장애인에 대한 관심이 고조된 시대였다. 국내에서도 법 제정과 '서울장애자올림픽'이 개최되는 등 장애인에 대한 관심이 고조된 시기였다. 국내에서도 「심신장애자복지법」을 제정하여 장애인에 대한 법적인 기틀을 갖추는 시기였다. 1982년에는 사법연수원을 졸업한 박○○ 씨 외 3명의 장애인이 법관임용에서 탈락하는 사건이 발생하자 장애인 관련단체는 이의 부당성을 지적하며 항의에 들어갔고, 이는 전국적인 반향을 불러일으켰지만 결국 취소되었다.

또한 장애인 이동권과 관련하여 1984년에 휠체어 장애인 김○○ 씨가 서울 거리의 도로 턱을 없애 달라는 요구를 하며 자살하는 사건이 발생하였고, 이 사건을 계기로 장애인으로 구성된 '대학정립단'이 주도적으로 장례식 투쟁을 전개했으며, 서울시장이 도로 턱을 낮추겠다고 약속하였다.

김○○ 씨 자살 사건은 장애인의 목소리로 '장애의 사회적 의미'를 부각시킨 계기를 만들었다 할 수 있으며, 장애인의 기본적인 삶에서 이동의 권리가 매우 중요하다는 것을 인식시키는 계기가 되었다. 결국 이 사건은 현재 장애인운동의 가장 첨병에 서 있는 이동권 보장을 위한 투쟁의 시초라고 할 수 있으며, 더 나아가 장애인의 자살이 한 개인의 문제가 아니라, 장애인에게 인간다운 삶의 여건을 조성해 주지 못한 사회 구조에 문제가 있음을 그의 죽음으로써 증명했던 것이다. 이후 한국방송공사가 그다음 해에 도심적응훈련 '이제는 파란불이다.'를 방영하였는데 대다수의 장애인이 사회에서 살아 나가기가 얼마나 힘겨운 것인지를 미약하게나마 보여 주었다. 물론 정부 당국이 이러한 문제 해결에 적극적으로 개입하지 않았음은 물론이고, 문제 해결에 가장 적극적인 역할을 감당하였어야 하는 장애인계에서도 가장 기초적인 생존권 문제와 직접적으로 연관된 이 문제에 관심을 돌리지 못했다. 이것은 이후 이동권리와 접근권의 문제로 자살한 장애인의 행위에서 다시 한 번 절실하게 드러났다.

이 시기는 장애인단체가 정부에 대한 수동적인 태도에서 벗어나 장애인의 주체적인 삶의 권리에 주목한 시기라고도 할 수 있다. 지체장애를 가진 대학생을 중심으로 1982년에 '전국지체부자유대학생연합회' 등을 결성하였고, 이로써 장애청년이 장애인운동의 선도적인 투쟁의 역할자로서 자리를 잡아 가기 시작했다. 이렇게 조직된 단체는 1980년 중반을 전후로 자신과 비슷한 처지에 놓인 장애인에게 자신의 권리와 연계된 문제를 인식시켜 나가는 투쟁을 전개하였다.

1987년 6월, 한국 사회에 민주화 바람과 함께 가장 많은 장애인단체가 성립되었다. 이때 조직된 장애인단체로는 장애인청년이 주축이 된 울림터(1986년), 장애우권익문제연구소(1988년), 한국지체장애인협회(1986년), 한국장애인부모회(1983년), 한국DPI(1986년), 한국교통장애인협회(1990년) 등 기존의 친목단체의 성격을 넘어, 자신의 권리 투쟁을 본격적으로 시도했던 단체다. 그러나 이러한 단체의 운동 성격이나 운동 내용에 대하여 현재까지 통일된 의견은 없다.

1986년 9월, 장애인문제연구회 '울림터'의 창립은 장애인운동이 사회 변혁의 목소리를 담아내었다는 점에서 의미가 있다. 기존의 입장과 달리 장애인 문제를 장애가 발생하는 사회 구조적 차원으로 확장해 접근함으로써 장애인들의 생존권을 하나의 권리로 인식해 당당하게 요구하였다. 이 시기의 장애인과 장애인단체는 1987년 대통령 선거 때 4백만에 달하는 장애인 수치를 담보로 장애인 복지정책을 요구하였다. 4당의 각 당별 정책의장 등과의 정책토론회를 개최하고, 복지정책 공약(「심신장애자복지법」 전부 개정과 「장애인고용촉진법」 제정 등 20여 가지의 요구)을 받아 내는 등 장애인 정치 세력화의 도화선이 되었다.

1988년 4월에는 장애인의 최초의 집회라고 할 수 있는 '장애인권익촉진범국민결의대회'가 개최되었는데, 이는 기만적인 장애인복지정책을 규탄하는 대회였다. 장애인올림픽 조직위원회를 점령한 후 울림터 등을 중심으로 한 장애인계는 '장애인 독립 부서 신설' '장애인을 억압하는 악법철폐' '장애인고용촉진법 제정' '허구적 복지정책 철폐' '장애인 실태파악 대책수립' '전시적 장애인올림픽 거부' 등의 내용으로 집회를 가졌다. 장애인올림픽을 거부하고 장애인의 생존권을 쟁취하겠다는 의지로 명동성당에서 단식농성을 벌였으며, 삼육재활원을 15일간 점령하여 「심신장애자복지법」 개정, 전신마비·중복·중증장애인들을 수용할 수 있는 장애인 전용 보호시설과 생계보조 및 의료혜택보장, 장애인 등록제와 장애인고용촉진법 제정을 요구하는 농성을 벌였다.

1989년에는 「장애인고용촉진법」에 대한 내용으로 완전참여와 노동권리쟁취를 위한 공청회가 열렸으며, '전국지체부자유대학생연합'(전지대련)은 당시의 3당(평화민주당, 통일민주당, 민주공화당)에서 농성을 벌였다. 같은 해에 「심신장애자복지법」 개정과 고용촉진법 제정을 위한 400만 장애인총결의대회를 열기 위해 국회의사당 앞에 집결하여 집회를 개최하였다.

이 시기의 장애인 권리운동은 결의대회 및 접거, 철야 농성 등 적극적으로 진행된 특징을 볼 수 있으며, 제도권의 법인 단체가 보여 준 종속성에서 벗어나려고 노력한 시기라고 할 수 있다. 이러한 점에서 이 시기는 장애인의 목소리로 장애인 당사자가 자신의 문제를 적극적으로 알리고 장애운동의 주체로서의 입지를 세웠다고 볼 수 있다. 그러나 장애운동의 당사자이며 다수를 점하는 장애인이 문제해결을 위해 주도적인 역할을 하였다기보다는 장애대학생을 중심으로 이루어진 점이 한계로 볼 수 있다.

### (4) 1990년대

1990년대는 「장애인복지법」을 시행하고 「장애인고용촉진법」 등 장애인권리에 대한 법적인 보호가 신장되는 시기였으며, 장애인 접근권이라는 용어가 처음 등장하는 등 권익운동이 다양하게 전개되었다. 1990년에는 장애인고용촉진법 제정을 위해 '장애우권익문제연구소'에 공동대책위원회가 구성되었으며, '장애인고용촉진법'의 올바른 시행을 위한 공동투쟁위원회가 결성되었다.

1991년에는 천안의 '인애학교' 건립에 대한 주민반대사건이 일어났고, 이에 대한 대응으로 100여 개의 장애인 관련 단체가 모여 '인애학교 사태해결을 위한 장애인공동대책위원회'라는 조직을 만들어 교육부 장관 면담 요청, 주민설득, 항의 방문, 공청회 등의 운동을 전개하여 마침내 인애학교 설립 승인을 얻어 냈다.

1992년, '장애인운동청년연합회'는 '한국민주청년단체협회' 주최로 열린 '1992 청년통일노래 어울림'에 참여하는 등 문화공연을 통해 장애인이 타 사회운동과 결합해 가는 모습을 보였다. 또한 사회복지계의 문제에도 관심을 가져 '장애인운동청년연합' '전국장애인 한가족협회'는 사회복지예산확보를 위한 공동대책위원회에도 동참하였다.

1998년에는 '한국장애인인권헌장'이 제정 · 선포되었다. 이것은 한국장애인인권운동 역사에 있어 획기적인 사건으로 1988년 '한국장애인총연맹'에 의해 제정된 선언적 의미의 '한국장애인인권선언'이 실효성을 거두는 사건이었다.

그러나 대부분의 장애인이 경제적으로 열악한 상황에 놓여 있었기 때문에 장애인의 자발적 참여가 부족함을 보였으며, 장애인운동의 선도적 역할을 했던 장애인청년연합은 사회 변혁의 물살 속에서 중심을 잡지 못한 채 해체되었다. 이러한 흐름은 장애인운동의 이념 및 논리에 대한 대중적인 대안이 제시되지 않으면서 기존의 장애인계는 법안투쟁이나 시설건립투쟁 등에 국한되고, 장애인운동이 협소화되었음을 보여 준다.

이 시기에는 장애인이 주체로 나서서 장애인의 문제를 해결하기 위한 소모임의 성격으로 장애인 스스로가 그 역량을 키워 나가는 단체가 등장하기도 했다. 예를 들어, 장애인노동자노동조합설립을 위한 정책연구모임, 장애인실업자연대, 장애인이동권 관련 모임, 여성장애인 모임 등은 2000년대에 들어서 가장 활발한 운동의 주체로 자리 잡을 준비단계를 갖추게 된다.

### (5) 2000년대

장애운동에서 가장 두드러진 특징은 이동권을 포함한 접근권에 관련된 운동이 강조되고 있다는 점이다. 1990년 전후로 활발하게 일어났던 연대 투쟁을 통해 장애인계는 어느 정도 소기의 성과를 거두어 낸 것은 사실이나 장애인 연대는 실제 장애인의 자립에 관심을 두어 움직이기보다는 장애인단체 자신의 이해관계가 바탕이 되었다. 장애인의 생존을 위해서는 이동권이 가장 절박하고 기본적인 문제임에도 불구하고 이 문제에 대한 접근은 미미하였다.

2001년에 장애인 부부가 지하철 리프트에서 추락하여 숨지는 사건이 발생하였는데, 이 사건은 도로편의 시설이 장애인을 죽음의 위험으로 내몰고 있다는 것을 보여 준 사례로, 편의시설 설치에 대한 사후관리는 전혀 되지 않고 있었음을 보여준 사건이었다. 2003년에는 장애인이동권 쟁취를 위한 '장애인이동권연대'를 주축으로 장애인의 대중교통 이용에 대한 이동권을 주장하는 운동이 전개되었다. '장애인이동권연대'는 장애인도 대중교통 이용을 주장하면서 '우리도 버스를 탑시다' 행사를 정기적으로 개최하였으며, 서울역에서 한 달간 무기한 천막농성을 하면서 장애인이동권확보를 위한 백만인 서명운동, 버스·지하철 점거 투쟁, 온몸에 쇠사슬과 사다리를 묶은 채 진행한 종로거리 점거 투쟁 등을 통해 '이동권'이 인간의 기본적인 권리임에도 장애인 이동권을 보장하지 않는 현실을 고발하며 장애인 이동권 확보를 요구해 왔다. 또한 비장애인이 지하철역을 내려가는 데는 1~2분가량이 걸리지만 장애인은 20분이 걸리는 것은 차별이라고 주장하면서, 권리로서의 이동권이 국민의 기본권임을 명시하고 이동권을 보장하는 「장애인이동권보장법률」 제정을 위한 '이동권보장법률제정위원회' 구성을 요구하였다.

2000년대에 들어서 장애인운동의 가장 특징적인 이동권운동의 선봉에 서서 구심점 역할을 한 장애인 이동권 연대는 '노들장애인야학' '장애여성공감' '피노키오 자립센터' 등과 같은 소규모 단체였고, 이러한 점은 한국의 장애인운동사에 있어서 또 하나의 획기적인 측면이라고 할 수 있다. 이 연대단체는 지속적인 '420 차별철폐 투쟁의 날'을 선포함으로써 장애인복지라는 이름으로 행해지는 정부의 시혜적이고 동정적인 여러 제도가 얼마나 허구적이며 실제 장애인의 삶과는 관계없이 이루어지고 있는가를 쟁점화하였다. 그 결과 지하철에는 엘리베이터가 설치되고 대중교통에 저상버스가 도입되었으며, 택시를 대신하여 콜밴 서비스가 지방자치단체별로 설치되는 등 이동권에 대한 정책 변화를 가져왔다.

### (6) 2010년대

'제3차 장애인복지발전5개년계획'에서 가장 대표적인 정책은 「장애연금법」 제정이다. 장애인의 경제적 기반을 위해 장애수당과 장애연금을 주장해 온 장애인단체로 인해 마침내 2010년에 장애기초연금정책이 마련되었다. 그리고 기존의 장애수당은 폐지되었으며, 이로 인해 장애판정에 대한 새로운 기준이 제시되고 강화되었다.

2011년에는 「중증장애인활동지원법」이 2012년에는 「장애아동지원법」이 발효되어 시행되었다. 그러나 2010년대는 우리나라의 모든 복지정책이 선진국 수준을 갖추면서 급격한 노령화로 인해 장애인복지의 예산이 노인복지예산에 역전되는 시기를 맞게 되었다.

**표 3-1** 재활 관련 법

| 법 명 | 제정일자 | 목 적 |
|---|---|---|
| 특수교육진흥법 | 1977 | 특수교육을 필요로 하는 사람들에게 국가 및 지방자치단체가 적절하고 평등한 교육기회를 제공하고, 교육방법 및 여건 개선을 목적으로 한다. |
| 장애인복지법 | 1981 | 장애인의 인간다운 삶과 권리보장을 위한 국가와 지방자치단체 등의 책임을 명백히 하고, 장애인복지대책을 종합추진하며, 장애인의 복지와 사회활동 참여증진을 통하여 사회통합에 이바지함을 목적으로 한다. |
| 장애인고용촉진 및 직업재활법 | 1990 | 장애인의 능력에 맞는 직업생활을 통하여 인간다운 생활을 영위할 수 있도록 장애인의 고용촉진 및 직업재활을 꾀한다. |
| 장애인 · 노인 · 임산부 등의 편의증진법 보장에 관한 법률 | 1997 | 장애인 · 노인 · 임산부 등이 생활을 영위함에 있어 안전하고 편리하게 시설 및 설비를 이용하고, 정보에 접근하도록 보장함으로써 이들의 사회활동참여와 복지증진에 이바지함을 목적으로 한다. |

| | | |
|---|---|---|
| 정보격차해소법 | 2001 | 저소득자 · 농어촌지역주민 · 장애인 · 노령자 · 여성 등 경제적 · 지역적 · 신체적 또는 사회적 여건으로 인하여 생활에 필요한 정보통신서비스에 접근하거나 이용하기 어려운 자에 대하여 정보통신망에 대한 자유로운 접근과 정보이용을 보장함으로써 이들의 삶의 질을 향상하게 하고, 균형 있는 국민경제의 발전에 이바지함을 목적으로 한다. |
| 교통약자 이동편의증진법 | 2006 | 교통약자가 안전하고 편리하게 이동할 수 있도록 교통수단 · 여객시설 및 도로에 이동 편의시설을 확충하고, 보행환경을 개선하여 인간중심의 교통체계 구축을 목적으로 한다. |
| 장애인기업 활동촉진법 | 2007 | 장애인의 창업과 기업 활동을 적극 추진함으로써 장애인의 경제적 · 사회적 지위를 제고하고, 경제력 향상을 도모하여 국민경제 발전에 이바지함을 목적으로 한다. |
| 장애인차별금지 및 권리구제법 | 2008 | 모든 생활영역에서 장애를 이유로 한 차별은 금지하고, 장애인의 완전한 사회참여와 평등권 실현을 통하여 인간으로서의 존엄과 가치를 구현함을 목적으로 한다. |
| 장애인연금법 | 2010 | 이 법은 장애로 인하여 생활이 어려운 중증장애인에게 장애인연금을 지급함으로써 중증장애인의 생활 안정 지원과 복지 증진 및 사회통합을 도모하는 데 이바지함을 목적으로 한다. |
| 장애인활동지원법 | 2011 | 신체적 · 정신적 장애 등의 사유로 혼자서 일상생활과 사회생활을 하기 어려운 장애인에게 제공하는 활동지원급여에 관한 사항을 규정하여 장애인의 자립생활을 지원하고, 그 가족의 부담을 줄임으로써 장애인의 삶의 질을 높이는 것을 목적으로 한다. |
| 장애아동지원법 | 2012 | 국가와 지방자치단체가 장애아동의 특별한 복지적 욕구에 적합한 지원을 통합적으로 제공함으로써 장애아동이 안정된 가정생활 속에서 건강하게 성장하고 사회에 활발하게 참여할 수 있도록 하며, 장애아동 가족의 부담을 줄이는 데 이바지함을 목적으로 한다. |

## 2. 장애법률의 이해

### 1) 「특수교육법」

1970년대는 장애인고등교육 기회에 관한 차별이 사회문제로 제기되는 시기였다. 특수교육에 대한 관심이 미비할 뿐만 아니라 공교육의 기회에서조차 장애인의 차별은 심각하였다. 특히 소아마비장애인의 경우 체능검사, 면접 등에서 불이익을 받아 각종 입시에서 우수한 성적에도 불구하고 불합격되는 사례가 늘어나고 있었다. 이러한 문제가 여론화되면서 1972년 정부는 1968년부터 문교부를 중심으로 논의되어 왔던 지체부자유 학생에 대한 중고등학교 입학 시 체능검사를 면제하기로 결정하였다. 그 이후로도 지속적으로 장애라는 이유로 많은 장애인이 대학으로부터 불합격 처리를 받는 사건이 발생하였다.

국내적으로 장애인의 고등교육기회에 관한 차별과 취업상의 차별이 사회문제로 제기되기 시작하였다. 1977년 12월 31일에 법률 제3053호로 「특수교육진흥법」이 제정·공포되었다. 이 법은 시각장애자, 청각장애자, 정신장애자, 지체부자유자, 정서장애자, 언어장애자, 기타 심신장애자를 특수교육 대상자로 하고, 국가 및 지방자치단체에게 특수교육진흥을 위한 시책을 강구하도록 하였다.

「특수교육진흥법」은 장애인 법률에서 가장 먼저 제정된 법으로 장애인의 특수교육과 통합교육을 지원하는 법으로, 취학 전 아동에서부터 고등교육지원까지 장애인의 교육권 확보와 지원을 위해 제정된 법이다. 최근 이 법은 개정작업을 통해 장애인의 평생교육과 장애학생개별지원과 학습보조지원을 위해 보다 적극적인 법으로 변화하고 있다.

이 법에 근거하여 1994년 5월 16일에는 교육부장관 직할기관으로서 '국립특수교육원'이 설립되었다. 이 교육원에서는 장애인 교육에 관한 실험·연구와 학습자료의 개발 보급 및 특수교육 담당교원 등의 연수에 관한 사무를 관장하고 있다. 이 법안은 장애인의 의무교육과정을 초등학교와 중학교과정을 의무교육으로 유치원에서 고등학교과정까지의 교육은 무상교육으로 규정하고 있다.

교육부에 '중앙특수교육심사위원회'를, 서울특별시·직할시·도에 '지방특수교육심사위원회'를 두었다. 또한 고등학교 과정을 설치한 특수교육기관에 1년 이상의 전공과를 설치할 수 있도록 규정도 신설하였다.

특수교육 시책을 강구하고 보호자교육을 규정하고 있으며, 유치원과정을 설치·운영하고 있다. 일반학교의 장이 통합교육의 여건을 조성하며, 각 학교장이 개별화 방법을 강구하도록 규정하고 있다. 이 법안에는 통합교육이라는 용어가 처음으로 명시되었다. 특히 이 법은 각 학교의 장에게 특수교육 대상자가 당해 학교에 입학하고자 할 경우에 그가 특수교육 대상자임을 이유로 불이익을 당하지 않도록 하고 있다. 이는 장애인에게 교육기회를 부여함에 있어 차별을 금지하는 획기적인 입법조치였다.

　통합교육의 이념을 목표로 장애를 가진 어린이의 교육적 권리를 보장하는 내용인 「특수교육진흥법」은 1994년, 1997년 부분개정에 이어 1999년에는 재개정되었다. 주요 내용으로는 의무교육 조항에서 무상교육에 대한 내용이며, 이는 일반 유치원에서 고등학교 장애학생까지도 무상교육을 제공함을 명시하고 있다. 또한 장애를 이유로 입학을 거부하거나 합격자의 입학을 거부할 경우 1,000만 원이하의 벌금과 1년 이하의 징역에 처한다는 조항이 명시되어 있다. 즉, 개정된 「특수교육진흥법」에서는 순회교육, 통합교육, 개별화교육, 치료교육, 직업ㆍ진로교육 등 다양한 교육과정이 규정되었다.

　1977년 개정법[1]은 ① 시각장애자, 청각장애자, 정신지체자, 지체부자유자, 정서장애자, 언어장애자, 기타 심신장애를 가진 자를 특수교육 대상자로 하였다. ② 국립 또는 공립의 특수교육기관에 취학하는 자와 사립의 특수교육기관 중 의무교육과정(초등학교 과정)에 취학하는 자가 무상으로 교육을 받을 수 있도록 하였다. ③ 사립특수학교에 운영비, 시설비, 실험실습비, 직업보도비, 교원의 봉급, 기타 특수교육에 필요한 경비를 국고보조를 받을 수 있도록 하였다. ④ 특수교육 대상자가 학교에 입학하고자 할 때 특수교육 대상자임을 이유로 입학지원거부나 입학시험 합격자의 입학 거부 등 불이익한 처분을 해서는 안 됨을 규정하였다. 그러나 '입학지원에 있어 감독청의 승인을 얻은 경우에는 예외로 할 수 있다.'라는 규정으로 차별을 한 경우에는 어떠한 처벌 규정도 없었기 때문에 원천적으로 장애인에 대한 차별을 방지할 수는 없었다.

　「특수교육진흥법」의 개정으로 장애아동들의 교육기회 확대 제공과 특수교육의 양적인 신장에서 크게 기여하였으나, 특수교육의 질적인 면에서는 적절히 부응하지 못하여 개정이 불가피하게 되었다. 1991년, 천안의 지적장애 특수학교인 인애학교 건립을 주민들이 반대하는 사건을 계기로 장애인 및 장애인 단체들은 「특수교육진흥법」의 문제점을 지적하고 그 개선책을 마련함으로써 법 개정 작업에 착

---

1)　이 장에서 '장애자'와 '장애인'이라는 용어가 혼용되고 있는데, 이는 1981년 「심신장애자복지법」에서 1989년 「장애인복지법」으로 명칭이 변경되었기 때문에 발생하는 문제다. 본 연구에서는 현행법의 용어인 '장애인'이라는 용어를 주로 사용하며, 당시 법률적 성격을 갖는 용어는 당시 사용한 용어 그대로 사용하고자 한다.

수했다(김윤정, 1997). 정부도 1992년 4월에 '특수교육발전계획'을 발표하면서 「특수교육진흥법」 개정 추진을 결정하였고, 동년 5월부터 6월까지 관련 전문가의 의견 및 자료를 수입 정리하여 「특수교육진흥법」 개정안 초안을 마련하였다. 이에 따라 1994년 1월 7일에 「특수교육진흥법」의 전부 개정이 있었다.

개정법은 ① 교육이념으로서 통합교육의 원칙을 천명하였다. ② 교육방법에 있어서 개별화 교육의 원칙에 입각하여 이루어져야 함을 선언하고, 순회교육제도 · 파견교육제도 · 치료교육제도 · 보호자교육제도를 신설하였다. 또한 직업교육을 병행할 것과 고등학교 과정을 설치한 특수교육기관에 전문기술교육을 실시하기 위하여 수업 연한 1년 이상의 전문교육기술을 위한 전공과를 둘 수 있도록 규정하였다. ③ 특수교육 대상자에 대한 초등학교 · 중학교 과정을 의무교육으로, 유치원 및 고등학교 과정을 무상교육으로 할 것을 명시하여 교육기회를 확대하였다. ④ 특수교육에 관한 주요 항을 심의 · 건의하기 위하여 교육부에 중앙특수교육심사위원회를, 서울특별시 · 직할시 · 도에는 지방특수교육위원회를 설치하였다(http://www.moleg.go.kr).

이처럼 개정 법률은 특수교육 대상자의 장애의 정도, 능력, 특성에 따라 가정 · 시설 · 병원, 특수학교, 특수학급, 일반학교의 일반학급 등 어느 곳에서나 순회교육, 분리교육, 통합교육 등 원하는 형태의 특수교육을 적절하게 받을 수 있도록 규정하고, 이 모두를 국가나 지방자치단체의 책무로 장애학생의 학습권을 보장하고 있다(정정진, 2006).

한편 1994년에 개정된 「고등교육법」 시행령 제29조(입학, 편입학 등)와 「특수교육진흥법」 제10조(특수교육 대상자의 선정)에 의해 장애학생들에게 고등교육의 기회를 확대 · 제공하기 위하여 비장애학생과의 경쟁을 통하여 대학에 입학하는 제도 이외에 대학 또는 전문대학에 장애학생이 정원 외로 입학할 수 있도록 별도로 규정한 장애대학생 특례입학제도가 마련되었다. 이에 따라 1995년부터 대학(전문대학, 4년제 대학)에 장애학생의 특별전형제도를 실시하였으며, 이 제도는 장애인에게 고등교육기회의 부여와 이를 통해 취업기회를 부여하는 점에서 긍정적인 제도로 평가되고 있으나, 역차별이라는 부정론도 제기되고 있다. 이에 앞서, 국립세무대학에서는 지체장애인에 한하여 가산점을 주어 입학을 허가하는 제도를 실시하였다.

**표 3-2** 특수교육 대상자 선정 기준

| 종 류 | 선정 기준 |
|---|---|
| 시각장애를 지닌 특수교육 대상자 | 시각계의 손상이 심하여 시각기능을 전혀 이용하지 못하거나 보조공학기기의 지원을 받아야 시각적 과제를 수행할 수 있는 사람으로서 시각에 의한 학습이 곤란하여 특정의 광학기구 · 학습매체 등을 통하여 학습하거나 촉각 또는 청각을 학습의 주요 수단으로 사용하는 사람 |
| 청각장애를 지닌 특수교육 대상자 | 청력 손실이 심하여 보청기를 착용해도 청각을 통한 의사소통이 불가능 또는 곤란한 상태이거나, 청력이 남아 있어도 보청기를 착용해야 청각을 통한 의사소통이 가능한 청각에 의한 교육적 성취가 어려운 사람 |
| 지적장애를 지닌 특수교육 대상자 | 지적 기능과 적응행동상의 어려움이 함께 존재하여 교육적 성취에 어려움이 있는 사람 |
| 지체장애를 지닌 특수교육 대상자 | 기능 · 형태상 장애를 가지고 있거나 몸통을 지탱하거나 팔다리의 움직임 등에 어려움을 겪는 신체적 조건이나 상태로 인해 교육적 성취에 어려움이 있는 사람 |
| 정서 · 행동장애를 지닌 특수교육 대상자 | 장기간에 걸쳐 다음 각 항목의 어느 하나에 해당하는, 특별한 교육적 조치가 필요한 사람<br>가. 지적 · 감각적 · 건강상의 이유로 설명할 수 없는 학습상의 어려움을 지닌 사람<br>나. 또래나 교사와의 대인관계에 어려움이 있어 학습에 어려움을 겪는 사람<br>다. 일반적인 상황에서 부적절한 행동이나 감정을 나타내어 학습에 어려움이 있는 사람<br>라. 전반적인 불행감이나 우울증을 나타내어 학습에 어려움이 있는 사람<br>마. 학교나 개인 문제에 관련된 신체적인 통증이나 공포를 나타내어 학습에 어려움이 있는 사람 |
| 자폐성장애를 지닌 특수교육 대상자 | 사회적 상호작용과 의사소통에 결함이 있고, 제한적이고 반복적인 관심과 활동을 보임으로써 교육적 성취 및 일상생활 적응에 도움이 필요한 사람 |
| 의사소통장애를 지닌 특수교육 대상자 | 다음 각 항목의 어느 하나에 해당하는, 특별한 교육적 조치가 필요한 사람<br>가. 언어의 수용 및 표현 능력이 인지능력에 비하여 현저하게 부족한 사람<br>나. 조음능력이 현저히 부족하여 의사소통이 어려운 사람<br>다. 말 유창성이 현저히 부족하여 의사소통이 어려운 사람<br>라. 기능적 음성장애가 있어 의사소통이 어려운 사람 |
| 학습장애를 지닌 특수교육 대상자 | 개인의 내적 요인으로 인하여 듣기, 말하기, 주의집중, 지각(知覺), 기억, 문제해결 등의 학습기능이나 읽기, 쓰기, 수학 등 학업 성취 영역에서 현저하게 어려움이 있는 사람 |
| 건강장애를 지닌 특수교육 대상자 | 만성질환으로 인하여 3개월 이상의 장기입원 또는 통원치료 등 계속적인 의료적 지원이 필요하여 학교생활 및 학업 수행에 어려움이 있는 사람 |
| 발달지체를 보이는 특수교육 대상자 | 신체, 인지, 의사소통, 사회 · 정서, 적응행동 중 하나 이상의 발달이 또래에 비하여 현저하게 지체되어 특별한 교육적 조치가 필요한 영아 및 9세 미만의 아동 |

장애학생의 교육의 권리를 보장하기 위해 지난 1977년에 제정된「특수교육진흥법」은 그간 10여 차례에 걸친 부분 개정과 한 차례의 전부 개정(1994)이 있었으나 법제정 후 한 세대가 지나는 동안 법적 실효성, 강제성 등의 문제를 놓고 장애학생, 학부모, 특수교사, 특수교육과 교수 등 현장으로부터 끊임없이 문제가 제기되어 왔다. 턱없이 낮은 특수교육 수혜율, 현실을 외면한 장애교육환경, 낮은 특수교육 만족도, 장기적 교육의 필요성에도 불구하고 유치원부터 고등학교 이하 과정에만 지원되었던 특수교육 체계 등은 특수학교 졸업 후 장애인의 진정한 사회참여를 가로막는 걸림돌이 되었다.

2003년부터 장애부모와 중증장애인을 중심으로 하는 장애인교육권연대가 출범하여 특수교육의 한계를 뛰어넘기 위해 처절한 법제정운동을 벌인 결실로 2007년 5월 25일에 장애인 등에 대한「특수교육법」이 제정되었다. 동법은 만 3세 미만 장애영아에 대한 무상교육 지원, 유치원 및 고등학교 과정 특수교육 대상자에 대한 의무교육 실시, 특수교육지원센터의 설치 · 운영, 특수교육관련서비스 제공, 장애인의 고등교육 및 평생교육 지원 근거 등 장애인의 생애 주기별 교육지원 및 특수교육 지원 강화 등을 내용으로 담고 있다(http://www.moleg.go.kr, 2008).

장애인 등에 대한「특수교육법」제 15조에서 특수교육 대상자의 기준을 '시각장애, 청각장애, 지적장애, 지체장애, 정서 · 행동장애, 자폐성장애(이와 관련된 장애를 포함한다), 의사소통장애, 학습장애, 건강장애, 발달지체, 그 밖에 대통령령으로 정하는 장애 등에 해당하는 사람 중 특수교육을 필요로 하는 사람으로 진단 · 평가된 사람'으로 규정하고 있다. 시행령에서는 특수교육 대상자 선정 기준을 별도로 제시하고 있다.

## 2)「장애인복지법」

보건사회부는 1978년 6월 17일에 '심신장애자종합대책'을 발표하였다. 주요 내용으로는 49개 보호시설에 수용 중인 장애어린이에게 장애 정도와 적성에 따라 직업훈련 실시, 49개 보호소에 1979년부터 1981년까지 물리치료실 10개, 직업치료실 18개, 언어치료실 10개, 직업훈련시설 38개 설치, 시설에 있는 장애아의 영양급식을 위하여 지급물자의 양과 종류 개선, 목발과 보청기 등의 보장구 지급 등이 있다. 1979년에는 장애자 실태조사 실시, 보건사회부 안에 장애자보호제도 수립을 위한 전담기구 설치, 국립각심원에 연구 및 훈련기관을 설치함을 명시하고 있다.

1981년 신설법으로, 장애인복지에 관한 종합적인 법률이라고 할 수 있는 「심신장애자복지법」이 제정·공포되었다. 이 법의 내용은 ① 심신장애자의 종류와 기준을 정하고, ② 재활상담 및 의료기관 또는 심신장애자 복지시설에의 입소·통원·조치, ③ 보장구의 교부, ④ 고용촉진, ⑤ 시설우선 이용, ⑥ 공공건물·교통·통신 등의 편의시설, ⑦ 장애자 부양수당, ⑧ 심신장애자 복지시설의 종류와 설치·운영, ⑨ 보장구 제조·수리업의 허가 등에 대하여 규정하고 있다. 이 법에서는 처음으로 장애범주를 지체부자유자, 시각장애자, 청각장애자, 언어장애자, 정신박약자로 정하였다. 그리고 심신장애자 복지시설을 재활시설, 요양시설, 근로시설, 기타 점자도서관과 점자출판시설 등으로 분류함을 명시하고 있다.

1989년 12월, 개정법은 '장애자복지대책위원회'의 건의를 바탕으로 심신장애자복지법 전부를 개정하였다. 특히 '장애자'를 '장애인'으로 법적 명칭이 변경됨으로 인해 「장애인복지법」으로 명칭을 개정하였다. 이 법의 특징은 ① 중증장애인의 보호, 장애인용 주택의 보급, 문화 환경의 정비, 경제적 부담을 경감시키는 시책 마련 등 국가 및 지방자치단체의 책무를 포괄적으로 규정, ② 장애인등록제도와 장애인수첩제도를 도입함으로써 장애정책 수립을 위한 기초정보관리를 위한 규정, ③ 생계보조수당, 의료비, 교육비, 자립자금대여 등의 각종 지원제도와 공공시설 내의 매점·자동판매기·담배소매인·홍삼판매인·우표류 판매업 등의 우선허가 등 장애인의 생활안정을 위한 다양한 지원책 마련을 규정, ④ 공중이 이용하는 시설의 편의시설 설치와 방송접근권에 대한 규정, ⑤ 장애자를 장애인으로 명칭 변경, 장애인의 날과 장애인주간 설정을 법률로 제정, ⑥ 한국장애인복지체육회의 설립, 장애인단체의 보호 육성 등에 관하여 규정하였다. 개정된 「장애인복지법」은 복지서비스의 확대, 특히 저소득장애인을 위한 경제적 지원이 가능하도록 하고 있다.

개정된 「장애인복지법」은 장애인의 인간 존엄과 완전한 사회참여 및 평등을 기반으로 하는 사회통합을 기본 이념으로 보완하였다. ① 장애개념과 범주를 확대하였고, 내부장애를 처음으로 장애범주에 포함하였다. 장애인의 정의를 신체적

장애와 정신적 장애로 구분하고, 신체적 장애는 외부신체기능의 장애와 내부기관의 장애로 구분하였다. 그리고 기존의 5종의 장애범주에서 18년 만에 5종을 추가하여 10종으로 확대하였다. 외부신체기능장애 범주에 지체에서 뇌성마비를 구분하여 뇌성마비와 뇌졸중을 포함하는 뇌병변장애를, 내부기관장애에 신장장애과 심장장애를, 정신적 장애에 자폐성 장애(발달장애)와 정신장애를 추가하였다. ② 장애인의 사회참여를 제한하는 각종 사회환경 개선을 위한 조치와 시책을 확대하였다. 장애인의 정보접근권 보장을 위해 수화통역, 폐쇄자막, 점자 · 음성도서 등의 조치를 시행하고, 장애인보조견, 장애유형에 따른 재활서비스 제공, 장애인생산품의 구매, 재활보조기구의 개발 · 보급 등의 시책을 강구하였다. 또한 장애인 사용 자동차에 대한 지원, 장애인보조견의 훈련 및 보급지원, 장애아동 부양수당 및 보호수당을 신설하는 등 재가장애인에 대한 복지서비스를 확대하였다. ③ 장애인복지에 대한 조사, 연구를 활성화하기 위하여 재단법인 한국장애인복지진흥회를 설립하여 장애인 문제에 대한 체계적인 연구를 할 수 있는 기반을 마련하였다.

2007년에 전부 개정된 「장애인복지법」은 사회적으로 장애인의 권익신장과 자립생활이 강조되고 있는 것에 비해 기존의 법이 장애인의 유형과 정도에 따른 복지정책 및 자립생활의 지원 등이 미흡함에 대처하기 위해서 이루어졌다. 주요 내용은 ① 장애 당사자의 정책결정과정에 우선적인 참여 보장 강화, ② 활동지원인 파견, 장애인자립생활 지원시책 강화, 여성장애인의 권익보호, 시청각장애인의 정보접근성 강화 등의 장애인의 자립생활 지원 강화, ③ 장애인복지조정위원회의 명칭 변경(장애인정책조정위원회)과 관계부처 간의 실질적인 정책조정기능을 부여하고, 중앙행정기관별 장애인정책의 효율적 추진을 위한 부처별 장애인정책책임관 지정 등을 담고 있어 장애인의 새로운 수요에 대응하여 장애인정책의 효율적 수행을 도모하고자 하였다(http://www.moleg.go.kr, 2008). 이 법에서는 정신지체장애를 지적장애로, 발달장애를 자폐성장애로 정의를 달리하였다. 현행 법률이 규정하고 있는 장애 범주를 보면 다음 표와 같다.

**표 3-3** 장애인의 종류 및 기준

| 종류 | 기준 |
|---|---|
| 지체장애 | 가. 한 팔, 한 다리 또는 몸통의 기능에 영속적인 장애가 있는 사람<br>나. 한 손의 엄지손가락을 지골(指骨: 손가락 뼈) 관절 이상의 부위에서 잃은 사람 또는 한 손의 둘째손가락을 포함한 두 개 이상의 손가락을 모두 제1지골 관절 이상의 부위에서 잃은 사람<br>다. 한 다리를 리스프랑(Lisfranc: 발등 뼈와 발목을 이어 주는) 관절 이상의 부위에서 잃은 사람<br>라. 두 발의 발가락을 모두 잃은 사람<br>마. 한 손의 엄지손가락 기능을 잃은 사람 또는 한 손의 둘째 손가락을 포함한 손가락 두 개 이상의 기능을 잃은 사람<br>바. 왜소증으로 키가 심하게 작거나 척추에 현저한 변형 또는 기형이 있는 사람<br>사. 지체(肢體)에 위의 각 항목의 어느 하나에 해당하는 장애 정도 이상의 장애가 있다고 인정되는 사람 |
| 뇌병변장애 | 뇌성마비, 외상성 뇌손상, 뇌졸중(腦卒中) 등 뇌의 기질적 병변으로 인하여 발생한 신체적 장애로 보행이나 일상생활의 동작 등에 상당한 제약을 받는 사람 |
| 시각장애 | 가. 나쁜 눈의 시력(만국식시력표에 따라 측정된 교정시력을 말한다. 이하 같다)이 0.02 이하인 사람<br>나. 좋은 눈의 시력이 0.2 이하인 사람<br>다. 두 눈의 시야가 각각 주시점에서 10도 이하로 남은 사람<br>라. 두 눈의 시야 2분의 1 이상을 잃은 사람 |
| 청각장애 | 가. 두 귀의 청력 손실이 각각 60 데시벨(dB) 이상인 사람<br>나. 한 귀의 청력 손실이 80 데시벨 이상, 다른 귀의 청력 손실이 40 데시벨 이상인 사람<br>다. 두 귀에 들리는 보통 말소리의 명료도가 50퍼센트 이하인 사람<br>라. 평형 기능에 상당한 장애가 있는 사람 |
| 언어장애 | 음성 기능이나 언어 기능에 영속적으로 상당한 장애가 있는 사람 |
| 지적장애 | 정신 발육이 항구적으로 지체되어 지적 능력의 발달이 불충분하거나 불완전하고, 자신의 일을 처리하는 것과 사회생활에 적응하는 것이 상당히 곤란한 사람 |
| 자폐성장애 | 소아기 자폐증, 비전형적 자폐증에 따른 언어·신체표현·자기조절·사회적응 기능 및 능력의 장애로 인하여 일상생활이나 사회생활에 상당한 제약을 받아 다른 사람의 도움이 필요한 사람 |
| 정신장애 | 지속적인 정신분열병, 분열형 정동장애(情動障碍: 여러 현실 상황에서 부적절한 정서 반응을 보이는 장애), 양극성 정동장애 및 반복성 우울장애에 따른 감정조절·행동·사고 기능 및 능력의 장애로 인하여 일상생활이나 사회생활에 상당한 제약을 받아 다른 사람의 도움이 필요한 사람 |

| | |
|---|---|
| 신장장애 | 신장의 기능부전(機能不全)으로 인하여 혈액투석이나 복막투석을 지속적으로 받아야 하거나 신장기능의 영속적인 장애로 인하여 일상생활에 상당한 제약을 받는 사람 |
| 심장장애 | 심장의 기능부전으로 인한 호흡곤란 등의 장애로 일상생활에 상당한 제약을 받는 사람 |
| 호흡기장애 | 폐나 기관지 등 호흡기관의 만성적 기능부전으로 인한 호흡기능의 장애로 일상생활에 상당한 제약을 받는 사람 |
| 간장애 | 간의 만성적 기능부전과 그에 따른 합병증 등으로 인한 간기능의 장애로 일상생활에 상당한 제약을 받는 사람 |
| 안면장애 | 안면 부위의 변형이나 기형으로 사회생활에 상당한 제약을 받는 사람 |
| 장루 · 요루장애 | 배변기능이나 배뇨기능의 장애로 인하여 장루(腸瘻) 또는 요루(尿瘻)를 시술하여 일상생활에 상당한 제약을 받는 사람 |
| 간질장애 | 간질에 의한 뇌신경세포의 장애로 인하여 일상생활이나 사회생활에 상당한 제약을 받아 다른 사람의 도움이 필요한 사람 |

## 3) 「장애인고용촉진 및 직업재활법」

우리나라는 직업재활에 대하여 「심신장애자복지법」 제11조(고용의 촉진)에서 국가 또는 지방자치단체는 심신장애자의 고용을 촉진하기 위하여 심신장애자에게 적합한 직종의 개발 및 보급을 하고, 심신장애자 대하여 적성검사 및 직업지도, 작업환경 또는 기능에 적응할 수 있도록 하기 위한 훈련을 실시하여야 함을 규정하였다. 1982년, 보건사회부는 심신장애자 취업알선 계획을 수립하였으며, 취업알선 창구를 설치하여 재가장애인 취업알선사업, 장애인고용환경 개선사업, OJT, 취업지도자교육 등 장애인의 직업능력개발과 기능향상을 위한 사업을 실시하였다. 1982년부터는 매년마다 전국 장애자기능경기대회를 개최하였으며, 1984년부터는 국제장애인기능경기대회에 참가하여 국위를 선양하였다.

정부는 장애인의 사회참여의식 및 자립능력을 배양한다는 목적에서 1986년 6월 26일부터 전국에 27개소에 심신장애자 자립작업장을 설치 · 운영하였다. 이의 기본방향으로는 기존장애인 복지시설의 가용시설을 최대한 활용하고, 장애종별 적성직종의 적극 육성으로 시설의 전문성을 활용하고, 생산업체와 연결하여 지속적인 작업량을 확보하고자 하였다.

1991년, 노동부는「장애인고용촉진 등에 관한 법률」을 신설하였다. 이 법은 장애인의 고용에 관하여 의무고용제도 도입을 목적으로 하고 있다. 300인 이상을 고용하는 사업주는 근로자 총수의 100분의 2 이상에 해당하는 장애인을 할당 고용하여야 하며, 기준 고용률에 미달하는 사업주는 고용부담금을 납부하여야 한다. 기준 고용률을 초과하는 사업주에게는 고용지원금을 지급하고, 이 법에 의하여 장애인고용의무를 부담하지 아니하는 사업주가 장애인을 고용할 때는 장려금을 지급할 수 있도록 하였다. 국가 및 지방자치단체도 소속공무원 정원의 100분의 2 이상 장애인이 고용되도록 노력할 것을 규정하였다.

1995년 개정된「장애인고용촉진 등에 관한 법률」은 국가 및 지방자치단체에게 일반 국민의 장애인고용에 대한 이해를 높이기 위한 교육·홍보 및 고용촉진운동을 전개할 책임을 명시하고, 장애인 고용에 모범이 되는 사업주를 우수사업주로 선정하여 사업지원 등의 우대조치를 할 수 있도록 하였다. 그리고 장애인직업재활시설에 생산설비·원료·기술 등을 제공하여 제품을 생산·판매하는 사업주 또는 재활시설에 도움을 주는 사업주에 대하여 장애인고용부담금을 감면하는 제도를 도입하였다. 즉, 이러한 개정법을 통해 장애인고용에 대한 대국민 인식개선에 대한 국가 및 지방자치단체의 책임 명시, 장애인고용 모범사업주에 대한 사업지원 등의 우대조치, 장애인직업재활시설에 생산설비·원료·기술 제공, 제품을 생산·판매하는 사업주나 재활시설에 도급을 주는 사업주에 대하여 장애인고용부담금을 감면할 수 있는 제도를 도입하였다.

그러나「장애인고용촉진 등에 관한 법률」제정 이후 10년간 시행해 왔으나 장애인 고용률이 크게 향상되지 않았고 고용되는 장애인도 경증장애인에 한정되었다. 또한 상대적으로 중증장애를 갖고 있으면서 전문적인 직업훈련과 재활의 기회를 상실한 중증장애인의 취업은 극히 제한되는 등 제정 초기의 목적을 이루지 못하였다. 그로 인해 중증장애인 취업과 관련하여 보건복지부와 노동부의 이중적인 전달체계로 인한 혼란과 중증장애인에게 적합한 전문적인 직업재활서비스를 제공하지 못했다는 문제점이 지적되었다.

2000년의 개정법에는 근로능력과 의욕이 있는 모든 장애인에게 일자리를 제공하고 중증장애인의 특별지원을 위한 제도적 장치 마련 등을 보완하는 내용이 담겨졌다. 이 법은 장애인고용촉진 및 직업재활(제2장), 장애인고용의무 및 부담금(제3장), 한국장애인고용촉진공단(제4장), 장애인고용촉진 및 직업재활기금(제 5장) 등을 주요내용으로 하며 총 6장 87조로 구성되어 있다. 그동안 고용확대 노력이 경증장애인 위주로 이루어졌기에 상대적으로 소외되었던 중증장애인의 고용촉진과 직업재활을 강조하였으며, 고용장려금의 지원단가를 경증장애인의 두 배로 정하여 고용유인책을 강화하였다. 또한 지원고용, 보호고용, 자영업장애인 지원 등의 항목을 둠으로써 장애인의 직업재활을 위한 구체적인 조치와 방안이 제시될 수 있는 법적 토대를 마련하고 있다.

특히 선진국에서 논의의 핵심이 되고 있는 지원고용에 대한 법적 근거를 제시하였다. 직업지도, 직업적응훈련, 직업능력개발훈련, 취업알선, 취업, 취업 후 적응지도의 과정으로 직업재활의 과정을 정교하게 세분화하였으며, 국가 및 지방자치단체의 고용의무 조항이 이전에는 임의규정이었던 것과는 달리 강제규정으로 바뀌었다. 또한 전문요원 양성 및 배치역할에 대한 사항을 규정하여 서비스와 프로그램의 발전을 위한 법적 토대를 마련하였다.

개정법의 구체적 내용은 ① 법명의 변경, ② 장애인에 대한 직업지도, ③ 직업 적응훈련 및 직업능력개발훈련, 취업알선, 취업, 취업 후 적응지도 등 고용촉진 및 직업재활의 단계적 사업내용 및 지원근거 마련, ④ 직업재활기금 사업을 수행하는 '장애인직업재활시설' '장애인단체' 등과 같은 기관을 '한국장애인고용촉진공단'을 중심으로 연계하여 장애인에 대한 종합적 지원체제 구축, ⑤ 민간부문의 장애인고용 선도를 위하여 그동안 권장사항이었던 국가 및 지방자치단체의 장애인고용을 의무화하고 장애인공무원이 1만 명에 이를 때까지 장애인공무원 공개 채용 비율을 5%로 상향 조정하였다. 사업주가 장애인고용 시 지급하는 고용지원금과 장려금을 고용장려금으로 단일화하고 지급단가를 최저임금액 수준으로 현실화하되, 특히 중증과 여성장애인 고용 시 우대하여 지급하도록 하였다. 2007년 개정법은 사업주가 융자 · 지원금 · 고용장려금을 부당하게 지원받을 경우 제재를 강화하는 내용으로 일부 개정이 있었다.

## 4)「장애인 · 노인 · 임산부 등의 편의증진보장에 관한 법」

「장애인 · 노인 · 임산부 등의 편의증진보장에 관한 법」은 장애인의 요구에 의해 이루어지기보다는 건축법에 있던 장애 관련 내용이 삭제되면서 누락된 기준을 정리하는 과정에서 제정되었다. 장애인편의시설정책은 1978년 내무부 '도시환경 시설개선지침'과 1979년 '건설부의 도시계획시설기준'이 발표되면서 도로정비 수준에서 시작되었다. 그리고 1981년 제정된 「심신장애자복지법」 제13조에 공공시설 등에 편의시설을 설치해야 하는 근거 규정이 마련되었다.

그 이후 1985년부터 「건축법 시행령」(53조 승강기 설치, 55조 공공시설에 장애인용화장실 설치, 61조 500석 이상의 공연장에 관람석을 설치하는 관람공간 확보, 경사로 설치), 「도시계획시설기준에 관한 규칙」 「주차장법 시행령」 등을 개정하여 부분적으로 편의시설 설치 의무화 규정이 정비되면서 장애인편의시설이 법으로 제도화되었으며, 서울장애인올림픽을 계기로 그 필요성이 더욱 제기되었다.

1989년에 개정된 「장애인복지법」 제33조와 시행령 제30조, 「장애인복지법」 제57조에 장애인편의시설 설치와 처벌규정이 개정되면서 편의시설에 대한 내용이 강조되었다. 그러나 처벌 조항이 지나치게 약하다는 점과 편의시설이나 설비의 구체적인 설치기준을 정확히 제시하지 못하는 한계를 지니고 있었다.

1994년, 「장애인복지법」 제33조의 근거로 「장애인편의시설 및 설비의 설치기준에 관한 규칙」이 제정되었다. 이 규칙은 「장애인복지법」 시행령 제30조에 규정된 시설을 대상으로 하여 편의시설 설치 의무시설과 권고시설로 분류하였다. 그후 장애인편의시설에 대한 장애복지계의 관심이 고조되자 정부는 1996년부터 국민복지기본구상, 장애인복지종합대책 등을 통하여 편의시설 설치법 제정을 추진하기 시작했으며 각계의 의견을 수렴하여 1997년 3월 임시국회에서 「장애인ㆍ노인ㆍ임산부 등의 편의증진보장에 관한 법」이 통과되었고, 이듬해인 1998년 4월 11일부터 시행되었다. 총 24조로 구성된 이 법은 장애인ㆍ노인ㆍ임산부 등이 생활을 영위함에 있어 안전하고 편리하게 시설 및 설비를 이용하고 정보에 접근하도록 보장함으로써 이들의 사회활동 참여와 복지 증진에 이바지함을 목적으로 하고 있다.

이 법은 사회생활을 영위함에 있어 다른 사람의 도움 없이 안전하고 편리하게 시설 및 설비를 이용하고 정보에 접근하도록 보장하는 제도다. ① 편의시설 설치 대상시설(제7조), ② 편의시설 설치기준(제8조), ③ 시설주의 의무(제9조), ④ 편의시설에 관한 지도ㆍ감독(제10조), ⑤ 실태조사, ⑥ 설치계획의 수립 및 보고(제

12조), ⑦ 편의증진심의위원회의 설치(제12조의2), ⑧ 설치의 지원(제13조), ⑨ 장애인 전용 주차구역 등(제17조), ⑩ 위반 시 벌칙 등(제23조~제28조)에 대한 규정으로, 총29개 조문으로 구성되었다. 또한 방송접근, 건축물 접근, 통신접근, 대중교통 접근 등 보편적으로 일반 국민이 누리는 권리를 장애인에게 찾아 주는 법이라고 할 수 있으며, 특히 장애인의 사회참여를 위해 이 법은 관공서나 공공시설의 강제적 의무 이행을 통하여 사회 환경이 변화해 나가고 있음을 의미한다.

1995년 개정법은 「건축법」 시행령 중 제87조 제3항에 '건축물에 설치하여야 하는 장애인 관련 시설 및 설비는 「장애인복지법령」이 정하는 바에 의한다.'는 내용을 신설, 규정함으로써 앞으로 장애인 편의시설이 설치되지 않는 시설은 건축 허가를 받을 수 없도록 편의시설에 대한 규제가 강화되었다.

「장애인편의시설 및 설비의 설치기준에 관한 규칙」은 단지 건축물의 설치기준과 이동에 관한 편의제공이라는 소극적 대처에 불과하다. 반면 동법은 그 대상을 장애인뿐 아니라 노인과 임산부 등 이동약자로 확대하였다. 또한 장애인 등이 아닌 사람들이 이용하는 시설과 설비를 다른 사람의 도움 없이 동등하게 이용하고 접근할 수 있는 권리를 가진다고 규정하여 시혜가 아닌 권리로서 이동과 접근권 보장을 명문화하고 우리 사회에 만연해 있는 장애의 벽을 없애고 무장애공간의 실현을 목표로 하고 있다.

권리로서 이동과 접근권을 보장함으로써 동법은 청구권적 기본권으로서 인식될 수 있다고 평가받고 있다. 그러나 내용 면에서 이동 및 정보접근과 관련한 내용의 누락, 편의시설 설치 대상 시설이나 종류의 적용한계, 설치기준의 구체성 결여, 건축물과 이동권 등 공간이동에 대한 연계 사항 전무, 주무부처와 실질적인 감독권한을 가진 부처의 이원화 문제 등의 한계를 지니고 있다.

1995년 1월 1일, 장애인의 시설 이용상 편의를 보장하기 위하여 「장애인편의시설의 설치기준에 관한 규칙」을 제정·시행하였다. 이 규칙은 보건복지부령으로 되어 있어 편의시설 설치를 지원할 수 있는 근거와 이를 어길 경우 제재수단이 미약하다. 이러한 문제를 개선하기 위하여 1997년 4월 6일에 「장애인·노인·임산부 등의 편의증진보장에 관한 법」이 개정되었다. 개정법의 내용은 장애인 등의 시설, 설비 및 정보에 대한 접근권 인정, 편의시설을 설치하여야 하는 대상 시설의 범위, 시설주관기관의 편의시설 실태조사 및 편의시설 설치계획 수립·시행,

민간의 편의시설 설치지원을 위한 금융·기술 및 조세감면, 편의시설 설치촉진기금 조성 등이다. 수차례 개정되면서 보건복지부에 편의증진심의회를 구성하는 조항이 신설되고, 설치 대상 시설 중 도로와 교통수단은 2005년에 제정된 「교통약자이동편의증진법」에 이관되어 수정·운용되고 있다.

## 5) 「장애인정보격차해소법」

2001년에 제정된 「장애인정보격차해소법」은 장애인의 정보통신 접근성과 보조기구들을 개발할 목적으로 제정된 후 경제적·지역적·신체적 또는 사회적 여건으로 인하여 생활에 필요한 정보통신서비스에 접근하거나 이용하기 어려운 자에 대하여 정보통신망에 대한 자유로운 접근과 정보이용을 보장하도록 하고 있다. 이 법은 정보격차해소종합계획 수립(제4조), 장애인·노령자 등의 정보접근 및 이용보장에 관한 사항(제7조), 정보통신기기의 지원(제9조), 정보이용시설의 설치·운영(제10조), 정보화교육(제11조), 정보격차 실태조사(제11조의2) 등을 규정하고 있으며, 제16조로 구성되어 있다. 또한 저소득자·농어촌지역주민·장애인·노령자·여성 등 경제적·지역적·신체적 또는 사회적 여건으로 인하여 생활에 필요한 정보통신 서비스에 접근하거나 이용하기 어려운 자에 대하여 정보통신망에 대한 자유로운 접근과 정보이용을 보장함으로써 이들의 삶의 질을 향상하게 하고 균형 있는 국민경제의 발전을 기하기 위해 제정되었다. 그러나 통신서비스 이용 보장, 정보통신기기 지원, 정보이용시설의 설치, 운영과 재원, 그리고 한국정보문화진흥원 설립 등 정보격차에 대한 기초적 수준의 내용으로 구성되어 내용 면에서 매우 빈약하며, 모든 내용이 임의규정 수준에 머물러 있다.

## 6) 「장애인기업활동촉진법」

「장애인기업활동촉진법」은 2005년에 제정되었다. 중소기업청을 소관부처로 하는 이 법은 장애인의 창업과 기업활동을 촉진함으로써 장애인의 경제적·사회적 지위를 제고하고, 경제력 향상을 도모하여 국민경제 발전에 이바지함을 목적으로 하고 있다.

조문은 총 21조로 구성되어 있으며, 장애인기업 활동 촉진, 창업지원, 경제적 지원, '한국장애경제인협회' 설립 등 장애인기업과 장애경제인(대표이사 등 기업운 영의 최고의사결정과정에 참여하는 장애인)의 기업 활동을 촉진하기 위한 내용을 담고 있다. 또한 장애인이 독립적으로 장애경제인협회를 구성해 각종 사업을 진행하고, 정부는 원거리에서 이를 지원하는 형식으로 차별적 관행의 시정 요청에 관한 사항(제4조), 장애인기업 생산물품에 대한 공공기관의 구매촉진정책에 관한 사항(제9조의2), 자금지원 우대 및 경영능력 향상에 대한 지원(제9조, 제10조), 세제지원에 관한 사항(제14조) 등 총 21개 조문으로 구성되어 있다.

### 7)「교통약자이동편의증진법」

교통약자에 대한 최초의 법률은 1981년에 제정된 「심신장애자복지법」이다. 그러나 동법에는 이동권에 대한 지침이나 규정이 없어 선언적인 내용에 불과하였다. 그 후 1989년 12월에 전부 개정된 「장애인복지법」과 1997년 4월에 제정된 「장애인 · 노인 · 임산부 등의 편의증진보장에 관한 법」에 교통시설과 교통수단에 대한 접근권이 부분적으로 추가되었다.

'장애인이동권연대'를 중심으로 장애인 이동지원을 위한 법제정운동이 전개되었으며, 2005년 1월 27일, 건설교통부를 소관 부처로 하는 「교통약자이동편의증진법」이 제정되었다. 동법은 장애인 · 고령자 · 임산부 등 교통수단의 이용 및 보행에 어려움을 겪고 있는 교통약자의 비율이 증가(전체 인구의 25%)함에 따라 이들이 생활을 영위함에 있어 안전하고 편리하게 이동할 수 있도록 교통수단, 여객시설 및 도로에 이동편의시설을 확충하고, 보행환경을 개선하여 인간중심의 선진교통체계를 구축함으로써 이들의 사회참여와 교통복지 증진을 목적으로 하고 있다(http://www.moleg.go.kr, 2008).

이 법의 촉진제는 2001년도 오이도역 리프트 추락사건, 2002년 발산역 휠체어리프트 추락사고 등이었다. 간접적으로는 1993년 세계인권대회인 '비엔나선언 및 행동계획'에서 장애인에게 접근의 권리를 보장해 줄 입법을 촉구하면서 장애인의 접근권은 인간의 기본적 권리로 인식되었다.

이 법률의 주요 내용은 장애인 등이 생활을 영위함에 있어서 이동과 시설의 접근 및 이용편리를 도모하기 위한 장애인편의시설의 관련 기준을 제시한 것이다. 이러한 편의증진법의 편의시설기준의 항목은 선진국 못지않게 현재 정착 단계에 이르는 시점이지만, 여객시설·교통수단 등에 대한 종합적인 검토 없이 개별적으로 추진됨에 따라 이동편의에 실질적인 도움이 되지 못하는 문제점이 발생하였다.

2006년에 시행된 「교통약자이동편의증진법」은 여타의 장애 관련 법과 차별성을 가지고 있다. 이 법은 장애인뿐만 아니라 고령자 등 교통약자를 위한 법으로서 일반성과 대중성을 함께 가지고 있는 법이기도 하다. 이 법은 교통약자의 안전하고 편리한 이동을 위해 교통여객시설의 이용편의 및 보행환경개선정책을 수립·시행하여야 하는 국가 및 지자체의 책무(제1장)를 규정하는 법률이며, 교통약자 이동편의 증진계획(제2장)과 이동편의시설 설치기준을 명시(제3장)하고, 보행우선구역의 설치(제4장) 등에 관해 규정하고 있으며, 총 6장 34개의 조문으로 구성되어 있는 법률이다.

이로 인해 광역시·도에 저상버스가 도입되어 국가지원으로 휠체어를 사용하는 장애인이 버스를 탈 수 있는 시대가 열렸다. 그러나 주변 시설의 낙후로 저상버스의 이용률은 매주 저조하기 때문에 이를 개선하기 위해서는 이면 도로나 주택가를 돌 수 있는 승합버스가 연계되어야 한다. 즉, 마을버스와 시내버스를 연계하는 저상버스가 함께 운행되어야 안전한 교통체계를 만들 수 있다.

## 8) 「장애인차별금지 및 권리구제에 관한 법률」

이 법은 2005년 민주노동당 노회찬 의원의 대표 발의를 시작으로 정화원 의원, 장향숙 의원의 대표발의를 거쳐 법률로 제정·공포되었다. 장애인구와 사회참여 욕구의 급증, 모든 생활영역에서의 기회보장 요구, 자립생활운동의 확산 등 새로운 사회적 변화에 기존법률과 정부의 정책적 노력만으로는 적절히 대처하는 데 한계가 있음을 인지하고 정부와 장애계가 합심하여 법률제정을 위한 적극적 활동을 한 결과였다. 「장애인차별금지법」은 장애를 이유로 사회적으로 차별을 금지하고, 장애를 이유로 차별받는 사람의 권익을 구제함으로써 장애인의 사회참여와 평등권 실현을 통해 인간으로서의 존엄과 가치를 구현하기 위해 만들어진 법이다.

「장애인차별금지법」은 직접차별, 간접차별, 정당한 편의 제공거부, 광고에 의한 차별 등 4대 차별행위를 금지하고 있다. 그리고 장애인에 대한 고용, 교육, 재화와 용역의 제공 및 이용, 사법·행정절차 및 서비스와 참정권, 모·부성권 및 성, 가족·가정·복지시설, 건강권 등에서의 차별금지(제2장), 장애여성 및 장애아동(제3장), 장애인차별시정기구 및 권리구제(제4장), 손해배상 입증책임(제5장), 벌칙(제6장) 등에 대해 규정하며, 총 6장 50개의 조문으로 구성되어 있다.

차별행위의 사유가 되는 장애라 함은 '신체적·정신적 손상 또는 기능상실이 장기간에 걸쳐 개인의 일상 또는 사회생활에 상당한 제약을 초래하는 상태'를 말하며, 장애인이라 함은 '제1항에 따른 장애가 있는 사람을 말한다.'고 규정하고 있다. 모든 생활영역에서 장애를 이유로 한 차별을 금지하고, 장애를 이유로 차별받은 사람의 권익을 효과적으로 구제함으로써 장애인의 완전한 사회참여와 평등권 실현을 통해 인간으로서의 존엄과 가치를 구현하는 것을 목적으로 장애를 이유로 한 차별을 폭넓게 금지할 수 있는 근거를 마련하였다. ① 금지대상 차별행위를 직접차별, 간접차별, 정당한 편의제공 거부, 광고를 통한 차별로 규정, ② 차별대상을 장애인만이 아니라 장애아동의 보호자, 후견인, 기타 장애인을 돕기 위한 장애인 관련자와 장애인의 보조견 및 장애인보조기구 등으로 포괄하여 규정하고 있으며, 특히 장애여성과 장애아동을 별도의 장으로 규정, ③ 차별의 영역을 고용, 교육, 재화와 용역의 제공 및 이용, 사법·행정절차 및 서비스와 참정권, 모·부성권 및 성, 가족·가정·복지시설 및 건강권 등의 여섯 가지 영역으로 규정하여 생활상의 다양한 영역에 걸쳐서 차별을 금지하도록 하고 있다.

「장애인차별금지법」은 장애인 당사자의 욕구가 담겨져 있다고 할 수 있다. 우리 사회는 다수의 비장애인으로 구성되어 있으며, 장애인은 육체적·사회적·경제적 약자로 상대적으로 소수인원으로 인식되고 있다. 비장애인 중심 사회에서는 장애인을 향해 열등하고 무능력하다고 낙인찍고 있으며, 이러한 낙인에 의해 편견이 가중됨에 따라 차별로 이어지고 있다.

**표 3-4** 장애인차별금지 및 권리구제 등에 관한 법률 구성 내용

| 법 구성 | | 내 용 |
|---|---|---|
| 제1장 총칙<br>(제1조 내지 제9조) | | • 목적, 장애와 장애인, 용어정의<br>• 동법상 차별행위 |
| | | ① 직접차별 ② 간접차별 ③ 정당한 편의제공 거부에 의한 차별 ④ 광고에 의한 차별, 이상의 네 가지로 유형화 |
| 제2장 차별금지<br>(제10조 내지 제32조) | 고용 | • 차별금지, 정당한 편의제공 의무, 의학적 검사금지 |
| | 교육 | • 차별금지, 정당한 편의제공 의무 |
| | 재화와 용역의 이용 | • 재화 · 용역 제공, 토지 · 건물 매매임대<br>• 금융상품 · 서비스 시설물 접근 · 이용<br>• 이동 및 교통수단, 정보접근, 정보통신 · 의사소통<br>• 문화 · 예술 · 체육에서의 정당한 편의제공<br>• 개인정보보호, 국가 및 지방자치단체의 의무 |
| | 사법 · 행정 절차 등 | • 차별금지, 정당한 편의제공 |
| | 모 · 부성권 등 | • 출산 · 임신 · 입양 시 장애로 인한 차별금지 및 실질적 평등보장 |
| | 가족 · 가정 · 복지시설, 건강권 | • 재산권, 양육권, 친권 등에 있어 장애로 인한 불합리한 차별금지<br>• 복지시설 이용 시 장애로 인한 친권향유, 가족면접, 외부와의 소통에 있어서의 차별금지<br>• 의료행위에 있어서 장애를 이유로 제한 · 배제 · 분리 · 거부금지 |
| 제3장 장애여성 및 장애아동 등<br>(제33조 내지 제37조) | | • 장애여성 및 아동, 정신적 장애인 차별금지<br>• 국가와 지방자치단체의 의무 |
| 제4장 장애인차별시정기구 및 권리구제 등<br>(제38조 내지 제45조) | | • 차별받은 사람은 국가인권위원회에 진정<br>• 국가인권위원회는 진정조사권과 직권조사권 보유<br>• 국가인권위원회 내 장애인차별시정 소위원회 설치<br>• 법무부의 시정명령권 |
| 제5장 손해배상, 입증책임 법원의 구제조치<br>(제46조 내지 제48조) | | • 차별행위로 손해를 가한 자에게 손해배상 책임<br>• 입증책임 배분 |
| 제6장 벌칙<br>(제49조 내지 제50조) | | • 악의적 차별행위에 대해 3년 이하 징역 또는 3천만 원 이하 벌금 |

## 9) 기타 장애 관련 법률

장애 관련 법에는 「중증장애인우선구매특별법」이 2008년에 제정되었으며 주요 내용은 ① 공공기관의 총 구매액의 1%를 장애인생산품으로 우선구매, ② 장애인 생산품 고시, ③ 인증제품시설지원(경영컨설팅, KS, 친환경 등록 등), ④ 중증장애인 생산품 시설 고용비율 강화(60%), ⑤ 대상물품 선정 및 인증상표에 대한 사항이 담겨 있다.

「중증장애인기초장애연금법」(2010)은 장애로 인하여 생활이 어려운 중증장애 인의 생활안정 지원과 복지증진 및 사회통합 도모를 위해 18세 이상의 등록한 중 증장애인 중 본인과 배우자의 소득과 재산을 합산한 금액(소득인정액)이 선정 기 준액 이하인 자, 신청 월 당시 만 18세 이상인 자, 등록한 중증 장애인(장애 등급 1급과 2급 및 3급 중복 장애), 소득과 재산은 본인과 배우자의 소득재산을 합산한 금액(소득인정액)이 선정 기준액 이하인 자로 선정 기준액은 단독가구 50만 원, 부부가구 80만 원 이하를 대상으로 지원한다.

「장애인활동지원법」(2011)은 혼자서 일상생활 및 사회활동을 하기 어려운 중증 장애인에게 활동지원인 등이 가정을 방문하여 신변처리, 이동보조 등의 서비스를 제공하는 제도로, 소득 수준에 관계없이 6세 이상 65세 미만의 「장애인복지법」상 등록된 1~2급 장애인이 신청 대상자이며, 급여의 종류에는 활동지원, 방문목욕, 방문간호가 있고, 활동지원의 급여내용을 보면 신체활동지원, 가사활동지원, 사 회활동지원 등이 가능하며, 수급자가 직장에 다닌다고 하여 활동지원이 중지되 는 것은 아니다. 「장애아동복지지원법」(2012)은 중앙장애아동지원센터 운영, 지 역장애아동지원센터 운영, 발달재활서비스 지원, 돌봄 서비스 지원, 장애영유아 어린이집 설치에 대한 규정이 담겨 있다.

## 3. 재활정책과 이슈

재활정책은 '장애인정책발전5개년계획'을 통해 통합적으로 제시되고 있다. '제 1차 장애인복지발전5개년계획'은 1998년부터 2002년까지 추진되었으며, '제2차

장애인복지발전계획'은 2003년부터 2007년까지, '제3차 장애인정책발전5개년계획'은 2012년까지 추진되었다. 2013년부터는 '제4차 장애인정책발전5개년계획'이 새롭게 추진되고 있다.

## 1) 장애인복지 시책

장애인에 대한 경제적 지원과 일상생활 수행에 필요한 각 지원서비스를 제공하는 기준은 장애인등록판정 체계와 전달체계의 개선에 있다. 현재의 장애등록 제도는 의학적 판단에 근거하여 이루어지고 있으며, 의학적 판단에 따른 장애등급 판정기준은 장애수당, 장애아동수당, 생활시설입소, 장애인활동지원서비스 등 서비스 자격의 기준으로 지원되고 있다.

과거와 달리 서비스의 종류가 다양해지고 빈도가 증가 추세에 있기 때문에 의료적 판단만으로 서비스의 적격여부를 결정하기는 매우 어렵다. 따라서 등록판정 체계 및 전달체계의 선진화를 통하여 의학적 판단, 근로능력 판단, 사회생활능력 판단이라는 다차원적인 기준을 적용하여 서비스를 필요로 하는 장애인을 위한 적절한 서비스 제공을 연계하는 장애판정정책 수립이 모색되어야 한다.

장애인을 위해 제공되는 영역으로는 장애아동과 가족에 대한 지원서비스다. 18세 미만의 뇌병변장애, 언어장애, 자폐성장애 등의 아동은 언어치료, 행동치료, 심리치료, 음악치료, 미술치료, 놀이치료 등의 재활치료서비스를 제공하는 것이 필요하다. 그리고 장애아동 가족의 경우 양육상담, 심리상담, 아동 일시보호 등의 가족지원서비스가 필요하다. 즉, 재활치료서비스의 확대와 가족지원서비스가 중요시되고 있음을 의미한다. 그리고 또 하나의 서비스로는 장애인 주택서비스의 확대다. 장애인의 주택서비스는 소득과 생활지원의 핵심적인 영역임에도 불구하고 정책내용은 수요에 비해 매우 미흡한 수준이었으므로 주택서비스가 중요시되고 있다.

## 2) 장애인교육문화

장애인의 교육기회와 문화체육활동영역에서는 장애아동에 대한 보육과 교육지원의 강화가 필요하다. 장애아동의 무상보육료 지원사업의 대상을 2008년 14,914명에서 2012년까지 21,000명 수준으로 확대 방안을 제시하였다. 그리고 장애아 전담 보육시설을 매년 5개소씩 신축하여 접근기회를 확대하고, 일반보육 시설 가운데 통합보육시설 지정을 매년 확대하고, 이와 함께 장애아 전담교사를 1,350명에서 2012년까지 2,350명으로 확대하는 것을 과제로 설정하였다.

그리고 유치원 및 고등학교 과정의 의무교육의 실시다. 현재 의무교육 적용 과정이 초등학교와 중학교로 되어 있는 것을 2012년에는 유치원, 초등학교, 중학교, 고등학교로 확대하기 위하여 대상자의 수요, 교원 수요, 시설현황 등에 대한 기초조사를 실시하였으며, 이에 기초하여 연차적으로 의무교육의 기간을 확대했다.

또한 장애인고등교육에 대한 지원강화다. 현재 대학에 장애학생지원센터가 전국에 31개소가 운영되고 있는데, 장애학생에 대한 학습지원을 강화하기 위하여 2012년까지 103개소로 확대 설치하는 것이 중요한 과제로 설정되었다. 그리고 고등교육장애학생에 대한 교수 · 학습 지원 도우미 지원을 확대할 수 있는 방안을 추진하고 장애인체육분야에 대한 정보 · 시설 인프라 구축 및 이용환경의 개선을 목표로 하고 있다. 장애인의 특별한 상황을 고려하여 체육활동에 참여할 수 있도록 장애등급 및 유형에 맞는 생활체육에 접근할 수 있도록 하는 '장애인 체력관리 온라인서비스'를 구축하고 장애인종합체육시설을 선진국 수준으로 운영될 수 있도록 방안을 모색하였다.

## 3) 장애인경제활동

장애인에게 고용기회를 제도적으로 확대하기 위한 의무고용제도와 중증장애인에게 노동시장에 참여할 기회를 제공하는 직업재활서비스의 제공의 주요 내용은 다음과 같다.

첫째, 장애인 의무고용제도 개편 및 운영 강화다. 현재의 장애인 의무고용제도에서는 중증장애인의 고용이 미흡한 상황이며, 이를 개선하기 위해 중증장애인 고용을 유도할 수 있는 방향으로 의무고용부담금, 고용장려금 등의 제도의 재설계가 필요하다.

둘째, 정부의 장애인고용의 선도적 역할 강화다. 여기서는 정부부문이 장애인

고용에 선도적인 역할을 담당할 수 있도록 장애인 공무원의 채용과 관련된 제도 개선을 주요 내용으로 하고 있다. 공공부문의 장애인 의무 고용률을 현재 2%에서 3%로 상향조정하고, 공공부문의 장애인 고용확대를 위한 유인 및 제재방안 마련, 정부부문에 공무원이 아닌 근로자에 대한 고용의무제 적용, 교육대학이나 사범대학의 특례입학 확대를 통한 장애인 교원 임용 확대 방안 수립이 필요하다.

셋째, 장애인 취업지원 및 직업능력개발서비스 제공이다. 구인·구직상담 및 전문적 취업지원 서비스 제공을 목표로 장애인 지원고용과 시험고용을 통한 일자리 확충, 고용과 복지가 통합적으로 연계되는 고용지원서비스 전달체계 구축, 지방자치단체·특수학교·직업재활시설·고용지원센터·폴리텍대학 등으로 구성된 장애인고용네트워크 활성화 등이 과제로 제시되고 있다. 그리고 장애인의 직업능력개발 확대를 위하여 직업능력개발센터를 중심으로 기업과 연계한 맞춤훈련, 중증장애인의 유형별특화훈련 실시, 공공훈련기관과 민간훈련기관에서 다양한 직업능력개발 프로그램 등을 시행해야 한다.

## 4) 장애인사회참여

장애인의 사회생활 참여를 지원하는 「장애인차별금지법」의 내실 있는 시행, 이동에 어려움이 있는 장애인을 위한 대중교통체계에서의 접근성 제고 등으로, 주요 내용은 다음과 같다.

첫째, 「장애인차별금지법」 홍보 및 이행상황의 지속적인 모니터링이다. 2008년에 '장애인차별개선 모니터링체계'를 구축하고, 2009년부터 이를 활용한 평가를 실시하려는 계획이 수립되었다. 그리고 장애인차별에 관련된 각종 교육자료나 영상자료 등을 제작·배포하고, 「장애인차별금지법」과 충돌하는 각종 법령과 제도의 정비도 중요한 과제로 설정되었다.

둘째, 장애인활동지원서비스의 내실화다. 장애인활동지원서비스는 이동과 기본적인 사회활동에 도움이 필요한 사람들에게 제공되는 대인서비스다. 사회의 물리적 이동환경의 개선으로 완전하게 활동제약을 제거하기 어렵기 때문에 개인별 지원서비스가 필요하게 된다. 현재와 같이 물리적환경이 열악한 우리나라의 경우 활동지원서비스가 장애인의 사회참여 지원에 중요한 역할을 하고 있다. 활동지원

서비스는 지원시간의 확대, 활동지원인의 지원능력 강화, 활동지원을 받을 수 있는 지원대상의 확대 등이 중요한 과제로 제시되고 있다.

셋째, 장애인보조기구 산업화 지원이다. 장애인보조기구는 향후 단계적으로 공적 프로그램을 통하여 지급 범위가 확대됨에 따라 장애인보조기구가 공적체계를 통하여 확대 보급되기 위해서는 우리나라 장애인의 체형에 맞는 적절한 제품의 개발, 대중적 보급에 적절한 가격, 사용의 불편을 쉽게 해결할 수 있는 애프터서비스 등이 중요하다. 이런 점에서 장애인보조기구 기술개발에 대한 지원을 통하여 국산품의 경쟁력을 높이는 것이 중요하다. 이를 위하여 매년 3~4개의 보조기구개발사업에 대한 연구개발지원을 추진하고, '보조기구 기술이전지원센터'를 설립하여 기술이전 지원 및 지도를 실시하며, 우수업체에 대한 지원육성정책 마련 등이 과제로 제시되고 있다.

넷째, 저상버스 도입의 확대다. 버스는 가장 기초적인 대중교통수단임에도 불구하고 휠체어 장애인이 탑승할 수 있는 저상버스의 도입은 매우 미흡한 실정이다. 2013년까지 전국 시내버스의 50%를 휠체어와 유모차의 승하차가 가능한 저상버스로 교체하고, 저렴한 가격으로 저상버스를 대량 보급할 수 있도록 저상버스모델을 개발하여야 한다.


## 4. 재활정책과 전망

1977년 「특수교육진흥법」이 제정되고, 이후 35년 동안 장애인정책은 양적인 측면과 질적 측면에서 수많은 변화와 발전이 이루어졌다. 장애인등록제도 실시, 의무고용제도 도입, 장애수당, 장애아동수당, 단기보호시설, 장애범주 확대, 편의증진법 제정, 공동생활가정의 확대, 통합교육원칙의 확립, 기초장애연금, 장애활동지원, 차별금지, 장애아동지원 등이 대표적인 변화의 내용이다.

이러한 변화는 세계적인 차원에서 전개되고 있는 장애담론의 변화와 일치한다. 장애인에 대한 사회적 대처의 관점이 분리관점에서 통합관점으로, 장애에 대한 책임과 문제해결의 원천을 개인에서 사회로, 장애인정책과 서비스에 대한 결정과정을 전문가 주도에서 당사자의 주체적인 참여로 변화시키는 것이 장애담론의 흐름이다. 한국의 최근 50년간의 변화도 일관되어 왔으며, 향후 장애인정책의 변화 전망은 크게 두 가지로 대별할 수 있다.

첫째, 장애정책의 보편적 관점이 한층 더 강조되고 강화될 것이다. 과거의 장애에 대한 접근은 분리 접근이 주도적이었다. 일반교육기회가 배제되었기 때문에 특수하게 만들어진 학교를 이용하였으며, 지역사회의 거주 장소에서 배제되었기 때문에 외딴 지역의 대형시설에 모여서 살았다. 또한 장애인이 일반 체육시설의 이용에서 배제되었기 때문에 장애인만을 위한 체육시설을 만들어서 이용했다. 그러나 이런 과거 방식의 접근은 더 이상 적절하지 않다. 향후 장애인정책의 변화는 일반학교에서 교육받고, 일반주택에서 거주하고, 일반직장에서 근무하고 일반시장에서 쇼핑하고, 일반극장에서 영화보고, 일반 체육시설에서 운동할 수 있도록 하는 데 초점이 맞춰지게 될 것이다. 이러한 보편적 관점의 확대와 강화는 필수적으로 장애인정책에 대한 전 정부부처 차원의 대처를 요구하며, 장애인의 정보 소외는 정보관련 정부부처에서, 장애인의 주택은 주택관련 정부부처에서 대응하도록 요구하게 될 것이다.

둘째, 장애인정책의 제도 간 상호연계성과 통합성의 쟁점이 점차 중요해질 것이다. 지금까지 장애인정책의 발전은 부분적·파편적이었다고 할 수 있다. 정책이나 서비스가 전무하거나 빈약할 때의 정책과 서비스의 발전은 사안별, 쟁점별로 이루어진다. 그리고 사안별, 쟁점별로 각개 약진 방식으로 발전하더라도 중요한 현실적인 문제는 발생하지 않았으며 현재의 장애인정책의 상황은 이런 단계를 지나고 있다. 새로운 제도의 도입은 관련 제도의 사전 조정 문제가 필수적으로 검토되어야 한다.

## 참고문헌

권선진(2004). 장애인 자립과 통합을 위한 정책과제. **장애인 복지정책방향 정책세미나 자료집**. 대한재활의학회.

교육과학기술부, 행정안전부, 문화체육관광부, 보건복지부, 노동부, 여성부, 국토해양부, 국가보훈처, 방송통신위원회, 관계부처 합동(2008). 장애인정책발전5개년 계획:분야별 세부추진과제 주요 내용.

국회입법조사처(2008). 현행법률의 주요내용과 쟁점.

김용득, 김진우, 유동철(2007). 한국장애인복지의 이해. 서울: 인간과복지.

김용득, 유동철 편(2005). 한국장애인복지의 이해. 서울: 인간과복지.

김윤정(1997). 자폐아 어머니의 양육스트레스 감소를 위한 미술활동중심 집단상담 효과. 대구대학교 석사학위논문.

법제처종합법령정보센터(2008). 장애인 · 노인 · 임산부 등의 편의증진보장에 관한 법률 시행규칙. http://www.klaw.go.kr

변용찬, 김성희, 윤상용, 강민희, 최미영, 이병화, 이송희, 강병근, 권선진, 김경미, 김용득, 김윤태, 김종인, 나운환, 오혜경, 이근민, 이선우, 이승기(2008). 중 · 장기 장애인복지 발전방안 연구, 보건복지부, 한국보건사회연구원.

보건복지부(2005). "제2차 편의증진 국가종합 5개년 계획(안): 2005~2009년". http://www.klaw.go.kr

보건복지부(2005). 장애인복지 법령집.

보건복지부(2008). 2008년도 장애인복지 시책. http://www.mw.go.kr

보건복지부, 국립재활원(2000). 지역사회 중심 재활교육. 초급교재.

유동철(2007). 한국장애인복지의 이해. 서울: 인간과 복지.

장애우권익문제연구소(2001). 장애우복지개론. 서울: 나눔의집.

정무성, 양회택, 노승현(2006). 장애인복지개론. 경기: 학현사.

정정진(2006). 통합교육 촉진을 위한 특수교육보조원 활용방안. 재활복지 제10권 제1호 통권 19호. 한국장애인재활협회 부설 재활연구소.

한국장애인개발원(2008). 장애인백서.

한국장애인개발원(2010). 장애인복지 연구.

한국장애인재활협회(2006). 한국장애인복지 50년사. 경기: 양서원.

한국장애인재활협회(2008). 장애인차별금지 및 권리구제에 관한 법률과 상충되는 장애인 고용분야 국내법 연구.

한국장애인재활협회(2011). 새로운 10년, 현장이 희망이다.

한국재활재단(1997). 한국장애인복지변천사. 경기: 양서원.

Eita, Y. et al. (1993). AD의 충격(송영욱 역). 서울: 한국장애인연맹출판부.

Chubon, R. E., & Bowe, F. G. (1994). *Social and psychological foundations of rehabilitation*. Illinois: Charles C Thomas

DeJong, G. (1981). Environmental accessibility and independent living: Directions for disability policy and research. University Center for International Rehabilitation, Michigan State University.

Oliver, M. (1996). *Understanding disability: from theory to practice*. New York: St. Martin's Press.

WHO. (1980). *ICIDH: International classification of impairments, disabilities and handicaps: A manual of classification relating to the consequences of disease*. Geneva: Author.

WHO. (1997). ICIDH-2: International classification of impairments, activities, and participation. A manual of dimensions of disablement and functioning. Beta-1 draft for field trials.

WHO. (2001). ICF: International classification of functioning, disability and health.

### 📖 참고 사이트

http://www.mohw.go.kr
http://www.mohw.go.kr

# 1. 재활조직이론

## 1) 재활조직의 개념

Taylor(1911)는 초기 산업 사회의 조직에 있어 '과학적 관리'를 제시하였다. 역사적으로 조직 관리에 대한 접근방법은 오늘날 재활행정에서 '과학적 관리'를 적용하는 데 많은 모순이 따르게 된다. 과학적 관리는 조직의 인력과 시간을 기준으로 하는 '통제' 방식의 경영철학을 담고 있기 때문이다.

조직이란 일정한 목표를 갖고 의식적으로 구성된 사회적 집합체로서, 합리적 체제와 자연적 체제로 구분된다. 합리적 체제는 조직 내의 공식적, 의도적, 목표, 분화·통합·조정을 의미하고, 자연적 체제는 비공식적, 경계, 환경과의 상호작용을 의미한다.

행정조직에 비해 재활조직은 클라이언트가 중심이 되며, 접근성, 통합성, 지속성에 의해 조직의 구조는 탄력성을 갖게 된다(Gilbert & Specht, 1993). 뿐만 아니라 재활조직은 고도의 전문성(Etzioni, 1964)을 함께 가지게 된다.

재활조직은 행정, 기획, 예산, 회계, 인사, 홍보 등 보편적 행정 업무를 유지하는 한편 종사자의 전문성과 공공행정 등과도 유사성을 가진다. 특히 재활조직은 프로그램, 의사결정, 갈등을 관리하고 해소하는 데 조직의 목표관리 체계를 갖는다.

재활조직의 특성은 각종 문제나 욕구를 지닌 인간을 대상으로 공공의 이익을 위해 사회적으로 후원을 받는다. 이러한 조직은 기술과 활동에 대한 제한을 받으며, 문제해결에 있어서도 목표가 모호하다. 특히 가치와 이해관계에서 갈등이 발생하면 조직이 어려움을 겪게 되고, 기대 결과를 얻는 데 불완전한 지식과 기술이 적용된다. 따라서 재활조직은 사회적으로 높은 윤리적 가치를 지니게 된다. 이는 세금이나 공적자금으로 조직을 운영하고 불특정 다수가 기부하는 후원금으로 사업이 추진되기 때문이다. 따라서 재활조직은 관리자보다 종사자의 활동이 더욱 중요하다. 또한 재활조직의 구성원은 윤리의식, 참여도, 약속, 소속감이 매우 중요하다.

조직은 경제사의 한 시점에서 경쟁적·문화적·사회적 변화와 환경의 급속한 변화로 늘 갈등을 겪게 된다. 이러한 갈등은 조직 운영에서 잘 조정되어야 한다.

재활조직은 '부름의 사명'을 감당하는 구성원으로 관계 중심의 조직을 만들어 가야 된다. '부르심'의 개념은 일에 대하여 소명으로 택함받은 사람을 의미하며 종교적 의미가 매우 깊다.

재활조직 종사자에 대한 '부르심'은 '고용'이라는 관점보다 훨씬 포괄적이고 광범위하다. 한 사람이 일에 쏟아붓는 시간적 비율을 감안한다면 '부르심'의 개념은 직업, 일, 업무 속에서 받아들여져야 하다. '일'에 대한 어원은 라틴어로 보통세 가지로 분류된다. 노동, 즉 'laborem(laboe)'은 수고, 고통, 피로라는 뜻과 연관성이 있으며, 땀 흘리는 육체의 격한 활동을 의미한다. 그리고 'operari(opus)'는 격한 활동을 적극적으로 수행함으로써 생산하는 '작품'을 의미한다. 또한 'urgere(urge, work: 촉구하다, 일하다)'는 조정하고 억누르고 압박하거나 강요하는 의미로 사용된다.

일에 대한 의미로 라틴어인 'taxere' 라는 어원에 뿌리를 둔 'task'는 '직무'를 의미하는데, 이 단어는 일과 관련된 또 다른 어원으로 의무로서 부여된 일의 한 부분, 혹은 평가하여, 판단하는, 감각의 의미를 담고 있다. 일(work)은 '부르심'의 경제적인 작품은 예술적 · 시각적 · 문학적 · 음악적 추구에 불과한 것으로 여겨진다. 오늘날 재활조직의 관심사인 노동(labor), 책무(task), 일(work)은 서비스직의 '일'이라는 단순 표현보다는 재활조직 종사자들의 직업을 통해서 얻을 수 있는 '작품(opus)'의 의미로 초점이 맞추어져야 한다.

재활조직의 목표는 조직구성, 업무구상, 그리고 종사자 간의 인간관을 더 높이고 평가하는 데 위치를 고정해야 한다. 문화명령을 수행하고 '재활의 부름심'을 성취하는 것은 수고하고, 땀 흘리고, 압박하고, 강요하고, 몰아가고, 부과하는 것보다 훨씬 더 큰 의미를 열어 놓게 된다. 약 50여 년 전, Douglas McGregor(1960)는 X/Y이론을 제시하였는데, Y이론은 조직의 환경이 창조성이 풍부하도록 허용하는 패러다임으로 지식기반 사회의 경제구조에서 경쟁하는 오늘날 '부름심'의 사명을 이해하는 데 도움이 된다. 보다 인간적이고 도덕적인 조직에 대하여 관리자가 관심을 기울인다면 조직의 목표 중 하나인 사업과 수익은 부수적인 차원으로 발전하게 될 것이다.

재활조직은 단순히 사업과 수익만을 창출하는 것이 아니라 다양한 방식으로 욕구를 충족시키고자 하는 인간 그룹의 '섬김'의 공동체를 만드는 특수한 사명이다. 재활조직은 대체로 기업조직에 비해 규모가 작다. 이런 조직의 운영은 관리자의 친밀감과 유대감이 큰 장점이 되지만, 거대한 조직들은 구성원 간의 유대감을 추구하는 데 어려움을 겪게 된다.

Gilley(1998)는 조직 구성원과의 동반자 관계를 만드는 것은 개별 경영자에 달린 것이며, '코치'들의 노력에 의해 가능해진다고 보고 있다. 여기서 '코치'란 선수들이 경기에서 효율적으로 뛸 수 있도록 돕는 것과 같은 조력자로서 조직 전체의 성과는 개별 경영자의 한 기능이며, 직원들에게 동기부여와 만족을 증대시키는 연결점이 될 수 있다. 따라서 재활조직은 경영자가 직원들과의 관계 형성의 책임을 인지해야 한다. 이러한 관계를 '동반상승(synergy)' 관계라 불렀으며, DePree(1989)는 이런 유형의 조직을 '서약조직'이라 불렀다.

갤럽(1999)의 한 조사에 따르면 경영자의 영향력은 개인과 조직 모두의 성과에 영향을 미친다고 보고 있다. 조직의 성과를 작품, 인구변화, 지식산업, 성과에 대한 경영자의 영향력이라는 측면에서 볼 때 친밀한 동반자적 관계를 구축하기 위해서는 경영자와 직원 간의 실천이 함께 고려되어야 한다. 경영자는 이전의 관리자적인 재활조직의 감성이 아니라 새로운 유형의 임원으로 선출되어야 한다.

첫째, 경영자는 전문적 자격이나 기술을 가진 사람이 아니라 '감성지능'이라고 부르는 '관계기술력'(Cherniss, 2005)이 뛰어난 경영자를 재활조직의 책임자로 배치해야 한다. 관계기술력이란 직원과의 대화, 자존감 세우기, 멘토, 교육에 집중하는 감성지능을 말한다. 또한 재활조직은 전략적 사고기술이 필요한데, 전략적 사고의 경우 분석, 비전, 신속한 업무처리 능력과 같은 기술을 지닌 사람을 재활조직의 경영자로 영입해야 한다.

둘째, 조직 문화와 조화를 이루는 경영진이 필요하다. 즉, 성과만을 요구하고 실제 조직운영의 정책이나 절차, 관례나 행정이 따로 노는 조직 상황은 영화의 화면과 녹음이 각기 따로 돌아가는 필름을 연상하게 된다.

셋째, 재활조직은 경영진이 직원과 동반자적 코치와 같은 관계를 유지하기 위해서는 보상을 필요로 한다. 조직이 발전하는 것과 개인의 보상은 별개의 것으로 재능을 지닌 직원에 대하여 그 재능을 조직에 꺼낼 수 있는 열쇠를 보상으로 제공해야 한다. 열쇠는 보상을 통해 조직의 선택과 개발을 찾게 된다.

　　재활조직의 성공적 전략은 조직 내 의사결정 과정의 공정성이다. 조직 내의 노동력을 '구매'하고자 할 때 의사결정 과정의 공정성은 매우 중요하다. 공정한 의사결정 과정(Kim & Mauborgne, 1997)은 직접적으로 영향을 주는 당사자의 의견을 반드시 반영해야 하며, 왜 그런 결정을 내렸는지 이유를 설명해야 한다. 또한 변화 이후 직원에게 어떤 일이 예상되는지를 분명히 해야 한다.

　　DePree(1989)는 공정한 과정에 대해 '모든 사람이 의사결정 과정에 의향을 주고 결정 내용을 알아야 할 권리와 의무가 있다.'고 지적한다. 민주적인 것은 아니지만 발언권과 투표권은 구분되어야 한다. 이처럼 역할, 권리, 책임여부를 분명히 하고 효율적이고 효과적인 의사결정을 하는 것은 조직에서 매우 중요하다.

　　조직에서 공정한 의사결정보다 더 중요한 것은 '신뢰와 성과'에서 일하기 좋은 환경과 신뢰도가 높은 직장이 가장 좋은 직장으로 조사되었다(Levering, 2004). 신뢰의 구성 요소는 신용, 존중, 공정함이며, 이 부분이 자부심이 있는 '작품(opus)'과 '동료애'와 연결되면서 최고의 조직모형을 만들어 '위대한 직장'을 만들게 된다.

　　'위대한 직장 연구소'는 신용, 존중, 공정함, 자부심, 동료애가 위대한 직장을 만드는 요소로 그 연구 결과를 제시하였다. '함께 일하는 사람을 신뢰하고, 자신이 하는 일에 자부심을 가지고, 동료들과 함께 일하는 것이 즐거운 곳'을 곧 '위대한 직장'으로 불렀다. 이 위대한 직장의 구성요건은 다음과 같다.

**표 4-1** **위대한 직장의 요소**

| | |
|---|---|
| 신용 | • 서로 마음을 열고 쉽게 다가갈 수 있는 대화<br>• 인적 자원과 물적 자원을 조정하는 능숙함.<br>• 일관성 있게 비전 이뤄 나가는 순전함. |
| 존중 | • 전문성 개발을 지원하고 감사를 표현함.<br>• 관련 있는 결정에 대한 직원과의 협력<br>• 직원 간 개인의 인간다운 삶을 보살핌. |
| 공정함 | • 공평함: 보상에 대해서는 모두에게 균형 잡힌 대우를 함.<br>• 중립성: 고용과 승진에 있어 편애를 없앰.<br>• 정의: 차별이 없고 호소할 수 있는 과정이 존재함. |
| 자부심 | • 개인의 업무와 개인의 기여 안에서<br>• 한 사람의 팀이나 그룹에 의해 창출된 일 안에서<br>• 공동체 내에서의 지위와 조직의 상품 안에서 |

| 동료애 | • 자기 모습을 그대로를 드러낼 수 있는 능력<br>• 사회적으로 친밀하고 환영하는 분위기<br>• '가족' 또는 '팀' 의식 |
| --- | --- |

## 2) 조직이론

재활조직이론은 사회복지행정이론과 유사한 수준에서 서술하고자 한다. 조직이론은 역사적으로 시대에 맞추어 변천되어 왔으며, 재활조직이론의 관점은 이들 조직이론 중에서도 인간관계이론과 현대조직이론에 근접한 조직을 운영하게 되는데, 특히 이 장에서는 품질관리이론을 중점적으로 기술하고자 한다.

### (1) 고전이론

**관료제이론** 관료제(bureaucracy)의 개념을 시대적 배경으로 산업혁명과 조직혁명, 자유주의, 기계적 세계관, 물질주의 가치, 안정적 환경, 전통유산의 영향을 받아 기계적 능률성을 주요한 수단으로 하여 인간성을 무시하여 왔다. 관료제 특성은 기계적 능률성을 강조하는 데 인간을 수단으로 사용하고 공식적인 절차와 과정을 중요시하며, 권한과 책임, 명령통일, 일에 대한 전문화와 분화가 이루어지며, 비공식적인 일에 대하여 무시하는 경향이 있다. 조직 내 환경은 폐쇄적 체계로 운영되며, 경제적 인간모형을 강조하여 법과 질서의 원리를 중시하기 때문에 인간관계에 대한 배려가 부족하다.

Weber의 관료제론은 인간의 개성보다 공적인 지위에 기반을 둔 위계적인 권위구조다. 지위에 따른 권위를 규정하는 규칙의 세계이고, 고도로 전문화된 업무상의 분업이다. 또한 비인격적인 사회관계의 조직이며, 기술적 자격에 기반을 둔 관료의 충원이라는 점을 들 수 있다. 따라서 관료제의 주요 특징은 권위의 위계구조, 규칙과 규정, 사적인 감정 배제, 분업과 전문화, 경력 지향적이며 능률성을 강조하는 데 있다. 관료제는 합리적 관점을 강조하고 합리성, 합법성, 제도화, 문서화, 지배와 복종 구조를 이루고 있으며, 집권화와 공식화가 특징이다. 관료제는 통치권력은 집단이 형성하고, 고용관계는 자유계약을 이루고 있어 재활행정에 있어 관료제는 분업화와 전문화를 이루는 데 조직 구조가 적용된다.

**과학적 관리이론** 과학적 관리론(Taylorism)은 시간과 동작을 분석하는 최선의 작업방식(one best way)을 의미한다. 관리자는 업무기준을 과학적으로 설정하고 과학적 방법으로 선발·훈련하며 적합한 업무배치 및 책임 분담을 한다. 그러나 조직의 기계화, 비인간적인 단점이 있다. 과학적 관리론은 경제적 보상을 달리하여 주어진 과업을 이행하도록 한다. 이는 생산성 증진을 위한 단계로 ① 조직이 달성하고자 하는 객관적인 기준과 목표를 규정, ② 목표성취에 필요한 조직적 과정의 모델을 개발, ③ 목표달성을 위해서 수학적 방법 분석, ④ 최선의 해결책과 일치하도록 조직 활동을 재구함으로써 생산성을 증진시킨다.

### (2) 인간관계이론

인간관계이론의 시대적 배경은 기계적 조직의 비판, 근로자의 능력 신장, 방임주의의 수정, 조직규모 팽창, 환경의 복잡성 증대, 논리실증주의의 등장으로 가치기준을 이원화하고, 사회적 능률을 강조하며 공식적인 집단에서 비공식적 요인을 중시함을 의미한다. 또한 환경 유관론과 사회적 관계를 중시하는 사회적 인간 모형과 경험주의를 함께 강조한다. 인간관계(human relations)이론(Mayo, 1993)은 시카고 지역의 '서부전기회사' 직원을 상대로 조사한 호손(Hawthorne)실험으로, 인간의 심리적·사회적 욕구는 금전적인 동기 못지않게 효과적이며, 비공식 조직의 사회적 상호작용은 작업과업의 조직만큼 영향력을 지닌다는 실험연구다. 이 이론은 어떠한 관리에도 결코 무시될 수 없음을 입증하였다. 개인특성과 환경요인은 인간행태를 결정하는 인간적 요인·비공식적 요인을 강조하며, 조직의 사기와 생산성, 동기와 만족, 리더십, 소집단 행동의 역동성 등에 초점을 두고 있다.

### (3) 현대이론

**총체적 품질관리이론** 총체적 품질관리(Total Quality Management: TQM)이론은 고객에게 제공하는 서비스의 품질을 지속적으로 향상시키기 위한 관리기법을 의미하며, 특히 서비스조직에서는 관리체계 및 고객의 욕구와 환경에 즉각적으로 반응하는 체계로 개발되는 것을 말한다. 1980년대에 미국에서 총체적 품질경영이라는 개념으로 체계화되었으며, 1990년대부터 공공조직, 비영리조직에 본격적으로 도입되었고, 조직역량을 개발하고 유지하는 데 활용된다.

TQM은 고객에게 제공하는 서비스의 품질을 지속적으로 향상시키기 위한 관리기법으로 Total은 고객의 욕구확인에서 고객만족도 평가를, Quality는 고객의 욕구충족에서 고객감동을, Management는 서비스의 질을 제시했다. 1980년대 이후에는 기업조직을 중심으로 발전하였다. 그 후 공공조직, 비영리조직, 재활행정기관에도 적용되었으며, 1920년대에 품질관리(Quality Control)의 노력으로 등장하였고, 품질향상(Quality Improvement), 품질보장(Quality Assurance)으로 발전하게 되었다.

TQM의 기본철학은 고객지향성, 지속적 개선 및 조직구성원의 능력부여다. TQM의 구성요소는 품질, 고객, 고객만족, 변이, 변화, 최고 관리자의 절대적 관심 등이다. 재활기관에서는 조직이 지나치게 목표위주의 관리방식에 의존하고, 치열한 경쟁 환경으로 인해 전문적 관리모델이 확립되어 있지 않기 때문에 TQM은 조직관리 경영기법으로 이해해야 한다.

TQM은 재활행정조직의 가치체계와 양립할 수 있는 관리기법으로 민주적 절차를 중요시하고, 클라이언트 존중을 기본가치로 하는 직업재활에서는 가치상의 양립을 넘어 이러한 조직문화 속에서 재활의 전통적 가치를 강화할 가능성이 있다. 그러므로 TQM을 재활조직에서 적용 시 고려해야 할 사항은 조직구성원의 이해와 협조를 구하고, 체제전반에 대해 점검하며 잠재적 장애요인을 확인하고 이를 감소 · 제거 · 극복할 전략을 강구해야 한다.

**표 4-2** 재활행정 기관에서의 TQM 적용방법

| 단 계 | 내 용 |
| --- | --- |
| 제1단계<br>기관장의 인식 및<br>조직문화 조성 | • 관리시스템에 적합한 조직문화의 변화 필요<br>• 기관장이 품질의 절대적 중요성을 공감<br>• 주요 개념과 방법을 조직구성원들이 충분히 이해 |
| 제2단계<br>TQM 추진팀 구성 | • 관리자, 중간관리자 및 일선직원을 포함하여 TQM 추진팀 구성<br>• 조직 내 변화의 선도자로서 품질향상을 위한 개선의 필요성을 공감해 온 직원 중심으로 구성<br>• 기관장은 추진팀에 전폭적인 지지와 권한을 부여(기관의 모든 사업 과정을 검토 · 조사) |

| 제3단계<br>품질향상을 위한<br>프로젝트 선택 | • 품질향상을 위해 노력할 수 있는 구체적인 사업 분야(프로젝트)를 선정<br>• 사업선정 과정에서 활용할 수 있는 방법<br>   - 프로그램평가결과의 활용<br>   - 고객만족도 조사<br>   - 서비스중요도와 만족도의 격차분석<br>   - 직원 건의함 사용<br>   - 난상토론(brainstorming) |
|---|---|
| 제4단계<br>기존의 데이터 수집 | • 대상으로 선택된 프로그램의 시행 이전의 상태에 대한 데이터 수집<br>• 시행과정과 이후의 데이터와 비교되어 프로그램을 정확하게 이해하고 취약점 발견<br>• 기존의 데이터가 없다면 신규 데이터 수집 |
| 제5단계<br>사업과정과 서비스에<br>대한 정의 | • 흐름도(flowcharts) 작성: 서비스 전달상의 모든 단계를 제시하고 이들의 연관성 파악<br>• 프로그램에 대한 이해의 정확성, 취약점과 그 해결 방법을 찾도록 보조 |
| 제6단계<br>계획 및 실행 방법 모색 | • 수집된 데이터를 분석하고, 프로그램의 품질을 향상시키기 위한 계획안을 수립<br>• 데이터 분석을 통해 문제를 파악했으면 이를 해결할 수 있는 방법 모색<br>• 계획안에는 문제해결을 위한 단계적 접근방법과 내용 기술 |
| 제7단계<br>계획의 실행 | • 시간의 제약<br>• 활동이 본래의 고유 업무에 지장을 초래<br>• 품질향상을 위한 방법을 한 번에 전면적으로 실시하지 않도록(효과 추적의 곤란) 함.<br>• 최고관리자의 적절한 지지 확보 |
| 제8단계<br>변화의 추적 | • 실행과정을 추적하면서 관련 데이터 수집 |
| 제9단계<br>사업에 대한 표준화 | • 팀의 활동에 의해 얻어 낸 품질향상을 지키고 일반화하기 위해 표준화 작업이 필요<br>• 관련 자료의 축적, 교육교재 준비, 정기적 회의 개최 등 |
| 제10단계<br>성공에 대해 축하, 격려 | • 과정에서 잘된 점과 잘못된 점을 검토하고 격려<br>• 다음의 품질향상 프로젝트를 위해 준비하는 단계 |

TQM의 적용은 공공기관과 민간조직을 망라하여 보편적으로 의료시설, 아동 및 가족복지시설 등에 이용되고 있으며, 보건소와 같은 사회서비스 분야의 서비스 경쟁에서 도입되고 있다. 기본철학은 고객지향(customer orientation)에 있다.

모든 이해관계자들의 욕구만족을 위해 이해관계자는 누구인지, 이해관계자들이 기대하는 것은 무엇인지, 이해관계자들에게 어느 수준의 서비스를 제공해야 하는지, 그 수준에 도달하지 못하는 이유는 무엇인지, 이를 해결하기 위한 방법은 무엇인지에 대해 초점을 두고 있다.

지속적 개선(continuous improvement)방법으로 리더와 조직구성원의 인내와 관용이 요구된다. 지속적인 개선을 위해 고객만족도가 평가되어야 하며, 서비스 전달 과정의 개선에 지속적인 노력이 필요하다.

TQM은 조직구성원의 능력부여(employee empowerment)가 필요하며, 조직구성원인 개인과 부서 그리고 팀이 자신의 업무와 업무환경에 결정을 내리도록 하는 종합적 접근과 이들에게 폭넓은 재량권을 부여하고 기관으로부터의 능력부여를 통해 재활상담사의 직무성과에 활용할 수 있도록 해야 한다. 또한 재활조직에서의 TQM의 관리체계 및 과정이 고객의 욕구, 사회, 조직환경에 즉시 반응하는 체계로 개발되어야 하며, 고객(stakeholder)에게는 민감성이 강조되어야 한다.

TQM의 구성 요소(Martin, 1993)에는 품질, 고객, 고객만족, 변이, 변화, 관리자의 의지 등이 매우 중요하게 지적된다. ① 품질(Quality)은 조직의 중심적 목표, ② 고객(Customers)은 품질에 대해 정의를 내리는 사람, ③ 고객만족(Customer Satisfaction)은 조직의 장기전략 및 발전계획의 방향, ④ 변이(Variation)는 산출물의 결함 혹은 서비스의 결함, ⑤ 변화(Change)는 지속적으로 팀워크에 의해 추진(자생적 변화 유도), ⑥ 최고 관리층의 절대적 관심(Top Management Commitment)이 필요하다.

**표 4-3** **전통적 관리기법(MBO)과의 차이점**

|  | MBO | TQM |
|---|---|---|
| 목표의 설정 | 다수의 경쟁적 목표 | 단일목표로 품질 |
| 조직 발전방향 | 재정적 안정 | 고객만족 |
| 품질에 대한 정의 | 전문가나 관리자가 정의 | 고객이 정의 |
| 변화에 대한 대응 | 심각하지 않는 한 현상유지 | 지속적인 변화 시도 |
| 직원교육 | 비용유발 요인으로 인식 | 필수적인 투자행위로 인식 |

## 2. 재활조직 구조

### 1) 조직 구조의 변수

조직의 구조는 유형화된 상호작용 관계로 조직의 기능과 권한, 책임 등이 어떻게 배분되고 조정되는가 혹은 조직의 배분 및 조정은 조직표를 통해 어떻게 표현이 가능한가로 구분된다. 조직의 기능은 조직의 산출물 생산, 조직목표 달성, 구성원들의 개인적 다양성의 영향력을 최소화·규제·권한·의사결정·활동이 수행되는 장소에 따라 구분되며, 조직 구조의 기본 변수는 복잡성, 공식화, 집권화 등이 변수로 작용한다.

#### (1) 복잡성

복잡성이란 업무의 분화 정도를 말하는 것으로, 분화된 업무가 전체적인 목표에 기여하도록 하며 개별 업무의 통제가 필요하다. 이러한 대안적 방법으로는 업무확대와 업무순환이 있으며, 적용되는 범위로는 사례관리, 사례옹호, 치료팀 등이다. 또한 복잡성은 업무의 수와 직위의 수가 많을수록 분화가 증가되며, 조직 전체의 분업현상은 복잡하다. 조직분화의 장점은 ① 업무와 기술의 단순화, ② 전문기술 개발의 용이, ③ 효율성의 증가, ④ 관리와 감독의 용이를 들 수 있다. 반면 분화의 단점으로는 ① 업무자의 매너리즘, ② 클라이언트의 혼란, ③ 업무조정의 어려움으로 전체의 효율성이 저하되어 분화된 업무가 전체적인 목표에 기여하기 위해서는 개별 업무의 통제가 필요하다.

#### (2) 공식화

공식화란 정형화(standardization, formalization)를 의미하며 직무표준화, 법령체계를 통한 업무수행에 있어서 신뢰성과 일관성을 높이기 위해 규칙이나 절차 등을 통해 역할 혼란을 방지한다. 또한 권한의 임의적 사용을 억제하며 업무자의 재량적인 행동을 축소시키거나 의사결정과정을 일상화시킨다. 즉, 공식화란 직무표준화 정도를 말하는 것으로, 규칙이나 절차 등을 통해 담당자 재량을 축소시키

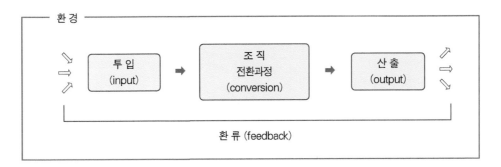

**그림 4-1** 체계이론

거나 의사결정과정을 일상화시키는 방식으로 이루어진다. 한 조직이 갖게 될 구조적 특성은 조직 구조의 상황변수로서 규모, 기술, 환경과 관련하여 절대적 기준은 존재하지 않으며, 상황에 따른다. 조직의 상황변수로는 조직의 규모, 기술, 환경이 있다. 공식화의 장점은 역할 혼란을 방지, 권한의 임의적 사용 방지를 들 수 있으며, 단점으로는 경직성의 증가로 창의력과 주도력이 저하됨을 들 수 있다.

### (3) 집권화

집권화란 리더십 · 환경 · 통일성 · 규모 등을 의미하며, 권력배분의 집중 정도가 수직적 상명하복의 공식관계로 정당성이 승인된 권력을 의미한다. 또한 의사결정, 하급자들의 행동지휘, 자원할당, 상벌의 실시를 위한 합법적인 권리를 권력이라 한다. 권력은 사회학적 · 심리학적 개념으로 집권화의 양상으로 중앙집권적인 조직은 권한이나 의사결정과정이 수직적으로 명령 하달로 진행되며, 분권적 조직은 하급자의 의사결정을 존중하는 데 있다.

## 2) 조직의 형태

### (1) 통제와 복종 조직

조직의 구조는 산업사회가 정보사회로 전이되면서 그 기본적인 특성이 변화되고 있으며, Etizioni는 조직을 통제와 복종 구조로 보았다. 〈표 4-4〉와 같이 총 여섯 가지의 조직 중 현실적 의미로 수용소 · 교도소 · 정신병원 같은 장소를 중심으

**표 4-4** A. Etizioni의 통제와 복종의 조직구조

| 구 분 | | 상급자 통제형식(권력형태) | | |
|---|---|---|---|---|
| | | 강압적 | 공리적 | 규범적 |
| 복종태도 | 소외적 | 강압적 조직 | | |
| | 타산적 | | 공리적 조직 | |
| | 도덕적 | | | 규범적 조직 |

로 강압적 조직유형을 구분하였으며, 기업·경제단체·군대조직을 공리적 조직으로, 대학, 종교단체·정치조직·병원 등을 규범적 조직으로 구분하였다.

### (2) 행렬조직

행렬 조직(matrix organization)이란 업무 세분화에 따르는 문제에 대처하기 위해 합리적 수준의 분업을 살리는 동시에 통합을 강조하는 이중적 기능, 즉 일종의 네트워크 조직을 의미한다. 행렬 구조의 성격은 조직구성원은 일차적으로는 분과 (기능부서)에 소속되어 수직적인 위계에 의해서 통제하는 동시에 각 분과는 프로그램(사업부서)의 목적을 수행하기 위해 수평적인 협조관계를 유지한다. 또한 조직의 한 구성원이 기능부서와 사업부서에 대한 이중적인 역할을 한다. 행렬 구조의 장점은 조직을 구조화하며, 집중화, 분권화가 동시에 가능하다. 단점으로는 ① 두 개의 권위 라인을 유지하는 데 따르는 복잡성과 비용, ② 역할과 권한이 명료하게 정의되지 않아 불협화음의 발생, ③ 이중적인 역할을 갖게 됨에 따른 역할긴장의 발생, ④ 업무수행에 대한 평가의 어려움이 따른다.

### (3) 사업부제 조직

대규모 조직에서 분권적인 조직 원리를 이용하여 사업부단위로 조직을 편성하고, 각 사업부 단위의 활동(독자적 생산과 마케팅)을 보장한다. 또한 권한을 부여하는 구조로 독립채산제 형식을 취하고 각 사업부는 개별 조직처럼 운영되며, 특별위원회(adhoc)와 태스크포스팀 등이 있다.

### (4) 위원회 조직과 이사회 조직

| 주요 구분 | 위원회 | 이사회 |
|---|---|---|
| 의미 | 조직의 문제해결을 위해 일상기구와 별도로 구성한 전문가 또는 업무관련자 활동 기구 | 조직이 목표를 달성할 수 있도록 법률적인 책임을 지고 있는 조직의 정책결정기구 |
| 유형 | 상임위원회/ 임시위원회 | 법적 단일기구 |
| 기능 (장점) | • 의사결정의 합리성 확보<br>• 여러 사람의 경험과 지식활용<br>• 개인의 편견배제 및 공정한 결정<br>• 조직의 민주적 운영<br>• 부문 간 의견대립 조정에 의한 업무촉진<br>• 협조적 인간관계 및 원활한 의사소통 | • 조직의 목적 · 목표설정, 정책의 결정<br>• 조직의 운영기구 설정 및 점검 · 평가<br>• 필요한 인적, 물적 자원의 조달<br>• 조직과 지역사회 간의 중개<br>• 정관의 변경 등 |
| 단점 | • 많은 시간과 경비의 소요(비능률)<br>• 책임이 분산되어 책임의식이 저하<br>• 소수 위원에 의한 전횡<br>• 소수 의견의 무시 우려 | • 참여의 제한(직원 · 수혜자 등)<br>• 신속한 결정의 어려움<br>• 전문성 확보의 제한 |

## 3. 재활조직의 목표관리

### 1) 목표관리의 개념

조직의 목표관리는 조직 재구조화와 품질경영이라는 두 가지 흐름이 있다. 조직 재구조화에는 감량경영과 구조조정이, 품질경영에는 품질관리와 품질보장 등이 포함된다. 전자는 조직의 효율성이고, 후자는 고객중심의 품질 향상이다. 조직 재구조화(reengineering)는 감량경영(downsizing)과 구조조정(restructuring)으로 조직의 효율성에 중점을 두는 반면, 품질경영(Total Quality Management)은 품질 관리(quality control)와 품질보장(quality assurance)으로 고객 중심의 서비스 향상을 강조한다.

조직혁신을 위한 기법으로는 신뢰구축, 의사소통 활성화, 비용절약, 보상, 사기 진작, 동기부여 인센티브, 임파워먼트, 조직 재구축 및 변화촉진 등을 목표로 다양한 방식이 활용될 수 있다.

**표 4-5** **조직의 다양한 혁신기법**

| | |
|---|---|
| 신뢰 재구축을 위한 기법 | • 임원의 현장직원에 대한 직접 봉사/접촉<br>• 기관장도 서비스 제공담당자로 활동<br>• 임원전용시설 폐지<br>• 다운사이징 사전예고제 시행<br>• 대화합을 위한 특별사면 실시/토론회 개최 |
| 의사소통 활성화 기법 | • 고충처리심판제도/고충현장포럼<br>• 기관장의 현장간담회/양방향 대화제도<br>• 각종 미팅개최: 열린공간미팅/벤팅미팅(불만사항 해결)/<br> Cross미팅/토요조찬미팅<br>• 이의제기시스템<br>• shop steward: 중립적 상담원제 운영<br>• 운영위원회제도<br>• 청년중역제도<br>• 종업원태도조사 |
| 비용절약형 5보상제도 | • 안식년제도<br>• 포인트방식 복리후생 이용<br>• 인센티브 휴가제도<br>• 변동적 보상제도/패키지보상제도<br>• Profit Sharing/원가절감공유제(Gain Sharing)<br>• Stock Option제도 |
| 직원의 사기진작기법 | • 직원체육대회/직원주간 개최<br>• 직원동호회운영<br>• 직원 기(氣)살리기운동<br>• 우수 직원과 기관장의 1:1 대면기회 확대<br>• 우수 직원의 공개<br>• 직원이 아닌 동료로서 대우<br>• 직원의 삶의 질 향상 프로그램 도입<br>• 퇴직지원센터 운영 및 퇴직준비 프로그램 제공<br>• 창업 및 전직인큐베이터 운영 |
| 동기부여를 위한 인센티브제도 | • 모범직원에 대한 특별예우<br>• 팀 인정카드제: 상금보상<br>• 누적 인센티브제<br>• 목표달성식 보너스 제도<br>• 성과연동 복리후생제도<br>• 비용분담형 복리후생제도/유료휴가제<br>• 맞춤식 복리후생 및 인센티브제<br>• 단기보상제도(3개월 단위)<br>• 자기계발 안식년제<br>• 즉석보상제도: 현장관리자가 보상 |

| 직원에 대한 임파워먼트 기법 | • 개별 직원의 업무목표를 기관장에게 보고<br>• 현장직원의 권한 확대(고객, 예산, 운영)<br>• 문제박멸위원회 운영<br>• 능력개발 워크숍<br>• 서비스지식 마스터상제도<br>• 간부 없는 날 운영<br>• 부하의 상사 선발권<br>• 상사불복종시스템 운영<br>• 후임자 선정권 부여<br>• 자율휴식제 |
|---|---|
| 참여와 책임에 기반한 조직재구축 | • 명령체계(직위) 없는 조직<br>• 기관장 직속의 자율경영팀<br>• 현장부서의 채용비용분담제(Price Charge): 원가절감<br>• TF조직/팀제<br>• 관리직 임기제<br>• 분사제도<br>• 순환보직제도<br>• Second Shop 제도<br>• 재능개발센터 |
| 조직의 변화촉진 기법 | • 경영후보생 조기발굴 · 육성제도<br>• 사내연구회 운영/학습조직화<br>• 지식지도 활용<br>• 전문가 펠로우제도<br>• 목표관리제(MBO)<br>• 품질관리제(TQM)<br>• 다면평가제<br>• Brain Staff 제도<br>• 사내공모제 |

## 2) 조직의 목표관리

### (1) 목표관리

조직의 목표관리(Management By Objectives: MBO)는 구성원의 참여 과정을 통해 활동의 목표를 명확하고 체계있게 설정하여 관리의 효율화를 기하려는 관리방식 또는 관리체계다. MBO의 목적은 조직의 효율성 증진을 위해 명확한 목표설정과 책임한계의 규정, 구성원의 참여와 협조, 환류의 개선을 통한 관리계획의 개선, 조직참여자의 동기유발, 업적평가 등에 목적을 두고 있다.

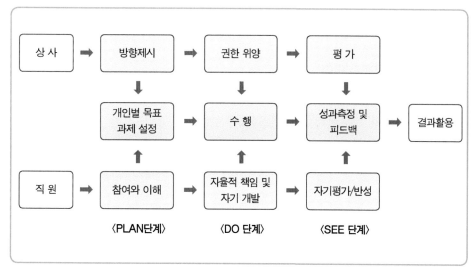

그림 4-2 목표관리제의 과정

조직의 목표관리에 대하여 1954년 Drucker는 MBO를 관리계획의 한 접근방법으로 소개하였고, 후에 McGregor는 MBO를 업적평가의 한 기법으로 정착시켰다. MBO는 조직의 목표와 자원, 목표달성을 위한 활동 간의 관계를 구체화해 주기 때문에 서비스조직의 관리에 매우 유용하게 활용될 수 있다. 재활조직에서 MBO를 활용하기 위해서는 업무분석, 연간사업계획, 분기별 및 월별사업계획을 갖추어야 한다.

### (2) 목표의 설정

조직의 목표 설정은 활동영역과 구체적인 성취 수준을 규명하는 과정으로 일정 기간 내에 달성해야 할 일에 관한 상관과 부하의 기대를 문서화하고, 부하의 업적을 평가·환류시키는 기준, 개인별 및 조직단위별 활동을 조직 전반의 계획에 통합시키는 기준, 일에 맞는 보수를 결정하는 기준을 개발하는 것이다. 평가과정은 목표추구의 과정과 목표 성취도를 측정·평가·환류해야 한다. 평가과정의 유형은 중간평가와 최종평가 과정을 거친다. 중간평가는 임무를 맡은 직원이 만족스러운 진척을 보이는지를 확인하고 최종평가는 목표성취를 도와 성취방법을 확인, 업무담당자의 업적평가 및 환류를 점검한다. 평가과정의 장애로 의사전달의 장애, 지각의 왜곡, 방어적 태도 등이 존재한다.

### (3) MBO의 장점과 단점

MBO의 장점은 조직의 효율성을 기본적 가치로 하여 업적평가와 계획 행태 개선, 조직참여자의 직무만족도를 점검한다. 또한 활동을 조직의 목표성취에 지향시킴으로써 조직의 효율성을 제고하고 관리자로 하여금 업무계획을 세우도록 강제한다. 장점으로는 조직참여자의 사기진작 및 직무 안정감 향상, 인적자원 활용의 효율화(개인 능력에 맞는 목표설정), 역할의 모호성과 역할 간 갈등의 감소, 업적평가의 객관적 기준을 제공, 관리상 문제인지의 용이, 훈련수요의 결정에 도움 등이 있다. 단점으로는 목표와 성과 측정이 어렵다는 점이다. 측정 가능한 목표에 치중하고 질보다는 양을 중요시하는 경향을 조장하며 도입과 운영에 많은 시간이 걸리고 관리자는 과중한 서류작업을 수반한다. 또한 관리상황이 유동적인 곳에서는 적용의 제한을 받을 수 있으며, 조직 내외 상황이 안정되고 예측가능성이 높아야 적용할 수 있다는 제한성이 있다.

초기에 조직구성원의 저항이 높은 인간 중심주의적이고, 산출 중심적 관리방식에 노출된 경험이 없는 조직은 거센 저항을 받을 수 있다. 또한 높은 수준의 목표설정을 회피하고 결과를 계량적으로 파악할 수 있는 업무에만 주력한다는 점을 들 수 있다.

MBO의 성공 조건은 다음과 같다. ① 최고관리자가 MBO의 실시를 지지하고 솔선수범해야 한다. ② 조직의 구조와 과정이 MBO를 수용할 수 있도록 마련되어야 한다. ③ MBO와 다른 관리기능(예산, 인사, 기획 등)은 상호지지적인 통합을 이룩해야 한다. ④ 조직 내에 원활한 의사전달과 환류 과정이 형성되어 있어야 하며, 조직발전의 노력이 선행적 및 동시적으로 추진되어야 한다.

### (4) 재활조직의 MBO의 적용

MBO는 조직의 목표와 자원, 목표달성을 위한 활동 간의 관계를 구체화해 주기 때문에 재활조직의 관리 과정에서 매우 유용하게 활용된다. 재활기관의 MBO 활용에 따르는 장점으로는 업무자가 프로그램 결정 사항이나 기관의 방향 선택에 참여하고 업무자의 참여를 통한 자발적인 동기 증진과 기관에 대한 개인별 기여를 확인한다. 개인별 목적이 취합되어 각 분과별로 목표를 이루며 더 나아가 공동으로 추구하는 과정을 강조하고 체계적인 평가를 가능하게 한다. 따라서 장·단기적 목적을 설정하는 것을 장려함으로써 서비스 요청에 능동적 반응이 필요하다.

재활조직에서의 MBO 구성은 기본적인 임무에 대한 합의가 이루어져야 한다. 임무는 지역사회가 조직에 기대하는 서비스를 반영하며, 모든 이해집단의 동의를 확보해야 한다. 목표설정은 귀납적 목적설정으로 많은 구성원의 개인별 목표로부터 부서별 혹은 단위별 목적을 도출하고, 부서의 구성원은 어떤 공통된 목적을 형성하고 있는지에 대한 탐색이 필요하다. 목표의 구체화 및 집단적 목표설정은 측정가능하고 명료한 용어를 제시해야 하며, 추후에 결과에 대한 평가기준으로 제시될 수 있는 것이어야 한다. 또한 목표들은 부서별 혹은 집단별 기준으로 작성해야 한다.

재활조직의 활동과 자원의 결정은 목표의 실천을 위해 효과모델, 'X라는 활동이 어떻게 Y라는 목표 성취에 기여하는가.'로 묘사되어야 하고, 필요한 활동의 결정이 각 개인의 역할을 명료화하고 구체적인 책임을 부여해야 한다. 활동에 필요한 자원을 규정하고, 주요 활동의 모니터로 어떤 시점에서 어떤 자원이 필요로 하고 배치되어야 할 것인가를 점검해야 한다. 프로그램의 진행상황이나 목표 성취 등을 그래프로 나타내는 마일스톤 작성이 필요하다. 목표달성을 위해 필요한 양식으로는 업무내용, 업무책임, 장애요인, 권한위임 관계 규정과 같은 정확한 업무분석, 연간 사업계획, 분기별 사업계획, 월간 사업계획 등이 선행요건으로 확정되어야 한다.

**표 4-6** TQM 추진상황 자기진단식 평가표

| 문 항 | 응답범주 |
|---|---|
| | 매우 그렇지 않다 ⇔ 매우 그렇다 |
| ① 우리 기관에서의 업무는 대개 기한 내에 완수된다. | 1 2 3 4 5 6 |
| ② 어떤 업무가 시작되면 대개의 경우 연기되는 일이 없다. | 1 2 3 4 5 6 |
| ③ 비품 및 물품이 낭비되는 일이 거의 없다. | 1 2 3 4 5 6 |
| ④ 동료는 가능한 한 재활용을 하는 편이다. | 1 2 3 4 5 6 |

| | | | | | | |
|---|---|---|---|---|---|---|
| ⑤ 장비 및 기기는 관리유지가 잘 되는 편이다. | 1 | 2 | 3 | 4 | 5 | 6 |
| ⑥ 우리 기관의 장비 및 기기는 수리가 거의 필요 없다. | 1 | 2 | 3 | 4 | 5 | 6 |
| ⑦ 우리 기관은 사업수행을 위한 충분한 인력을 확보하고 있다. | 1 | 2 | 3 | 4 | 5 | 6 |
| ⑧ 직원의 이직률이 낮은 편이다. | 1 | 2 | 3 | 4 | 5 | 6 |
| ⑨ 우리 기관의 근무환경(소음, 청소, 조명, 냉난방)은 우수한 편이다. | 1 | 2 | 3 | 4 | 5 | 6 |
| ⑩ 우리 기관의 시설(회의실, 화장실, 식당)은 우수한 편이다. | 1 | 2 | 3 | 4 | 5 | 6 |
| ⑪ 동료직원은 직무교육을 잘 받은 편이다. | 1 | 2 | 3 | 4 | 5 | 6 |
| ⑫ 동료직원은 업무수행 시 도움이 필요할 때 적절한 지원을 받는다. | 1 | 2 | 3 | 4 | 5 | 6 |
| ⑬ 비품 및 물품은 분실되는 것 없이 잘 관리된다. | 1 | 2 | 3 | 4 | 5 | 6 |
| ⑭ 비품 및 물품은 품질규격에 위배되지 않는다. | 1 | 2 | 3 | 4 | 5 | 6 |
| ⑮ 동료는 다른 업무로 인해 고유 업무를 소홀히 하는 경우가 없다. | 1 | 2 | 3 | 4 | 5 | 6 |
| ⑯ 동료는 업무수행 시 불필요하게 반복하는 경우가 거의 없다. | 1 | 2 | 3 | 4 | 5 | 6 |
| ⑰ 고객은 우리의 업무처리에 만족해한다. | 1 | 2 | 3 | 4 | 5 | 6 |
| ⑱ 고객은 거의 불평을 하지 않는다. | 1 | 2 | 3 | 4 | 5 | 6 |
| ⑲ 고객은 우리의 업무량에 만족해한다. | 1 | 2 | 3 | 4 | 5 | 6 |
| ⑳ 고객은 우리가 업무를 처리하는 속도에 만족해한다. | 1 | 2 | 3 | 4 | 5 | 6 |
| ㉑ 고객은 우리의 업무처리 과정에서 거의 실수를 발견하지 못한다. | 1 | 2 | 3 | 4 | 5 | 6 |
| ㉒ 고객은 우리의 업무처리가 일관성 있다고 믿는 편이다. | 1 | 2 | 3 | 4 | 5 | 6 |

## 3) 프로그램 평가 기법(PERT)

PERT(Program Evaluation Review Technique)란 프로그램의 목표를 확인하고 이에 따른 활동을 점검하고 순서를 결정하여 프로그램 활동에 드는 시간과 자원을 네트워크로 그림을 그리는 과정으로 이루어진다. PERT의 역사는 1958년 미 해군에서 폴라리스 잠수함용 미사일의 개발 진척 상황을 측정·관리하기 위해 개발되었고, 적용결과 새로운 관리기법으로서의 실용적 가치를 인정하였다.

**표 4-7** 공청회 개최 프로젝트 PERT 절차도

| 활 동 | 활동 내용 | 선행과업 | 소요추정시간 |
|---|---|---|---|
| A | 공청회계획 | ~ | 2 |
| B | 발제자, 토론자 확보 | A | 1 |
| C | 장소선정 | ~ | 2 |
| D | 초대장준비 및 발송 | BC | 3 |
| E | 참가자 사전접수 | D | 3 |
| F | 홍보 | D | 1 |

1962년 봄부터 미국 정부의 중요한 신규 사업은 전부 PERT을 사용하였고, 그 이후부터 민간기업도 활용하기 시작했다.

PERT 장점으로는 이용 가능한 정보를 조직화, 정량화하여 어떤 경로가 더 필요한지를 인식하는 데 있다. 프로젝트와 작업 활동의 상황에 대한 시각적인 이해에 도움을 주며, 프로젝트 완성에 민감한 영향을 주는 작업 활동과 여유시간을 제공하고 적절한 통제가 가능한 작업 활동을 다른 활동과 구분해 내는 데 유용하다. 그러나 단점으로는 주요 작업 활동의 누락가능성이 높고, 작업 활동의 선후관계가 불명확하고 불확실하며, 일단 결정되면 관리자의 부담으로 남게 되며 큰 규모의 경우 컴퓨터를 사용해야 한다.

PERT 절차는 ① 활동의 결정, ② 활동의 순서결정 및 네트워크 구성, ③ 각 활동의 시간추정치 결정, ④ 각 활동의 기대소요시간(ET) 산출, ⑤ 주된 공정 도출, ⑥ 정해진 시간에 완료될 확률 산정 순이다. PERT 절차는 활동의 결정, 즉 활동의 순서결정과 네트워크를 구성, 각 활동의 시간추정치 결정, 각 활동의 기대 소요시간(ET) 산출, 주된 공정 도출, 정해진 시간에 완료될 확률 산정의 순서로 이루어진다.

## ■ 참고문헌

고신대학교(2013). 제6회 국제 기독교대학 학술대회 자료집.

Cassafer, D. J. (1966). How Can Planning Make It Happen?. In Pecora, P. J. et al., (Ed), Quality Improvement and Evaluation in Child and Family Service. Washington, DC: CWLA.

Cherniss, C. (2005). The Business Case for Emotional Intelligence. Retreived from http://www.eiconsortium.org/research/business-case-for_ei.pdf

DePree, M. (1989). *Leadership is an Art*. New York: Doubleday.

Etzioni, A. (1964). *Modern Organizations*. New Jersey: Prentice-Hall.

Gilbert, N., Specht, H. et al. (1993). *Dimensions of Social Welfare Policy* (3rd ed). Englewood Cliff, NJ: Prentice-Hall.

Gilley, J. W. (1998). *Strategically Integrated HRD*. Reading, MA: Addision Wesley.

Kim, W. C., & Mauborgne, R. (July, August 1997). Fair Process: 보건복지부 anaging in the Knowledge Economy. Harvard Business Review.

Levering. R. (2004). Creating a great place to work: Why it is important and how it is done. Corrections Today.

Martin, L. L. (1993). *Total Quality Management in Human Service Organization*. Newbury Park, CA: SAGE Publications.

Mayo, E. (1993). *The human problems of an industrial civilization*. New York: Macmillan.

McGregor, D. (1960). *The human side of enterprise*. New York: McGraw-Hill

Parsons, T. (1960). *Structure and Process in Modern Societies*. Glencoe, III: Free Press, p. 17.

Taylor, F. (1911). *Principles of scientific management*. New York: Haper & Row.

Weber, M. (1947). The theory of social and economic organization. Talcott

Parsons (Ed), *A.M. Henderson and Talcott Parsons* (trans.). New York: Free Press.

# 비영리조직의 설립

# 1. 비영리법인의 이해

## 1) 법인의 개념

우리 사회에서 법적 활동을 하는 것은 자연인만이 아니다. 일정한 목적으로 결합된 사람들의 단체를 사단법인이라 칭하고, 재산의 집합체를 재단(財團)법인이라 칭한다. 이러한 사단법인 혹은 재단법인은 법적 인격을 부여하여 권리와 의무의 주체로 인정한 것이 법인이다(민법 제31~39조).

법인이라 함은 자연인 이외의 것으로써 법인격으로 권리능력이 인정되어 권리의무의 주체가 될 수 있는 것을 말한다. 민법 제32조에서 법인은 법에 의해서만 성립될 수 있음을 인정하고 있다.

법인은 사람이나 재산의 결합체로 권리와 의무의 주체가 될 수 있다. 권리와 의무의 주체가 될 수 있는 것은 자연인과 법인으로 규정하고 있다. 개인의 경우 권리능력 존속 기간은 생존 기간 동안 권리와 의무의 주체가 된다. 그러나 법인의 권리능력은 법률의 규정에 따라 정관으로 정한 목적사업의 범위 내에서 권리와 의무의 주체가 되며, 법인은 존립기간의 완료·목적달성·파산·허가·취소로 해산하게 되며, 해산에 의해 법인 청산단계에 의해 소멸된다. 민법 및 상법에서는 파산절차를 밟지 않는 한 법인의 권리와 의무는 존속된다.

## 2) 법인의 유형

법인은 영리법인과 비영리법인으로 구분할 수 있다. 영리법인은 상행위 또는 기타 영리를 목적으로 성립한 법인을 의미하는 것으로 상법 169조에서 보통 회사라 부르며 합명회사, 합자회사, 주식회사, 유한회사가 있다. 비영리법인은 영리를 목적으로 운영되지 않으나 목적사업 수행을 위해 수익사업 등을 할 수 있다. 예를 들면, 현대그룹 설립자가 설립한 풍납동 '중앙아산병원'은 '아산재단'에서 운영하는 목적 사업 중 하나지만 병원을 통해 수익을 올리고 이윤을 재투자하여 법인의 목적 사업을 달성하는 형태다. 비영리법인으로 성립된 후 영리를 획득하고자 하는 경우 법인세법에서 정한 수익사업 또는 수입에 해당할 경우 법인세법의 적용을 받아 법인세 납부의 의무를 지게 된다.

법인을 법인격으로 구분했을 때 구성원이 사람의 집합인 경우는 사단법인, 재산의 집합인 경우는 재단법인, 사람과 재산의 합을 지닌 경우는 사회복지법인으로 허가된다. 특히 사회복지법인은 공익성격이 매우 강하다. 공익을 목적으로 설립한 법인을 공익법인, 영리를 목적으로 하는 것을 영리법인, 공익도 영리도 목적으로 하지 않는 중간 법인으로는 협동조합이나 노동조합과 같은 여러 조직이 존재한다. 한국에 주된 사무실을 두고 한국 법률에 따라 설립된 것을 내국법인, 그밖의 법인을 외국법인이라 한다. 특정 행정목적을 위해 설립된 법인을 공법인, 그 이외를 사법인이라 한다.

공법인은 국가, 지방자치단체, 공사, 한국은행, 농협, 축협과 같은 조직을 말한다. 영리법인은 영리를 목적으로 설립된 법인으로, 주식회사 등 상법 적용을 받게 되며, 공익법인은 사단법인과 재단법인으로 구분된다. 공익사업이라 함은 세법이 정한 공익법인이 그 고유목적의 달성을 위하여 영위하는 종교사업, 자선사업, 학술사업, 기타 공익사업으로서 다음에 해당하는 것을 말한다.

- 종교의 보급 기타 교화에 기여하는 사업
- 재활상담사업 법에 의하여 설립한 사회복지법인이 운영하는 사업으로, 여기서 「장애인복지법」이 운영하는 사업은 사회복지법인에 규정하는 공익사업
- 갱생보호법에 의하여 설립한 갱생보호회가 운영하는 사업
- 교육법의 규정에 의한 교육기관을 운영하는 사업
- 공익법인의 설립운영에 관한 법률의 적용을 받는 공익법인이 운영하는 사업

비영리공익법인이라 함은 「법인세법」에 적용되는 법인 및 단체이며, 재활상담사업법에 의하여 설립한 사회복지법인과 정부로부터 허가 또는 인가를 받은 학술연구단체, 장학단체, 기술진흥단체, 문화예술단체와 대한체육회, 대한적십자사, 한국자유총연맹, 공무원 연금관리공단 등이 있다.

사회복지법인은 사회복지의 증진을 목적으로 재활상담사업에서 정한 보호, 선도, 복지에 관한 사업과 사회복지상담, 재해구호, 부랑인선도, 직업보도, 무료숙

박, 지역사회복지, 모자복지, 의료보호, 사회복지기관운영, 나병완치자 사회복귀에 관한 사업 등 각종복지사업과 복지시설의 운영 및 지원을 목적으로 하는 사업을 말한다. 목적 사업에 관한 법으로 「생활보호법」 「아동복지법」 「노인복지법」 「장애인복지법」 「윤락행위방지법」이 해당된다.

## 2. 비영리법인의 설립

법인의 설립은 민법에 의해 일정한 설립조건이 제시된다. 설립조건은 조직의 기본을 이루는 총회와 이사회, 정관, 민주적인 절차에 의한 임원 선출, 해당연도의 사업계획과 예산의 승인, 기본자산 출연 등 일정한 절차와 구성 요건이 필요하다. 법인 설립은 사람 중심의 사단법인, 재산을 투입할 경우 재단법인, 공익사업을 목적으로 설립될 경우 사회복지법인으로 행정부의 중앙부처 또는 지방자치단체의 규정에 의해 적용된다.

법인의 설립 요건은 최고의사 결정기구인 총회와 이사회의 구성으로 대표자가 민주적으로 정관에 의해 대표가 선출되는 경우에 성립될 수 있다. 설립 기관의 대표는 이사회의 의장으로 법인의 대내외적 업무와 책임을 총괄한다.

비영리법인의 설립과 허가는 학술, 종교, 자선, 기술, 사교 기타 목적으로 비영리사업을 목적으로 하는 사단법인 혹은 재단법인 격으로 해당 관청의 허가를 받도록 하고 있다. 주무관청은 중앙의 각부처장을 말하며, 행정권한의 위임 및 위탁에 관한 규정에 의거 권한 일부를 시·도지사에게 위임할 수 있다.

### 1) 법인 설립 근거

**법인의 권리능력(제34조)**
법인은 정관으로 정한 목적의 범위 내에서 권리와 의무의 주체가 된다.

### 법인 사무의 검사 · 감독(제37조)

법인의 사무는 주무관청이 검사 · 감독한다.

### 법인의 설립허가의 취소(제38조)

법인이 목적 이외의 사업을 하거나 설립허가의 조건에 위반하거나 기타 공익을 해하는 행위를 한 때 주무관청은 그 허가를 취소할 수 있다.

### 이사의 대표권에 대한 제한(제41조)

이사의 대표권에 대한 제한은 이를 정관에 기재하지 아니하면 그 효력이 없다.

### 사단법인의 정관의 변경(제42조)

사단법인의 정관은 총 사원 3분의 2 이상의 동의가 있는 때 한하여 이를 변경할 수 있다. 그러나 정수에 관하여 정관에 다른 규정이 있는 때는 그 규정에 의한다.

### 변경등기(제52조)

법인의 등기사항 중에 변동이 있는 때는 3주간 내에 변경등기를 하여야 한다.

### 재산목록과 사원명부(제55조)

법인은 매년 3월 내에 재산목록을 작성하여 사무소에 비치한다. 사업연도를 정한 법인은 그 연도 말에 이를 작성한다. 사단법인은 사원명부를 비치하고 사원의 변동이 있는 때는 이를 기재하여야 한다.

### 사원의 의결권(제73조)

사원은 사면이나 대리인으로 의결권을 행사할 수 없으나, 정관에 다른 규정이 있는 때는 달리 적용 가능하다.

### 총회의 의사록(제76조)

의사록에는 의사의 경과, 요령 및 결과를 기재하고 의장 및 출석한 이사가 기명날인하여야 하며 이사는 의사록을 주된 사무소에 비치하여야 한다.

 ※ 기타 상세한 사항은 민법 참조

## 2) 보건복지부 비영리법인의 설립 및 감독에 관한 규칙

### 정관작성의 기준(제7조의2)

법인이 정관을 개정할 때는 특별한 사유가 없는 한 사단법인 정관준칙에 따라야한다.

### 정관변경의 허가신청(제8조)

정관변경의 허가를 받고자 하는 법인은 정관변경 허가신청서에 다음 서류를 첨부하여 보건복지부장관에게 제출해야 한다.

- 정관변경 이유서, 정관개정안(신구 조문대조표 첨부)
- 정관변경에 관한 총회 또는 이사회의 회의록, 정관변경에 의하여 사업계획 및 수지예산에 변동이 있는 경우에는 그 변동된 사업계획서 및 수지예산서(신구 대조표 첨부)

  ※ 정관변경 시에 '사단법인정관준칙', 형평성 · 비례의 원칙 · 정당한 절차 · 관계법령 준수 등 법리에 타당한지를 신중히 검토해야 한다.
  ※ 정관변경 시에 보건복지부소관 비영리법인의 지도감독에 관한 규칙을 준수하지 아니하면 허가가 곤란하다.

### 임원취임보고 등(제9조)

임원이 취임할 때 정관에 정하는 바에 따라 임원취임승인 신청 및 보고서에 다음 서류를 첨부, 보건복지부장관에게 제출하여 승인을 얻거나 보고를 하여야 한다.

- 임원선임을 결의한 총회 또는 이사회의 회의록 사본 1부
- 이력서(명함판사진 첨부) 1부
- 호적초본 1부(보건복지부장관에게 임원 승인 요청 시만 첨부)
- 취임승낙서(인감증명서 첨부) 1부

## 임원취임승인의 취소(제9조의2)

보건복지부장관은 임원취임승인을 하거나 보고를 받은 경우 법인의 임원이 다음에 해당하는 때는 그 취임승인을 취소하거나 선임의 취소를 명할 수 있다.

- 민법, 이 규칙 및 정관의 규정에 위반한 때
- 임원 간의 분쟁, 회계부정 및 현저한 부정행위 등으로 인하여 당해 법인의 설립 목적을 달성할 수 없게 된 때

## 사업실적 및 사업계획 등의 보고(제10조)

법인은 매 사업연도 종료 후 늦어도 2월 내에 다음 서류를 보건복지부장관에게 제출하여야 한다. 다만 정관에 다른 규정이 있는 경우에는 그 규정에 의한다.

- 다음 사업연도의 사업계획서 및 수지예산서 1부
- 당해 사업연도의 사업실적 및 수지결산서 1부

## 기본재산의 처분 허가신청(제12조)

법인은 기본재산을 매도·증여·임대 또는 교환하거나, 이를 담보로 제공하거나 기본재산에 관한 의무의 부담 및 권리의 포기(이하 '처분'이라 한다)를 하고자 하는 때는 처분허가 신청서에 다음 서류를 첨부하여 처분 1개월 전에 보건복지부장관에게 제출하여야 한다.

- 처분이유서 1부, 처분재산의 목록 및 재산감정서 1부, 총회 또는 이사회의 회의록 1부, 처분의 목적·용도·예정금액·방법 및 그로 인하여 감소된 재산의 보충방법 등을 기재한 서류 1부

※ 보건복지부장관은 그 허가를 할 때는 필요한 조건부여가 가능하다.

## 재산증감에 따른 정관변경(제12조의2)

법인이 기본재산을 늘리거나 줄일 때는 지체 없이 정관변경절차를 이행하여야 한다.

**법인사무의 검사 · 감독(제14조)**

보건복지부장관은 민법 제37조의 규정에 의하여 법인사무의 검사 및 감독에 필요하다고 인정될 때는 법인에게 관계서류, 장부, 기타 참고자료의 제출을 명하거나 소속공무원으로 하여금 법인의 사무 및 재산상황을 검사하게 할 수 있다.

**설립허가의 취소(제15조)**

보건복지부장관은 법인이 다음에 해당하는 때는 민법 제38조의 규정에 의하여 법인의 설립 허가를 취소할 수 있다.

- 설립목적 외의 사업을 한 경우
- 설립허가의 조건을 위반한 경우
- 공익을 해하는 행위를 한 경우
- 위 기준에 적합하지 아니하게 되어 설립목적의 달성이 불가능하다고 인정된 경우
- 정당한 사유 없이 설립허가를 받은 날로부터 6개월 이내에 업무를 개시하지 아니한 경우
- 정당한 사유 없이 2년 이상 사업실적이 없는 경우

## 3) 사단법인의 정관 준수 사항

- 지방 조직의 명칭부여에 신중을 기한다.
  - 시 · 도도 사단법인 허가가 가능하므로 지방조직 명칭의 앞부분은 반드시 사단법인 공식명칭을 쓰고, 지방명칭을 사용해야 한다.[예, 한국○○장애인협회 서울특별시협회(지부)]
- 수익사업을 경영하고자 하는 경우에는 이를 따라 정하되, 미리 보건복지부장관의 승인을 얻도록 정한다.
- 회원의 권리 의무에 관한 사항을 정한다.
  - 권리와 의무가 균형을 이루도록 사단법인은 회원이 회비를 납부하는 것이

　　가장 큰 의무다.

- 회원은 임의로 탈퇴할 수 있게 정한다.
- 회원 제명 등의 징계는 총회 또는 이사회의 의결을 거쳐 회장이 제명 등의 징계를 할 수 있게 정한다.
- 임원의 종류와 정수를 정하되, 특별한 사유가 없는 한 이사는 5인 이상으로, 감사는 2인 이상으로 정한다.
- 임원의 결격사유를 정한다.
　- 결격사유를 적극적으로 확인하여야 한다.
- 임원은 총회에서 선출하도록 하되, 원칙적으로 그 취임에 관하여 보건복지부장관에게 보고하도록 정하고, 국고보조 등을 받는 법인의 경우에는 보건복지부장관의 승인을 얻도록 정한다.
- 의장 또는 회원의 총회의결 제척사유를 다음과 같이 정한다.
　- 임원의 취임 및 해임에 있어 자신에 관한 사항
　- 금전 및 재산의 수수를 수반하는 사항으로서 의장 또는 회원 자신과 법인의 이해가 상반되는 사항
- 법인의 수입금은 회원의 회비, 기타 재원으로 충당하도록 정한다.
- 법인의 사업계획과 세입세출예산은 매 회계연도 개시 1월 전까지 편성하고 당해 연도의 사업실적서와 수지결산서는 회계연도 종료 후 2월 내에 작성하되, 이사회의 의결을 거쳐 총회의 승인을 얻도록 정한다.
- 법인이 예산 외의 채무부담을 하고자 할 때는 총회의 의결을 거쳐 보건복지부장관의 승인을 얻도록 정한다.
- 법인이 정관을 개정하고자 할 때는 이사 3분의 2 이상의 찬성과 총회의 의결을 거쳐 보건복지부장관의 허가를 받도록 정한다.
- 서면결의에 관하여 규정하되, 보건복지부장관의 승인이 필요한 사항의 경우에는 서면결의를 할 수 없도록 정한다.

## 4) 법인 업무의 유의사항

- 법인의 모든 업무는 법적근거에 의거하여 시행하여야 한다.

- 민법에 어긋나지 않는지 검토
- 정관에 어긋나지 않는지 검토(예, 정관의 규정을 위배하여 이사회에서 의사결정을 하면 권한이 없는 자가 하는 행위로 무효임)

※ '○○○협회'는 정관에서 회원 회비를 납부할 의무가 있음에도 이사회에서 기존에 징수하던 이사회비를 폐지한다.

- 관계규정에 어긋나지 않는지 검토

※ '○○○협회'는 인사업무를 수행함에 있어 법적 근거도 없이 해당 직원에게 불리한 처분을 한다.

- 감독관청의 지시에 어긋나지 않는지, 승인이 필요한지 검토

※ 감사원에 지적당하는 사례가 있다.

- 법의 일반적 원칙, 관계법령에 어긋나지 않는지 검토

※ 국고보조를 받는 단체의 경우에는 국고보조금 관련 법령, 예산회계 관련법령, 계약 등 관계법령을 준수하지 않아 감사에 지적되고 고발당하는 경우도 있다.

- 사업계획 및 예산이 총회의 승인을 받으면 총회의 승인 없이는 변경이 곤란하다.
  - 이사회나 회장이 특별한 사유도 없이 총회에서 승인한 사업계획 및 예산을 시행하지 않으면 이는 부당한 행위다.
- 회장이나 이사회도 정관이나 규정에 위배되면 불법행위이므로 타당성 있는 행위라 할지라도 정관, 규정 등을 개정한 후 행위를 실시해야 한다.
- 감독관청에서 장애인복지를 위하여 시행하는 안내, 홍보 공문을 지방조직에 철저히 전파해야 한다.
  - 장애인선거 관련, 세금 감면 확대 문서를 재시달하지 않고 편철만 해 두는 사례가 발생한다.
  - 물품 구입 시 장애인 생산품공판장을 적극 활용토록 협조 공문을 발송하였으나 이를 이행하지 아니하는 단체가 많다.
- 사단법인 운영의 골격은 회원과 회비이므로 회원명부의 관리와 회비의 징수에 각별한 관심을 가져야 한다.
  - 회비의 경우 구체적인 생활정도 등 객관적인 사유가 있는 경우에는 규정에 반영하여 면제할 수 있으나 불특정 다수인을 면제할 수는 없음. 다만 회비의 액수는 여건을 고려하여 실정에 맞게 정할 수 있다.

- 회비는 의무의 가장 중요한 사항이므로 회비를 없애면 회원이 권리만 있고 의무는 없어지므로 균형의 원칙이 무너져 협회의 조직질서에 혼란이 초래된다.

• 단체의 직원은 회장, 이사 등이 관계규정을 숙지하지 못하고 지시하는 경우가 많으므로 결재 시에 관계규정을 면밀히 검토하여 보고해야 될 의무가 있다.

- 규정에 위배되는 행위는 불법행위이므로 이러한 지시를 이행하지 않아도 명령불복종이 아님. 다만 규정에 위배되지 않는 부당한 지시는 따르지 않을 경우 명령불복종으로 징계사유에 해당된다.

※ 업무수행 시 판단이 곤란한 사항은 관계 전문가에게 질의 · 자문을 받아 의견을 첨부하면 도움이 된다.

• 단체의 감사로부터 감사를 받는 경우가 있으나 형식적인 감사로 감사의 의의가 없는 경우가 있으므로 감사 선정 시에 전문적인 지식을 갖춘 자를 선임토록 하여야 한다.

## 3. 비영리법인 설립방법 예시

### 1) 법인 설립 허가 신청서

<table>
<tr><td colspan="5" align="center">법인설립허가신청서</td><td>처리기간</td></tr>
<tr><td colspan="5"></td><td>20일</td></tr>
<tr><td rowspan="2">신청인</td><td>성 명</td><td>○○○</td><td>주민등록번호</td><td colspan="2">000000 - XXXXXXX</td></tr>
<tr><td>주 소</td><td>서울특별시 ○○구 ○○동</td><td>전화번호</td><td colspan="2">000 - xxx - yyyy<br>oo)xxx - yyyy</td></tr>
<tr><td rowspan="4">법 인</td><td>명 칭</td><td colspan="4">사단법인 ○○○○</td></tr>
<tr><td>소 재 지</td><td>서울특별시 ○○구 ○○동</td><td>전화번호</td><td colspan="2">oo)xxx - yyyy</td></tr>
<tr><td>대표자 성명</td><td>○○○</td><td>대 표 자<br>주민등록번호</td><td colspan="2">000000 - XXXXXXX</td></tr>
<tr><td>주 소</td><td colspan="4">서울특별시 ○○구 ○○동</td></tr>
<tr><td colspan="6">민법 제32조에 의거하여 위와 같이 법인설립을 신청하오니 허가하여 주시기 바랍니다<br><br>년   월   일<br><br>신 청 인  ○○○<br><br>○○ 귀하</td></tr>
<tr><td colspan="5">□ 구비서류<br>1. 설립 발기인 명부 1부<br>2. 설립취지서 1부<br>3. 정관 1부<br>4. 기본재산목록 1부<br>5. 금융기관의 증명서 1부<br>6. 사업연도의 사업계획서 및 예산서 각 1부<br>7. 임원취임예정자의 이력서, 주민등록등본, 인감증명서, 취임승낙서, 부존재 각서<br>　　각 1부<br>8. 창립총회 회의록 및 회원명부 각 1부</td><td>수수료<br><br>없음</td></tr>
</table>

## 2) 법인설립 취지 예시

우리 사회의 소외계층 중에서도 장애인은 이 땅에서 기본 건강 유지라는 권리조차 향유하지 못하는 열악한 삶을 살고 있다. 장애 후유증으로 인해 제대로 된 의료혜택이나 재활서비스조차 받지 못하고 있는 것이 우리의 현실이다.

우리 사회에서 장애인 스포츠에 대한 인식은 1988년의 장애인올림픽을 기점으로 조금씩 자리를 잡았다. 장애인도 체육을 할 수 있다는 것, 장애인 체육의 중요성 등이 널리 알려진 것이다. 하지만 올림픽이 끝나고 15년이 지난 이 시점까지도 장애인 생활체육의 보급은 요원한 실정이며, 여전히 장애인들은 각종 체육정책에서 소외되고 있다. 장애인을 위한 체육정책이 있다면 각종 국제대회에 장애인 선수를 복지적 측면에서 파견하는 특수 엘리트체육의 육성에 대한 정책적·제도적 장치만 있을 뿐이다.

장애인 생활체육은 신체적 재활을 도모하고 사회 적응 능력을 능동적 활동으로 향상시켜 사회참여를 가능케 하는 매우 중요한 재활수단이다. 따라서 장애인 생활체육을 재활(Rehabilitation)의 꽃이라 말한다. 그렇기에 장애인과 비장애인이 함께 어우러져 운동할 수 있는 최소한의 정책적·제도적 기반을 갖추어야 한다. 그것만이 진정한 시민사회 구성원으로서의 행복한 삶을 추구할 권리를 장애인에게 보장해 주는 길이기 때문이다. 이에 장애인 생활체육을 전문적으로 지원·육성하기 위한 새로운 패러다임이 요구되고 있음을 알 수 있다.

이제 우리 장애인은 장애인 생활체육에 대한 인식의 전환과 보편적 생활체육 시설의 접근을 원한다. 장애인의 생활체육은 이제 시혜적인 것이 아니라 당연히 누려야 할 권리다. 주체적이면서 역동적으로 장애인 스스로 생활체육에 관한 모든 것을 주장하고 집행할 수 있어야 한다. 생활체육은 특정인의 것이 아니라 모든 인간의 기본적인 삶의 활동이기 때문이다.

우리는 생활체육을 통하여 신체 잔존 능력을 개발함과 동시에 건전한 여가생활과 명랑하고 밝은 사회건설에 이바지할 수 있으며 삶의 질을 개선할 수 있다고 확신한다. 국내 장애인생활체육 활성화는 물론 국제장애인생활체육과 교류를 통하여 비장애인생활체육인과의 지속적인 협력과 연대를 통해 사회통합의 기반을 조성하고자 한다.

　　이를 위해 우리는 장애인 생활체육의 진흥과 보급 등 비장애인과 함께할 수 있는 보편적 · 통합적 스포츠 시스템 구축을 위하여 (가칭)서울장애인생활체육회(Seoul Sports Association for The Challenged)의 설립을 추진코자 한다. 이 회를 중심으로 장애인생활체육으로의 재활스포츠 활성화 방안을 도모할 것이다. 이에 우리는 다음과 같은 목적 사업을 지속적으로 추진하고자 한다.

## 3) 정관의 목적 사업

- 장애인생활체육의 활성화 및 동호인 발굴 육성
- 전국장애인체육대회 서울시대표단 훈련 및 지원
- 남북한 장애인체육교류 사업
- 장애인 가족 캠프장 운영
- 유니버셜 생활체육공원 조성사업
- 장애인생활체육 능력 개발을 위한 프로그램 개발 및 보급
- 장애인생활체육 진흥기금 모금사업
- 장애인 체육시설 운영
- 장애인생활체육 지도자 양성 및 교육
- 생활체육종목별연합회 결성 및 지원사업
- 장애인생활체육 장비 개발 및 보급
- 장애인 레저개발 및 문화향유 접근 사업
- 장애인생활체육 연구조사 및 국제교류

## 4) 총회 회의록 작성 예시

| 진행 순서 | 회의 내용 |
|---|---|
| 성원 보고<br><br><br><br><br><br><br><br>경과 보고 | **회의 개요**<br><br>• 일 시: 2003. 8. 22(월) 19:00~21:00<br>• 장 소: 국회헌정기념관 세미나실<br>• 사 회: 윤○○ 준비위원장<br>• 참석자(발기인 22명)<br>　윤○○, 박○○, 김○○, 이○○, 안○○, 최○○, 이○○, 고○○, 조○○,<br>　김○○, 하○○, 신○○, 김○○, 김○○, 정○○, 이○○, 봉○○, 곽○○,<br>　김○○, 박○○, 김○○, 정○○ |
| 안건 상정 | **상정안건**<br>가. 제1호 안건: 정관(안) 심의 및 의결<br>나. 제2호 안건: 임원 선출<br>다. 제3호 안건: 사업 계획(안) 및 예산(안) 의결<br>라. 제4호 안건: 기본재산출연 및 회비에 관한 사항<br>마. 제5호 안건: 고문 및 자문 추대에 관한 사항<br>바. 기타 토의 사항 |
| 토의 내용 | **회의 내용**<br><br>**제1호 안건: 정관(안) 심의 및 의결**<br>(사회자: 윤○○)<br>그동안 서울장애인생활체육회 설립준비 과정에 적극적으로 협조해 주신 데 대해 모든 분께 감사드립니다. 대를 위해 소를 버리는 마음으로 끝까지 임해 주시기 바라며, 지금부터 준비위원회와 소위원회를 거쳐 정리한 정관을 심의·의결하겠습니다. 여러 번의 논의를 거친 만큼 핵심 사안만 논의하였으면 합니다.<br>(고○○)<br>정관은 중요한 만큼 시간이 걸리더라도 한번 읽으면서 심의합시다.<br>(동의 재청이 있은 후 정독하기로 함.)<br>(박○○ 발기인이 정관 본문을 한 조항씩 읽어 나가면서 심의함.) |

| 진행 순서 | 회의 내용 |
|---|---|
| 토의 내용 | (박○○)<br>제4조(사업) 항목을 보다 구체적으로 정리하였으면 합니다.<br>(전원 이의 없음으로 박○○ 위원의 지적대로 사업내용을 구체화함.)<br>(고○○)<br>사업내용 중 정부의 주 5일제 근무제 변동에 따라 레저 문화 활동에 관한 내용을 구체화하여 사업 내용 11항에 삽입할 것을 제의합니다.<br>(전원 이의 없음.)<br>(사회자)<br>이상으로 정관안에 대해 다른 이의가 없으면 정관을 의결된 것으로 하겠습니다.<br>(전원 정관 의결에 동의하며 재청함.) |
| 제2호 안건<br>임원 선출 | **제2호 안건: 임원 선출**<br>(사회자)<br>다음 안건은 임원 선출입니다. 먼저 회장을 선출하고, 부회장과 사무총장을 선출토록 하겠습니다.<br>(최○○)<br>회장을 몇 명 추천하여 경선하는 것보다는 전체의 중지를 모아 합의를 하는 게 첫 출범의 의미가 깊다고 봅니다. 저는 윤○○ 천호한의원 원장님과 박○○ 변호사님을 추천합니다.<br>(조○○)<br>보통 모임에서는 준비위원장이 회장이 되는 것이 상례인데 윤○○ 준비위원장과 박○○ 변호사님이 공동 대표로 회장을 맡으시는 것이 좋을 것 같습니다.<br>(김○○)<br>저도 두 분이 초창기에 협회의 발전을 위하여 공동대표로 수고하여 주시기를 바라며 조○○ 위원의 동의에 재청합니다.<br>(김○○)<br>저도 김○○ 위원의 동의에 재청합니다.<br>(사회자)<br>저보다 박○○ 변호사님이 훨씬 많은 기여를 할 수 있는 인물이라 생각합니다. 박○○ 위원은 개인적으로 저와 많은 인연이 있는 분입니다. 공동대표 제의에 적극 찬성합니다. 이 자리에서 다른 의견이 있으신 분은 지금 발언하여 주시고 달리 추천할 분이 또 있으시면 말씀해 주시죠.<br>(전원 공동대표로 갈 것을 동의하며 이의 없음을 밝힘.) |

| 진행 순서 | 회의 내용 |
|---|---|
| 제2호 안건<br>임원 선출 | (사회자)<br>그럼 다른 의견이 없으시면 만장일치로 초대 회장에 저와 박○○ 변호사를 공동 대표로 선출합니다.<br>(전원 박수로 의결함.)<br>(사회자의 요청에 따라 공동대표 신임 박○○ 초대회장이 인사말을 한 후 윤○○ 공동대표에 대하여 함께 힘을 모을 것을 제의함. 박수)<br>(윤○○ 회장)<br>부회장을 이 자리에서 선출하여야 하나 부회장은 가능한 한 비장애인이면서 사회활동을 폭넓게 활동하시는 분들을 추후 영입하여 이사회에서 선출하는 것이 어떤지요?<br>(고○○)<br>회장의 생각에 동의합니다.<br>(박○○)<br>재청합니다.<br>(윤○○ 회장)<br>다음은 시간 절약을 위하여 우리 단체의 살림살이를 책임질 사무총장을 선출하고 회장단의 승인을 받도록 하겠습니다.<br>(김○○)<br>성악가인 최○○ 위원의 얼굴이 널리 알려져 있고 활동력이 많으므로 최○○ 씨를 초대 사무총장에 추천합니다.<br>(정○○)<br>동의합니다.<br>(하○○)<br>재청합니다.<br>(윤○○ 회장)<br>다른 분을 추천할 의사가 있거나 이의가 있으십니까? 없으시면 박수로 승인을 부탁드립니다.<br>(전원 박수로 찬성함.)<br>(윤○○ 회장)<br>최○○ 위원이 초대 사무총장으로 선출되었음을 알리며, 아울러 공동 대표인 박○○ 회장의 동의를 얻어 최○○ 사무총장을 초대 사무총장으로 승인함을 선포합니다. |

| 진행 순서 | 회의 내용 |
|---|---|
| 제2호 안건<br>임원 선출 | (전원 박수로 동의함)<br>(윤○○ 회장)<br>감사 선임에 대하여 논의하겠습니다. 추천해 주십시오.<br>(조○○)<br>본인의 의사는 확인하지 않았지만 전문가들로 조○○ 변호사와 김○○ 공인회계사를 추천합니다.<br>(박○○)<br>동의합니다.<br>(김○○)<br>재청합니다.<br>(윤○○ 회장)<br>본 회의 감사로 조○○ 변호사와 김○○ 회계사로 선임하고 본인의 동의를 얻어 절차를 받도록 하겠습니다. |
| 제3호 안건<br>사업 계획 및<br>예산안 의결 | **제3호 안건: 사업계획 및 예산안 의결**<br>(윤○○ 회장)<br>첨부 별첨 자료와 같이 주요 사업계획과 예산안이 상정되었습니다. 그러나 사무국이 아직 설치되지 않아 사업내용과 예산은 원안대로 승인하고 차후 최○○ 사무총장이 사업을 세밀히 분석한 뒤 재보완하는 것이 어떨지요.<br>(박○○ 회장)<br>사업계획과 예산안은 준비위원이 잘 정리하고 검토하였으나 살림을 맡을 사무총장이 검토할 수 있도록 사무처에 권한을 부여하여 주시기 바랍니다.<br>(조○○)<br>현재 사무실을 물색 중이므로 사무처에서 시간을 두고 사업계획과 예산안을 차분히 검토하도록 회장단에 위임하는 게 좋겠습니다.<br>(정○○)<br>동의합니다.<br>(다함께 동의에 재청합니다.)<br>(윤○○ 회장)<br>그럼 2003년도 하반기 사업계획과 예산안을 원안대로 심의 · 의결합니다. |

| 진행 순서 | 회의 내용 |
|---|---|
| 제4호 안건<br>기본재산출연<br>및 회비에 관한<br>사항 | **제4호 안건: 기본재산출연 및 회비에 관한 사항**<br>(윤○○ 회장)<br>어느 단체이든 처음 태동하면 많은 자금이 소요되는데 특히 장애인생활체육은 많은 재원이 필요하리라 생각합니다. 협회의 출발을 돈독히 하기 위하여 여러 이사님들과 기본 재정에 대하여 논의하겠습니다.<br>(조○○)<br>단체를 운영하려면 이사회비와 회원 회비도 필요하지만 기본 자산을 마련하는 것이 급선무입니다. 앞으로 사무실도 임차하여야 하고 직원도 채용하여야 하는데 기본 자산이 없다면 협회를 이끌어 가는 분들이 난관에 부딪히겠지요. 따라서 이사회비와 부회장단을 사회저명 인사로 영입하여 재정 활성화를 추진하였으면 합니다.<br>(최○○ 사무총장)<br>이벤트 음악회를 개최하여 모금 활동을 하는 것도 하나의 방법입니다.<br>(윤○○ 회장)<br>저는 우선 본회의 발전을 위하여 1천만 원을 기본자산으로 기부하겠습니다. 차후 형편이 되는 대로 2천만 원을 더 투자하겠습니다.<br>(박○○ 회장)<br>저도 5백만 원을 협회의 발전기금으로 기부하겠습니다.<br>(고○○)<br>이왕 두 분의 회장님들이 발전 기금을 기부하셨는데 죄송한 말씀이지만 사무실 임차료를 두 회장님이 임대료로 추가 차용하여 주시면 감사하겠습니다.<br>(윤○○ 회장)<br>그럼 기본재산 출연과 운영기금에 관한 토의는 시간관계상 여기에서 접고 사무처가 다각도로 노력하여 주시고 이사님들의 적극적인 협력을 부탁 드립니다. 다음은 기타 토의로 넘어가겠습니다. |
| 기타 토의 | **기타 토의**<br>(윤○○ 회장)<br>기타 토의는 사무국 임차건과 고문 및 자문위원 위촉에 관한 내용입니다. 추가로 논의할 내용을 상정하여 주시기 바랍니다.<br>(박○○)<br>본 협회 홈페이지 개발을 위해 우선 도메인 구입과 창립기념음악회 개최를 제안합니다. |

| 진행 순서 | 회의 내용 |
|---|---|
| 기타 토의 | (윤○○ 회장)<br>기타 토의의 다른 안건이 없으시면 먼저 본 협회의 고문 및 자문위원 위촉에 관하여 말씀해 주시죠.<br>(신○○)<br>고문은 서울시의원인 박○○ 의원과 장애인언론과 문화를 위해 일하시는 푸른하늘장애인문화협회장인 안○○ 회장을 추천합니다.<br>(윤○○ 회장)<br>오늘은 우선 이 두 분을 본 협회의 고문으로 추대하고 차후에 사회저명인사를 많이 영입하여 많은 분이 함께 일할 수 있도록 노력합시다. 다음은 사무실 임차에 관한 사항이 올라와 있으나 시간 관계상 회장단에 일임하여 주실 것을 건의합니다.<br>(다함께 동의하고 재청함.)<br>(윤○○ 회장)<br>그럼 끝으로 홈페이지 개발과 창립기념 음악회 개최에 관하여 최○○ 사무국장이 설명하여 주시기 바랍니다.<br>(최○○ 사무국장)<br>본 협회 홈페이지 개발을 위해 우선 도메인을 한글명과 영문명을 5종을 구입한 상태입니다. 이를 바탕으로 제일 먼저 저희 홈페이지를 개발하고자 합니다. 또한 제가 평소에 생각하고 있던 음악회를 본 협회 창립기념 행사로 가졌으면 합니다.<br>(김○○)<br>여기 제안 자료가 있군요. 중요한 것만 간단히 설명하여 주시죠.<br>(최○○ 사무총장)<br>10월 중에 본 협회 창립기념으로 유명 가수를 섭외하여 대규모 음악회를 개최하여 모금 활동을 하였으면 합니다. 저와 친분이 있는 분들이 많이 도와주시기로 하였습니다.<br>(김○○)<br>시간이 촉박하여 공연할 장소가 있을까요?<br>(최○○ 사무총장)<br>지금 올림픽공원 내에 있는 역도경기장을 알아보고 있습니다.<br>(윤○○ 회장)<br>이 분야는 최○○ 사무총장과 박○○ 위원, 김○○ 위원이 함께 뛰어주시기 바랍니다. 향후 장소가 섭외되면 다시 이사회를 소집하여 재차 논의합시다. |

| 진행 순서 | 회의 내용 |
|---|---|
| 폐회 선언 | (윤○○ 회장)<br><br>오늘은 회의 장소가 국회라 종료 시간을 맞추기 위해 이것으로 이만 발기인 총회를 마치고 회의 내용이 정리되는 대로 발기인 전원의 동의를 얻어 대표로 윤○○, 박○○, 최○○, 김○○, 이○○ 발기인 5인이 회의록과 정관에 대한 확인 날인을 하도록 합시다. 그리고 끝으로 고정욱 위원이 설립취지서를 낭독하여 주시고 마치면 밖에서 전원 기념 촬영에 협조하여 주시기 바랍니다.<br><br>대단히 감사합니다.<br><br>(전체 동의하고 ○○○○. ○. ○. 21:00에 다함께 박수로 마침)<br><br><br>　　　　　　　　　　　　　　　　　　 년　　 월　　 일<br><br><br>　　　　　　**사단법인 서울장애인생활체육회**<br><br><br>　　　　　　　　　　　　　　발기인 대표 ○○○ 외　 명<br><br>　　　　　　　　　　　　　발 기 인: ○　○　○　(인)<br><br>　　　　　　　　　　　　　발 기 인: ○　○　○　(인)<br><br>　　　　　　　　　　　　　발 기 인: ○　○　○　(인)<br><br>　　　　　　　　　　　　　발 기 인: ○　○　○　(인)<br><br>　　　　　　　　　　　　　발 기 인: ○　○　○　(인) |

## 5) 법인의 정관

# 제1장 총칙

### 제1조(명칭)
이 법인은 사단법인 서울시장애인생활체육회(이하 "본 회"라 칭한다)라 칭하고 영문으로
는 Seoul Sports Association for The Challenged(약칭 SSATC)로 표기한다.

### 제2조(목적)
본 회는 서울특별시에서 활동하고 있는 장애인생활체육 동호인을 근간으로 장애인생활체
육 진흥을 위한 각종 사업을 실시함으로써 장애인의 "삶의 질"을 개선하고 신체능력 잔존
능력의 개발 및 건전한 여가생활을 보장하고 나아가 명랑하고 밝은 사회건설에 이바지하
며, 또한 전국장애인생활체육 및 비장애인 생활체육인과의 지속적인 협력을 통하여 사회
통합과 남북한 장애인스포츠 교류 및 국제장애인스포츠 교류를 목적으로 한다.

### 제3조(사무소)
본 회 사무소는 서울특별시에 두고, 각 구별 장애인생활체육지회를 둔다.

### 제4조(사업)
① 본 회는 제2조의 목적을 달성하기 위하여 다음 각 호의 사업을 한다.
　1. 장애인생활체육대회 및 동호인 육성지원
　2. 전국장애인체육대회 서울시대표선수단 훈련 및 지원
　3. 남북한 장애인체육교류 사업
　4. 장애인가족 캠프장 운영
　5. 유니버셜 생활체육공원 조성사업
　6. 장애인생활체육 프로그램 개발 보급
　7. 장애인생활체육 진흥기금 모금사업
　8. 장애인 체육시설 운영
　9. 생활체육종목별연합회 결성 및 지원사업
　10. 장애인생활체육 장비 보급 및 개발
　11. 장애인 레저개발 및 문화향유 접근 사업
　12. 장애인생활체육 관련 국제교류 사업
　13. 일반인과 함께 사용하는 체육시설 인식개선사업
　14. 기타 목적사업을 추진하기 위한 수익사업

② 본 회의 목적사업 경비를 충당하기 위하여 수익사업을 하고자 할 경우에는 사전 이사
회의 승인을 얻어야 한다.

③ 수익사업을 하기 위한 세부 규정은 회장단에서 별도로 정한다.

### 제5조(법인공여 이익의 수혜자)

① 이 법인의 목적사업을 수행함에 있어서 그 수혜자에게 제공하는 이익은 이를 무상으
로 한다. 다만 미리 서울특별시장의 승인을 받아 그 대가의 일부를 수혜자에게 부담시
킬 수 있다.

② 목적사업 수행으로 인하여 제공되는 이익은 특별히 그 목적을 한정한 경우를 제외하
고는 수혜자의 출생지, 종교, 직업, 학력, 기타 사회적 지위 등에 의하여 부당한 차별
을 두지 아니한다.

## 제2장 조직

### 제6조(조직)

① 본 회 정회원은 서울시 거주 등록 장애인으로 가입 · 신청한 자로 구성한다.

② 특별회원은 구별지회와 종목별 연합회와 체육동호인 조직을 말한다.

③ 본 회의 목적사업을 원활히 수행하기 위하여 부속 기구를 별도 설치 · 운영할 수 있다.

### 제7조(회원의 권리)

회원은 본 회에 대하여 다음 각 호에 규정한 권리를 가진다.

① 총회에 참석하여 발언권 및 의결권을 가진다.

② 본 회에 대하여 건의 및 소청할 수 있다.

③ 본 회가 주최, 주관 및 승인하는 사업에 참가할 수 있다.

④ 본 회가 승인하는 사업을 주최, 주관할 수 있다.

⑤ 회원단체는 별도의 기구를 설치 · 운영할 수 있으며, 본 회의 목적에 위배되지 않는 범
위 내에서 단체의 특성에 맞는 사업을 추진할 수 있다.

### 제8조(회원의 의무)

회원은 다음 각 항에 규정한 의무를 가진다.

① 본 회의 정관, 규정 및 총회에서 의결된 사항을 준수해야 한다.

② 본 회의 회원단체로서 제8조 제1항을 위반했거나 본 회의 명예를 손상시켰을 경우 회
장은 이사회의 의결을 거쳐 회원 및 소속임원에 대하여 제명, 견책 등의 징계를 할
수 있다.

### 제9조(입회)

본 회의 입회는 이사회에서 확정하고 이사회는 이를 차기총회에 보고하여야 한다.

### 제10조(탈퇴)

① 본 회에 입회한 단체는 본 회장에게 탈퇴서를 제출함으로써 자유롭게 탈퇴할 수 있으며, 이는 본 회 이사회의 의결을 거쳐 총회 의결로써 확정된다.

② 회원단체가 그 자격을 상실하였거나 부적격하다고 인정될 때는 본 회 이사회의 의결을 거쳐 총회 의결로써 탈퇴케 할 수 있다.

③ 입회 및 탈퇴에 관하여 필요한 규정은 이를 따로 정한다.

## 제3장 임원

### 제11조(임원의 종류와 정수)

본 회는 다음 각 호의 임원을 둔다.

① 선임임원

　　1. 회　　장　　2인 (공동 회장)

　　2. 부회장　　5인 이상 7인 이내 (상근부회장 포함)

　　3. 이　　사　　15인 이상 20인 이내 (회장, 부회장, 사무총장 포함)

　　4. 감　　사　　2인

② 위촉임원

명예회장 등 소수의 고문 및 자문위원을 둘 수 있다.

### 제12조(임원의 임기)

① 이사의 임기는 3년, 감사의 임기는 2년으로 하되, 연임할 수 있다.

② 임기의 기산은 일수를 기준으로 하지 않고 정기총회 마지막 일을 기준으로 한다.

③ 보선된 임원의 임기는 전임자의 잔여기간으로 하고, 증원으로 인한 임원의 임기는 타 임원과 동일하다.

④ 임원의 임기 중 회장, 부회장을 포함한 전 임원이 개선될 경우 잔여임기가 1년 이상일 때는 신임임원의 임기는 전임자의 잔여기간으로 하고, 1년 미만일 때는 전임자의 잔여기간과 정규임기를 가산한 것으로 한다.

⑤ 임원의 임기가 만료될 경우에도 후임자가 취임하기까지는 그 직무를 집행하여야 한다.

⑥ 위촉임원의 임기는 선임임원의 임기에 준한다.

### 제13조(선임임원의 선출방법)

① 회장은 이사회가 추천한 자에 대하여 총회에서 선출한다.

② 이사는 15인 이상 20인 이내로 하되 장애인체육에 7년 이상 활동한 자 및 종사한 자 중 발기인 총회에 등재된 자로 선출한다. 단, 본회의 목적사업에 찬동하며 이사회가 추천한 자에 대하여 총회에서 선임할 수 있다.

③ 부회장은 이사회에서 호선하며, 수석부회장은 부회장 중에서 이사회의 동의를 얻어 회장이 지명한다.

④ 감사는 총회에서 선출하되 변호사나 공인회계사 자격을 갖추어야 한다. 다만 대의원은 감사 외의 선임임원에 피선될 수 없다.

⑤ 회장, 감사를 제외한 이사 임기 중 결원이 있을 때는 이사회에서 이를 보선할 수 있다. 이 경우 차기총회에 이를 보고하여야 한다.

### 제14조(위촉 임원의 선출방법)

위촉임원은 필요에 따라 둘 수 있으며, 이사회의 동의를 얻어 회장이 위촉한다.

### 제15조(임원의 직무)

① 회장은 본 회를 대표하고 회무를 총괄하며 총회 및 이사회의 의장이 된다.

② 부회장은 회장을 보좌하고 회장 유고 시에는 수석부회장이 회장의 직무를 대행한다.

③ 회장 궐위 시는 수석부회장, 부회장 중 연장자 순에 의거 회장의 직무를 대행하며 부회장 전원이 궐위될 경우는 출석이사 중 연장자 사회하에 회장을 선출한다.

④ 이사는 이사회를 구성하고 이사회에 출석하여 본 회의 업무에 관한 사항을 의결하며, 이사회 또는 회장으로부터 위임받은 사항을 처리한다.

⑤ 위촉임원은 이사회에 출석하여 의견을 진술할 수 있다.

### 제16조(감사의 직무)

감사의 직무는 다음과 같다.

① 본 회의 재산상황을 감사하는 일

② 이사회의 운영과 그 업무를 감사하는 일

③ 본 회의 재산상황 또는 총회 및 이사회의 운영과 업무 전반에 관하여 회장과 이사회 또는 총회에서 의견을 진술하는 일

④ 제1항 및 제2항의 감사 결과 부정 또는 부당한 점이 발견될 때는 이를 이사회 또는 총회에 그 시정을 요구하고, 시정되지 아니할 때는 문화관광부장관에게 보고하는 일

⑤ 제4항의 보고를 위하여 필요한 때는 이사회 또는 총회의 소집을 요구하는 일

### 제17조(임원의 결격사유)

다음 각 항의 1에 해당하는 자는 본 회의 임원이 될 수 없다.

① 대한민국 국민이 아닌 자 (단, 해외거주 임원의 경우는 제외)

② 금치산자 또는 한정치산자
③ 파산선고를 받은 자로서 복권되지 아니한 자
④ 금고 이상의 형을 선고받고 그 집행이 종료되거나 집행을 받지 아니하기로 확정된 날로부터 3년이 경과되지 아니한 자
⑤ 법률 또는 법원의 판결에 의하여 자격이 상실 또는 정지된 자

### 제18조(임원의 보수)

① 임원의 보수는 이사회의 의결 · 승인을 받은 보수규정에 의한다.
② 사무총장을 제외한 선임 및 위촉임원에게는 보수를 지급하지 아니한다. 다만 업무 수행에 필요한 실비는 지급할 수 있다.

# 제4장 총회

### 제19조(구성)

① 총회는 제6조 제1항의 규정에 의한 각 회원을 포함한 지회에서 추천한 25인 이내의 대의원으로 구성하며, 지회별 대의원의 수는 동일하게 배분한다.
② 제1항의 대의원은 총회 개최 3일 전까지 당해 회원단체 장이 서면으로 추천하여야 한다. 다만 당해 회원단체의 장이 추천한 대의원이 총회에 참석하지 못할 경우에는 총회 개최 1일 전까지 교체 대의원을 추천할 수 있다.
③ 대의원의 자격은 당해 총회로부터 다음 총회 개최 직전까지로 한다.

### 제20조(의결사항)

① 총회는 본 회의 최고의결기관으로서 다음 각 호를 의결한다.
  1. 임원 선출에 관한 사항
  2. 정관변경에 관한 사항
  3. 예산 및 결산의 승인
  4. 사업계획 및 사업실적보고의 승인
  5. 회원단체의 제명결정 승인
  6. 기타 중요한 사항
② 총회는 통지사항에 한해서만 의결할 수 있다. 다만 출석 대의원 전원의 찬성이 있을 때는 예외로 한다.

### 제21조(소집)

① 총회는 정기총회와 임시총회로 나누되 회장이 이를 소집한다. 정기총회는 매 회계연

도 종료 후 2개월 이내에 소집한다.

② 총회소집은 토의사항을 명기하여 7일 전에 통지하여야 한다. 다만 긴급하다고 인정되는 정당한 사유가 있을 때는 예외로 한다.

### 제22조(총회소집의 특례)

① 회장은 다음 각 항의 1에 해당하는 소집요구가 있을 때는 소집요구일로부터 15일 이내에 소집하여야 한다.

　1. 재적이사 과반수가 회의의 목적을 제시하여 소집을 요구한 때

　2. 제16조 제5항의 규정에 의하여 감사가 소집을 요구한 때

　3. 대의원 과반수 이상이 회의의 목적을 제시하여 소집을 요구한 때

② 총회 소집권자가 궐위되거나 또는 이를 기피함으로써 총회소집이 불가능할 때는 재적이사 3분의 2 이상의 찬성으로 문화관광부장관의 승인을 받아 총회를 소집할 수 있다.

③ 제2항에 의한 총회는 제15조 제3항의 규정을 준용한다.

### 제23조(의장의 표결권)

본 회 회장이 의장이 된다. 다만 필요하다고 인정될 때는 대의원 중에서 임시의장을 선출할 수 있으며, 회장이 의장직을 맡을 때는 의결 시 표결권 및 결정권을 행사할 수 없고, 임시의장이 선출될 때는 표결권과 가부동수일 때의 결정권을 가진다.

### 제24조(총회의결 제척사유)

의장 또는 대의원이 자신의 취임 및 해임에 관한 사항이나 금전 및 재산의 수수를 수반하는 사업으로서 자신과 법인의 이해가 상반되는 사항은 그 의결에 참여하지 못한다.

### 제25조(의사 및 의결정족수)

① 총회는 재적대의원 과반수의 출석으로 개회한다.

② 총회의 의사표결은 본 정관에 특별히 규정한 것을 제외하고는 출석한 대의원의 과반수의 찬성으로 의결한다.

### 제26조(서면결의)

회장은 총회에 부의할 사항 중 긴급을 요하는 사항에 관해서는 이를 서면결의에 부의할 수 있다. 이 경우 회장은 그 결과를 차기 총회에 보고하여야 한다.

### 제27조(임원의 불신임)

① 총회는 본 회 임원에 대하여 부분적 또는 전체적으로 해임을 의결할 수 있다.

② 해임안은 재적대의원 3분의 1 이상의 찬성으로 발의되고, 재적대의원 3분의 2 이상의

찬성으로 의결한다.

③ 해임안이 의결되었을 때는 즉시 해임된다.

④ 해임안이 의결되면 총회는 즉시 신임임원을 선출하여 본 회의 업무수행에 차질이 없도록 해야 한다.

### 제28조(임원의 발언권)

본 회의 임원은 총회에 출석하여 의견을 진술하고 질문에 응답할 수 있다.

### 제29조(의사운영 규정)

총회의 의사운영에 관한 규정은 총회에서 이를 따로 정할 수 있다.

# 제5장 이사회

### 제30조(구성)

① 이사회는 회장, 부회장, 사무총장 및 이사로 구성하며, 본 회의 최고 집행기관이다.

② 이사회 내에 필요에 따라 운영위원회를 두며, 운영위원회는 부회장 및 이사회가 추천하는 약간인의 이사로 구성하며, 위원장은 회장이 지명하는 부회장 중 1인이 되고, 이사회에서 회장에게 위임한 사항, 재정자립방안, 주요사업 등 효율적인 법인운영에 대한 자문을 담당한다.

### 제31조(기능)

① 이사회는 다음 각 호의 사항을 심의 · 의결한다.

1. 업무집행에 관한 사항
2. 사업계획의 운영에 관한 사항
3. 총회에서 의결 또는 위임받은 사항
4. 예산, 결산에 관한 사항
5. 정관의 변경에 관한 사항
6. 회원단체의 조정 및 통할에 관한 사항
7. 각종 위원회의 조정 및 통할에 관한 사항
8. 총회 부의안건 상정에 관한 사항
9. 제규정의 제정에 관한 사항
10. 본 정관에 의하여 그 권한에 속하는 사항
11. 재산관리에 관한 사항
12. 기타 중요사항

② 이사회는 통지사항에 한해서만 의결할 수 있다. 다만 출석이사 전원의 찬성이 있을 때는 통지하지 아니한 사항이라도 이를 부의하고 의결할 수 있다.

### 제32조(소집)

① 이사회는 정기이사회와 임시이사회로 나누되 회장이 이를 소집한다. 정기이사회는 매 분기별로 소집한다.

② 회장의 유고 시 이사회 의장은 수석부회장, 사무총장의 순으로 한다.

③ 이사회를 소집하고자 할 때는 회의 5일 전에 목적을 명시하여 각 이사에게 통지하여야 한다. 다만 긴급하다고 인정되는 정당한 사유가 있을 때는 예외로 한다

### 제33조(소집의 특례)

① 회장은 다음 각 호의 1에 해당하는 소집요구가 있을 때는 그 소집 요구일로부터 10일 이내에 이사회를 소집하여야 한다.

  1. 재적이사 과반수가 회의목적을 제시하고 소집을 요구한 때

  2. 제16조 제5항의 규정에 의하여 감사가 소집을 요구한 때

② 이사회의 소집권자가 궐위되거나 또는 이를 기피함으로써 10일 이상 이사회 소집이 불가능할 때는 재적이사 3분의 2 이상의 찬성으로 문화관광부장관의 승인을 받아 소집할 수 있다.

③ 제2항에 의한 이사회는 출석이사 중 연장자의 사회로 의장을 선출한다.

### 제34조(의사 및 의결정족수)

① 이사회는 재적이사 과반수의 출석으로 개회한다.

② 이사회의 의사는 본 정관에 특별히 규정한 것을 제외하고는 출석한 이사의 과반수의 찬성으로 의결한다. 다만 가부동수일 때는 의장이 결정한다.

### 제35조(긴급처리)

회장은 그 내용이 경미하거나 또는 긴급하다고 인정할 때는 이를 집행할 수 있다. 다만 회장은 차기 이사회에 이를 보고하여 승인을 받아야 한다.

### 제36조(서면결의)

회장은 부의 사항의 내용이 경미하거나 또는 긴급하다고 인정될 때는 서면결의로서 이사회의 의결을 대신할 수 있다. 다만 재적이사 과반수가 정식으로 이사회에 회부할 것을 요구할 때는 이에 따른다.

# 제6장 구별생활체육회

### 제37조(설치)
지역 특성에 맞는 장애인 생활체육의 발전을 도모하고, 지역주민의 생활체육활동을 활성화하기 위하여 구별생활체육회를 둔다.

### 제38조(조직)
① 서울장애인생활체육회는 구 장애인생활체육회와 종목별 산하 단체로 조직한다.
② 구 장애인생활체육회에 두는 임원 및 대의원총회에 관한 사항은 본 회에 관한 사항을 준용한다.

### 제39조(임원 인준 및 취소)
구 장애인생활체육 회장은 본 회 회장이 임명한다.

### 제40조(구 장애인생활체육회장의 임무)
구 장애인생활체육 회장은 본 회 회장의 지휘 · 감독을 받으며, 당해 지역을 대표하고 회무를 총괄한다.

### 제41조(직제 및 규정)
구 장애인생활체육회의 세부적인 직제, 조직 및 규정에 관해서는 이를 따로 정한다.

# 제7장 종목별연합회

### 제42조(기관)
본 회 종목별연합회에 대의원총회 및 이사회를 둔다.

### 제43조(임원 인준 및 취소)
① 종목별연합회의 회장은 구 장애인생활체육 회장이 겸임한다.
② 인준 내용에 하자가 있거나 임원으로서의 직무를 다하지 못하여 사업수행에 지장을 초래한 사유가 발생하였을 경우에는 본 회 이사회의 의결을 거쳐 그 인준을 취소할 수 있다.

### 제44조(구성)
종목별연합회의 조직운영에 관한 규정은 이를 따로 정한다.

# 제8장 위원회

### 제45조(설치)
① 본 회는 제4조 각 호의 사업을 조사, 연구, 심의하고 이사회의 자문에 응하기 위하여 필요한 각종 위원회를 설치, 운영할 수 있다.
② 각종 위원회에 관한 규정은 이를 따로 정한다.

# 제9장 사무처

### 제46조(사무처)
① 본 회의 사무처리 기관으로 사무처를 둔다.
② 사무처에는 사무총장과 기타 필요한 사무직원을 둔다.
③ 사무총장은 이사회에서 선출한다.

### 제47조(사무총장의 직무)
사무총장은 회장의 지휘 · 감독을 받아 사무처의 업무를 총괄하며, 소속직원을 지휘 · 감독한다.

### 제48조(직제 및 규정)
사무처의 기구, 조직, 직제와 직원복무에 관한 규정은 이를 따로 정한다.

# 제10장 재산 및 회계

### 제49조(재산의 구분)
① 본 회의 재산은 기본재산과 보통재산으로 구분하며, 다음 각 호에 해당하는 재산을 기본재산으로 한다.
  1. 설립당시 기본재산으로 출연한 재산
  2. 부동산
  3. 기금
  4. 보통재산 중 이사회의 의결에 의하여 기본재산에 편입되는 자산
  5. 회원의 회비
② 본 회의 재산 중 기본재산 이외의 재산은 보통재산으로 한다.
③ 기부금품은 기부하는 자의 지정에 따른다.

④ 본 회의 기본재산은 "별지목록 1"과 같다.

## 제50조(재 정)

본 회가 제4조의 사업을 수행하기 위하여 지출되는 경비는 다음 수입금으로 충당한다.

    1. 기금으로부터 발생되는 과실금
    2. 자산으로부터 발생되는 과실금
    3. 정부 및 지방자치단체의 출연금 · 보조금
    4. 공공단체의 지원금 · 보조금
    5. 사업수익금
    6. 기타수익금
    7. 회원의 회비

## 제51조(잉여금의 처리)

① 본 회의 매 회계연도 결산상 잉여금은 다음 순으로 처리한다.

    1. 이월결손금의 보전
    2. 차기 회계연도 목적사업비로 이월
    3. 기본재산으로 편입시키기 위한 적립

## 제52조(재산관리)

① 본 회 기본재산을 매도 · 증여, 임대, 교환 또는 담보로 제공하거나 의무의 부담이나 권리를 포기하고자 할 때는 총회의 의결을 거쳐야 한다.

② 본 회의 재산관리에 있어 기타 방법으로 재산을 취득한 때는 지체 없이 이를 본 회 재산으로 편입 조치하여야 한다.

③ 본 회의 재산관리에 있어 이 정관에 규정한 사항 이외의 것은 국유재산법 및 물품관리법의 일반적인 관리의무 규정을 준용한다.

## 제53조(재산의 대여 및 사용)

① 본 회의 재산은 국가 또는 공공단체를 제외한 다음 각 호에 해당하는 자에 이를 대여하거나 사용하게 할 수 없으며, 그 외의 자에 대한 대여 및 사용의 경우에도 상당한 대가 없이는 대여하거나 사용하게 할 수 없다.

    1. 본 회 및 회원단체의 임직원
    2. 본 회 설립자 또는 임원
    3. 기타 본 회 및 회원단체와 재산상 이해관계가 있는 자

**제54조(예산 및 결산의 승인)**

① 본 회의 사업계획과 예산안은 회장이 매 회계연도마다 편성하여 이사회 및 대의원총회의 의결을 거쳐 문화관광부장관의 승인을 받아야 한다.

② 본 회의 사업 보고 및 결산은 회계연도 종료 후 2개월 이내에 회장이 작성하여 재산증감사유서와 감사의 의견서를 첨부, 문화관광부장관에게 보고하여야 한다.

③ 본 회가 예산 외의 채무부담을 하고자 할 때나 불가피한 사정으로 사업계획을 변경하고자 할 때는 이사회 의결을 거쳐 서울특별시장의 승인을 받아야 한다.

**제55조(회계연도)**

본 회의 회계연도는 정부의 회계연도에 따른다.

**제56조(기금 및 적립금)**

① 본 회는 이사회 의결을 거쳐 특별한 목적을 위한 기금을 조성하거나 적립금을 둘 수 있다.

② 전 항의 기금 및 적립금은 특별회계로 한다.

**제57조(회계감사)**

① 본 회의 회계감사는 연 2회 실시한다.

② 본 회가 필요하다고 인정할 때는 각 회원단체의 업무 및 회계 감사를 할 수 있다.

# 제11장 보칙

**제58조(시행일)**

이 정관은 이사회 승인 즉시 시행한다.

〈별지목록 1〉

기본재산목록

## 6) 기본재산 목록

| 기본재산의 종류 | 평가가액 | 출연자 | 비 고 |
|---|---|---|---|
| 현금(보통예금) | 원 | 허 ○○ | 통장사본 |

## 7) 법인사용인감 만들기

1) 직인          2) 회장의 인          3) 계인

이상과 같이 "사단법인 ○○○○"을 설립하기 위하여 재산을 출연하고 정관을 작성하여 발기인 전원의 동의를 얻어 발기인 중 5명이 확인 날인함.

.   .   .

발기인:

발기인:

발기인:

발기인:

발기인:

## 8) 발기인 수락서

| 성 명 | | 주민등록번호 | |
|---|---|---|---|
| 소속단체 | | 직 책 | |
| 주 소 | | | |
| 연락처<br>(전화/이메일) | | | |

상기인은 ○○○○ 창립발기 취지문에 동의하며 발기인으로 참여할 것을 수락합니다.


.  .  .


수락인                인

## 9) 특수관계 부존재 각서

---

# 특수관계 부존재 각서

위 본인은 사단법인 ○○○○의 임원 간에 공익법인의 설립·운영에 관한 법률 시행령 제1조 각 항의 규정에 의한 특수관계자의 범위에 해당되지 아니하며, 이후 해당됨이 발견될 때는 임원, 취임, 승인, 취소 등 어떠한 행정조치에도 아무런 이의가 없음을 각서합니다.

.    .    .

위 본인                    인

○○○○ 귀중

---

## 10) 임원취임 승낙서 예시

# 임원취임 승낙서

■ 본 적:
■ 주 소:
■ 성 명:
■ 주민등록번호:

위 본인은 ○○○○ 설립취지와 목적에 찬성하여 귀 단체의 이사직에 취임함을 수락합
니다.

.   .   .

위 본인            (인)

○○○○ 귀중

**📖 참고문헌**

보건복지부(2013). 장애인 복지사업 안내.

한국사회복지협의회. 사회복지법인시설회계교육.

한국장애인단체총연맹(2001). 장애인 직업재활을 위한 장애인 복지시설 및 장애인
　　　단체의 역할 연구.

한국장애인복지관협회(2010). 2010년도 장애인복지관 현장 연구.

한국장애인복지체육회(1989). 한국장애인복지체육회 직원연수교육자료집.

# 직업재활 전달체계

# 1. 지역사회재활시설

## 1) 시설유형

　우리나라의 직업재활 전달체계는 시설중심의 전달모형을 가지고 있다. '장애인복지시설'이란 장애인이 시설에 입소하거나 통원하여 재활에 필요한 상담, 치료, 교육, 훈련 및 요양 등의 장애인복지 서비스를 제공받을 수 있는 사회복지시설을 말한다. 시설은 「장애인복지법」 제58조에서 정한 바와 같이 생활시설, 직업재활시설, 지역사회재활시설, 유료복지시설로 구분하고 있다.

　직업재활과 연관된 시설은 지역사회이용시설로 장애인복지관, 직업재활시설 등으로 이루어져 있다. 시설에는 속하지 않지만 장애인복지단체도 장애인직업재활사업에 크게 기여하고 있다. 장애인직업재활시설은 장애인의 직업능력에 따라 직업상담, 직업평가, 직업적응훈련, 직업훈련, 직업알선 및 사후지도 등 사회적응훈련을 실시하여 개별적 직업능력을 향상시키고 고용을 주된 목적으로 하고 있다.

　직업재활시설로는 보호작업장과 근로사업장으로 분류될 수 있으며 전국에 고루 분포되어 있다. 직업재활시설은 근로장애인의 능력에 맞는 작업을 수행하고 일정 수 이상의 임금을 지급하는 데 목적이 있다. 이윤 추구를 목적으로 하는 기업환경은 장애인을 채용하는 데 큰 장벽이 있다. 특히 경쟁고용 문화에서 중증장애인이 일반고용의 목적을 이루는 것은 매우 어려운 실정이다. 이 같은 장벽을 제거하기 위해 특별한 장애인고용 문화를 형성하게 된 것은 전통적으로 보호고용이

**표 6-1　장애인복지시설 현황**　(2011. 12. 31. 기준, 단위: 개소)

| 구분 | 계 | 거주시설 | | | | | | | | 직업재활시설 | | | 지역사회재활시설 | | | | |
|---|---|---|---|---|---|---|---|---|---|---|---|---|---|---|---|---|---|
| | | 소계 | 지체 | 시각 | 청각언어 | 지적 | 중증요양 | 영유아 | 기타(단기, 공동생활가정) | 소계 | 근로 | 보호 | 소계 | 복지관 | 의료재활시설 | 체육관 | 기타 |
| 시설수 | 2,043 | 490 | 45 | 15 | 9 | 223 | 186 | 12 | 757 | 456 | 53 | 403 | 1,094 | 199 | 17 | 28 | 850 |

| 표 6-2 | 장애인직업재활시설 운영현황 | | (2011. 12. 31. 기준, 단위: 개소, 명) |

| 구 분 | 계 | 근로사업장 | 보호작업장 |
| --- | --- | --- | --- |
| 시설 수 | 456 | 53 | 403 |
| 근로장애인 수 | 12,870 | 2,190 | 10,680 |

다. 보호고용은 중증장애인의 일터를 지원하여 국가가 지원하고 기업의 생산 목표를 달성하여 이윤을 추구하는 형태다. 이용자는 대개 중증장애인으로 지적장애나 발달장애가 다수를 이루고 있다.

중증장애와 사회적 편견 등으로 일반사업장 취업이 어려운 장애인에게 취업 기회와 직업적응훈련 및 직업훈련을 습득케 하여 고용이 가능하도록 기회를 제공하고 있다. 장애인직업재활시설은 근로능력과 중증장애인의 구성 비율에 따라 근로사업장, 보호작업장으로 구분되고, 근로능력에 따른 보호고용을 하고 있다. 2011년 말을 기준으로 전국에 456개소의 직업재활시설이 설치되어 있으며, 근로장애인 수는 12,870명으로 조사되고 있다. 장애인직업재활사업은 2008년부터 보건복지부 산하의 '한국장애인개발원'에서 관장하고 있으며, 전달 시스템으로 장애인복지관, 보호작업장, 장애인단체가 수행 업무에 참여하고 있다.

보건복지부는 직업재활사업을 수행하기 위해 직업재활센터를 지역 거점지역으로 운영하고 있다. 직업재활센터의 목적은 장애인에게 직업재활과 관련된 종합적이고 전문적인 서비스를 제공하여 장애인이 지역사회 구성원으로 활동할 수 있도록 필요한 기술 지원과 서비스를 제공하는 데 있다. 직업재활센터는 중증장애인의 고용 목적을 실천하기 위하여 직업재활과 관련된 다양하고 전문적인 원스톱서비스 체계를 구축하고, 직업재활시설·단체와 연계를 통하여 필요한 기술 지원과 서비스를 제공하고 있다. 중증장애인 직업재활은 장애인의무고용제도가 경증장애인 위주로 추진되는 문제점을 개선하고자 보건복지부와 고용노동부가 2000년부터 '장애인고용촉진기금'을 활용하여 추진해 왔다.

그동안 직업재활기금사업은 노동부의 고용부담금 2/9를 할애하여 보건복지부와 노동부가 공동으로 중증장애인 직업재활사업을 추진하여 왔으나, 2008년부터 보건복지부 소관으로 전격 이관되었다. 이 사업의 중추적 인프라는 직업재활사와 재활상담사 등 종사인력이 구심점이 되었다. 이들 인력이 배치된 수행기관은 장애인복지관, 직업재활센터, 장애인단체, 장애인직업재활시설 등 초기 전문인력 353명을 지원하여 중증장애인에 대한 직업지도, 직업적응훈련, 지원고용, 취업알선 및 취업 후 적응지도 등의 사업을 실시한 결과 일선 장애인복지관 내에 설치된 직업재활센터, 장애인단체, 장애인직업재활시설 등 186개소의 사업 수행기관에 직업재활 전문 인력을 지원하여 중증장애인에 대한 다양한 사업을 실시하여 왔다. 그 결과 2011년에는 약 102,810명의 장애인에게 직업재활서비스를 제공하여 이 중 약 6,069명이 취업하는 등 중증장애인에 대한 직업재활 및 고용촉진에 기여했다.

2008년부터 '(재)한국장애인개발원'은 직업재활 기금사업을 일반회계로 전환하고, 직업재활사업은 물론 복지일자리를 새롭게 마련하여 다양한 중증장애인일자리를 확대하고 있다. 장애인일자리사업은 장애인의 낮은 고용과 노동시장에서의 장애인에 대한 편견 해소를 위하여 직업재활정책, 제도개선 및 적합직종 관련 조사연구 등을 수행했으며, 장애인일자리 사업으로 2007년부터 매년 새로운 아이템을 공모하여 두세 가지의 신규일자리를 보급하고 있다. 또한 2011년도에는 푸드은행원, 실버케어팀, 버스청결도우미 등의 일자리 유형을 새로이 보급하였다. 2011년 말 기준 장애인복지일자리 6,500명, 장애인행정도우미 3,500명, 미취업 시각장애인 안마사 300명의 일자리를 지원하였다.

장애인생산품우선구매 사업은 장애인생산품의 판로개척 및 판매증대 등을 위해 장애인복지시설 또는 장애인복지단체가 생산하고 있는 제품을 국가, 지방자치단체, 기타 공공단체가 우선적으로 구매하도록 제도화하였다. 장애인생산품우선구매제도는 1989년 「장애인복지법」에 의해 시행되었고, 1999년에는 6개 품목에 대하여 2~20% 범위에서 우선 구매하도록 하였다. 이후 「장애인복지법」에 의거

**표 6-3  중증장애인 직업재활시설 수행기관 현황**  (2011. 12. 31. 기준, 단위: 개소, 명)

| 구 분 | 계 | 장애인복지관 (직업재활센터) | 장애인단체 | 장애인직업재활시설 | 직업평가센터 | 직업적응훈련사업수행기관 | 직업능력개발훈련기관 | 직업재활프로그램기관 |
|---|---|---|---|---|---|---|---|---|
| 개소 수 | 186 | 34 | 32 | 79 | 6 | 10 | 15 | 10 |
| 인력 수 | 346 | 131 | 64 | 115 | 24 | 12 | - | - |

**표 6-4** **연도별 장애인생산품우선구매 실적**

(단위: 년, 억 원)

| 구 분 | 2006 | 2007 | 2008 | 2009 | 2010 | 2011 |
|---|---|---|---|---|---|---|
| 금액 | 1,105 | 1,557 | 1,320 | 1,658 | 1,902 | 2,358 |

하여 장애인직업재활시설의 한 유형으로 분류되어 오다 2008년 3월 「중증장애인 생산품우선구매법」 신규 발효로 직업재활시설과는 별개 유형으로 분류되었다.

2011년 말 기준 전국에 중증장애인생산품 생산시설로 260개 기관을 지정·공고하여 생산품 구매를 지원하고 있다. 2011년부터 품목 구분 없이 총 구매액의 1% 이상은 중증장애인생산품으로 구매하도록 강화되었으며, 이에 따라 우선구매 실적은 전년 대비 24% 증가한 2,358억 원으로 추산된다. 그리고 생산품 판매시설은 전국에 16개소로 시도별로 1개씩 운영하고 있으며, 종사자 수는 48명이다.

## 2) 장애인복지관의 직업재활사업

### (1) 직업재활사업

장애인복지관은 지방자치단체 관리 조례 및 관련 법률에 따라 장애인이 지역사회를 중심으로 생활을 영위하고 사회활동에 참여할 수 있도록 개인의 능력과 적성에 따른 재활치료, 사회적응훈련, 교육 및 직업알선 등의 종합적인 지역사회재활서비스 제공이 필요한 지역장애인의 재활자립과 복지증진을 도모하는 이용시설이다.

복지관의 운영은 정치활동, 영리활동 및 특정 종교활동으로 이용될 수 없으며, 인도주의적 원칙하에 장애인의 존엄성과 기본적 권리가 유지되도록 노력해야 한다. 장애인복지관의 직업재활사업으로 장애인의 경제적 안정과 자립촉진을 도모하기 위한 직업상담, 직업평가, 직업적응훈련, 직업훈련, 보호작업장 운영, 취업알선, 현장훈련, 취업 후 지도, 지원고용 업무 등이 있다. 장애인복지관은 지역장애인의 다양한 복지욕구를 해소하기 위하여 자원봉사자 활용과 지역 내 자원 동원 등 당해 지역사회의 자원을 개발하여, 지역장애인의 복지증진 효과와 수행사업의 적정성, 효율성 등을 지속적으로 평가하고, 발전적 운영 방안을 강구해야 한다.

장애인복지관은 사업수행에 있어 지역장애인의 선택권을 존중하고 이를 사업에 적극 반영해야 한다. 장애인복지 관련 분야의 전문적인 지식과 기술을 가지고 있는 전문인력에 의해 수행될 수 있도록 노력해야 한다. 또한 종사자는 「사회복지사업법」 제5조에 의하여 복지업무를 행함에 있어 장애인복지를 필요로 하는 사람을 위하여 차별 없이 수행해야 하며, 이용장애인에 대한 서비스는 물론 장애발생 예방과 지역장애인 문제의 조사, 연구 등 장애인복지가 종합적으로 향상되도록 해야 하며, 이를 위해 각 복지관에서는 '장애인의 날' 전 · 후 1주간을 '장애발생예방 주간 및 인식개선 주간'으로 정하여 지역주민, 학생, 직장인 등을 대상으로 장애발생예방 및 인식개선 프로그램을 실시해야 한다. 또한 장애인복지관은 주말에 시설을 개방 또는 관련 프로그램을 운영하여 취업장애인 등 주말이용자의 편의를 도모해야 한다.

장애인복지관은 관내 등록장애인 중 연령별 대비, 장애유형별 인원, 생활 정도, 직업종사 유형, 관내 지역 경제기반, 관내 장애인복지에 대한 지역사회의 인식도, 장애인가족 및 자원 봉사자의 참여도 등을 적극 참고하여 이에 부합하는 사업계획 수립을 추진하고, 장애인복지와 관련된 행정기관 및 시설 · 단체 등과 긴밀한 협력체계를 구축하며 사업수행의 효과성을 극대화한다. 재가복지사업 예산을 지원받은 시설은 반드시 재가복지사업을 수행하여야 하며, 별도의 예산을 지원받지 못한 시설의 경우에도 재가복지사업을 확충하도록 노력해야 한다. 장애인복지관 사업에 대한 운영비는 지방비보조금 외에 자체수입을 추가할 수 있다.

장애인복지관의 조직 및 직제는 각 복지관마다 지역의 여건 및 이용대상자의 특성을 감안하여 서비스를 효과적으로 제공할 수 있도록 장애인복지관의 조직 및 직제기준을 준용하여 편제한다. 인력관리의 효율성을 확보하고 간부와 직원 간의 적정한 업무 분담이 이루어지도록 팀제 운영을 원칙으로 하되, 총무 · 기획 등 지원부서와 그 외 사업부서로 구분 · 운용한다. 종전 장애인복지관 부설로 운영되던 재가복지봉사센터는 장애인복지관의 기능 속에 통합 또는 별도의 팀으로 편제하여 운영하되 인사는 분리하지 않는다.

복지관의 직제는 관장, 사무국장, 일반직(1~5급), 기능직 및 고용직으로 구성하며, 복지관은 관장 밑에 사무국장 1인을 두고, 사무국장 밑에 종사자 정원 규모 및 사업의 특수성에 따라 5~8개 범위 내에서 각 팀을 운영한다. 복지관의 팀은 지원부서로 총무팀 및 기획팀을 두고, 사업부서로 상담지원팀, 사회재활팀, 의료재활팀, 직업재활팀, 정보화지원팀을 두며 팀장 1인 및 팀원 몇 명을 두되 필요시 정원규모 및 사업의 특수성에 따라 지원부서의 경우 총무팀과 기획팀을 통합하여 '총무기획팀'으로 하고, 사업부서의 경우는 당해 시설장이 자치단체장과 협의하여 직제를 추가로 둘 수 있다. 복지관 인력의 지원 부서에는 최소의 인력을 배치하는 것을 원칙으로 하고, 서비스를 제공하는 사업부서에 배치하도록 한다.

　장애인복지관의 주요 업무는 ① 총무팀(조직, 인사 및 재무회계 등에 관한 사업), ② 기획팀(사업의 기획·평가, 예산 편성, 조사·연구, 후원개발 및 홍보 등), ③ 상담지원팀(기초 및 종합 상담 지원 전반에 관한 사업), ④ 사회재활팀(사회심리, 각종 교육, 장애예방 및 지역사회 홍보·계몽 등에 관한 사업), ⑤ 의료재활팀(각종 치료·훈련, 건강관리 등에 관한 사업), ⑥ 직업재활팀(직업상담, 훈련 및 취업지도 등에 관한 사업), ⑦ 정보화지원팀(장애인 정보화교육 등) 정보화 지원에 관한 사업 등이다.

표 6-5　장애인복지관 주요사업

| 사업 분류 | 주요 내용 | 사업 예시 |
|---|---|---|
| 상담지도사업 | 기초상담 및 각종 검사, 진단을 통한 판정 | 자체진단 판정 위원회 및 평가위원회 운영 |
| 의료재활사업 | 장애인의 신체기능 회복을 위한 의료재활서비스 제공 | 진료실 운영, 물리치료, 작업치료, 언어치료, 청능훈련, 재활보조기구 사용자 착용훈련 등 |
| 교육재활사업 | 장애인에 대한 각종 교육재활서비스 제공 | 조기교육(영유아, 아동 등), 통합교육, 부모교육, 학습지도(취학아동교육, 문자교육, 검정고시 등), 컴퓨터교육, 각종교구대여, 시·청각장애인기초재활 등 |
| 직업재활사업 | 장애인의 경제적 안정과 자립촉진을 도모하기 위한 직업재활서비스 제공 | 직업상담, 직업평가, 직업적응훈련, 직업훈련, 보호작업장 운영, 취업알선(지원고용 등), 현장훈련, 취업 후 지도 |
| 사회심리재활사업 | 장애인의 사회참여 확대를 위한 각종 사회심리재활서비스 제공 | 재활상담(개별, 집단, 가족, 동료 등), 사회적응훈련(캠프, 방과후 활동, 사회기술훈련 등), 심리치료(놀이치료, 심리운동치료, 음악치료, 미술치료, 치료레크리에이션 등), 성교육, 장애가족지원(장애형제 기능강화, 부모 스트레스 대처훈련, 장애인의 자녀 지원 등), 자조집단(동아리활동, 부모회 육성), 결혼상담, 공동생활가정, 주간보호센터, 단기보호센터 등 |

| 재가장애인 복지 사업 | 지역사회장애인의 재가복지서비스 제공 | 재가복지서비스(상담, 의료, 교육, 가사지원 등), 지역사회자원활용 및 연계망 구축, 이동목욕, 재가 자립지원 등 |
|---|---|---|
| 스포츠 및 여가 활동사업 | 신체적 · 정신적 건강증진을 위한 스포츠 및 여가 활동지원 | 내방장애인 체육대회 개최, 장애유형에 맞는 체육교실 운영, 취미 · 여가 · 오락 프로그램 운영 등 |
| 정보제공사업 | 장애 관련 정보제공 | 장애인정보화교육 등 정보화지원 시각장애인 도서(시청각자료 등) 제작 · 출판 · 보급 · 대여, ARS 운영, BBS 운영 등 |
| 수화관련사업 | 청각 · 언어장애인에 대한 수화서비스 제공 | 수화교실, 수화통역 봉사원 양성 및 파견, 수화자막 및 비디오 등 영상물 제작 · 보급 · 대여 등 |
| 여성장애인의 복지 증진사업 | 사회적 차별 및 부당한 대우를 받기 쉬운 여성장애인의 권익보호 및 임신 · 출산 · 양육 · 가사지원 등 복지 증진 | 여성장애인 상담실 및 쉼터 운영, 여성장애인 임신 · 출산 · 양육 · 가사보조활동 지원, 여성장애인 결혼 주선 등 |
| 사회교육사업 | 비장애인의 장애인에 대한 인식 개선 및 참여 조성 | 장애체험, 장애인부모교육, 장애인복지 전문요원 교육(세미나, 워크숍 등), 지역사회주민교육, 지역대학의 실습생 지도 등 |
| 지역사회자원 개발사업 | 지역사회에 대한 장애인의 이해 증진 및 자원개발 · 활용 | 자원봉사자(청소년, 대학생, 일반 등) 발굴교육 · 활동 및 관리, 지역행정기관 · 일반 사회단체종사자 · 교육 및 언론기관 등과의 교류협력 증진, 기타자원개발 · 활용(인적, 물적 자원 등) |
| 홍보 · 계몽 사업 | 지역사회를 대상으로 한 장애인식개선 및 장애예방 등을 위한 활동 | 관보 발행, 장애발생예방 캠페인, 매스컴을 활용한 장애인식개선 홍보, 견학 등 |
| 조사 · 연구 사업 | 장애인복지증진을 위한 조사연구 및 다양한 재활 프로그램 개발 · 보급 | 지역 장애인 욕구 및 실태 조사, 재활 프로그램 개발, 이용자 만족도 조사, 지역 장애인 복지정책 개발, 각종 자료제작(도서 · 시청각 자료 등) 등 |
| 활동지원 서비스사업 | 중증장애인에게 신변활동, 가사 및 일상생활의 보조, 이동편의증진 등의 활동지원서비스 지원 | 신변처리 지원, 가사 지원, 일상생활지원, 커뮤니케이션 보조, 이동의 보조, 동료상담서비스 등 |
| 기타 사업 | 기타 장애인 복지 증진을 위해 필요한 사업 | 지역특성에 맞는 재활 프로그램 개발 · 시행 |

### (2) 직업재활센터

직업재활센터는 전국에 총 34개가 설치되어 있다. 당초 기금사업으로 운영되었으나 지금은 보건복지부 직업재활사업의 일환으로 일반회계에서 지원 · 운영되고 있다. 직업재활센터의 목적은 장애인에게 직업재활과 관련된 종합적이고 전문적인 서비스를 제공하여 장애인이 지역사회 구성원으로 활동할 수 있도록 필요한 기술적 지원과 서비스를 제공하는 데 있다.

직업재활센터는 직업재활과 관련된 다양하고 전문적인 원스톱서비스 체계를 구축하고, 직업재활시설·단체와의 연계를 통하여 필요한 기술적 지원과 서비스 제공을 위해 노력해야 한다. 또한 재활사업 원리에 따라 종합적인 직업재활서비스를 제공하고, 지역사회 내 직업재활 자원개발 및 효율적 활용을 위한 연계·전이 업무를 수행한다. 종합적인 직업재활서비스와 직업재활 자원의 개발·활용을 위한 사업내용 및 방향은 다음과 같다.

직업재활서비스 제공으로는 ① 장애인에 대한 직업상담, 직업평가 등을 통하여 직업재활의 기본 방향 제시, ② 개인·사회생활, 작업습관과 태도형성, 작업기능 향상 등을 위한 직업적응훈련 실시, ③ 장애인복지관 및 직업재활시설의 직업훈련 프로그램을 활성화시키기 위하여 기술직종의 훈련 지원, ④ 지역사회 내 기업체와 연계하여 취업알선, 직종개발, 지원고용, 보호고용 등 다양한 고용 프로그램 개발·시행, ⑤ 취업 후 지속적인 적응훈련을 실시하여 안정된 직장생활을 유지할 수 있도록 지원한다.

지역사회 내 직업재활 자원의 개발 및 효율적 활용을 위한 연계·전이 수행 업무는 ① 장애인고용촉진공단, 장애인복지관, 특수학교, 장애인복지단체, 장애인 직업재활시설 등과 정보를 교환하고 전이체제 유지, ② 구인·구직·훈련정보 등 지역사회의 인적·물적 자원을 적극 발굴하고 활용, ③ 지역사회의 미인가 자립 작업시설을 지원한다.

사람들은 인생의 약 1/3의 시간을 일하는 데 보낸다. 직업은 인간의 가치를 실현하는 중요한 요소이며 삶의 매개체다. 장애인은 장애에 따른 직업적 어려움을 수반하고 있기 때문에 구직에 어려움을 갖고 있으며, 장애인을 수용할 만한 직업 재활의 여건이 마련되지 못할 때, 직업재활서비스는 안정된 고용을 확보하기 어렵다.

직업재활 수행기관이 효율적으로 운영되기 위해서는 장애특성을 고려한 전문적 서비스가 필요하며, 서비스의 질적 측면을 고려할 때 서비스의 전달도 체계적으로 이루어진다. 즉, 장애인이 생활 거점인 가정과 지역사회를 중심으로 효과적인 직업재활서비스를 받기 위해서는 장애인복지관을 중심으로 직업재활센터를 구축할 필요가 있다. 또한 이동에 제한이 많고 가족 및 복지기관 등의 지속적인 보호가 필요한 장애인은 지역사회 중심의 의료, 교육, 사회심리, 직업재활의 통합 서비스를 받는 것이 필요하며, 직업상담, 직업평가, 직업적응훈련, 직종개발, 취업알선, 취업 후 적응지도 등 각각의 직업재활서비스 영역이 일관성 있게 제공되어야 한다.

직업재활센터의 운영은 기존 장애인복지관 내의 전문 인력을 최대한 활용함으로써 인력 수요를 최소화하고, 기존 시설을 활용하여 운영에 따른 투자비용을 최대한 억제할 수 있도록 추진했다. 또한 장애인단체, 직업재활시설, 장애인고용공단 등 지역사회 내 직업재활서비스 관련 자원과의 연계를 강화하고 서비스의 적절성과 효율성을 꾀할 수 있도록 추진하였다.

직업재활센터에서 이루어지는 모든 사업은 사회적 연대책임 속에서 지역사회 내 모든 가용자원을 적극 활용하는 등 유기적 연계를 통하여 직업재활서비스의 효과를 극대화할 것을 요구하고 있다. 이것이 직업재활센터에서 재활서비스를 통합적으로 운영하기 위한 원스톱서비스 체제의 구축이며, 재활서비스의 질적 향상을 통하여 장애인 고용을 확대하는 방안이었다.

직업재활센터의 주된 기능으로는 직업상담, 직업평가, 직업적응훈련, 지원고용, 취업알선, 취업 후 적응지도가 있다. 직업상담은 의뢰 · 접수 후 초기면접에서부터 종결에 이르기까지 재활서비스 제공 과정에서 '직업재활계획'을 수립하고 의사결정과 문제해결을 할 수 있도록 상담 및 사례관리 서비스를 제공한다.

첫째, 직업평가는 장애인에게 적합한 평가를 계획하고 의료 · 심리평가, 작업표본평가, 상황 · 현장평가 등을 실시한 후 평가결과를 토대로 각종 직업내용과 현장에 관한 폭넓은 정보를 제공한다.

둘째, 직업적응훈련은 구직장애인이 직업환경에 적응할 수 있도록 개인 · 사회생활, 직업준비, 직업수행, 직업능력향상, 직업유지를 주요 내용으로 직업배치 이전에 실시하는 훈련이다.

셋째, 지원고용은 중증장애인을 대상으로 통합된 작업환경 속에서 일반고용이 가능하도록 하며, 지원고용 전문가와 직무지도원을 활용하여 대상자 선정 및 평가, 사업체 개발 및 직무분석, 직무배치, 훈련, 계속적 지원을 제공하는 고용서비스다.

넷째, 취업알선은 장애인의 욕구와 적성에 맞는 직업을 연결하는 제반 활동으로, 일반취업알선, 직무조정을 통한 취업알선, 자영업을 위한 창업활동을 지원하는 서비스다.

다섯째, 취업 후 적응지도는 취업장애인을 대상으로 직무현장에서 고용유지를 할 수 있도록 취업자 지도, 취업처 지원, 취업자 가족지원을 제공하는 서비스다. 부수적인 기능으로는 직종개발 사업이 있다. 직종개발은 장애인의 능력과 특성에 적합한 직종을 개발하기 위하여 사업체 환경 및 직무 배치, 장애인의 직업 관련 정보를 분석하고, 이를 장애인의 훈련이나 배치로 연계하는 서비스다.

직업재활센터 사업은 직업상담, 직업평가, 취업알선, 지원고용 서비스와 연계되어 있고, 장애인에게 적합한 '개별직업재활계획'을 수립한 후 그에 합당한 직업적응훈련, 직업훈련, 직종개발 및 취업 후 적응지도 서비스를 제공한다.

직업재활센터 운영원칙은 ① 직업재활서비스를 통합적으로 제공하는 원스톱서비스 체제 운영, ② 장애인복지관의 시설을 최대한 활용하여 센터 운영에 따른 투자비용 억제, ③ 직업재활센터의 전문 인력자격은 「장애인복지법」상의 사회재활교사, 직업훈련교사, 장애인복지관의 4급 기준에 적합한 사람 중 당해 복지관에서 가장 적합한 자로 정하되, 장애인복지관에서 기존 서비스를 제공하고 있는 직업재활사, 임상심리사, 언어치료사, 물리치료사, 작업치료사, 재활상담사 등의 전문인력 활용, ④ 기존 직업재활사업을 수행하던 인력을 계속 유지하고 신규로 기금사업 인력을 배치함으로써 기존 직업재활 수행 인력의 축소 방지, ⑤ 장애인고용촉진공단, 장애인복지관, 특수학교, 장애인복지단체, 장애인직업재활시설 등과의 연계·전이 업무를 수행하여 직업재활사업의 적합성과 효율성을 극대화하도록 구상되었다.

직업상담은 상담사와 구직장애인의 신뢰를 바탕으로 직업재활계획을 수립하고 장애인의 직업적 의사결정과정을 도우며, 재활과정에서 일어날 수 있는 제반 문제의 해결능력을 향상시키기 위하여 실시되는 직업재활서비스의 주요 영역으로 상담사의 전문적 자질이 수반되는 활동이다. '장애인직업재활사업규정(안)' 제2장 제4조에 공단 또는 사업수행기관의 장은 구직 등록한 장애인 및 장애인직업재활시설 근로장애인에 대하여 직업상담을 실시해야 함을 규정함으로써 사업수행기관에서 직업상담의 필요성을 권장하고 있다.

직업재활센터에서 직업상담의 역할은 ① 구직장애인에게 개인적 욕구와 특성을 재인식시켜 주고 직업재활의 방향을 설정할 수 있도록 개별화된 재활계획 수립, ② 직업재활 과정에서 장애인 스스로 직업에 관한 의사결정을 도와줌으로써 장애인 중심의 직업재활서비스 실천, ③ 심리 · 사회적 부적응을 해소하고 인간관계 개선에 도움을 주며 행동 통제를 통하여 직면한 문제해결에 도움을 주는 데 있다. 즉, 의뢰 · 접수 후 초기면접에서 종결에 이르는 재활서비스 제공 과정에서 장애인의 희망, 적성, 능력에 따라 직업재활계획을 수립하고 의사결정과 문제해결을 할 수 있도록 상담 및 사례관리를 제공하는 활동이다.

### (3) 직업평가센터

직업평가센터는 장애인에게 직업재활과 관련된 전문적인 직업평가서비스를 제공하여 직업에 대한 통찰력을 향상시키고 개인별 능력과 특성을 고려한 적합직종 개발 및 직업재활서비스의 방향을 결정할 수 있도록 장애인을 지원하는 데 목적이 있다. 고유 업무는 ① 의료 · 심리평가, 작업표본평가, 상황 · 현장평가 등 종합적인 직업평가 실시, ② 직업평가도구의 개발 및 작업표본도구의 표준화를 위한 자료 수집, ③ 직업평가 결과를 통하여 장애인의 장애유형과 개인별 특성에 맞는 직종개발 연계, ④ 개인별 직업재활계획과정을 지원한다.

직업평가센터의 운영원칙은 ① 직업평가를 수행할 수 있도록 전문 인력 4인을 배치, ② 평가도구 및 장비에 필요한 비용 지원, ③ 장애인복지관, 직업재활시설, 장애인단체 등이 중증장애인의 직업을 의뢰해 올 경우에 직업평가를 실시하고, 그 결과를 활용할 수 있도록 협조하고 기술적으로 지원, ④ 직업평가센터는 이동평가 등 직업평가를 적극적으로 수행하는 한편 평가결과 등을 향후 평가도구개발 등 다양한 사업수행에 활용될 수 있도록 체계적 정리, ⑤ 대학 및 연구소 등과 연계하여 평가도구의 표준화를 위한 협력방안을 마련하고, 직업평가의 정착과 발전을 도모한다.

직업은 인간의 가치를 실현시키는 삶의 주요 영역이며, 사람들로 하여금 사회의 일원으로 활동하고 있음을 인식시켜 주는 삶의 매개체다. 장애인은 장애에 따른 직업적 어려움을 수반하고 있기 때문에 구직에 어려움을 수반하고 있다. 직업재활서비스는 장애인에게 직업적 여건을 마련해 줌으로써 안정된 고용을 확보하고 삶의 질을 향상시키는 데 목적이 있다.

직업재활서비스를 효과적으로 전달하기 위해서는 개개인의 능력과 특성에 적합한 재활계획을 수립한 후 서비스를 제공해야 한다. 직업재활 사업영역 가운데 직업평가는 직업재활서비스의 방향을 결정하는 중요한 재활서비스다. 그 이유는 개인의 직업평가 결과를 토대로 해당 장애인의 능력과 특성에 적합한 직업재활서비스를 결정하고, 추후 적합한 직종에 장애인을 의뢰할 수 있는 토대를 마련할 수 있기 때문이다.

직업평가센터는 장애인의 종합적 직업평가를 통하여 직업에 대한 통찰력을 제공하고 직업재활 프로그램에 필요한 기초, 특성, 직업욕구 등을 파악하는 전문적이고 종합적인 직업평가를 실시하는 기관이다. 그 동안 장애인복지관 등에서 수행해 온 직업평가는 기존 복지관의 운영체제에서 별도의 독립기관이 아닌 하나의 부서에서 직업평가 업무를 수행해 왔으나 이제는 보다 다양하고 종합적인 전문 직업평가 기관의 필요성이 제기되는 시점에 이르렀다. 또한 직업평가 방법이 지필검사에 국한되어 있지 않고, 작업표본검사, 현장평가, 검사도구 개발, 표준화 작업 등이 요구된다.

보건복지부는 기금사업 수행기관의 선정을 공고하였고, 현재 직업평가센터는 전국에 6개소에 24명이 종사하고 있다. 직업평가센터의 사업을 효율적으로 운영하기 위한 사업운영매뉴얼 개발이 필요하게 되었다. 직업재활 사업의 기본이념은 장애인의 직업생활을 통한 인간의 가치실현으로 지역사회 재활 프로그램, 정상화이론, 고객중심 주의로 정리할 수 있다. 직업평가센터는 장애인의 개인별 능력과 특성에 적합한 평가계획을 수립하고, 계획에 따른 다양한 평가업무를 수행하며, 직업평가도구의 개발을 위한 자료수집과 정리 등 직업재활 사업의 전문화에 기여하고 있다.

직업평가 결과를 토대로 평가보고서를 작성한 후 장애인에게 적합한 직업을 탐색한다는 측면에서 직종개발을 지원하는 일도 직업평가센터의 주요 사업 중 하나다. 직업평가 및 직업상담은 직업평가센터의 주 기능에 해당되고, 직종개발은 직업평가센터의 부수적인 기능에 해당된다.

직업평가센터의 주된 기능은 직업평가와 직업상담이다. 직업평가는 평가도구의 다양화를 통하여 보다 전문적인 직업평가를 실시하고, 평가도구의 개발 및 표준화에 이르는 영역으로 그 기능을 확대하는 데 의의를 두고 있다. 또한 장애인의 능력과 장애유형에 적합한 평가도구를 선정하고 개별 직업재활계획을 수립하기 위한 토대를 마련하는 데도 기여한다. 평가 영역은 의료 · 심리평가, 작업표본평가, 현장 · 상황평가 등의 시행이다. 직업상담은 주로 직업평가를 보조하기 위한 수단으로 사용되며, 특히 면접과 상담내용의 검토 등 다양한 방법을 통하여 직업평가의 정확성과 신뢰성을 높이고 개별 직업재활계획서의 개발에 도움을 줄 수 있다. 직종개발은 장애인의 능력과 특성에 적합한 직종을 개발하기 위하여 지역사회 노동시장 분석 및 장애인 직업 관련 정보를 분석하고, 이를 장애인의 훈련이나 배치로 연계하는 서비스다. 또한 직업평가결과를 토대로 장애인에게 적합한 직종을 추천하거나 개발하는 데 기여한다.

## 2. 장애인직업재활시설

장애인직업재활시설은 노동시장에서 취업이 어려운 장애인에게 취업기회와 직업훈련, 직업적응훈련 등을 제공하기 위하여 직업재활시설의 운영을 지원한다. 특히 직업능력이 있음에도 불구하고 취업이 곤란한 중증장애인에게 직업재활 기회를 제공함으로써 중증장애인의 사회복귀에 기여한다. 직업재활시설은 근로능력과 중증장애인의 구성 비율에 따라 근로사업장, 보호작업장으로, 2011년 말 전국에 456개소에 근로장애인 수는 12,870명에 이르고 있다.

유형별 기준에 따라 장애인이 장애를 극복하고 직업생활을 독립적으로 할 수 있도록 초기면접, 직업평가 및 그 결과를 반영한 '개별 직업재활계획', 장애 특성에 맞는 배려나 보조공학, 건강이나 안전을 위협할 수 있는 요인, 직무기능 향상, 재활서비스를 위한 관리계획 등이 포함된 재활 프로그램 운영, 직무기능 향상을 위한 개별서비스 실시, 사업계획과 예산 등으로 나눌 수 있으며, 이러한 프로그램은 지방자치단체장의 승인을 받아 시행한다.

장애인직업재활시설의 고용대상은 「장애인복지법」상의 장애인으로 그 유형별 기준에 적합한 이들로, 장애인생활시설과 동일한 법인이 운영하는 직업재활시설일 경우 생활시설에서 생활하는 장애인 외의 장애인이 50% 이상 유지되도록 해야 하고 작업이나 서비스과정에서 장애인이 아닌 자를 고용하여야 할 필요가 있는 경우 그 인원은 근로인원의 30%를 넘을 수 없음을 정하고 있다.

국가 또는 지방자치단체 외의 희망자가 장애인직업재활시설을 설치·운영하고자 하는 때는 「장애인복지법 시행규칙」에서 정한 시설과 설비를 갖추고 필요한 서류를 첨부하여 관할 시장·군수·구청장에게 설치·운영 신고서를 제출해야 한다. 관할 시·도지사 및 시·군·구청장은 장애인직업재활시설을 설치·운영하는 자의 소관업무에 관하여 지도·감독을 하며, 필요한 경우 당해시설에 관하여 보고 또는 관련 서류의 제출을 명하거나, 소속 공무원으로 하여금 당해 시설의 운영상황, 장부 기타 서류를 조사·검사할 수 있다.

지방자치단체장은 장애인직업재활시설의 지도·감독에 있어 사업의 특수성과 전문성을 충분히 이해하고, 이에 대한 지도·감독체계를 확립하여 장애인직업재활시설 운영의 전문성과 자율성을 해치지 않도록 조치한다. 또한 장애인직업재활시설은 장애인 생활시설, 장애인복지관 등과 분리하여 하나의 독립시설로 운영하여야 한다. 이때 종사자는 시설장, 사무국장, 직업훈련교사, 간호사, 영양사, 사무원, 생산 및 판매관리기사, 시설관리기사, 조리원 등으로 구성될 수 있으며, 규모에 따라 배치 기준을 달리할 수 있다.

인력배치 시 지방자치단체의 장 또는 장애인직업재활시설을 설치·운영하는 자는 인력배치 기준에도 불구하고 직업재활시설의 추가 인력을 배치하도록 노력해야 한다. 공공근로, 사회복무요원 등 직업재활시설의 추가인력을 최우선적으로 배치하여야 한다. 직업훈련교사 2인 이상이 배치되는 시설의 경우, 그중 1인은 직업훈련교사 자격기준을 갖추어야 한다.

## 1) 보호작업장

보호작업장은 독립적 직업능력이 현저히 낮은 장애인에게 직업적응능력 및 직무기능훈련, 직업재활 프로그램을 제공하고, 보호가 가능한 조건에서 근로 기회를 제공하고, 노동의 대가로 임금을 지급하며, 향후 경쟁적 고용시장으로 옮겨 갈 수 있도록 지원하는 시설유형을 말한다. 생산능력이 떨어지는 장애인은 작업활동 프로그램에 참여하게 할 수 있도록 평가결과에 따라 보호작업장이나 장애인근로사업장 또는 경쟁 고용시장으로 옮겨 갈 수 있도록 노력하고, 만약 평가결과 작업활동 프로그램에 참여할 필요성이 인정되면 기간을 연장할 수 있다.

보호작업장의 최소 인원은 10명 이상으로 한다. 보호작업장의 최소설비 기준은 부대시설을 포함하여 90제곱미터 이상이어야 하며, 작업실의 면적은 기계설비를 제외하고 1인당 2제곱미터 이상이어야 한다. 부대시설은 운영업종 및 시설의 용도를 고려하여 적합한 곳에 설치해야 한다. 장애인부모 등이 자구적 노력으로 보호작업장을 설치·운영하고자 할 때는 이를 최대한 지원하고 장애인이 지역사회 내에서 직업재활서비스를 받을 수 있도록 노력해야 한다. 작업환경 개선 노력으로 시설장에서 장애인이 훈련을 받거나 작업을 함에 있어서 재해를 입지 않도록 작업환경을 개선하고 안전조치에 노력을 기울여야 한다. 신규로 장애인보호작업장을 설치하고자 하는 경우 장애인의 직업적응훈련 및 생산활동, 직업알선 등을 통해 일반사업장 또는 장애인근로사업장에 고용될 수 있도록 공간과 장비 및 프로그램을 확보하고 시설 및 사업설계 시 동 내용이 반영되어야 한다.

장애인근로자의 급여지급은 직무수행능력에 따라 차등지급할 수 있다. 장애인 임금은 반드시 개인별 통장에 입금하고 당해 장애인의 동의 없이 타인이 임의로 인출할 수 없다. 또한 근로장애인의 2/3 이상에게 최저임금의 40% 이상을 지급하기 위해 최선의 노력을 기울여야 한다. 모든 근로장애인에게 임금을 지급하고, 근로장애인 1인당 월평균 임금은 최저 임금의 30% 이상을 유지할 수 있도록 해야 한다. 근로장애인에게 최저임금 미만의 임금을 지급할 경우 최저임금 적용 제외 신청이 필요하다. 다만 소득활동을 위한 타법에 의하여 자격증이 반드시 필요한 경우 자격 취득자에 한하여 급여기준을 적용한다.

장애인직업재활시설 운영으로 발생한 수익금은 근로장애인에게 보다 많은 임금을 지급하거나 복리후생을 개선하는 데 우선한다. 그 외의 수익금은 시설운영 개선에 재투자할 수 있으며, '정부지원 직원에 대한 추가인건비 및 일반 관리운영비'로 쓰일 경우에는 이사회의 결의를 통한 매년 지방자치단체의 사전승인을 얻어야 한다. 장애인직업재활시설의 운영으로 발생한 수익금은 장애인직업재활시설의 운영과 관련 없이 법인의 운영을 위한 비용으로 사용되어서는 안 된다.

직업능력이 낮은 장애인에게 직업적응능력향상, 직무기능향상훈련, 그리고 보호적 조건에서 근로의 기회를 제공하여 유상적인 임금을 지급하며, 장애인근로사업장이나 경쟁고용으로 전이를 이루도록 한다.

　보호작업장은 입소시설, 장애인복지관 등과 분리하여 하나의 단독시설로 기능하도록 하며, 「장애인복지법」 시행규칙에서 정한 보호작업장 기능과 역할을 정립하도록 지원한다. 보호작업장은 다음의 장애인을 우선 고용하여야 한다.

- 일반사업장에 우선 취업이 곤란한 재가장애인으로 근로가 가능한 자, 근로장애인 중 재가장애인이 5% 이상 되도록 하여 지역사회 내의 장애인이 직업재활서비스를 받을 수 있는 기회를 우선 제공하도록 한다.
- 장애인생활시설과 인접하여 설치된 경우 입소 장애인 중 근로가 가능한 근로장애인의 비율은 장애인보호작업장에서 작업하는 총 인원 중 장애인이 7% 이상이어야 하며, 작업공정 등을 고려하여 중 · 경증장애인을 적재적소에 배치하되 근로장애인 80% 이상을 「장애인복지법 시행규칙」 별표 1의 규정에 의한 장애등급 3급 이상인 장애인을 고용하여야 한다.
- 작업공정상 장애인이 아닌 자를 고용하여야 할 필요가 있는 경우, 그 인원은 전체 작업인원수의 30%를 초과할 수 없다.
- 특수학교 학생 등 시설의 목적사업에 집중하여 종사할 수 없는 장애인은 산정하지 아니한다. 재가장애인이 5% 이상이 되도록 하고, 장애인생활시설 내 입소장애인의 경우 공동생활가정 등을 통해 사회에 복귀하도록 하여 장애인보호작업장이 사회통합적 차원으로 고용이 이루어질 수 있도록 하여야 한다.

　보호작업장은 작업장으로서의 기능과 역할을 충실히 이행하기 위하여 수익성이 높은 사업을 개발하고 추진해야 한다. 지역특성 및 주변 여건과의 적합성, 생산품 판로개척의 용이성, 직업재활의 효과성 및 일반고용과의 연계가능성 등을 고려하여 직종을 선정해야 한다. 또한 장애유형이 다양화됨에 따라 장애특성에 맞는 다양한 업종을 개발하도록 노력을 기울여야 한다. 장애인이 종사할 수 있는 업종은 생산 및 가공 등 2차 산업에 국한하지 아니하고, 축산, 원예 등 1차 산업 및 IT산업, 서비스산업 등을 포괄한다.

　근로장애인에게 보호적인 환경에서 유상적인 작업을 제공하여야 하며, 작업에 대한 보수가 제공되어야 한다. 작업에 대한 직무분석을 통하여 장애인 개개인별 특성에 적합한 직무에 배치되어야 한다. 시설의 생산품목은 장애유형별, 지역 특성, 판로개척 용이성, 일반고용과의 연계가능성 등을 고려하여 수익성과 고용 창출이 높은 것으로 선정되어야 한다. 근로장애인들의 욕구와 능력을 이해하고 이들에게 필요한 서비스와 프로그램을 효과적으로 전달하기 위해 개별고용계획 (Individualized Plan for Employment)을 수립하여 실시해야 한다.

'개별고용계획'은 장애인이 충분히 이해할 수 있는 내용과 방법으로 제공되어야 한다. 근로장애인의 고용상황이나 서비스 과정에 대한 기록은 유지되고 관리되어야 한다. 근로장애인의 '개별자활계획'을 수립하여 직업 전 훈련, 직업적응훈련, 고용상담 및 직업평가를 실시해야 한다. ① 초기 면접, 직업사정 및 평가결과를 반영한 개별고용계획서, ② 장애특성에 맞는 적절한 배려나 보조공학기기 활용·지원, ③ 장애인의 건강이나 안전을 위협할 수 있는 요인, ④ 직무기능 향상이나 재활서비스를 위한 관리계획으로 구체화할 수 있다. 직무분석을 실시하여 장애유형, 장애 정도, 연령별 특성과 시설에서 수행 중인 업종의 특성을 반영하여 재활사업 내용을 주 8시간 이상 실시해야 한다.

- 직업적응훈련: 근로장애인의 재활 프로그램은 사회적응훈련, 작업 태도 및 기술훈련, 일상생활계획 수립
- 문제해결훈련: 의사소통 기술훈련, 대인관계능력 향상훈련, 위급 혹은 응급 상황 대비훈련, 자기옹호 및 주장훈련
- 직업평가: 작업표본평가 및 현장평가

**표 6-6** **장애인 직업재활시설 유형별 보호고용 장애인 현황**                    (단위: 명)

|  | 2001년 | 2002년 | 2003년 | 2004년 | 2005년 | 2006년 | 2007년 |
|---|---|---|---|---|---|---|---|
| 근로작업시설 | 883 | 961 | 1,107 | 1,178 | 1,252 | 1,246 | 1,344 |
| 보호작업시설 | 4,469 | 3,379 | 3,890 | 4,091 | 4,214 | 4,835 | 5,238 |
| 작업활동시설 | - | 1,111 | 1,642 | 1,857 | 1,889 | 3,019 | 3,074 |
| 직업훈련시설 | - | 264 | 348 | 360 | 329 | 381 | 403 |
| 계 | 5,352 | 5,715 | 6,987 | 7,486 | 7,684 | 9,481 | 10,059 |

출처: 보건복지부

- 직무기능 향상훈련: 직무분석에 따른 직무변경, 개조, 보조기기 활용에 따른 훈련
- 지역사회 자원활용훈련: 지역사회적응훈련

## (1) 운영 기준

직업훈련교사는 근로장애인 12인당 1인을 배치하고, 자폐성장애인이 현원의 1/2 이상인 경우 1인을 추가 배치하도록 한다. 작업활동 프로그램에는 보호작업장 및 근로사업장 운영직종 관련자가 배치되어서는 안 된다.

대상자는 최소 10인 이상으로 구성하되, 보호작업장 대상 장애인보다 더욱 생산능력이 떨어져 당장 유상적 임금을 제공할 수 없는 장애인을 대상으로 한다. 「장애인복지법 시행규칙」에 의한 장애등급 3급 이상인 장애인이 프로그램 현원의 80% 이상이 되도록 유지하고, 일정기간 훈련을 통해 능력과 기능이 향상될 수 있도록 하여 3년 후에는 보호작업장 또는 근로사업장으로 전이될 수 있도록 노력해야 한다. 3년 후 전이되지 못한 장애인은 3년을 더 연장하여 훈련할 수 있다. 시설은 이를 위해 정기적 평가를 실시해야 한다.

프로그램 운영은 작업활동 프로그램을 운영하고자 하는 시설의 장이 프로그램에 대한 계획, 예산을 수립하여 지방자치단체장의 승인을 받아 시행해야 한다. 또한 장애유형, 정도, 연령별 특성을 고려하여 프로그램을 지속적으로 개발하여 실시한다.

보호고용으로 전이될 수 있도록 주당 24시간 이상 훈련을 실시하여야 한다. 이 밖에도 생산활동과 연계된 직업적응훈련을 통해 작업기능을 향상시킬 수 있도록 해야 하며, 작업활동 프로그램 내의 장애인에게 소정의 훈련수당을 지급할 수 있다. 보호작업장 프로그램은 장애인근로사업장 시설장이 운영여부를 자율적으로 결정할 수 있다.

- 일상생활 및 가사생활훈련: 가정생활 및 독립생활을 수행하는 데 필요한 기술을 습득하기 위한 훈련
- 사회적응훈련: 지역사회의 한 일원으로 통합하여 살아가는 데 필요한 대인관계기술, 각종 시설을 이용하는 기술 등을 습득하도록 지도

- 작업훈련: 작업기능의 향상을 위한 작업활동을 제공하고, 장애인보호고용으로의 전환을 위한 작업기술을 습득하도록 지도
- 직업평가: 적절한 평가도구를 통한 직업평가를 실시
- 통근훈련: 지역사회의 대중교통 수단을 이용하여 통근할 수 있도록 지도
- 취미 및 여가활동: 건전한 여가활동을 통하여 사회성과 대인관계기술을 습득하고, 긍정적인 생활인의 자세를 기를 수 있도록 지도

### (2) 프로그램

직업상담, 직업평가, 직업적응훈련, 직무기능 향상훈련 등을 수립된 '재활계획'에 따라 실시하며, 일반고용으로 전이될 수 있는 프로그램으로 주당 16시간 이상을 실시하여야 한다. 직업적응훈련은 일상생활훈련, 사회적응훈련, 작업태도 및 기술훈련, 문제해결훈련은 의사소통 기술훈련, 대인관계능력 향상훈련, 위급 혹은 응급상황 대비훈련, 자기옹호 및 주장훈련이 계획되어야 한다. 직업평가는 작업표본평가 및 현장평가로 구성될 수 있고, 직무기능 향상훈련은 직무분석에 따른 직무변경 및 개조, 보조기기 활용으로 구성될 수 있다.

### (3) 대상자 선정

보호작업장은 최소 10인 이상으로 구성하며, 「장애인복지법 시행규칙」에 의한 장애등급 3급 이상인 장애인이 프로그램 현원의 60% 이상이 되도록 유지한다. 직업생활 또는 일상생활 제약으로 경쟁고용에 어려움이 있는 장애인을 우선적으로 선발하고, 일정기간 훈련을 통해 능력과 기능이 향상될 수 있도록 노력해야 한다.

## 2) 근로사업장

근로사업장은 직업능력은 있으나 이동이나 접근성, 사회적 제약 등으로 취업이 어려운 장애인에게 근로의 기회를 제공하고 최저임금 이상의 임금을 지급하며, 경쟁적인 고용시장으로 옮겨 갈 수 있도록 돕는 시설을 의미한다. 근로사업장은 교통, 건축 환경의 접근성이나 적응의 문제로 경쟁적인 고용시장에서의 취업이 어려운 장애인근로자를 고용하여 그들을 보호하는 환경에서 근로의 기회와 최

저임금 이상의 유상적인 임금을 지급하기 위한 시설로 사회적응훈련, 직무기능 향상훈련, 작업태도 및 기술훈련, 직무개발 및 경쟁적 고용시장으로의 전이 조치, 통근지원 등의 사업을 시행한다.

근로장애인의 2/3 이상에게 최저임금 이상을 지급하기 위해 근로장애인 1인당 월평균임금은 최저임금의 80% 이상을 유지할 수 있도록 노력해야 한다. 근로장애인의 직업능력에 따라 적정임금을 제공하기 위한 근로활동을 유지하되, 최저임금 이상의 지급을 위하여 최선의 노력을 기울여야 한다. 근로장애인의 급여지급은 직무수행 능력에 따라 차등지급할 수 있으나, 반드시 근로자 개인 통장으로 지급되어야 하고, 당해 장애인의 동의 없이 인출할 수 없다.

근로장애인에게 최저임금 미만의 임금을 지급할 경우 최저임금 적용제외 신청을 하여야 한다. 근로장애인에 대한 보험(건강보험, 국민연금, 고용보험, 산재보험)의 가입과 퇴직금 및 제반수당 지급에 최선을 다하며, 기타 임금지급 방법과 관리 등 장애인 근로자의 임금관리와 관련해서는 「근로기준법」을 준수하여야 한다.

근로계약을 체결하는 데 있어서 「근로기준법」 제24조에 따른 근로조건을 명시해야 하며, 근로관계에 필요한 사항은 「근로기준법」에 따라야 한다. 또한 근로사업장 운영을 내실화하여 재가장애인의 경제적 기반을 강화하고, 지역사회로의 통합을 촉진하기 위한 탈시설화를 도모해야 한다.

근로시간과 휴가 등 기타 필요한 사항은 「근로기준법」의 규정을 준수하며, 근로사업장은 장애인에게 근로자로서의 지위를 부여하고 보호고용의 기회를 제공하는 등 사업장으로서의 체계적인 마케팅 계획을 수립·실시하여야 한다.

근로사업장 이용 대상은 근로장애인의 최소 인원을 30명으로 하고, 근로장애인의 비율은 총 인원 중 장애인이 70% 이상으로 하며, 작업공정 등을 고려하여 중·경증장애인을 적재적소에 배치하되 근로장애인 중 60% 이상을 「장애인복지법 시행규칙」의 규정에 의해 장애등급 3급 이상인 장애인으로 고용하여야 한다. 임금 및 매출액이 동일할 경우 중증장애인 고용 시 가산점을 부여한다. 작업공정상 장애인이 아닌 자를 고용하여야 할 필요가 있는 경우, 그 인원은 전체 작업인원수의 30%를 초과할 수 없다.

재가장애인이 50% 이상이 되도록 하고, 장애인생활시설 내 입소장애인의 경우 공동생활가정 등을 통해 사회에 복귀하도록 하여 장애인근로사업장이 사회통합적 차원으로 고용이 이루어질 수 있도록 해야 한다. 그러나 특수학교 학생 등 시설의 목적사업에 전체적으로 종사할 수 없는 장애인은 산정하지 아니한다. 근로장애인 적격성 평가로 의료, 직업, 심리, 교육평가 등의 결과와 초기면접의 정보를 토대로 전문가가 참여한 위원회에서 평가한 결과를 토대로 환경 접근성이나 경쟁고용이 어려운 장애인을 대상으로 한다.

근로사업장의 최소 설비 기준은 부대시설을 포함하여 430제곱미터 이상이어야 하고, 작업실의 면적은 기계 설비를 제외하고 1인당 2제곱미터 이상이어야 한다. 프로그램을 운영하려는 경우에는 장애인보호작업장의 작업실 규모를 충족해야 한다. 부대시설은 직종 및 작업 내용에 따라 적합한 곳에 설치해야 한다. 근로사업장 내 기숙사를 이용하면서 직업훈련을 받거나 직업생활을 영위하고자 하는 자에 대한 우선순위로 기초생활수급, 차상위계층장애인으로 한다. 기숙장애인은 시설운영 규정에 따른 기숙사 비를 납부해야 하며, 기숙사 이용 장애인은 휴일에는 귀가할 수 있도록 지도하여 월 1회 이상 귀가 조치해야 한다.

근로사업장 운영으로 발생한 수익금은 근로장애인에게 보다 많은 임금을 지급하거나 복리후생을 개선하는 데 우선적으로 사용되어야 한다. 그 외 수익금은 시설운영 개선에 재투자할 수 있으며, '정부지원 직원에 대한 추가인건비 및 일반관리운영비'로 쓰일 경우에는 이사회의 결의를 득하여 매년 지방자치단체의 사전 승인을 얻어야 한다.

근로사업장 종사자 배치기준에 따라 인력을 배치하고, 개별 시설의 특성을 고려하여 직업재활의 효과를 극대화할 수 있도록 조직체계 구성을 융통성 있게 운영할 수 있다.

- 생산 및 판매, 관리기사와 직업훈련교사는 장애인이 최적의 상태에서 직업재활서비스를 받을 수 있도록 배치되어야 하며, 특히 직업훈련교사는 반드시 배치해야 한다.
- 지방자치단체는 장애인근로사업장의 특수성을 감안하여 운전기사, 상품 디자이너 등의 소요인력을 배치할 수 있도록 노력해야 한다.

근로사업장의 사업은 근로장애인에 대하여 최저임금을 지급하기 위하여 수익

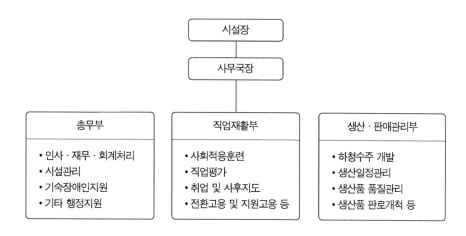

**그림 6-1  근로사업장 조직체계 구성**

성이 높은 사업을 개발해야 한다. 직종 선정 시 지역특성 등 주변 여건과의 적합성, 생산품 판로개척의 용이성, 직업재활의 효과성 및 일반고용과의 연계가능성 등을 고려하여 선정되어야 한다. 장애유형이 다양화 됨에 따라 장애특성에 맞는 다양한 업종을 개발하도록 노력해야 하며, 장애인이 종사할 수 있는 업종은 생산 및 가공, 축산, 원예, IT산업, 서비스산업 등을 포괄한다.

## 3. 장애인복지단체

최근 장애인단체에 대한 기대가 크게 달라지고 있으며, 이에 부응한 역할이 수행되고 있다. 과거, 장애인단체는 장애 관련 복지서비스에 대한 정보공유와 장애인에 대한 인식개선 사업에 초점을 두고 있었으나 최근에는 장애인과 직접적으로 관련이 있는 실생활사업과 정부를 상대로 하는 정책에 무게를 두고 있다. 또한 다수의 장애인단체가 사업을 계획함에 있어 직업재활을 주요 사업 중 하나로 삼고 있다. 이러한 장애인단체의 노력은 보건복지부의 직업재활사업에 참여함으로써 보다 구체화되고 있다.

2000년 보건복지부에서는 장애인 고용촉진 및 직업재활 기금사업에 의한 직업재활사업 수행기관으로 장애인단체 28개소를 선정하였고, 이들 단체 중 25개소는 직업상담과 취업알선을, 나머지 3개소는 직업재활사업연구, 홍보와 인식개선, 생산품판매 촉진을 위해 각각 사업비를 지원하였다. 선정과정은 무료직업소개소 허가를 받아 사업실적이 있는 장애인단체를 대상으로 사업계획서를 제출받아 지역분포, 접근성, 사업계획의 타당성 등을 고려하여 선정하였다. 이처럼 장애인단체가 직접적으로 직업재활사업을 수행하는 것은 직업재활 전달체계에 있어 보다 접근성을 높이는 계기가 되었다.

장애인단체가 직접적으로 장애인 직업재활과정에 참여하고, 장애인을 대상으로 직업상담, 취업알선 및 취업 후 적응지도 등 사업을 수행하는 것은 두 가지 장점 때문이다.

첫째, 시각장애나 청각장애 등 종별 장애인복지관의 수가 장애인종합복지관의 수보다 절대적으로 부족하고, 결과적으로 그러한 장애인들을 위한 직업재활센터가 타 장애에 비해 적기 때문에 다른 장애에 비해 취업알선이나 취업 후 적응지도 서비스를 받을 수 있는 기회가 부족하다. 따라서 시각장애나 청각장애 단체에 대한 취업알선 및 취업 후 적응지도 기능의 부여를 통해 그러한 문제를 어느 정도 보완될 수 있다.

둘째, 직업재활 실시기관이 수도권에 집중되어 있어서 지방에 거주하는 장애인은 서비스의 소외 대상이 될 가능성이 높다는 문제가 있다. 장애인단체의 경우, 그 지부가 전국지역에 비교적 골고루 분포되어 있어 그러한 문제를 보완할 수 있는 전달체계를 가지고 있다.

장애인단체는 성격에 따라 중앙회뿐 아니라 광역시·도·시·군·구까지 조직을 가지고 있기 때문에 직업재활사업의 전문성(professionalism), 효율성(efficiency), 접근성(accessability) 기준 가운데 접근성에 보다 많은 장점을 가지고 있다. 장애인단체는 지역사회 장애인이 가장 쉽게 접근할 수 있는 전달창구가 될 수 있으며, 특정 장애를 중심으로 조직되어 있기 때문에 장애의 특성에 대한 전문적 이해를 가지고 있다. 그러나 장애인단체는 직업재활에 대한 종합적인 서비스 체제를 갖추고 있지 못하기 때문에 장애인단체에서 수행되는 직업재활사업은 장애인의 직업적 능력과 적성에 맞는 직업을 알선하고 고용유지를 지원하는 직업상담 및 직종개발, 취업알선, 취업 후 적응지도를 중심으로 이루어지고 있다.

주된 기능은 직업상담과 취업알선이다. 직업상담은 의뢰·접수 후 초기면접에서 종결에 이르는 재활서비스 제공 과정으로 직업재활계획을 수립하고 의사결정과 문제해결을 할 수 있도록 상담 및 사례관리를 실시하는 서비스를 의미하며, 취업알선은 장애인의 욕구와 적성에 맞는 직업을 연결하는 제반 활동으로 일반취업알선, 직무조정을 통한 취업알선, 자영업을 위한 창업 등을 말한다. 부가 기능은 직종개발과 취업 후 적응지도다. 직종개발은 장애인의 직업관련 정보와 지역사회 노동시장 분석을 통하여 사업체를 개발하고 그 사업체의 환경과 직무를 분석하는 서비스다. 취업 후 적응지도는 취업이 된 장애인이 직무현장에서 고용유지를 할 수 있도록 취업자 지도, 취업처 지원, 취업자 가족지원을 제공하는 서비스를 의미한다.

장애인복지단체는 크게 장애인 스스로가 주축이 되어 결성한 단체와 장애인이 아닌 이들이 주축이 되어 만든 단체로 구분될 수 있으며, 국내의 경우 장애인 스스로가 앞장서서 자신의 권익을 옹호하는 것으로부터 장애인복지단체가 시작되었다. 장애인복지단체의 활동 시기는 다음과 같이 요약할 수 있다.

1920년대에 시각장애인이 장애인단체를 만들어 시작한 활동이 최초의 장애인복지단체라 할 수 있으며, 해방 직후인 1946년에는 청각·언어장애인이 단체를 만들었다. 그 후 1950년대부터 1970년대까지 다양한 형태의 장애인복지단체들이 만들어졌다. 우선 정형외과 의사를 중심으로 '한국불구자복지협회', 이비인후과 의사를 중심으로 '한국난청협회', 안과 의사를 중심으로 '한국실명예방협회'가 설립되었다. 또한 소아마비에 의한 지체장애인들은 아동을 위해 '한국소아마비아동특수보육협회'를 발족시켰고, 스스로 권익을 주장하기 어려운 지적장애인의 경우에는 '대한지적장애아보호협회'와 '자행회'가 만들어져 그 역할을 하였으며, 부모들이 주축이 된 '한국뇌성마비복지회'와 '한국장애인부모회'가 만들어졌다. 1980년대를 지나면서 특정 장애유형에 국한하지 않고 전반적인 장애영역을 포괄하면서 관련 이슈에 따른 역할을 찾는 단체들이 등장하였으며, 소규모의 다양한 단체들도 급격히 늘어났다.

한편 장애인복지단체의 일반적인 형성과정은 초기에는 임의단체에서 출발하였다가 1950년대 후반에는 민법에 의한 '사단법인' 단체가 주로 참여하였다. 1961년에는 정부 시책에 따라 '한국재활상담사업연합회'에 통합되었다가 1960년대 후반에 사단법인체로 다시 환원되는 과정을 겪었다. 그 후 1981년 '세계장애인의 해'를 기점으로 소규모 임의단체들이 설립되기 시작하여 지금에 이르렀다.

장애인복지단체는 장애인의 사회참여 활동을 통한 권익향상과 장애인의 사회통합을 강화하기 위해 단체별 특성에 맞는 활동을 지원하고 있다. 장애인단체의 활동 중 일반 지원사업은 장애인단체 회원 및 가족을 위한 상담활동 및 상호교류를 위한 각종 정보지 발간, 홍보사업, 재활체육 및 단체행사 등이 있다. 각 단체의 설립목적에 따라 장애인당사자단체에는 수화통역사 양성, 수화통역센터지원 운영, 보행지도사 · 점역사 · 교정사 양성, 자립작업장 운영지원 및 장애인종합예술제, 중증장애인 배우자 초청대회, 부모교육 등의 사업을 지원하고 있으며, 장애인지원단체에는 장애인권익증진 및 차별제거, 장애인식개선, 정보화교육 및 재활정보통신 운영, 장애인체육진흥, 장애인결연 · 후원, 장애인정책 개발 사업을 지원하고 있다. 특히 매년 '장애인의 날' 행사를 주관하여 장애인에 대한 인식개선과 재활의지를 제고하고, 각종 장애인단체의 행사 시 관련 공무원 참석, 축사, 유공자에 대한 표창수여 등 장애인의 복지진흥을 위해 많은 노력을 기울이고 있다.

2007년 「장애인복지법」의 개정으로 2008년 4월 11일까지 기존의 '한국장애인복지진흥회'를 '한국장애인개발원'으로 명칭을 변경하고 장애인복지정책의 연구 · 개발 기능을 수행할 기관으로 재편하게 되었다.

'한국장애인개발원'은 연구기능을 강화하여 법인명을 바꾸고 새로운 출발을 하였다. 주요업무는 장애인정책의 연구 · 개발, 재활체육, 직업재활, 편의시설 인증, 생산품 인증, '서울곰두리체육센터' 운영, '이룸센터' 운영 등이 추진되고 있다.

**표 6-7  보건복지부 산하 장애인단체 현황**

| 단체명 | 설립 목적 | 비고 |
|---|---|---|
| • 한국장애인복지진흥회 | 장애인 복지진흥 | 재단법인 |
| • 한국시각장애인연합회 | 시각장애인의 사회참여와 평등이념 실현 | 사단법인 |
| • 한국농아인협회 | 농아인의 재활 및 자립 도모 | 〃 |
| • 한국지체장애인협회 | 지체장애인의 사회참여와 평등이념 실현 | 〃 |
| • 한국지적장애인복지협회 | 지적장애인의 권익옹호 및 복지증진 | 〃 |
| • 한국뇌성마비복지회 | 뇌성마비인의 건전한 육성 및 재활 | 〃 |
| • 한국장애인부모회 | 장애자녀 양육 및 재활정보교환 | 〃 |
| • 한국장애인복지시설협회 | 장애인복지시설 간 협의조정 | 〃 |

| | | |
|---|---|---|
| • 한국장애인재활협회 | 장애발생예방 및 재활에 기여 | 사단법인 |
| • 장애우권익문제연구소 | 장애인 제반문제 연구조사 | 〃 |
| • 한국의지보조기협회 | 보장구 제작기술 향상 | 〃 |
| • 자행회 | 지적장애아동 복지증진 | 〃 |
| • 한국신체장애인복지회 | 신체장애인 재활대책 도모 | 〃 |
| • 한국장애인단체총연맹 | 장애인단체 간 협력 강화 | 〃 |
| • 한국장애인복지관협회 | 장애인복지관 교류 · 협력 지원 | 〃 |
| • 한국여성장애인연합 | 여성장애인의 복지 증진 | 〃 |
| • 한국장애인단체총연합회 | 장애인당사자단체 권리증진 | 〃 |
| • 한국장애인연맹(DPI) | 장애인차별 제거 및 사회경제적 자립실천 | 〃 |
| • 장애인먼저실천운동본부 | 장애인먼저실천운동 및 인식개선 | 〃 |
| • 한국신장장애인협회 | 신장장애인지원사업 및 권익신장 | 〃 |
| • 한국장애인재단 | 장애인복지기금의 효율적 운용 및 관리 | 재단법인 |
| • 한국뇌병변장애인인권협회 | 뇌병변장애인의 권익옹호 및 복지증진 | 사단법인 |
| • 푸르메 | 장애인재활병원건립 | 재단법인 |
| • 한국장애인인권포럼 | 장애인의 인권 및 권익보호와 정치참여 보장 | 사단법인 |
| • 한국척수장애인협회 | 척수장애인 권익보호 | 〃 |
| • 한국장애인직업재활시설협회 | 장애인직업재활시설 상호 간 교류 · 협력 활성화 | 〃 |
| • 한국자폐인사랑협회 | 자폐인의 자립지원 및 복지증진 | 〃 |

## 참고문헌

나운환, 이혜경(2005). 장애인 직업재활 유형에 관한 연구. 한국직업재활학회 제15회 1호.

보건복지부(2007). 장애인생활시설 운영현황.

보건복지부(2007). 장애인지역사회 재활시설 운영현황.

보건복지부(2007). 장애인복지 시설 일람표.

보건복지부(2008). 보건복지 가족 통계연보.

보건복지부(2008). 장애인복지 사업 안내.

보건복지부(2008). 장애인단체 일반현황.

보건복지부(2013). 장애인복지 사업안내.

육근해(2007). 한국의 점자도서관 발전사 연구, 경기대학교 박사학위논문.

한국보건사회연구원(2004). 2004년 장애인 직업재활 기금사업 수행기관 평가.

한국장애인개발원(2009). 장애인행정도우미 직무분석.

한국장애인개발원(2010). 2010년 중증장애인 직업재활지원사업 수행기관 전문인력 기타교육.

한국장애인개발원(2010). 복지일자리 직무 매뉴얼.

한국장애인고용공단(2010). 2010년도 자화사형 표준사업장 설립 및 추진 기업 워크숍.

한국장애인단체총연맹(2001). 직업재활센터의 사업과 운영.

한국장애인단체총연맹(2001). 직업능력평가센터의 사업과 운영.

한국장애인단체총연맹(2001). 장애인단체의 사업과 운영.

한국장애인단체총연맹(2001). 직업재활법 제도연구.

한국장애인단체총연맹(2001). 총괄안내서.

한국장애인복지시설협회(1999). 직업재활시설 운영평가 기준에 관한 연구.

한국재활재단(1996). 한국장애인 복지 변천사, 한국재활 재단.

한국직업재활학회(2006). 제12회 직업재활 연수회(3급) 자료집.

한국직업재활학회(2009). 제15회 직업재활사 연수회(3급) 자료집.

OECD. (1999). 이익을 만들고 행복을 나누는 사회적 기업 Social Enterprises.

# 직업재활시설의 운영

# 1. 기획관리

## 1) 예산의 편성계획

비영리법인의 경우 예산의 편성 시 정관으로 정한 목적사업은 특수한 사정이 없는 한 당해 사업계획에 포함시키고 현실성이 없는 목적사업은 다음 정관 개정 시 삭제한다. 수립된 사업계획은 분기 또는 실적 평가를 거쳐 연말에 종합평가하고 그 결과를 다음 계획 수립 시에 반영해야 한다. 수시로 발생하는 사업추진도 사업계획수립, 집행, 평가를 추경에 반영하고, 예산편성 시 국고보조금 사업과 자체사업의 사업내용이 다른 경우에 자체사업 내용의 예산을 국고보조금으로 집행할 수 없다. 예산집행도 사전에 집행시기와 계획을 수립하여 집행한다.

보조금 예산의 예산편성 및 집행은 예산과목에 따라 편성한다. 보조금의 교부조건(제18조)에 따라 법령과 예산이 정하는 보조금의 교부 목적을 달성함에 필요한 조건을 제시하며 예산 관련 법령을 준수하고, 정산 후 반납해야 한다. 보조금 용도 외 사용의 금지(제22조)에 따라 사업자는 법령의 규정, 보조금의 교부결정의 내용 또는 법령에 의한 해당 부처장의 처분에 따라 선량한 관리자의 주의로 성실 사업을 수행해야 하며, 보조금을 다른 용도로 사용하는 것을 금한다.

보조사업의 내용변경 등(제23조)에 따라 보조사업자는 사정의 변경으로 보조사업의 내용을 변경하거나 보조사업에 소요되는 경비의 배분을 변경하고자 할 때는 관할 부처장의 승인을 얻어야 된다. 위반 시 50만 원 이하의 벌금에 처한다(제42조). 보조금 사업의 인계 등(제24조)에 따라 보조사업자사정의 변경으로 보조사업을 다른 사업자에게 인계하거나 중단 또는 폐지하고자 할 때는 해당 부처장의 승인을 얻어야 한다.

보조금 사업의 실적보고(제27조)에 따라 사업자는 해당 부처장이 정하는 바에 따라 보조금 사업을 완료한 때, 폐지, 승인을 얻은 때 또는 회계연도가 종료한 때는 그 보조금 사업의 실적을 기재한 보조금 사업 실적보고서를 작성하여 해당 부처의 장에게 제출해야 된다. 보조금 사업 실적보고서에는 그 보조금 사업에 소요된 경비를 재원별로 명백히 한 계산서 및 해당 부처장이 정하는 서류를 첨부해야 한다. 보조금 수행 사업자는 교부받은 보조금에 대하여 별도의 계정을 설정하고, 자체의 수입 및 지출을 명백히 구분하여 계리해야 한다. 검사는 보조금에 관한 예산의 적정한 집행을 기하기 위하여 필요하다고 인정할 때는 보조금 사업자에 대하여 보고를 하게 하거나 소속 공무원으로 하여금 그 사무소 또는 사업장에서 장부·서류 기타 재산을 검사하게 하거나 관계자에게 질문하게 할 수 있다.

예산 편성항목은 봉급, 수당, 여비, 업무추진비, 복리후생비, 연구개발비, 기관운영비(사무용품비·인쇄비·소모품비·수리비·수수료·공공요금·제세공과금·특근매식비·임차료·연료비·시설장비유지비 등), 지원금, 차입금 상환, 시설비, 설계비, 자산취득비 등 예산의 수용비목으로 정부의 예산지침에 근거하여 항목별로 편성한다. 예산 편성항목은 집행예산의 목적 외 사용을 금한다. 변호사 수임료는 수용비목으로 집행하고, 외빈초청여비(숙식비 및 항공료 등 교통비)는 여비목으로 집행한다. 예산의 집행은 반드시 예산의 범위 내에서 집행해야 한다.

특히 보수(봉급, 수당)지급은 반드시 규정에 근거하여 집행하며, 복리후생비 중 의료보험·연금·산재보험·고용보험 사용자 부담금은 법적 근거에 의거하여 집행한다. 복리후생비 중 정액급식비, 명절휴가비, 연가보상비, 체력단련비, 업무추진교통비는 편성된 예산에 따라 이사회 의결 또는 연초에 대표자 결재에 의거 지출한다.

정부예산의 편성은 지방의 경우 매년 4월에서 8월까지 취합되고, 국회는 10월에서 12월에 심의가 이루어진다. 일반회계는 보통 회계연도 개시 20일 전에 승인된다. 예산 편성 시기는 매년 1월 1일부터 12월 31일까지를 회계연도라 하고. 회계는 일반회계, 특별회계로 구분되며, 회계연도 독립의 원칙에 따라 각 회계연도의 경비는 그 연도의 수입으로써 충당한다. 수입·지출의 정의는 한 회계연도의 모든 수입을 '수입'으로 하고, 모든 지출을 '지출'로 한다.

예산총계주의 원칙에 따라 수입·지출은 모두 예산에 계상하고, 예산의 구분은 수입예산은 성질별로 관, 항, 목으로 구분한다. 예비비의 경우 예측할 수 없는 예산 외의 지출 또는 예산초과 지출에 충당하기 위하여 예비비로서 상당하다고 인정되는 금액을 수입·지출 예산에 계상 가능하다. 예비비 지출은 사안이 발생할 경우에 정당한 절차에 의거 예비비 지출 의결을 받아 관, 항, 목으로 예산을 배정하여 사용해야 한다. 예산총칙에는 수입·지출예산 및 채무부담행위에 관한 총괄적 규정과 예산집행에 관하여 필요한 사항을 정한다.

직업재활시설의 경우 사업계획 및 예산편성 시 전년도의 사업실적, 현재 사업 실적 분석, 향후 사업전망과 재원조달 등을 신중히 검토하여 과거 부진한 사업을 답습하여 편성하는 것은 지양되어야 한다. 예산편성 시 수입 재원 파악을 철저히 하여 비현실적인 예산편성이 되지 않도록 유의해야 하며, 예산편성 시 산출내역 이 나오는 것은 반드시 표기해야 한다. 사업계획 및 예산서에 첨부될 서류는 예산 총칙, 세입·세출명세서, 추정대차대조표, 추정수지계산서, 임직원 보수 일람표, 이사회 승인 및 회의록 등이다.

예산제도(planning programming budgeting system: PPBS)는 계획예산과 목표 관리예산(management by objectives: MBO), 영기준예산(zero base budgeting: ZBB)이 있다. 예산의 종류는 본예산, 추가경정예산, 준예산으로 구분하며 본예산 은 국회심의 확정 예산이며, 추가경정예산은 본 예산의 변경예산을 의미하며, 준 예산은 전년도 기준 예산으로 회계연도 전에 계획 집행하는 예산을 말한다.

추가경정예산은 예산 성립 후 긴급한 사유로 인하여 이미 성립된 예산에 추경 을 가할 필요가 있을 때 이사회 의결을 거쳐 총회의 승인을 받아야 한다. 국고보 조금 사업의 예산승인은 정관 및 관계 규정에 의거하여 해당 부처장의 승인이 필 요한 경우에는 이사회, 총회 의결 후 승인을 신청하고, 예산편성 시에는 특별한 사유가 없는 한 관청과 예산 확보 시 협의된 대로 집행한다.

예산편성 절차는 해당년도 예산편성지침에 의거하여 세입과 세출을 계상하고 법인 이사회의 승인을 받아야 한다. 그리고 전년도 집행 예산에 대하여는 전년도 회계 결산과 함께 감사보고서를 제출해야 한다.

예산의 집행은 이사회에서 승인된 사업계획 및 예산의 범위에서 집행하고, 결 산은 다음 연도인 2월 말까지 감사와 결산을 종결해야 한다. 예산집행의 경우 관 련 법령이 있는지를 검토하고 관련 법령이 있는 경우 「세법」 「건축법」 「외환관리 법」 및 기타 법령을 적용하고, 없는 경우에는 별도의 조치 없는 지출이 가능하다. 출장여비, 시간 외 근무수당은 반드시 명령에 의거 집행하되 복명서, 시간 외 근 무실적을 관리해야 한다. 가족수당·자녀학비 보조수당은 신청서와 주민등록등 본 등 근거 서류를 받아 지급하고, 강사료와 위원회 참석 수당은 단체 실정에 맞 게 기준을 마련하여 예산을 집행한다. 예산집행에 관하여 필요한 사항은 「예산회계법」'보조금의 예산 및 관리에 관한 법령' '정관' 등 관계규정을 준수하여야 하며, 지출예산의 변경을 요하는 때는 다음과 같이 전용하여 집행할 수 있다.

- 국고보조사업의 '항' 간의 전용은 장관의 승인을 받아야 한다.
- 국고보조사업의 '목' 간의 전용과 자체사업의 '관' 간 이상의 전용은 이사회의 의결을 받아야 한다.
- 국고보조사업의 '목' 내에서의 내역변경과 자체사업의 '항' 간 이하의 전용은 대표의 승인을 받아야 한다. 예비비의 사용은 그 사용 목적과 금액을 명시한 예비비 사용 조서를 작성하여 이사회의 의결을 받아야 한다. 예산의 편성은 수입항목(세입), 지출항목(세출), 세출계정별로 예산서를 작성한다.

---

**수입항목(세입)**

- 예산 구분: 관－항－세항－목으로 구분
- 세입: 보조금, 지방보조금, 지원금, 법인전입금, 사업수익금, 이용료 수입, 후원금, 회비, 결연후원금, 이자, 전년도 이월금(원천재원)

**지출항목(세출)**

- 지출예산서, 지출결의서, 영수증, 계약서, 증빙자료

**세출계정**

- 운영비－사무비－인건비－기본급, 상여금
- 운영비－사무비－인건비－수당
- 운영비－사무비－복리후생비, 사회보험
- 운영비－사무비－기관운영, 여비, 회의비, 자문비, 사무용품비, 인쇄비, 도서구입비, 수용비 및 수수료, 수선비, 임차료, 보험료, 잡비
- 운영비－재산조성비－자산취득비
- 사업비－프로그램－프로그램
- 예비비－예비비－예비비

---

## 2) 예산의 집행

예산배정 시 조직의 대표는 예산 성립 이후 분기별로 국고보조금을 교부받은 내용과 자체수입분석 등을 통하여 분기별 또는 적정한 시기에 예산을 재무원에게 배정하여 집행토록 한다. 예산은 목적 외 사용을 금지하며, 조직의 대표는 지출예산이 정한 목적 이외에 경비를 사용할 수 없다. 다만 예산집행상 예산총칙에 의거 정당한 절차를 통해 전용, 예비비 지출, 추가경정예산 편성 등의 조치를 취한 후 집행할 수 있다. 예산전용 시에는 전용을 할 예산과목별 금액 및 이유를 명시한 명세서를 첨부해야 하며, 예산전용 후에는 이를 예산배정하여 사용한다. 또한 지출예산의 이월이 가능하다.

지출원인행위는 계약을 의미하며, 이월예산도 예산을 배정하여 사용해야 한다. 수입의 지출 시에는 소속 직원에게 수입에 관한 사무를 위임할 수 있다. 수입원은 인사발령에 의거하여 지정하며, 수입에 관한 사무의 위임을 받은 직원만 수입에 관한 업무를 수행한다.

지출은 지출원인행위로 배정된 예산의 범위 내에서 실시하며, 지출원인행위는 계약 또는 고지 등에 의거 지출이 확정된 금액을 결정하는 행위다. 조직의 대표는 소속 직원에게 위임하여 지출원인행위를 하게 할 수 있다(이 직원을 "재무원"이라 칭한다). 재무원이 지출예산에 의하여 지출을 하고자 할 때는 대표가 임명한 직원 (지출원)에게 지출원인행위 관계서류를 송부한다. 재무원과 지출원은 책임소재의 명확성을 기하기 위하여 반드시 인사발령 후 재정보증에 가입해야 한다.

예산집행은 배정된 예산의 범위 내에서 예산내역을 검토하여 집행한다. 예산과목과 예산내역을 검토하여 목의 예산이 부족한 경우에는 예산전용 절차를 걸쳐 예산을 배정받고, 목의 예산내역이 없을 경우에는 내역변경, 집행의사결정 등 대표의 결재를 받아 집행한다. 예산이 확보되면 물품 구매 · 수리, 용역의뢰, 공사 등 계약이 필요한 경우에는 승낙사항이 기재된 '지출결의서'를 사용하고, 법정경비, 공과금, 보수 · 수당, 업무추진비 등은 '지출결의서'를 사용하여 원인행위 후 장부에 기재한다. 승낙사항의 경우 지정 납품기한 위배 시 지체상금, 계약해지 시 손해배상 등을 기재하며, 공사는 준공일, 계약보증금 등을 추가한다. 수리인 경우에는 내용 중 '구입'을 2줄로 지우고 '수리'라고 쓰고 사용한다.

봉급지출결의서와 여비지출결의서 등을 사용하여야 하나 단체 실정에 따라 판단하는 것이 바람직하다. 입체불 지급인 경우에는 입체불 청구서가 필요하다. 입체불이란 수행상 부득이한 사유로 직원이 주차료, 차량유류대 등 소액을 지출하고 후에 지급받는 것이다. 지출의 일반적 절차는 물품구매·수리요구, 사업·공사 계획수립 → 예정가격 결정(거래 실제가격, 특수한 물품·공사·용역 등은 원가계산, 감정가격, 견적가격) → 계약방법 결정(경쟁입찰, 수의계약 등) → 계약 체결(승낙사항 날인, 견적서 징구, 세금계산서 징구, 수입인지 징구) → 지출원인 행위(장부기재) → 납품 → 검수(검수조서 작성 등) → 지출(장부기재) 순으로 진행된다.

**표 7-1** **교육 강사료수당 지급 예시**

| 구 분 | 지급 대상 | 단가(시간당) | 비 고 |
|---|---|---|---|
| 특별강사 | 해당분야에 전문지식을 가진 저명인사(장·차관, 총·학장 등) | • 기본료: 10만 원<br>• 초과: 5만 원 | • 기본료: 1시간 미만<br>• 초과: 기본 1시간 초과 시 시간당 단가 |
| 일반강사 | 특별강사 이외의 자 | • 기본료: 7만 원<br>• 초과: 3만 원 | |

※ 교통비는 실비의 범위 안에서 별도 지급(여비로 지급)
※ 자체 실정에 따라 가감 가능토록 규정하여 가감 시 회장 등 결재 필요
※ 집행 시 세금 원천공제 절차, 영수증 날인 등 필요

**표 7-2** **위원회 참석수당 예시**

| 구 분 | 단 위 | 단 가 | 비 고 |
|---|---|---|---|
| 위원회 참석수당 | 일당 | • 기본료: 5만 원<br>• 초과: 2만 원 | • 직접 자기 소관 사무 이외의 위원으로 위촉<br>• 초과는 3시간 이상 시 1일 1회에 한하여 지급 |

## 2. 재무관리

### 1) 국가보조금의 집행

- 「사회복지법인재무 · 회계규칙」
  「사회복지사업법」제23조 제4항의 규정에 의하여 사회복지법인의 재무 · 회계에 관한 사항, 재무 · 회계의 명확성 · 공정성을 기함으로써 사회복지법인의 합리적인 운영에 기여함을 목적으로 한다.
- 「정부예산회계법」
- 「국가를 당사자로 하는 계약에 관한 법률」
- 「보조금의 예산 및 관리에 관한 법률」 및 「서울특별시보조금관리조례」
- 기업회계기준

  ※ 회계에 관한 사무에 있어서 「사회복지법인재무 · 회계규칙」을 우선 적용하여야 하며, 해당 규정이 없을 경우 상기 다른 규정을 참조하여 준용한다.

### 2) 재무 · 회계 운영의 기본 원칙

비영리법인의 재무 · 회계는 이윤 획득을 목적으로 하는 기업 재무 · 회계와 상이하여 사업성과의 판단척도가 손익이 아니고 회원의 복지증진에 있으므로 지원목적에 따라 투명하게 운영되어야 한다.

### 3) 회계연도 및 소속구분

- 회계연도: 매 회계연도 1월 1일~12월 31일까지
- 소속구분: 수입 및 지출의 발생과 자산 및 부채의 증감 · 변동에 관하여는 그 원인이 되는 사실이 발생한 날을 기준으로 하여 연도 소속을 구분하며, 사실이 발생한 날을 알 수 없을 때는 확인 날을 기준으로 연도 소속을 구분한다.

## 4) 출납 기간

회계연도에 속하는 법인의 세입 · 세출의 출납에 관한 사무는 다음 연도 2월 말까지 완결하여야 한다.

## 5) 회계의 구분

- 법인회계: 법인의 업무전반에 관한 사항
- 시설회계: 법인이 설치 · 운영 및 위탁하는 시설에 관한 회계
- 수익사업회계: 법인이 수행하는 수익사업에 관한 회계

## 6) 회계용어

### (1) 회 계

회계주체의 재산(자산 및 부채)의 증감을 기록 · 계산 · 정리하여 그 결과와 원인을 대조시키는 기술을 말한다.

### (2) 부 기

회계주체의 경제활동에 수반되는 가치변동 과정을 명확히 하기 위하여 기록 · 계산 · 정리하는 행위를 말한다.

**단식부기**  단식부기의 본질은 복식부기와 달라서 거래의 대차평균의 원리에 기인한 기입을 하지 않는 것으로 복식부기와 유일한 차이는 시산표를 만들 수 없다는 점이 있다. 일반적으로 단식부기는 재산의 증감만을 기록하며, 손익의 기록은 하지 않는다. 따라서 기간손익 발생의 경과가 명료하지 않다는 단점이 있다. 그러나 계산방법과 기록방법이 간단하기 때문에 비영리법인이나 단체와 같이 소규모 회계에서 주로 쓰인다.

**복식부기**  단식부기는 일정한 기장원리 없이 현금의 수입과 지출 중심으로 재산

의 변동사항을 단순히 기록하는 것에 불과하므로 자기검증 능력이 없어 실질적으로 재 산 · 자본의 변동이 있을 때마다 계산하여 자기검증능력을 갖고 있는 복식부기를 사용한다.

**대차평균의 원리** 복식부기의 기초를 이루는 원리로서 거래를 필히 차변 · 대변에 분개하여 그 금액이 항상 상등하게 한다는 원리다.

### (3) 전 표

전표란 일정한 양식에 따라 거래내용을 기입하는 쪽지를 말한다. 규모가 커지고 업무량이 많아지면 조직적이고 체계적인 분개 제도에 의하여 빈번하게 발생하는 거래를 전표에 기입하여 각 장부에 기장한다.

### (4) 재무제표

기업회계기준이 정하는 재무제표는 대차대조표, 손익계산서, 이익 잉여금처분계산서, 현금흐름표, 부속명세서로 구성되어 있다.

### (5) 혼동하기 쉬운 회계용어

**가지급금(전도금)** 현금의 지급은 있었으나 처리하는 과목 또는 금액이 미정일 경우에는 그것이 확정될 때까지 일시적으로 지급을 처리하는 계정을 말한다(예, 행사준비금을 미리 지급). 그리고 현금지급은 이루어졌으나 어디에 어떻게 쓰일지 몰라 회계처리상 계정과목을 명시하지 않은 법인의 지출금을 말한다. 가지급금은 대주주, 임원 등 특수관계자에게 용도지정 없이 지불되는 업무 무관 분과 직원출장비, 행사진행비와 같은 업무 관련 분으로 크게 구분된다. 업무 관련 가지급금은 업무종료 후 곧바로 계정과목대로 처리돼 소멸되나 업무 무관 가지급금은 오랫동안 남아 있는 게 보통이며, 주로 기업자금을 유용하는 수단으로 이용된다. 업무무관가지급금을 세법으로 규제하는 것도 이 때문이다.

**미지급금** 타인에게서 재화나 용역을 구입하면서 동시에 그 대금을 결재하지 않음으로써 발생하는 계정이다. 일반적인 거래 이외에서 발생한 채무로 계약 등에 의하여 이미 확정되고 있는 것 중 아직 지급이 끝나지 않은 채무를 말한다(예, 차량을 할부로 구입하였을 경우).

**미수금** 통상 거래 이외의 거래에서 생기는 채권에 관하여 계상되는 금액을 말한다(예, 차량을 처분하고 돈을 못 받은 때). 통상 미수금은 결제 이후 10일을 경과한 위탁자미수금과 이에 따른 연체료를 의미하나 넓게는 미상환융자금, 기타대여금(주식청약자금대출) 등 증권회사가 고객에게 신용공여를 함으로써 발생한 채권 일체를 총칭하기도 한다.

**선수금** 선수금이란 학술연구, 거래처로부터 주문받은 상품 또는 제품을 인도하거나 공사를 완성하기 이전에 그 대가의 일부 또는 전부를 수취한 금액을 말하는데, 수주공사 또는 수주품의 거래 및 기타 일반적 거래에서 발생한 선수액을 말한다(예, 학술연구 의뢰를 받고 계약금을 받았을 경우). 선수금은 현금으로 반제되는 부채가 아니라 물품 또는 용역을 인도함으로써 그 채무가 소멸된다.

**선급금** 상품, 원재료 등의 매입을 위하여 선지급한 금액을 말한다(예, 행사에 따른 장소 예약을 하고 예약금을 지불한 경우).

**예수금** 일반적 거래 이외에서 발생하는 일시적 예수금을 말한다(예, 급여 지급 시 원천소득세 및 국민연금, 국민건강보험료 본인부담금을 차감하여 지급할 때, 입찰보증금을 현금으로 받은 때). 금융기관이 일반대중 또는 기업, 공공기관 등 불특정 다수로부터 일정한 이자지급 등의 조건으로 보관·위탁을 받아 운용할 수 있는 자금, 예금은행이 취급하고 있는 예금은 일시적 보관 또는 출납 편의도모를 목적으로 하는 요구불예금과 저축 또는 이자수입을 주목적으로 하는 저축성예금으로 나뉜다.

## 7) 회계관계 직원

### (1) 회계관계 직원
예산 및 회계에 관계되는 사항을 법령의 규정에 의하여 회계사무를 집행하는 직원으로, 법인의 대표에 의하여 임명받아야만 그 직무를 수행할 수 있다.

### (2) 회계관계 직원의 종류

| 구 분 | 업무 내용 | 담당 직원 |
|---|---|---|
| 기금관리원 | 단체기금에 대한 관리 | 사무국(총)장 |
| 재무원 | 계약, 기타의 지출원인행위 | 사무국(총)장 |
| 지출원 | 예산의 지출 | 총무과장 |
| 전도자금출납원 | 현금지급을 위한 전도금의 취급, 관리 | 각 과장 |
| 물품관리원 | 고정자산, 물품, 기타 자산을 관리 | 총무과장 |
| 물품운용원 | 물품유지, 보수 및 사용에 대한 관리 | 각 과장 |
| 수입원 | 사업수익 등의 수입결정과 관리 | 기획부장 |

### (3) 회계관계 직원의 책임

- 회계관계 직원은 법령, 기타 관계규정에 따라 그 직무를 성실하고 공정하게 수행하여야 하며, 그 책임에 관하여는 「회계관계 직원 등의 책임에 관한 법률」에 의한다.
- 회계관계 직원의 고의 또는 중대한 과실로 법령 기타 관계규정 및 예산에 정해진 바를 위반하여 재산에 손해를 끼친 때는 변상의 책임이 있다.
- 현금 또는 물품을 출납 · 보관하는 자가 그 보관에 속하는 현금 또는 물품을 망실 · 훼손하였을 경우에 선량한 관리자로서 주의를 태만히 하지 아니한 증명을 하지 못하였을 경우에는 변상의 책임이 있다.

### (4) 회계관계 직원의 재정보증

- 회계관계 직원으로 임명되었을 때는 직무수행 과정에서 발생할 수 있는 고의 또는 과실에 대비하여 임명된 날로부터 30일 이내에 재정보증을 설정하여야 한다.
- 재정보증의 방법은 보증보험 가입 또는 2인의 연대보증인으로 한다.
- 재정보증기간은 1년으로 하며 매년 이를 갱신하여야 한다.

## (5) 물품구입

- 요구서에 의한 물품구입 업무 처리 순서

| 순 서 | 업무 내용 | 주무처 | 처리처 |
|---|---|---|---|
| ① | 기본품의 예산통제 | 수요부서 | 기획과 |
| ② | 물품구입 요구 | 수요부서 | 총무과(용도) |
| ③ | 요구내역 승인 | 총무과(용도) | 재무원 |
| ④ | 계약체결 | 총무과(용도) | 각 업체 |
| ⑤ | 물품납품 | 각 업체 | 수요부서 |
| ⑥ | 검수(검사)조서 작성 | 수요부서 | 총무과(용도) |
| ⑦ | 대금지급 예산통제 | 총무과(용도) | 기획과 |
| ⑧ | 대금지급 승인 | 총무과(용도) | 재무원 |
| ⑨ | 대금지급 요청 | 총무과(용도) | 총무과(회계) |
| ⑩ | 대금지급 | 총무과(회계) | 지출원 |

## (6) 요구서 작성법

- 요구서의 금액류는 정정하지 못한다.
- 요구서는 유사물품(예, 볼펜과 사인펜) 별로 분리하여 요구하여야 한다. – 연관성이 없는 물품의 요구는 각각의 요구서에 의하여야 한다.
- 요구일자와 청구일자는 별도의 업무소요기간을 참조하여 기록한다.

## (7) 검수(검사)조서

계약서, 설계서, 기타 관계 서류에 의하여 필요한 검수를 실시하고, 그 조서를 작성하여 총무과(용도담당)로 송부한다.

- 지출결의서에 의한 물품구매 순서

| 순 서 | 업무 내용 | 주무처 | 처리처 |
|---|---|---|---|
| ① | 기본 품의 예산통제 | 수요부서 | 기획과 |
| ② | 물품구입 | 수요부서 | 각 업체 |
| ③ | 대금지급 예산통제 | 수요부서 | 기획과 |

| ④ | 대금지급 요구 | 수요부서 | 총무과(용도) |
|---|---|---|---|
| ⑤ | 대금지급 승인 | 총무과(용도) | 재무원 |
| ⑥ | 대금지급 요청 | 총무과(용도) | 총무과(회계) |
| ⑦ | 대금지급 | 총무과(회계) | 지출원 |

## 8) 회계직원의 준수 사항

### (1) 회계직원 인사발령

• 재무원, 지출원은 각각 다른 사람으로 발령하고, 재무원 보조, 지출원 보조도 각각 다른 사람으로 사무분장하여 시행하며 각각 재정보증을 실시(재정보증인 선정 또는 보증보험 가입)한다.

• 수입원도 인사발령으로 임명한다.

• 회계직원 발령사항은 발령원부에 기재하여 책임소재를 명확히 한다.

### (2) 회계장부

• 지출원인행위부: 재무원 보조가 예산배정 및 집행을 '목'별로 기재하고, 월별로 재무원의 결재를 받음.

• 지출부: 지출원 보조가 자금배정 및 집행을 기재하고, 월별로 지출원의 결재를 받음.

• 수입부: 수입원 보조가 수입내용을 예산과목에 의거 기재하고, 월별로 수입원의 결재를 받음.

• 예산배정, 전용, 예비비 지출, 추가경정예산을 편성한다.

 – 예산배정은 분기별로 국고보조금 · 자체수입의 내용을 분석하여 대표자의 결재를 받아 시행하여 지출원인행위부에 기재한다.

 – 예산전용, 예비비 지출, 추가경정예산은 적법한 절차에 의거 조치 후 예산배정하여 지출원인행위부에 기재한다.

• 기타 필요한 장부를 기재한다.

### (3) 지출증거서류 정리

• 지출증거서류 편철
  - 지출결의서에는 반드시 물품명세서를 첨부하고 그 뒤에 입증할 수 있는 견적서, 세금계산서, 구매요구서, 내부결재 사본 등으로 편철한다.
  - 영수증, 견적서 등 모든 지출증거 서류는 추후에 없어지지 않도록 번호를 부여한다.
  - 영수증을 별도의 종이에 붙일 경우에는 붙인 곳에 반드시 간인(붙인 종이와 별도의 종이 사이에 도장 날인)을 실시한다.
  - 지출증거서류는 '목'별로 날짜별로 편철하되 반드시 총괄표를 기재한다(예산과목별 건수, 금액 기재).

• 지출증거서류 표지
  - 표지에는 해당 지출증거서류의 '년 · 월 · 일' 표시, 책번호 부여, 건수 및 매수, 금액을 표시하고, 지출원이 날인하여 종이를 덧씌운 후 덧씌운 자리에도 반드시 지출원이 날인한다.

※ 예산과목을 협회 실정에 따라 '○○대회' 등 복합적인 과목을 예산 '목'으로 편성하여 집행하는 경우에 지출증빙서류는 수당, 임차료, 수용비, 용역비, 여비 등 사안별로 지출결의서를 작성하여 예산을 지출하고 계약 사항인 경우 건건별로 승낙사항이 기재된 지출결의서를 사용한다.

## 3. 회계관리

### 1) 수 입

수납은 금융기관에 취급시키는 경우를 제외하고는 수입원이 수납하여야 하며, 수납금은 당일 혹은 그 다음 날까지 금융기관에 여입하여야 한다. 출납이 완결된 연도에 속하는 수입 기타 예산회계의 수입은 모두 현 연도의 세입에 편입하여야 한다.

### (1) 후원금의 범위

법인의 대표이사와 시설의 장이 아무런 대가 없이 무상으로 받은 금품 등의 자산이다.

### (2) 수입 · 사용명세서의 기록 · 비치

- 후원금을 받을 때: 영수증 즉시 교부 후 후원금 수입명세서에 기록을 유지하고 지정기탁후원금에 대하여는 별도의 관리대장에 그 금액 · 지원내역 등을 기록 · 비치하여야 한다.
- 후원금 사용 시: 후원금 사용명세서를 작성한다. 수입 및 사용내용 통보는 법인의 대표이사가 연 1회 이상 해당 후원금의 수입 및 사용내용을 후원금을 낸 단체 또는 개인에게 통보하여야 한다.

### (3) 용도 외 사용금지

- 후원자가 지정한 용도 외에는 사용하지 못한다.
- 후원금은 예산의 편성 및 확정 절차에 따라 세입 · 세출예산에 편성하여 사용하여야 한다.

### (4) 결과보고

법인의 대표이사와 시설의 장은 매 반기 종료 후 10일 이내에 후원금 수입 및 사용결과 보고서를 관할 자치구청장에게 제출하여야 한다.

## 2) 지 출

### (1) 지출의 원칙(「사회복지재무 · 회계규칙」 제28조)

지출사무를 관리하는 자 및 그 위임을 받아 지출명령에 한하여 지출원이 행한다.

### (2) 지출방법(「사회복지법인재무 · 회계규칙」 제29조)

- 지출은 상용의 경비 또는 소액의 경비지출을 제외하고는 금융기관의 수표로 행하거나 예금통장에 의하여 행하여야 한다.

- 지출원은 상용의 경비 또는 소액의 경비 지출을 위하여 100만 원 이하의 현금을 보관할 수 있으나 가능한 한 현금 잔액은 없도록 한다.
  - 물품 · 공사 기타대금: 검수조서(계약이행여부), 하자보수보증금, 대금청구 제반서류(세금계산서, 계좌입금의뢰서, 시 · 국세완납증명서 등)

## 3) 회계실무

회계의 업무는 각 부서의 기본사업계획서와 결의서제출로 시작되므로 결의서에 첨부되는 증빙서류는 다음과 같다.

### (1) 결의서 작성

**수입결의서**　수입의뢰서에 근거하여 수입원이 수입결의서를 작성한다.

**지출에 관한 결의서**
- 가지급금(전도자금) 지급 결의서
  - 업무의 성질상 현금으로 지급하지 아니하면 업무수행에 지장을 초래할 수 있는 경우와 사업진행과정에서 지출금액이 변동될 소지가 있는 비용을 사용할 때 가지급금을 지급한다(행사기간 중에 시행되는 급량비, 제수당, 일용잡급 수당, 회의비, 교육비 등).
- 가지급금(전도자금)의 정산
  - 자금의 사용기간은 1개월을 초과할 수 없으며, 가지급금(전도자금) 신청 시 명시한 정산예정일을 초과할 때는 사유서를 첨부하여 정산하여야 한다.
  - 전도자금 출납원은 전도자금 집행기간 만료일로부터 7일 이내에 자금집행 잔액과 다음 각 호의 서류를 원본으로 구비하여 재무원에게 정산 보고하여야 한다.
    - ① 대체결의서
    - ② 전도자금정산서
    - ③ 전도자금출납부
    - ④ 영수증, 청구서

⑤ 세금계산서, 견적서

⑥ 각종 수당 원천징수 명세서

⑦ 반납 무통장 입금증(여입분)

- 지출결의서
  - 가지급금 이외의 모든 자금의 집행은 지출결의서에 의하여 집행하여야 한다.
  - 지출결의서 작성방법
    ① 지출결의서의 지출금액은 정정하지 못한다.
    ② 적요란에는 지급의 건, 공사명, 품명 및 수량, 산출내역, 지급금의 내용과 지급횟수, 선급금 및 개산금의 표시 등 필요한 사항을 명기하여야 한다.
    ③ 발의일자는 품의서의 시행일자를 발의일자로 기록하고 날인한다.
    ④ 예산통제란에는 예산에 관하여 수입원으로부터 통제받아야 한다.
    ⑤ 채주는 반드시 명기하고, 입금 은행계좌번호를 기록한다.
    ⑥ 첨부서류
      ▶ 세금계산서(사업자등록증 첨부)
      ▶ 거래명세표
      ▶ 비교 견적서
      ▶ 기본 품의서 사본
      ▶ 계약서 등 제 증빙자료

## (2) 세금계산서

세금계산서(Tax Invoice)란 부가가치세법상 과세업자가 부가가치세를 거래 징수하고 그 사실을 증명하기 위하여 교부하는 계산서를 말한다.

### 세금계산서의 종류

- 과세사업자
  - 일반과세자
    ① 소매업 등 최종소비자 대상 업종: 영수증(간이세금계산서)
    ② 그 밖의 업종: 세금계산서

– 간이과세자: 영수증

① 세관장: 수입세금계산서

② 면세사업자: 계산서 또는 영수증

※ 사업자가 부가가치세 과세 대상인 재화·용역을 공급하는 경우에 세금계산서를 교부하여야 한다. 면세사업자인 경우에는 법인세법이나 소득세법상의 계산서를 작성, 교부하여야 하며, 부가가치세법상의 세금계산서는 교부할 수 없다.

### 세금계산서의 교부면제 대상(간이영수증 이용의 경우)

• 택시운송, 노점, 행상, 무인판매기를 이용하여 재화를 공급하는 사업

• 소매업 또는 목욕·이발·미용업을 영위하는 자가 공급하는 재화 또는 용역 (다만 소매업의 경우에는 공급받는 자가 세금계산서의 교부를 요구하지 아니하는 경우에 한한다).

• 간주공급에 해당하는 경우(다만 직매장반출은 제외한다).

• 부동산 임대보증금에 대한 간주임대료

• 영세율이 적용되는 경우로 대부분 국외거래

• 사업자등록번호에 의한 교부면제 대상자 구분

– 사업자등록번호 ①②③-④⑤-⑥⑦⑧⑨⑩ 중 ⑥~⑩의 번호가 00000부 터 59999번까지의 사업자는 세금계산서 교부면제 대상 업체임.

※ 세금계산서를 구비할 시 영수와 청구를 확인하여야 하며, 청구 시에는 반드시 입금표를 첨부하여야 한다.

※ 부가가치세액은 공급가액의 1%나 부가가치세를 포함하여 매입가액을 결정하였다면 매입가액을 1.1로 나누어 공급가액을 산출한 후 매입가액에서 산출한 공급가액을 차감한 금액을 부가가치세로 정하여 세금계산서를 교부받는다.

예) 부가가치세를 포함하여 200,000원을 주고 사무용품을 구입하였을 때

① 공급가액 산출: 200,000원 ÷ 1.1 = 181,818원

② 부가가치세 산출: 200,000원 - 181,818 = 18,182원

※ 비영리법인의 경우 부가가치세 신고의 의무는 없으나 분기별(1월 25일, 7월15일)로 매입처별 세금계산서 합계표를 작성하여 관할 세무서에 제출함으로써 거래 확실성을 높여 준다.(서식은 국세청 홈페이지에서 다운받을 수 있다. http://www.nts.go.kr)

### (3) 기타 영수증

세금계산서 발급 이외의 모든 비용 지출은 다음의 영수증으로 구비하여 업무의 투명성을 확보한다.

**무통장 입금표** 모든 대금은 대금지급의 고의적인 지연 등 부조리를 방지하기 위하여 지출원이 대가를 지급하고자 할 때 절차에 따라 채주가 지정하는 금융기관의 예금계좌에 입금시켜야 한다. 다만 지급의 대가가 10만 원 미만인 경우에는 그러하지 아니할 수 있다.

- 재무원은 계약체결 시 그 대가를 입금시킬 금융기관의 예금계좌를 명시하여 계약을 체결하여야 한다.
- 지출원은 재무원으로부터 지출의뢰를 받은 때는 채주의 계좌에 입금하여야 한다.
- 지출원이 계좌입금에 의하여 대가를 지급할 때는 지출결의서의 채주 영수증 란에 "계좌입금"임을 명시하고, 무통장입금증을 첨부하여야 한다.

**본인 발행 영수증** 행사 진행 시 현장에서 지급하여야 하는 각종 수당의 본인 발행 영수증은 성명, 주민등록번호, 주소, 연락처를 빠짐없이 기재하여야 하며, 일당 20만 원 이상의 수당(소득세법 참조)에 대하여는 원천징수를 하고 반드시 주민등록증 사본을 첨부 또는 확인하여야 한다.

- 원천징수액 계산방법
  - 총 지급액 − 필요경비(지급금액의 75%) = 기타소득금액(A)
    [또는 총 지급액 × 25% = 기타소득금액(A)]
  - (A) × 원천징수세율(20%) = 납부할 소득세액(B)
  - (B) × 주민세율(10%) = 납부할 주민세액(C)
  - 원천징수액 = (B) + (C)

## (4) 지출의 특례
### 선급금을 지급할 수 있는 경비의 범위
- 선급금: 이행기가 도래하기 전에 채무를 변제하기 위하여 세출금을 지출하는 것으로 선급금의 채무 부담액은 계약 등에 의하여 확정되어 있으므로 개산금처리 사후정산은 불필요하다.

- 외국에서 직접 구입하는 기계, 도서, 표본 또는 실험용 재료의 대가
- 정기간행물의 대가
- 토지 또는 가옥의 임대료와 용선료
- 운임
- 소속직원 중 특별한 사정이 있는 자에 대하여 지급하는 급여의 일부
- 관공서(「정부투자기관관리기본법」에 의한 「정부투자기관 및 특별법」에 의하여 설립된 특수법인 포함)에 대하여 지급하는 경비
- 외국에서 연구 또는 조사에 종사하는 자에 대하여 지급하는 경비
- 보조금 및 사례금
- 계약금액이 1천만 원 이상인 공사나 제조 또는 물건의 매입을 하는 경우에 계약금액의 100분의 50을 초과하지 아니하는 금액
  ※선급금지급보증서, 검사조서, 대금청구서류(세금계산서, 계좌입금의뢰서, 시·국세완 납증명 등)
  ※계약이행기간이 60일 미만과 계약금액이 1천만 원 미만인 공사 또는 물품제조 계약이면 선금을 지급하지 아니한다.

## 개산금을 지급할 수 있는 경비의 범위

- 개산금: 채무는 존재하나 지급할 금액이 미확정인 경우에 계약금액으로써 채무이행기 도래 이전에 지급하고, 사업실적에 의하여 채무액을 확정·정산하여야 함.
  - 여비 및 판공비
  - 관공서(「정부투자기관관리기본법」에 의한 「정부투자기관 및 특별법」에 의하여 설립된 특수법인 포함)에 대하여 지급하는 경비
  - 보조금
  - 소송의 비용

## (5) 증빙서류

- 모든 수입, 지출은 결의서(날짜 및 그 내용)를 기재하여 법인의 대표 또는 시설장의 결재를 받고, 결의서 날짜 단위로 일련번호를 기재하여 월별로 편철하여 보관한다.

- 지출결의서에는 반드시 물품명세서를 첨부하고 그 뒤에 입증할 수 있는 견적서, 세금계산서, 구매요구서, 내부결재 사본 등으로 편철한다.
- 영수증, 견적서 등 모든 지출증거서류는 추후에 없어지지 않도록 번호를 부여한다.
- 영수증을 별도의 종이에 붙일 경우에는 붙인 곳에 반드시 간인(붙인 종이와 별도의 종이 사이에 도장 날인)을 실시한다.

- 수입은 수입결의서, 지출은 지출결의서에 의거 작성한다.
- 공사와 관련된 지출은 지출결의서와 함께 품의서, 계약서, 거래명세서, 신용카드 매출전표 또는 무통장입금증, 세금계산서, 기타 증빙을 첨부하여 보관하여야 한다. 인쇄 출판 시는 인쇄 및 출판물을 첨부한다(상품안내 카탈로그 등 해당부분).
- 소액의 거래는 지출결의서와 함께 세금계산서 또는 영수증(금전등록기 영수증 포함), 기타 증빙을 첨부하여 보관하여야 한다. 증빙서에는 재사용 방지를 위하여 지출증빙서에 '지급필' 날인을 간인한다.
- 지출원(계약담당자)은 거래 상대방이 어떤 증빙서 발급대상자인지를 사업자등록증에 의거 먼저 확인하여야 한다.
  (일반과세자 - 세금계산서, 간이과세자 - 영수증, 면세사업자 - 계산서)
- 예산과목을 협회실정에 따라 '○○대회' 등 복합적인 과목을 예산 '목'으로 편성하여 집행하는 경우에 지출증빙서류는 수당, 임차료, 수용비, 용역비, 여비 등 사안별로 지출결의서를 작성하여 예산을 지출하고, 계약사항인 경우에는 건건별로 승낙사항이 기재된 지출결의서를 사용한다.
- 우편료 집행은 월별 또는 분기별로 우표를 일괄 구입하여 우표 수불부에 의거 관리(건마다 지출하는 불편 해소)한다.
- 사무용품은 가급적 일괄적으로 적당한 기간동안 사용할 물량을 집행한다.

### (6) 법인신용카드 사용

사업부서에서 회의, 출장, 행사진행 등 사업추진상 총무과를 경유하지 않는 것이 효율적이라 판단되는 소량, 소액의 물품구입, 현지구입과 업무추진비의 사용 시 법인신용카드를 사용하도록 한다. 다만 신용카드 사용이 불가할 경우 금전출납기에 의한 영수증을 사용한다.

### 법인신용카드의 절차

- 신용카드 사용 전에 신용카드 사용대장에 그 목적 내용을 반드시 등재한다.
- 신용카드 매출전표 서명 란에는 사용자가 자필서명을 필히 하여야 하며, 직원 이외의 자가 서명하여서는 아니 된다.
- 신용카드는 사용 종료 후 즉시 반납하며 반납과 동시에 신용카드 사용대장에 사용내역 등을 기재하여야 한다.
- 신용카드 매출전표에는 업소의 '봉사료'의 내역이 포함되어서는 아니 된다.
- 법인신용카드 사용 후 3일 이내에 정산하여야 한다. 다만 행사기간 중 사용한 경우에는 행사종료 후 즉시 정산하여야 한다.

**법인신용카드 사용의 제한**   앞의 사용방법, 절차를 위배하거나 신용카드 사용 후 지출결의 기일을 지연할 경우 해당 부서장의 사유서를 제출하여야 한다.

| 항목 구분 | 집행 방법 | |
| --- | --- | --- |
| | 카드 사용 | 계좌이체 |
| 사업비 | • 회의비<br>• 장소임차료<br>• 행사진행비<br>• 자료구입비<br>• 숙식비 | • 교육훈련비<br>• 회의수당<br>• 발제 및 토론자 수당<br>• 수화통역수당<br>• 차량임차료<br>• 인쇄 및 자료제작비<br>• 구독료, 원고료, 번역료, 강사료 등 |
| 수용비 및 수수료 | • 사무용품비<br>• 우편요금 | • 광고료<br>• 제세공과금<br>• 제잡비<br>• 공공요금(통신요금, 전용회선사용료 등)<br>• 관리운영비 |
| 여 비 | • 실비정산에 해당하는 제여비 | • 해당기관의 규정에 따라 계좌이체 |

**신용카드에 대한 각 법의 규정**

- 법인세
  - 10만 원 이상 지출 시 신용카드 등 사용
    ① 「법인세법」에서는 10만 원 이상의 금액을 지출 시 신용카드 매출전표나 세금계산서(이하 신용카드 등)를 사용하도록 하고 있으며, 신용카드 등을 사용하지 않는 경우 손금으로 인정받을 수는 있으나 가산세를 납부하여야 하는 불이익을 주고 있다.
    ② 지출 시 신용카드를 사용하여야 하는 거래상대방은 법인이 다음에 해당하는 자와 10만 원 이상을 거래하는 경우에는 반드시 신용카드 등을 사용하여야 한다(「법인세법 시행령」 제158조 제1항).
    ③ 신용카드 등을 사용하지 않아도 되는 경우는 세법에서 위에서 열거한 거래상대방과 거래하는 경우라 하더라도 신용카드 등을 사용하지 않아도 되는 경우를 규정하고 있으며 주요한 몇 가지를 열거하면 다음과 같다(「법인세법 시행령」 제158조 제2항 및 「법인세법 시행규칙」 제79조).
       ▶ 법인이 아닌 농어민으로부터 재화나 용역을 직접 공급받은 경우
       ▶ 원천징수대상인 사업을 영위하는 사업자로부터 용역을 공급받고 원천징수하는 경우
       ▶ 부가가치세법에서 재화의 공급으로 보지 않는 사업의 양도에 의하여 재화를 공급받은 경우
       ▶ 전기통신사업자로부터 전기통신 용역을 제공받은 경우
       ▶ 국외에서 재화나 용역을 공급받은 경우
       ▶ 국세청장이 정하여 고시한 전산발매통합관리시스템에 가입한 사업자로부터 입장권·승차권·승선권 등을 구입하여 용역을 제공받은 경우
       ▶ 재화나 용역의 공급에 대한 확정된 대가를 연체하여 지급함에 따라 연체이자를 지급하는 경우
    ④ 신용카드 등을 사용하여야 하는 거래에 있어서 신용카드 등을 사용하지 않은 경우에는 사용하지 아니한 금액의 10%에 상당하는 금액에 대하여 가산세 부과

- 접대비(판공비) 지출 시 신용카드 등 사용
  ① 1회의 접대에 지출한 접대비 중 5만 원을 초과하는 금액을 지출하는 경우에는 신용카드 등을 사용하여야 하며, 신용카드를 사용하지 아니한 경우에는 소득금액 계산 시 이를 손금불산입하도록 한다(「법인세법」 제25조). 여기서 신용카드라 함은 법인의 명의로 발급받은 신용카드를 말한다.
  ② 위장가맹점의 명의로 작성된 매출전표 등을 교부받은 경우 당해 지출금액은 신용카드 등을 사용한 접대비로 보지 않는다. 위장가맹점이라 함은 재화나 용역을 공급하는 실지 가맹점과 다른 가맹점의 명의로 작성된 매출전표를 발행하는 가맹점을 말한다.
  ③ 접대비로 인정받은 금액 중 신용카드 사용비율을 기준사용비율과 비교하여 기준사용비율에 미달하는 비율에 해당하는 금액은 손금불산입한다.
- 소득세
  - 사업소득자에 대한 법인세의 유사 규정 적용
    ① 부동산 임대소득, 사업소득 및 산림소득이 있는 사업자에 대해서는 「법인세법」에서 규정하고 있는 10만 원 이상의 경비 지출 시와 5만 원을 초과하는 접대비 지출 시 신용카드 등을 사용하도록 하고 있으며, 신용카드 등을 사용하지 않는 경우 「법인세법」에서 규정하는 것과 유사한 내용의 필요경비 불산입 및 가산세 등이 적용된다(「소득세법」 제35조 및 제126조의2).
    ② 기업구매전용카드 등의 사용에 대해서 법인세에서 설명한 것과 동일한 세액공제를 받을 수 있다.
  - 신용카드 사용금액에 대한 소득공제
    ① 근로소득이 있는 사람이 물건을 구입하고, 신용카드 또는 직불카드를 사용하여 그 대가를 지급하는 경우 그 금액의 연간 합계액이 총 급여액의 10%를 초과하는 경우에는 동 초과금액의 10%에 해당하는 금액을 근로소득금액에서 공제한다(「조세특례제한법」 제126조의2).

- 부가세
  - 신용카드 사용액에 대한 매입세액 공제
    ① 부가가치세의 납부세액 계산 시 매출세액에서 공제하는 매입세액은 신용카드를 수취한 분에 대한 것이 원칙이나 일반과세자가 신용카드매출전표 등에 공급받는 자와 부가가치세액을 별도로 기재하고 확인한 때는 매입세액 공제 가능한 금액으로 본다(「부가가치세법」 제32조의2 제3항).
    ② 영수증을 교부하는 개인사업자의 신용카드 사용에 대한 세액공제
      ▶ 영수증을 교부하는 개인사업자가 부가가치세가 과세되는 재화 또는 용역을 공급하고 신용카드매출전표 등을 발행하는 경우 그 발행금액의 2%에 상당하는 금액을 납부세액에서 공제하거나 환급세액에 가산한다(「부가가치세법」 제32조의2 제1항).
      ▶ 영수증을 교부하는 개인사업자란 소매업이나 음식점업 등 영세한 업종을 영위하는 법인 아닌 사업자를 말한다(부가가치세법시행령 제79조의2 제1항 및 제2항).
      ▶ 공제액은 연간 500만 원을 한도로 한다.
  - 신용카드 사용자에 대한 보상금 지급
    ① 국세청장은 물건을 구입하고 신용카드매출전표를 교부받은 자에 대하여는 그 교부받은 매출전표 등에 대한 추첨을 통하여 보상금을 지급한다(「부가가치세법」 제32조의4 제1항).
    ② 신용카드매출전표에는 직불카드영수증도 포함된다.
    ③ 보험료나 수업료 등을 납부하고 받은 매출전표나 해외에서 사용하고 받은 매출전표 등은 추첨대상에서 제외된다(「부가가치세법 시행령」 제82조 제2항).
    ④ 추첨에 당첨되어 수취한 소득에 대해서는 20%의 세율로 원천징수하고 분리 과세한다.

# 4. 지출관리

직업재활시설의 재무회계관리 및 장부비치로 각 시설의 재무회계는 법인회계와는 별도로 구분하여 독립채산제로 운영한다. 재활시설의 모든 회계는 예산의 투명성을 확보하기 위해 「사회복지법인재무ㆍ회계규칙」의 시설회계를 준용하여 복식부기로 처리하되, 회계사무소에 의뢰하여 처리할 수 있다(제23조). 동 규칙에서 정하지 아니한 사항은 「예산회계법」「지방재정법」 및 「물품관리법」 등 정부재무회계 관련 법령을 준용하여야 한다. 재활시설 종사자는 복식회계 교육에 참가하여 소정의 교육을 수료하여야 하며, 회계사무소에 의뢰하여 처리하는 경우도 이와 같다.

장애인생산품을 생산하여 판매하는 직업재활시설은 「장애인복지법 시행규칙」 제42조 별표 5에 규정된 장부를 비치하여야 한다(별지 제2호 서식). 장부는 복잡한 사업 활동을 수치로 기록, 유지하는 것이므로 적시에 신속ㆍ정확하게 재정 상태와 사업성과를 파악할 수 있도록 간단하고 명확하게 장부를 기장하여야 한다.

**표 7-3 재활시설 장부 비치 목록**

| 구 분 | | 내 용 |
|---|---|---|
| 기본<br>비치서류 | 관리 관련 장부 | • 직원관계철, 회의록철, 사업일지, 문서철, 문서 접수ㆍ발송대장, 차량운행일지 |
| | 사업 관련 장부 | • 근로장애인 관계서류<br>• 재활 프로그램 관리대장<br>• 교육ㆍ훈련관계서류(훈련일지 및 평가관계서류)<br>• 급식관계대장(해당 시설에 한함) |
| | 재무ㆍ회계 관련 장부 | • 총계정원장 및 수입ㆍ지출보조부<br>※매출채권, 매입채무, 제품매출, 원자료구매 계정에 대한 보조부 포함<br>• 금전출납부 및 그 증빙서류<br>• 예산서ㆍ결산서, 비품수불대장, 비품(장비)대장<br>• 재산대장ㆍ재산목록과 그 소유권에 관한 증빙서류<br>• 각종 증빙서류 및 기타 필요한 서류 추가 장부 |

| 추가 장부 | • 근로장애인 임금대장<br>• 자재(원료) 구매대장, 제품매출대장<br>• 수입장부, 지출장부<br>• 자재(원료)수불부, 제품수불부 |
|---|---|

## 1) 비치할 장부

### (1) 수입부
수입부는 수입원이 기장 관리한다.

### (2) 지출원인행위부
지출원인행위란 계약 또는 고지 등에 의거 지출이 확정된 금액을 결정하는 행위로, 지출원인행위부는 용도담당이 관리하며 배정된 예산의 범위 내에서 기장한다.

### (3) 현금출납부
**현금 출납부**
- 적요란에 당일 결의서 일련번호순으로 기록한다(예, No.1, No.2,······ No.9).
- 일련번호 기록 후 예산과목(목단위)을 기재한 후 그 내용을 간단히 명시한다.
- 수입금액과 지출금액을 수입란, 지출란에 각각 기록한다.
- 당일 잔액을 당일 기장 마지막 줄 차인 잔액란에 기록한다.
- 과년도 수입과 반납금을 여입한다.
  - 출납이 완결한 연도에 속하는 수입 기타 예산외의 수입을 모두 현 년도의 세입에 편입시켜야 한다.
  - 지출된 세출의 반납금은 각각 지출한 세출의 당해 과목에 '여입'하여야 한다. 반납금 여입은 '지출'란에 적색 또는 △표시한 후 금액을 표시한다.

예)

| 년월일 | 적 요 | 수 입 | 지 출 | 차인잔액 |
|---|---|---|---|---|
| ××××. ×. ×. | 월 일 분<br>00반납금 여입 | | 금액<br>(적색 또는 △표시) | |

- 과오납의 반환

　① 과오납된 수입금은 수입한 세입에서 직접 반환한다.

　② 이 경우 과오납의 반환은 다음과 같이 기재한다.

예)

| 년월일 | 적 요 | 수 입 | 지 출 | 차인잔액 |
|---|---|---|---|---|
| ××××. ×. ×. | 월 일 분<br>00반납금 여입 | 금액<br>(적색 또는 △표시) | | |

- 누락분 추가 기재 시: 장부기재 후 확인한 결과 당일 기재분에서 누락된 경우는 발견한 즉시 다음과 같이 장부에 기재하여야 한다.

예)

| 년월일 | 적 요 | 수 입 | 지 출 | 차인잔액 |
|---|---|---|---|---|
| 추가 ××××. ×. ×. | 월 일 | | | |

- 수정 및 삭제 시: 이미 기장한 내용 중 일부를 수정할 경우에는 수정할 부분을 적색으로 두 줄을 긋고, 기장자가 날인한 후 수정하는 내용을 그 위에 기재한다. 이미 기장 내용 중 삭제할 경우는 다음과 같이 시행한다.

　① 장부의 한 줄 또는 몇 개의 줄을 삭제 시 적색으로 두 줄을 긋고 날인한 후 여백에 적색으로 사유를 설명하고 '삭제'라고 기재한다(예, 이중기장으로 삭제).

　② 장부의 하면 전부 또는 반 이상을 삭제하고자 할 경우에는 적색으로 해당되는 부분의 처음과 끝란에 '×'를 하고 날인한 후 삭제하는 사유를 설명하고 '삭제'라고 기재한다.

**표 7-4** 예시 총괄

| 년월일 | 적 요 | 수 입 | 지 출 | 차인잔액 |
|---|---|---|---|---|
| 2013. 6. 1. | No.1 보조금(1/4)00구청 | 25,000,000 | | |
| 〃 | No.2 후원금00 | 300,000 | | |
| 〃 | No.3 8월분 전기료 | | 200,000 | |
| 〃 | No.4 가스통 20kg | | 30,000 | |
| 〃 | No.5 8/31 유류대 등 여입 | | △20,000 | 25,040,000 |
| 추가 6. 28. | No.4 8월분 전화료 | | 40,000 | 25,000,000 |

**총계정원장** 예산과목을 찾아 '날짜' '내용' '금액'을 기재한다.

**총계정원장 보조부** 예산과목을 찾아 '날짜' '내용' '금액'을 기재한다.

**재산대장** '날짜' '내용 – 구입처 – 수량 – 단가' '고유번호'를 기재한다.

**물품관리대장** '날짜' 등 서식에 의해 기재한다.

**장부마감**

- 장부마감은 일계, 월계, 누계로 구분한다.
- 일반적으로 월계, 누계로 마감한다.
- 월계, 누계 마감 시

예)

| 년월일 | 적 요 | 수 입 | 지 출 | 차인잔액 |
|---|---|---|---|---|
| | | | | |
| | | | | |
| | (한 줄)월계 | | | |
| | (두 줄)누계 | | | |

– 마감 첫 달은 '월계'로서 족하다.

- 마감 둘째 달부터 '월계' '누계'가 있다.
- 연계는 계속 사업(2개년도 이상)을 수행할 때(예. 후원사업)
• 다음 면으로 이월 기장 시는 다음과 같이 기장한다.
  - 제일 끝 줄 적요란에 '다음 면(또는 차면)으로 이월'을 기재하고, 수입액 및
    지출액 차인 잔액란에는 그 '면까지의 누계 금액'을 기록한다. 단, 제일 끝
    줄에 '누계금액'을 기재하는 경우 '다음 면으로 이월'은 생략한다.

예)

| 년월일 | 적 요 | 수 입 | 지 출 | 차인잔액 |
|---|---|---|---|---|
|  |  |  |  |  |
|  | 이월 | 56,000 | 50,000 | 6,000 |

  - 제일 윗줄 적요란에 '앞면(또는 전면)에서 이월'을 기재하고 수입액, 지출
    액, 차인잔액란에는 앞면의 누계금액을 그대로 옮겨 기재한다.

예)

| 년월일 | 적 요 | 수 입 | 지 출 | 차인잔액 |
|---|---|---|---|---|
|  | 이월 | 56,000 | 50,000 | 6,000 |

※ 회계담당과장(부장)은 장부기장의 정확성을 기하기 위해 다음 사항을 유의하여야 한다.
  ① 매일 일계표를 작성하여 결재를 받도록 한다.
  ② 일계표(수입결의서와 지출결의서)에는 결의서 번호순으로 편철한다.
  ③ 결의서에 의거하여 장부기장이 정확히 되었는지 확인한다(누락여부, 계정과목 정확성,
     재원구분의 정확성).
  ④ 증빙서는 제대로 첨부되어 있는지 확인한다.
  ⑤ 당일 수입·지출액과 예금 입출금이 계정별로 정확히 되었는지 확인한다.
  ⑥ 월계를 하기 전에 다시 한 번 기재사항을 확인한다(누락여부, 계정과목 정확성, 재원
     구분).

## (4) 총계정원장

계정과목의 단위는 '목'(세목이 있을 때는 세목으로)으로 설정하고, 전표를 작성
한 후 계정별로 기장한다.

### (5) 총계정원장보조부

각 계정별로 좀 더 자세히 기록할 경우 비치한다(소액현금출납장, 당좌예금출납장, 유형자산대장, 차입원장, 지급어음기입장, 주식대장 등).

### (6) 지출부

지출부는 예산 배정액을 먼저 기입한 후 지출 시마다 차감하여 기장하며, 반드시 잔액을 명기하여 사업비 현황파악 자료로 활용한다.

### (7) 은행장

법인에서 사용하고 있는 거래 통장별로 계정을 설정하여 매일 잔액을 확인한다.

## 2) 장부의 기장 및 증빙관리

### (1) 장부의 기장

장부는 정확히 기록 · 작성하고, 관련되는 증빙을 징구 · 보관하여야 한다. 장부기록과 증빙관리 부실은 부정과 오류에 대한 사후적발을 회피하는 수단으로 악용될 소지가 있기 때문에 다음과 같은 사항이 발행하지 않도록 주의해야 한다.

- 관련 장부 및 증빙미비
- 증빙의 정리 부실로 장부대조 불가능
- 통장, 현금출납부, 수입, 지출결의서 불일치
- 예금통장 폐기 또는 분실
- 장부 부실로 원인 불명의 수입 · 지출 간의 차이
- 회계장부 작성 부실

### (2) 장부기장 시 유의사항

- 장부는 수입결의서 및 지출결의서에 의하여 기장한다.
- 장부기장은 1월 1일자 전기이월금부터 기장한다.
- 장부는 당일 기장한다.

### (3) 예금통장의 관리

- 법인 또는 시설 명의로 예금통장을 개설해야 한다. 또한 통장개설 시 법인의 대표 또는 시설 장의 승인을 얻도록 하고, 통장계좌에 대한 예금입출금명세서를 유지하여야 한다.
  - 법인회계, 시설회계, 수익사업회계를 구분하여 거래통장을 만들도록 하였다. 여기에 추가하면 예산편성 회계단위로 보조금(사업별), 일반수입(법인 전입, 자체수입), 후원금으로 구분하는 것이 좋다.
- 통장상의 예입액과 인출액은 당일의 수입액 및 지출액과 일치하도록 한다.

## 5. 계약관리

### 1) 계약담당

계약은 법인의 대표가 지정한 재무원이 시행한다.

### 2) 계약의 원칙

상호대등한 입장에서 당사자의 합의에 따라 체결하여야 하며, 당사자는 계약의 내용을 신의성실의 원칙에 따라 이행하여야 한다. 지명경쟁 또는 수의계약의 규정에도 불구하고 계약의 목적 · 성질 등에 비추어 일반경쟁계약에 의할 수 없거나 일반경쟁계약에 의하는 것이 현저하게 불리하다고 인정되는 사유가 있는 경우에는 지명경쟁 또는 수의계약에 의할 수 있다.

### 3) 계약의 방법

법인의 대표이사와 법인의 시설장이 계약을 하는 경우에는 지명경쟁 또는 수의계약에 의하는 경우를 제외하고는 공고를 하여 일반경쟁에 붙여야 한다. 사회복지법인 및 시설은 계약에 있어서 「사회복지법인재무 · 회계규칙」에 규정하지 아니한 사항은 「국가를 당사자로 하는 계약에 관한 법률」을 준용한다.

### (1) 수의계약(「사회복지법인재무 · 회계규칙」 제32조, 「국가계약법 시행령」 제26조)

계약은 일반경쟁계약이 원칙이므로 수의계약은 계속공사 등의 경우 새로운 입찰절차 등이 불필요하거나 계약상대방이 1인인 경우, 추정가격이 소액인 경우에는 비밀을 요하는 사업, 특수목적을 위하여 한정적으로 운영할 경우에 수의계약할 수 있다.

#### 수의계약 대상

• 공사의 경우 추정가격이 5천만 원 이하인 경우
• 물품의 제조 · 구매 · 용역 기타 계약의 경우 추정가격이 2천만 원 이하의 경우(임차 또는 임대의 경우에는 연액 또는 총액기준)
  – 예외적 수의계약 1: 재공고 입찰결과 또는 낙찰자가 없을 때 경쟁입찰을 실시하였으나 입찰자가 1인일 경우 수의계약할 수 있다. 이 경우 보증금과 기한을 제외하고 당초 입찰조건을 변경하지 못한다(「국가계약법 시행령」 제27조).
  – 예외적 수의계약 2: 낙찰자가 계약을 체결하지 아니할 때는 그 낙찰금액의 범위 안에서 수의계약할 수 있다. 이 경우 기한을 제외하고는 당초 입찰 조건을 변경할 수 없으며, 낙찰자가 소정의 기일 내에 계약의 이행에 착수하지 아니하거나 착수한 후 계약상의 의무를 이행하지 아니하여 계약을 해제 또는 해지한 경우에도 이를 준용한다(「국가계약법 시행령」 제28조).

#### 수의계약에 의할 경우의 견적서 제출요구

• 2인 이상으로부터 견적서를 받아야 한다.
• 예정가격이 10만 원 미만인 물품의 제조 · 구매 · 입찰 및 용역계약의 경우 견적서 제출 생략이 가능하다(「국가계약 시행규칙」 제33조).
  ※ 구비서류: 수의계약품의, 예정가격(산출기초조사서) 작성, 견적서, 수의계약사유서 등이다.

### (2) 지명경쟁계약(「국가계약법률」 제7조, 시행령 제23조)

일반경쟁에 의하지 아니하고 계약담당자가 계약의 성질 또는 목적에 비추어 특수한 설비·기술·물품 또는 실적이 있는 자가 아니면 계약목적 달성이 곤란한 경우로서 계약대상자가 10인 이내일 때는 지명경쟁을 할 수 있다.

### 지명경쟁계약 대상(「사회복지법인재무·회계규칙」 제32조)

- 추정가격이 1억 원 이하인 공사 또는 제조의 경우
- 추정가격이 3천만 원 이하인 물건을 임대·임차할 경우
- 정임대·임차료의 총액이 3천만 원이하인 물건을 임대·임차할 경우

### 지명 기준

- 공사
  - 도급한도액기준: 당해 공사 추정금액의 2배를 초과할 수 없음.
  - 풍부한 신용, 실적 및 경영상태가 양호한 자를 지명하되 특수한 기술의 보유가 필요한 경우 이를 보유한 자
  - 부당업자여부확인

### 제조, 기타

- 계약의 성질 또는 목적에 의하여 특수한 기술, 기계, 기구, 생산설비 등을 보유하고 있는 자에게 행하게 할 필요가 있는 경우
- 법령의 규정에 따라 관계관서의 허가, 인가를 요하는 경우 이를 받은 자

### 지명 절차

- 5인 이상을 지명하여 3인 이상의 지명수락을 받아야 한다. 단 지명대상자가 5인 미만인 때는 예외로 한다(「국가계약법률 시행령」 제24조 제1항).
- 계약담당은 지명기준 자료비치
- 지명전에 입찰참가 의사 유무확인
- 통지기일은 일반경쟁입찰에 준하여 늦어도 입찰일의 전일(공사입찰의 경우 현장설명일 전일)부터 7일 전, 긴급 시 5일

- 지명경쟁입찰 참가 승낙서를 입찰 전일까지 제출하게 한다.
- 지방업체만을 지명하고자 할 때는 당해 지방업체의 도급한도액 순위에 따라 지명한다.

## 4) 일반경쟁계약

계약의 목적 등을 공고하여 일정한 자격자 중에서 다수의 희망자로 하여금 경쟁시켜 그중에서 법인 및 시설에 가장 유리한 자를 선택하여 계약을 체결하는 것이다.

**일반경쟁계약 대상** 지명경쟁 또는 수의계약을 제외하고는 공고를 하여 일반경쟁에 붙여야 한다.

## 5) 계약의 절차

### (1) 입찰공고, 입찰참가자격 및 현장설명
- 입찰공고
  - 입찰공고의 내용(「국가계약 시행령」 제36조)
  - 입찰공고기간 및 공고방법(「국가계약법 시행령」 제35조)
- 일반경쟁입찰 참가자격
  - 참가자격(「국가계약법 시행령」 제12조)
  - 부당업자의 입찰참가자격제한(「국가계약법 시행령」 제76조)
- 현장설명 및 설계서 열람
  - 현장설명(「국가계약법 시행령」 제14조)
    시설공사를 입찰에 부치고자 할 때는 입찰 또는 개찰 전에 미리 현장설명을 실시하여야 한다. 다만 공사의 성질상 현장 설명이 필요 없다고 인정된 때는 생략할 수 있다.
  - 현장설명 기일
    ① 공사예정금액 10억 원 미만: 10일 이상

② 공사예정금액 10억 원 이상 55억 원 미만: 20일 이상

③ 공사예정금액 고시금액 이상: 33일 이상

## (2) 추정가격의 결정

• 추정가격의 의의

물품·공사·용역 등의 조달계획을 체결함에 있어서 「국가를 당사자로 하는 계약에 관한 법률」 제4조의 규정에 의해 국제입찰 대상여부를 판단하는 기준 등으로 삼기 위하여 예정가격이 결정되기 전에 산정된 가격을 말한다.

• 추정가격의 결정방법(「국가계약법 시행령」 제7조)

 – 공사계약의 경우에는 관급자재로 공급될 부분의 가격을 제외한 금액

 – 단가계약의 경우에는 당해물품의 추정단가에 조달예정수량을 곱한 금액

 – 별적인 조달요구가 복수로 이루어지거나 분할되어 이루어지는 계약의 경우에는 다음 각 목의 1중에서 선택한 금액

  ① 당해 계약의 직전 회계연도 또는 직전 12월 동안 체결된 유사한 계약의 총액을 대상으로 직후 12월 동안의 수량 및 금액의 예상변동분을 감안하여 조정한 금액이다.

  ② 동일 회계연도 또는 직후 12월 동안에 계약할 금액의 총액으로, 물품 또는 용역의 리스·임차·할부구매계약 및 총계약금액이 확정되지 아니한 계약의 경우에는 다음 각 목의 1에 의한 금액이다.

  ① 계약기간이 정하여진 계약의 경우에는 총 계약기간에 대하여 추정한 금액이다.

  ② 계약기간이 정하여지지 아니하거나 불분명한 계약의 경우에는 1월분의 추정 금액에 48을 곱한 금액으로, 조달하고자 하는 대상에 선택사항이 있는 경우에는 이를 포함하여 최대한 조달 가능한 금액

## (3) 예정가격의 결정

**예정가격의 의의**  발주관서의 계약담당이 물자구매 및 공사도급 등의 계약을 체결함에 있어서 입찰 또는 계약체결에 앞서 미리 작성, 비치해 두는 금액이며, 계약사항에 관한 규격서, 설계서 등에 의하여 예정가격을 정하고 이를 밀봉하여 미

리 개찰장소에 두어야 한다(다만 58억 3천만 원 미만 건설공사는 입찰일 7일 전에 예비예정가격을 공개하여야 한다).

### 예정가격의 결정방법
- 총액계약에 대한 예정가격(「국가계약법 시행령」 제8조 제1항)
- 단가계약에 대한 예정가격(「국가계약법 시행령」 제8조 제1항)
- 희망수량 경쟁계약에 대한 예정가격(「국가계약법 시행령」 제12조)
- 장기계속공사와 장기물품제조에 대한 예정가격(「국가계약법 시행령」 제8조 제1항)

### 예정가격의 결정 기준
- 거래실례가격(「국가계약법 시행령」 제9조 제1항 제1호)
- 원가계산에 의한 가격(「국가계약법 시행령」 제9조 제1항 제1호)
- 실적공사비에 의한 가격(「국가계약법 시행령」 제9조 제1항 제3호)
- 감정가격(「국가계약법 시행령」 제9조 제1항 제4호)

## (4) 입찰 및 개찰
### 입찰
- 입찰참가자 신청서류
- 입찰보증금(「사회복지법인재무 · 회계규칙」 제35조): 계약담당자는 경쟁입찰을 하거나 계약을 체결할 때는 현금으로 입찰금액 또는 계약금액의 10분의 1 이상의 보증금을 받아야 한다.

**개찰(「국가계약법 시행령」 제40조)** 입찰집행관은 지정된 시간까지 입찰서를 접수하여 접수마감을 선언한 다음 입찰자의 면전에서 접수된 입찰서를 개봉하고 유효한 입찰서의 입찰금액과 예정가격을 대조하여 적격자를 낙찰자로 선언한다.

**낙찰자의 결정(「국가계약법 시행령」 제42조)** 국고의 부담이 되는 경쟁입찰에 있어서는 예정가격 이하의 최저가격으로 입찰자를 낙찰자로 결정한다(다만 추정가격이 고시금액 이상인 공사 · 물품 및 용역 등의 계약에 있어서는 낙찰자를 결정하기 전에 예정가격 이하의 최저가격으로 입찰한 자 순으로 당해 계약이행 능력을 심사하여야 한다).

## (5) 계약의 체결과 그 이행

### 계약의 체결

- 계약체결 기간: 낙찰통지를 받은 후 10일 이내
- 계약서 작성 및 성립(「사회복지법인재무·회계규칙」 제33조): 계약의 목적, 계약금액, 이행기간, 계약보증금, 위험부담, 지체상금, 기타 필요한 사항 기재 후 계약담당자와 계약상대자가 계약서에 서명날인
- 계약시 첨부서류
  - 사업자등록증사본
  - 인감증명서(법인의 경우 법인인감증명서)
  - 정관(단체수의 계약 등 필요 시)
  - 계약보증금
  - 면허수첩사본(공사의 경우)
  - 기술자수첩사본(공사의 경우)
  - 착공계(공사의 경우)
  - 현장대리인계(공사의 경우)
  - 공정표 등(공사의 경우)
- 필요적 기재사항
  - 시설공사계약: 물품명, 계약금액, 계약보증금, 납품장소, 보증금내역, 지체상금률, 납품일자, 계약이행의 확정내용과 계약자의 주소, 상호, 대표자 성명, 주민등록번호 등 기재
- 계약서 작성 생략(「사회복지법인재무·회계규칙」 제34조)
  - 계약금액이 2천만 원 이하인 계약을 체결하는 경우
  - 경매에 부칠 경우
  - 물품매각의 경우에 있어서 매수인이 즉시 대금을 납부하고 그 물품을 인수할 경우
  - 전기, 가스, 수도의 공급계약 등 성질상 계약서의 작성이 필요하지 아니한 계약을 할 경우

**계약보증금**(「사회복지법인재무·회계규칙」 제35조)  입찰보증금과 같다.

**하자이행보수보증금**  계약이행이 완료된 후 일정 기간 내에 그 계약목적물에 하자가 발생할 것에 대비하여 이에 대한 담보적 성격으로 계약금액의 100분의 10 이하로 예치시키는 것이며, 담보 책임의 존속기간은 목적물 인수 후 10년을 초과할 수 없다(「국가계약법 시행령」 제62조).

**연대보증인 하자보수 의무관계**  연대보증인은 계약자와 연대하여 계약상의 의무를 이행하여야 하는 바, 계약자의 하자보수의무 불이행에 따라 연대보증인이 하자보수 청구를 받을 때는 이를 이행하여야 하며, 정당한 이유 없이 당해 하자보수 의무를 이행하지 아니할 때는 부당업자 제재 처분을 받게 된다(「국가계약법 시행령」 제52조, 제76조, 시행규칙 제 66조).

### 계약의 이행

- 현장 감독의 임무
  - 감독조서의 작성
  - 공사에 사용할 재료의 사전검사
  - 재료의 조합 또는 시험에의 참여
  - 수중 또는 지하매설공사 및 외부검사가 불가능한 공적물 공사에의 참여
  - 공사장에 반입된 관급제 이동의 서면승인
  - 화재방지 등을 위한 임시조치요구

### 직영공사(「사회복지법인재무·회계규칙」 제36조)

- 법인과 시설의 각종 공사는 그 법인의 대표이사와 시설장의 결정에 따라 이를 직영할 수 있다(다만 추정가격이 3천만 원을 초과하거나 건축공사 또는 토목공사로서 시설물의 안전에 영향을 미치는 공사는 제외한다).
- 공사를 할 때는 작업일지와 자재수급부, 노임지급명세표 등을 비치하여 정확하게 기록하고, 그 집행, 관리 및 감독은 이를 전문기술자로 하여금 담당하게 하여야 한다.

**검사 및 대가지급**

- 검사조서 작성(「사회복지법인재무·회계규칙」 제37조)
  - 검사 시기: 계약상대자로부터 당해 계약의 이행을 완료한 사실을 통보받은 날로부터 14일 이내에 완료하여야 한다.
  - 검사방법: 계약담당자는 계약상대자가 계약의 이행을 완료한 때는 그 이행을 확인하기 위하여 계약서, 설계서, 기타 관계서류에 의하여 스스로 필요한 검사를 하여야 하며, 전문적인 지식 또는 기술을 필요로 하거나 기타 부득이한 사유로 검사를 할 수 없을 때는 전문기관 또는 기술자로 하여금 필요한 검사를 하게 할 수 있으며, 검사조서를 작성하여야 한다.
  - 검사조서 생략
    ① 계약금액이 2천만 원 이하인 경우
    ② 매각계약의 경우
    ③ 전기, 가스, 수도의 공급계약 등 그 성질상 검사조서의 작성을 요하지 아니하는 계약의 경우
- 대가지급
  - 부분급: 공사, 제조 및 물품구입과 기타 도급계약에 의하여 기성부분 또는 기납부분에 대하여 완공 전 또는 납기 전에 대가를 지급하는 경우에는 계약수량, 이행의 전망, 이행기간 등을 참작하여 적어도 매 1개월마다 지급하여야 한다.
  - 완성급: 국고의 부담이 되는 계약의 대가는 검사조서 작성 후 계약상대자에게 대가지급 청구를 받은 날로부터 14일 이내에 지급하는 것이 원칙이며, 14일을 초과하지 않는 범위 내에서 지급기간을 연장할 수 있다.
- 지체상금
  - 의의: 계약상대자가 계약이행이 가능함에도 기한이 초과할 때까지 이행하지 않을 경우, 즉 이행지체에 대한 손해배상금이다.
  - 지체상금의 징수율
    ① 물품제조 및 구매: 1,000분의 1.5
    ② 물품의 수리·용역·가공·대여 및 기타: 1,000분의 2.5
    ③ 공사: 100분의 1, 다만 예정가격의 85% 미만으로 낙찰된 자의 계약을

체결하는 경우에는 1,000분의 2

④ 운송 및 보관 · 양곡 · 가공: 1,000분의 5

- 지체상금의 징수방법

① 현금으로 징수한다.

② 동일한 계약에 있어서 지체상금은 대가지급 지연에 대한 이자, 대가, 기타 예치금과 순차로 상계가능하다.

③ 지체상금이 계약보증금에 달하게 되면 특별한 사유가 없는 한 계약을 해제 · 해지할 수 있다.

④ 계약기간 내 준공된 공사에 대하여 준공검사 결과 재시공지시를 하였을 때는 재시공지시 일로부터 지체상금을 징수하여야 한다.

※ 본 내용은 「사회복지재무 · 회계규칙」, 「국가를 당사자로 하는 계약에 관한 법령」을 발췌하여, 작성한 지침으로서 업무처리 시 우선 「사회복지법인재무 · 회계규칙」을 적용하여 처리하시고, 미비할 경우 「국가를 당사자로 하는 계약에 관한 법령」 등을 준용하여 규정에 맞도록 업무를 처리하는 것이 바람직하다.

---

# 인 쇄 계 약 서

| 인쇄물명 | '○○○' 소 식 지 | |
|---|---|---|
| 계약금액(1회당) | 一金: | 원정(부가세 포함) |
| 계약보증금 | 一金: | 원정 |

앞의 인쇄계약을 체결함에 있어 편의상 위탁자 '○○○○'를 '갑'이라 칭하고 수탁자 '○○○○인쇄소'를 '을'이라 약칭하여 다음 사항을 계약한다.

## 제1조(인쇄물 사양)
인쇄물 사양은 '붙임'과 같다.

## 제2조(계약기간 및 연장)
인쇄물 계약기간은 계약일로부터 0000년 0월 0일까지로 하며, 계약기간이 만료되더라도 '갑'과 '을'이 합의한 때는 계약기간을 1년씩 연장할 수 있다.

### 제3조(계약이행보증금의 납부 및 귀속)

① '을'은 계약이행을 보증하기 위하여 계약 예정단가(4회 발행기준) 총액의 10분의 1에 해당하는 현금 또는 시중은행의 보증수표를 '갑'에게 납부하여야 한다. 다만 '갑'과 '을'의 쌍방 합의하에 국채 또는 보증보험이행증권으로 이를 대체 납부할 수 있다.
② '을'이 계약을 이행하지 아니한 때는 계약이행보증금을 '갑'에게 귀속한다.

### 제4조(지체상금)

'을'은 '갑'이 요구한 기한까지 물품을 납품하지 아니할 때는 지체상금으로 지연일수 1일에 대하여 계약금액의 1,000분의 1.5에 상당하는 금액을 '갑'에게 납부하여야 한다. 다만 천재지변 등 기타 부득이한 사유로 인하여 불가항력이라고 '갑'이 인정할 때는 이를 면제할 수 있다.

### 제5조(인쇄물의 변경 및 부수의 증감)

'갑'이 필요하다고 인정할 때는 인쇄 내용의 일부를 변경하거나 인쇄물량의 수량을 증감할 수 있다. 다만 쪽수 및 부수의 증감 시에는 '을'이 '갑'에게 제출한 견적단가에 비례하여 계약금액을 조정한다.

### 제6조(납품 전 검사)

'을'이 납품하고자 할 때는 사전에 '갑'에게 통보하고 '갑'의 검사를 받아야 한다. 만일 물품에 하자가 발생할 경우 재검사를 받고 납품하여야 한다.

### 제7조(납품장소)

'을'은 '갑'이 지정하는 장소에 물품을 납품하여야 한다.

### 제8조(권리 및 양도금지)

① '을'이 인쇄한 '○○○'소식지의 저작권, 판매권 등 일체의 권리는 '갑'이 갖는다.
② '을'은 '갑'과 체결한 본 건에 관하여 어떠한 경우에도 제삼자에게 양도할 수 없다.

### 제9조(계약변경 및 해지)

① '을'은 이 계약 체결 후 일반적인 물가상승 등을 이유로 해서 계약의 변경 또는 해지를 요구하지 못한다.
② '을'이 계약사항을 이행하지 않을 시 '갑'은 일방적으로 계약을 해지할 수 있다. 이 경우 '갑'은 계약해지로 인한 손해배상을 청구할 수 있으나 '을'은 청구할 수 없다.

## 제10조(대금지불)

'갑'은 인쇄비 대금을 검수 및 납품 완료 후 지불한다.

## 제11조(계약조문의 해석)

본 계약의 각 조항에 의문과 쟁의가 발생할 때는 '갑'의 해석에 따르고, 이 계약에 약정되지 아니한 것은 계약 원칙에 의한다.

## 제12조(비밀준수)

'을'은 계약된 인쇄물과 관련하여 지득한 '갑'의 업무상 비밀을 타인에게 누설하여서는 아니 된다.

## 제13조(성실의무)

'갑'과 '을'은 본 계약을 성실하게 이행하여야 하며, 조항을 위반하였을 때는 일반 민·상법의 관례에 따른다.

## 제14조(기타)

'을'은 납품 시 인쇄물 내용이 전량 입력된 디스켓 또는 CD와 원판을 '갑'에게 이관한다. 단 중도 해약 시에도 그 동안 작업결과 인쇄물 내용이 입력된 디스켓, 사진원판 등 일체를 '갑'에게 이관한다.

앞 계약의 내용을 증명하기 위하여 계약서 2통을 작성해 이에 서명하고, '갑'과 '을'이 각각 1통씩 보관한다.

붙임: 인쇄물 사양서 1부.

○○○○년 ○월 ○일

'갑'(위탁자) ○○○○
총장 ○○○ (인)
'을'(수탁자) (주) ○○○ 회사
대표 ○○○ (인)

# 6. 문서관리

## 1) 문서관리

문서의 개념은 행정기관 및 기관의 종사자가 직무상 작성한 문서를 말한다. 문서의 필요성은 다음과 같다.

- 내용이 복잡하여 문서가 없이는 당해 업무의 처리가 곤란할 때
- 사무처리 결과의 증빙자료로서 문서가 필요할 때
- 사무처리의 형식상 또는 체제상 문서의 형식이 필요할 때
- 사무처리에 대한 의사소통이 대화로는 불충분하여 문서에 의한 의사소통이 필요할 때
- 사무처리의 결과를 일정 기간 동안 보존할 필요가 있을 때 등

문서의 종류는 공문서와 사문서로 나뉜다. 유통대상에 의한 구분은 다음과 같다.

- 대내문서: 기관 내부에서 지시, 명령 또는 협조를 하거나 보고 또는 통지를 위하여 수발하는 문서다.
- 대외문서: 국민이나 단체 또는 다른 행정 기관 간에 수발하는 문서다.

정부의 문서관계규정은「사무관리규정(대통령령)」「사무관리규정 시행규칙(행자부령)」「공공기관의 기록물관리에 관한 법률, 시행령, 시행규칙」에 근거하고 있다. 문서관리의 능률화와 통일을 기하기 위하여 문서의 작성, 처리, 시행, 통제, 보관, 보존 및 인장관리 등에 관하여 필요한 사항을 규정함을 목적으로 한다. 용어의 정의는 다음과 같다.

- '문서'라 함은 조직의 대내적 또는 대외적으로 업무상 적성 또는 시행 및 자

립센터가 접수하는 모든 서류(그림을 포함한다)를 말한다.

- '보관'이라 함은 문서의 처리완결 후부터 보존되기 전까지의 관리를 말한다.
- '보존'이라 함은 보관이 끝난 문서를 소정의 기간에 따라 관리하는 것을 말한다.
- '이관'이라 함은 보관중의 문서를 처리하여 보존의 필요가 있는 것을 소정의 주관 담당팀에게 인계하는 것을 말한다.
- '집중관리'라 함은 처리 완결된 모든 문서를 기관단위로 주관 팀에게 보존하는 것을 말한다.
- '분산관리'라 함은 각 팀 단위로 소관 팀에서 처리 완결된 문서를 보관, 보존하는 것을 말한다.
- '주관 팀'이라 함은 문서내용의 처리를 담당하는 팀을 말한다.

문서는 예규문서, 영달문서, 회의문서, 공고문서, 회계문서, 연구문서와 일반문서로서 다음과 같이 분류한다.

- 예규문서는 법령, 규정, 규칙, 예규 등 규정사항을 정하는 문서를 말한다.
- 영달문서는 훈령, 지시, 일일명령 등 관장이 팀장 및 직원에게 또는 팀장이 팀원에게 일정한 사항을 지시하는 문서를 말한다.
- 회의문서는 운영위원회, 인사위원회 등 기타 각종 회의에 관한 문서를 말한다.
- 공고문서는 공고, 광고 등 일정한 사항을 직원 또는 일반인에게 널리 알리기 위한 문서를 말한다.
- 회계문서는 세입, 세출 및 예금관리 등 회계에 관한 문서를 말한다.
- 연구문서는 각종 조사, 연구, 시험, 분석의 계획, 기록 및 보고에 관한 문서를 말한다.
- 사진, 디스크, 테이프, 필름 및 슬라이드 등도 문서에 준하여 처리한다. 문서의 성립과 효력발생은 최종결재권자가 결재함으로써 성립되고, 상대방에게 도달됨으로써 효력이 발생한다. 다만 공고문서는 공고한 후 5일이 경과한 날로부터 효력이 발생한다.

문서는 다음의 구분에 의하여 작성한다.

- 규정문서는 조문형식에 의하여 작성하여 매년 일련번호를 사용한다.
- 영달문서는 다음의 구본에 따라 작성한다.
  - 지시: 소장이 국장 및 직원에게 또는 국장이 팀원에게 구체적으로 일정한 사항을 지시하기 위하여 발하는 명령으로서 분류기호 및 연도별 일련번호를 사용한다.
  - 일일명령: 당직, 출장, 특근 및 각종휴가 등 일일 업무에 관한 명령으로써 연도별 일련번호를 사용한다.
  - 공고문서: 일정한 사항을 직원 또는 일반인에게 알리는 문서를 말하며, 연도별 일련번호를 사용한다.

## 2) 문서작성 실무

문서 용지의 규격 및 색깔은 도면, 통계표, 증명서류, 기타 특별한 형식의 문서를 제외하고는 A4 종이를 세워서 쓰는 것을 원칙으로 한다. 문서의 용지는 원칙적으로 흰색을 사용하며, 도표를 제외한 문서에 기입하는 문서의 색채는 청색 또는 흑색을 원칙으로 한다. 다만 특별한 사항을 표시하고자 할 때는 다른 색채를 사용할 수 있다.

- 문서는 쉽고 간명하게 한글로 가로 쓰되 표준말을 사용한다. 다만 뜻의 전달이 곤란한 것은 괄호 안에 한자 또는 외국어를 병용할 수 있다.
- 문서에 사용하는 숫자는 아라비아 숫자를 쓴다. 다만 계약서, 영수증 등 필요한 경우에는 한글 또는 한자를 쓸 수 있다.
- 문서에 사용하는 일시는 숫자로 표시하며, 년 · 월 · 일의 글자를 생략하고, 점(.)을 찍어 년. 월. 일을 구분할 수 있다.(예, 2007. 7. 2.)
- 문서에 쓰는 시간은 24시간제에 의하여 숫자로 쓰되, 시 · 분의 문자는 생략하고, 쌍점(:)을 찍어 시:분을 구분한다.(예, 13:50)

문서의 수정은 일부분을 삭제하거나 수정할 때는 해당부분에 두 줄을 긋고 그 윗부분에 내용을 기입하며 삭제 수정한 곳에 날인하여야 한다. 다만 중요한 삭제 또는 수정에는 그 삭제 또는 수정한 것의 란 밖에 삭제한 자수를 표시하고 날인하여야 한다.

- 문서가 두 장 이상으로 이루어진 때는 문서의 하단부 중앙에 전면수와 그 면의 일련번호를 기입하여야 한다.
- 첨부서류에는 면의 표시를 따로 하며, 전면수는 생략할 수 있다.

행정문서의 여백은 위로부터 30mm, 왼쪽으로부터 20mm, 오른쪽으로부터 15mm, 아래로부터 15mm를 사용한다.

- 일반문서 중 발신문서는 두문, 본문, 결문으로 구성한다.
  - 두문은 발신기관명, 분류기호 및 문서번호, 시행년월일, 수신란으로 한다.
  - 본문은 제목 및 내용으로 하되, 첨부물을 표시할 때는 이를 포함한다.
  - 결문은 발신자명의 및 수신처란으로 한다.
- 문서의 두문 중 수신란을 경유, 수신 및 참조로 구분하여 다음에 따라 기입한다.
  - 경유는 문서내용에 따라 관계기관 또는 관계 부서의 경유를 필요로 하는 경우에 그 기관 또는 부서장의 직명을 쓴다.
  - 문서의 수신 및 수신기관은 수신부서장의 직명을 쓴다. 수신 부서가 2 이상일 때는 '수신처 참조'라 쓰고, 결의 수신처란에 수신부서명 또는 기호를 표시한다.
  - 참조는 그 문서를 직접 처리하여야 할 부서장의 직명을 쓴다.
- 문서의 본문 중 제목은 문서의 내용을 쉽게 알 수 있도록 간명하게 표시하여야 하며, 내용은 그 문서로서 표현하고자 하는 뜻을 쉬운 말로 간략하게 작성하여야 한다. 다만 회보를 제외하고는 성질을 달리하는 내용을 같은 문서로 작성할 수 없다.
- 문서의 결문 중 수신처란을 설정하는 경우에는 발신명의 다음 줄 왼쪽에 수

신처라고 쓰고 수신기관이나 수신부서명을 쓴다.

문서의 종결은 문서의 끝 및 첨부의 표시는 문서의 본문이 끝나면 한 자 띄어 '끝'자를 쓰고, 첨부물이 있을 때는 본문내용의 말미에서 줄을 바꾸어 '첨부'의 표시를 한 후 첨부물의 순위, 명칭 및 부수를 개재한 후 한 자 띄고 '끝'자를 쓴다.

항목의 표시: 문서의 내용을 2 이상의 항목으로 구분할 필요가 있을 때는 다음과 같이 나누어 표시한다.

- 첫째 항목의 구분은 1, 2, 3, ……으로 나누어 표시한다.
- 둘째 항목의 구분은 가, 나, 다, ……로 나누어 표시한다.
- 셋째 항목의 구분은 1), 2), 3), ……으로 나누어 표시한다.
- 넷째 항목의 구분은 가), 나), 다), ……로 나누어 표시한다.
- 다섯째 항목의 구분은 (1), (2), (3), ……으로 나누어 표시한다.
- 여섯째 항목의 구분은 (가), (나), (다), ……로 나누어 표시한다.
- 제2호, 제4호 및 제6호의 경우에 하, 하), (하) 이상 계속되는 때는 거, 거), (거), 너, 너), (너), ……로 이어 표시한다.

문서의 발신명의가 대외의 기관 등에 발신하는 문서는 소장의 명의로 발신한다. 직인 및 계인의 사용은 다음과 같다.

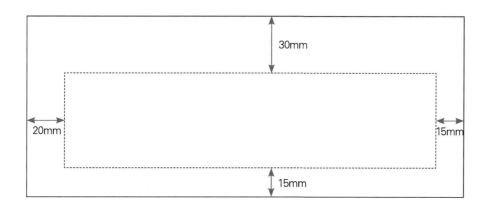

**그림 7-1** 문서 용지의 여백

- 임용장, 상장 및 각종 증명서류에 속하는 문서에는 직인 및 계인을, 대외로 발신하는 문서(전신에 의한 문서는 제외한다)에는 직인을 날인한다.
- 경미한 내용이나 동일내용으로 다량으로 발생되는 문서의 경우 시행문의 기관명 상단 중앙에 직인 생략의 표시를 하고 직인의 날인을 생략할 수 있다.
- 주관 팀의 장은 인장날인기록부(별지 제1호 서식)를 비치하여야 한다. 다만 계인날인 기록부는 재증명발급대장으로 이에 대신할 수 있다.

문서의 접수와 처리는 다음과 같다.

- 대외문서는 주관 팀에서 접수한다.
- 문서를 접수한 때는 문서접수대장에 기록하고 문서의 적당한 여백에 문서접수인을 날인하여야 한다.
- 모사전송, 전신 또는 전화에 의하여 문서를 접수한 때는 문서의 좌측 상단에 'FAX접수' '전신' 또는 '전화'라 표시하고 송, 수화자의 직위, 성명, 일자 및 접수 시각을 명시하여야 한다.
- 주관 팀 이외의 팀에서 대외문서를 접수한 때는 지체 없이 주관 팀에 인계하여 접수하게 하여야 하며, 당직근무자가 문서를 접수한 때는 다음 출근시간 직후에 주관 팀에 인계하여야 한다.

문서분류 및 처리는 다음과 같다.

- 주관 팀에서 문서를 접수한 때는 가능한 한 최소시간 안에 분류하여 소관 팀에 이송하고, 접수한 문서가 2 이상의 팀에 관련되는 경우에는 가장 같은 관련되는 팀에 이송한다.
- 소관 팀의 장은 접수한 문서를 인수한 즉시 중간보조자의 공람 서명 없이 문서를 처리할 최종 결재권자의 선결을 받아야 한다. 다만 경미한 내용의 경우에는 소관 팀의 장이 선결하고 처리할 수 있다.
- 선결하는 결재권자는 그 문서의 처리시기 및 처리방법을 지시하여 필요하다고 인정할 때는 그 처리담당자를 따로 지정할 수 있다.

문서의 반송 및 이송은 다음과 같다.

- 접수한 문서에 형식상의 흠이 있을 때는 그 뜻을 기재하여 이를 주관 팀에서 반송하여야 한다.
- 주관 팀으로부터 그 소관에 속하지 아니하는 문서를 이송받은 팀장은 이송 사유 및 일시를 명기하여 지체 없이 주관 팀으로 다시 이송하여야 한다.

기안 및 시행문은 다음과 같다.

- 문서 기안의 서식의 따로 정하여진 경우를 제외하고는 서식에 의해 기한하며, 문서접수대장에 기록 · 보관한다.
- 문서의 기안책임자와 계산서, 통계표, 도표 등 기타 작성상의 책임을 밝힐 필요가 있는 첨부물의 작성자는 기안문의 해당란 또는 첨부물 여백에 서명, 날인하여야 한다. 기안생략은 제증명서 교부, 기타 관례적인 사무에 관한 문서는 따로 기안하는 것을 생략하고 그 내용을 관계대장에 기입하여 처리할 수 있다.

협조는 다음과 같다.

- 기안문서의 내용이 다른 팀에 관련되는 것일 때는 기안용지의 기안자 밑에 협조란을 만들어 관련 팀장의 협조서명을 받아야 한다.
- 협조에 있어서 동의할 수 없는 경우에는 그 사유를 반드시 명시하여야 하며, 조건성 동의를 한 때는 그 사유와 조건 내용을 명시한 후 설명할 수 있다.
- 협조가 이루어지지 아니한 사항은 상급결재권자의 결정에 따른다.

결재는 다음과 같다.

- 기안된 문서는 결재권자의 서명 또는 날인을 받아야 한다.
- 결재권자는 2장 이상으로 이루어지는 문서를 결재할 때는 그 합철되는 부분

에 결재권자의 사인이 있어야 된다.

전후관계를 명백히 할 필요가 있는 문서, 사실 또는 법규관계의 증명에 관계되는 문서, 기타 중요 문서 전결, 대결, 후결, 후열은 ① 대표는 업무의 내용에 따라 그의 보조기관으로 하여금 위임 전결하게 할 수 있으며, 위임전결할 때는 전결권자란에 전결 서명을 하고 결재권자란에 결재한다. ② 결재권자의 출장, 휴가, 기타의 사유로 상당한 기간 부재중일 때 또는 긴급한 문서로서 결재권자의 결재를 받을 수 없을 때는 그 직무를 대행하는 자가 대결하는 자의 란에 대결 서명을 하고 대결할 수 있으며, 그 내용이 중요한 문서는 결재권자의 후결을 받아야 한다. ③ 전결사항의 내용이 이례적인 것일 때는 후결을 받거나 또는 그 내용을 조속히 상위자에게 보고하여야 한다. ④ 대결문서를 시행한 후 결재권자가 후결 시에 그 내용을 수정한 때는 그 수정한 내용을 수신자에게 통보하여야 한다. ⑤ 대결을 하는 문서로서 결재권자의 후결 또는 후열을 요하는 경우에는 결재란에 후결 또는 후열(서명)을 하고, 후결 또는 후열의 서명을 할 여백을 두어야 한다.

문서의 시행은 다음과 같다.

- 문서의 시행은 최종결재를 받은 후 자립센터 내부사항이 아닌 발송을 위한 문서일 경우 시행문을 별도용지를 사용하지 않고 기안문 사본에 인장을 날인하고 발송함을 원칙으로 한다. 다만 긴급을 요할 때는 모사전송, 인편, 전신 또는 전화에 의하여 송신할 수 있다.
- 모사전송, 전신 또는 전화에 의하여 발신할 때는 기안문 좌측 상단에 주서로 'FAX 발송' '전신' 또는 '전화'라 표시하고 송수화자의 직위, 성명, 송수화 일자의 및 시각을 명시하여야 한다. 보고문서의 실행은 정기보고 또는 수시 보고로서 제출하는 계산서, 통계표 도표 등의 보고문서는 시행문을 생략할 수 있다

문서통제자는 다음과 같다.

- 문서통제에 관한 업무를 관장하기 위하여 주관 팀에 문서통제자를 두며, 문서통제자는 주관 팀장이 된다.
- 문서통제자는 그의 직무를 보조하게 하기 위하여 문서통제 담당자를 둘 수 있다.

통제의 내용은 다음과 같다.

- 문서통제자(문서통제담당자를 포함)가 문서를 통제할 때는 다음 사항을 검토하고, 문서통재자의 승인 없이는 열람할 수 없다. 결재권자의 결재여부, 타문서와 내용상의 중복여부, 가안문과 시행문의 대조, 전결구분의 착오여부, 문서처리 기한의 경과여부, 첨부물의 확인 법령 및 제규정의 접촉여부 등이다.
- 규정에 의한 검토결과 미비한 점이 발견될 때는 부전지에 그 뜻을 기재하여 당해 문서의 소관 팀에 반송한다. 다만 경미한 사항은 문서통제자가 이를 직접 수정할 수 있다.

문서의 보관 및 보존 기능별 10진 분류방법에 따라 분류한다. 1건 철은 문서가 매 건마다 그 발생에서 완결에 관계되는 문서를 일괄하여 발생순서에 따라 1건으로 합철한 것이다. 보관철의 사용은 다음과 같다.

- 1건 철이 된 문서를 보관하고자 할 때는 보관철을 사용한다.
- 보관할 때는 편철목록을 작성하여 보관철의 첫 페이지에 첨부하여야 한다.

편철방법은 완결된 1건 문서는 보관철의 조견표가 있는 면에 완결일자 순으로 최근 문서가 상부에 오도록 철하고, 그 반대편에 색인 목록을 붙인다. 보관철의 조견표에는 문서분류번호, 기능명칭, 부제목, 보존기간, 보존기간완료 일자를 기재하여야 한다. 보관철 내의 장수표시는 하부한계선 좌측에 기입한다. 부제목의 설정요령은 1건 철의 문서량이 많거나 같은 기능의 문서량이 많아 1개 보관철에 철할 수 없을 경우에는 지역별, 인명별, 월별 등으로 구분하여 별개의 보관철에 분할하여 철하고, 조견표에 부제목을 기입한다.

특수문서 보관은 첨부물로 되는 인쇄물 또는 책자로서 보관철에 합철하기가 곤란할 경우에는 보관철 표면에 관계문서의 기관번호, 분류기호, 일자, 제목을 기재하여 별도 보관한다. 배열은 다음과 같다.

- 완결된 문서는 서류함에 보관하고, 서류함 안의 보관철의 배열은 문서분류기호 순으로 조견표의 기재사항을 용이하게 볼 수 있도록 하여야 한다.
- 일건철로 완결될 때까지 지정된 서류함에 보관하여야 한다.
- 미결문서 보관철에는 담당자명을 명기하여 색출에 용이하도록 하여야 한다.
- 각 보관단위의 문서보관책임자 또는 담당자는 모든 문서내용의 누설, 도난, 훼손이 없도록 일괄개시 시에 서류함을 개함하고, 일과 종료 시에는 서류함을 잠궈야 한다.

문서보관 보존기간은 보통 7종으로 구분한다. 영구보존(갑종)은 원본을 마이크로필름으로 촬영한 후 원본과 필름을 영구히 보존한다. 영구보존(을종)은 원본을 마이크로필름으로 촬영한 후 원본은 폐기하여도 무방하다. 문서보존은 30년, 20년, 10년, 5년, 3년, 1년으로 기관마다 내부 지침을 정하여 보존한다.

보존기간의 변경은 소관문서의 보존기간을 단축 또는 연장하고자 할 때 기관장의 승인을 받아 단축 또는 연장 조정할 수 있다. 보존기간의 기산은 처리 완결의 다음 연도 1월 1일부터 기산한다. 문서관리 단위는 보존문서의 효율적인 관리를 위하여 각 기관별로 문서의 발생량, 성질에 따라 집중관리 또는 분산관리한다.

문서의 인수인계는 매년도 초에 전년도에 완결된 문서 중 보존대상 문서를 집중관리의 주관 팀에 디스켓과 함께 인계하여 정리, 보존하게 한다. 다만 각 소관 팀에서 수시로 열람할 필요가 있는 보관철은 소관 팀에서 원본을 보관할 수 있다.

인계목록은 규정에 따라 보존대상문서를 인계하는 경우에 보존문서 인계인 관서를 2부 작성하여 1부는 인계수령인을 받아 소관 팀에서 보관하고, 1부는 인계될 문서에 첨부한다. 보존문서의 보관철은 보존문서 기록대장에 기재하고, 연도별, 분류기호별, 보존기간별로 보존한다. 보존문서 기록대장은 주관 팀이 보존된 보관철의 현황을 파악하기 위하여 보존기간 별로 그 현황을 기록, 비치하여야 한다.

**표 7-5** **문서접수대장**

| 연번 | 접수<br>일자 | 분류<br>기호 | 발신처 | 제목 | 첨부물 | | 처리<br>일자 | 접수<br>자인 | 인수<br>자인 |
|---|---|---|---|---|---|---|---|---|---|
| | | | | | 명칭 | 수량 | | | |
| | | | | | | | | | |
| | | | | | | | | | |

　문서의 점검 보존문서관리 담당자는 연 1회 이상 보존문서 기록대장과 보존문서를 대조하여 보존상대 및 현황을 확인하여야 한다. 보관철을 대출할 때는 보존문서 대출기록부에 필요한 사항을 기재하고,주관 팀장 또는 소관팀장의 승인을 받아 대출한다.

**표 7-6** **문서발송대장**

| 연번 | 발송<br>일자 | 수신처 | 시행<br>일자 | 문서<br>번호 | 제목 | 첨부물 | | 수령인 | 비고 |
|---|---|---|---|---|---|---|---|---|---|
| | | | | | | 명칭 | 수량 | | |
| | | | | | | | | | |
| | | | | | | | | | |

원본보관과 시행문의 폐기결정은 다음과 같다.

- 소관 팀에서 생산한 문서의 원본은 소정의 기간 동안 보존하고, 그 시행문을 배부받은 부서에서는 처리를 완결하여 1년이 경과한 후 이를 폐기할 수 있다.
- 규정에 의하여 문서를 폐기 결정할 때는 처리 완결을 확인하고, 팀장의 승인을 받은 후 폐기절차를 밟는다.

보존기간 만료문서의 폐기는 다음과 같다.

- 주관 팀장은 보존기간이 만료된 문서를 폐기하고자 할 때는 보존문서 기록대장에 빨간색 글씨로 폐기일자를 기입하고 일괄 폐기하여야 한다.

- 소관팀장이 분산관리 중 이 문서를 폐기하고자 할 때는 폐기 문서 목록에 의거하여 주관 팀장에게 폐기를 의뢰하여야 한다.

영구보존 문서의 보존은 다음과 같다.

- 영구보존문서를 마이크로필름으로 보존하는 경우에는 색인을 위하여 필름과 보존문서 기록대상을 함께 보관한다. 영구보존문서를 마이크로필름으로 보존하는 경우에는 당해 문서의 원본을 같이 보관한다. 다만 보조나 장소의 협소, 지연, 소멸, 기타 사정으로 보존하기가 곤란할 경우에는 원본을 폐기할 수 있다.

문서에 사용되는 인장관리는 다음과 같다.

- 관리 및 사용책임자는 인장의 관리 및 사용책임을 실제업무 취급자에게 위임할 수 있다.
- 인장은 항상 견고한 상자에 보관하여야 하며, 화재나 기타 비상사태 시에는 인장을 우선적으로 반출하여야 한다. 인장이라 함은 시설에서 사용하는 인장으로서 원장의 명의로 발행하는 문서의 증명서, 기타 증명을 요하는 문서에 날인하기 위하여 새긴 직인 및 특수인을 말한다. 인장의 글씨는 인장의 인영을 한글 전서체로 하되, 가로로 새기고, 계인은 세로로 새기는 것을 원칙으로 한다.

날인방법은 다음과 같다.

- 인장은 문서를 발신, 교부 또는 인증하는 직위의 직명 또는 성명의 끝자가 가운데로 오도록 날인한다.
- 계인은 발행하는 문서 또는 증명서의 중앙상단과 발행, 증명대장의 해당란을 기재하고 간인한다. 날인기록은 인장의 날인을 소정의 결재과정이 완료된 문서에 한하여 인장 날인 기록부에 기재하고 날인한다.

분실 또는 도난이 발생한 경우에 다음과 같다.

- 인장을 분실 또는 도난당하였을 때는 즉시 문서주관 팀장을 경유 소장에게 보고하고 긴급조치를 취하여야 한다.

**표 7-7  인장날인기록부**

| 년월일 | 분류번호 | 발신처 | 수신처 | 제 목 | 부 수 | 취급자인 |
|---|---|---|---|---|---|---|
|  |  |  |  |  |  |  |
|  |  |  |  |  |  |  |

문서작정 내용을 정리하면 다음 절차를 준수한다.

### (1) 용지의 규격
가로 210mm, 세로 297mm(A4용지)

### (2) 편집 규격
위: 3cm, 아래: 1.5cm, 왼쪽: 2cm, 오른쪽: 1.5cm
※ 문서의 편철 위치나 용도에 따라 각 여백을 달리할 수 있다.

### (3) 문서의 용어
- 글자: 한글로 작성, 올바른 뜻 전달을 위해 괄호 안에 한자, 기타 외국어를 넣어 쓸 수 있으며, 한국 맞춤법에 따라 가로로 쓴다.
- 숫자: 아라비아 숫자로 쓴다.
- 연호: 서기연호를 쓰되 '서기'를 표시하지 않는다.
- 날짜: 숫자로 표기하되, 연, 월, 일의 글자는 생략하고, 그 자리에 점을 찍어 표시한다(예, 2004. 4. 1.).
- 시간: 24시간 제에 따라 표시하되, '시' '분'의 글자는 생략하고, 그 사이에 쌍점(:)을 찍어 표시한다(예, 13:30).

### (4) 용지 및 글의 색채

- 용지: 흰색
- 글자의 색채: 검은색 또는 푸른색

### (5) 문서의 수정

- 문서의 일부분을 삭제 또는 수정하는 경우
  - 원안의 글자를 알 수 있도록 삭제 또는 수정하는 글자의 중앙에 가로로 두 줄을 그어 삭제 또는 수정한다.
  - 삭제 또는 수정한 자가 그곳에 서명 또는 날인하여야 한다.
- 문서의 중요한 내용을 삭제 또는 수정하는 경우
  - 문서의 여백에 정정한 자수를 표시하고 서명 또는 날인한다.

### (6) 항목의 구분

문서의 내용을 둘 이상의 항목으로 구분하여 작성하고자 할 때는 다음과 같이 나누어 표시한다.

| 구 분 | 항목 부호 |
|---|---|
| 1 | *1., 2., 3., 4. …… |
| 2 | **가., 나., 다., 라. …… |
| 3 | ***(1), (2), (3), (4) …… |
| 4 | ****(가), (나), (다), (라) …… |
| 5 | *****1), 2), 3), 4) …… |
| 6 | ******가), 나), 다), 라) …… |
| 7 | *******①, ②, ③, ④ …… |
| 8 | ******** …… |

※ 기안문 작성 시에 하나의 항목만 있을 경우에는 항목 구분 생략

### (7) 문서의 '끝' 표시

- 본문이 끝났을 경우: 1자(2타) 띄우고 '끝'자 또는 '마침'을 쓴다.
- 첨부물이 있는 경우: 첨부의 표시를 한 다음에 1자(2타) 띄우고 '끝'자를 표

시한다.

- 본문 또는 첨부의 표시문이 오른쪽 한계선에서 끝났을 경우: 다음 줄 왼쪽 기본선에서 1자 띄우고 '끝'을 표시한다.

예)

```
┌─────────────────────────────────────────┐
│                                           │
│  첨부 ─────────────── 1부                 │
│  × 끝.                                    │
│                                           │
└─────────────────────────────────────────┘
```

- 기재사항이 서식의 마지막 칸까지 작성되는 경우: 서식의 칸 밖 다음 줄의 왼쪽 기본선에서 1자 띄우고 '끝' 자를 표시한다.

| 응시번호 | 성 명 | 주민등록번호 | 주 소 |
|---|---|---|---|
| 10 | 홍길동 | 790101 - 0000000 | |
| 33 | 이홍열 | 790505 - 0000000 | |

×끝.

## (8) 첨부물의 표시

- 본문이 끝난 다음 줄에 첨부의 표시를 한다.
- 첨부물이 두 가지 이상인 때는 항목을 구분하여 표시한다.

## (9) 금액의 표시

유가증권 및 문서에 금액을 표시[예, 금 15,790원(금 일만오천칠백구십 원)]한다.

# 3) 문서의 구성 체제

## (1) 문서의 구성

- 두문
  - 기관명

  - 우편번호, 주소, 전화번호, 처리과, 관련자 등

  - 문서번호, 시행일자, 보존기간

  - 공개여부

  - 수신란 등

• 본문

  - 제목, 내용, 첨부

• 결문

  - 발신명의, 수신처란

## (2) 문서번호

기관코드＋일련번호(예, 직재 2013 - 007)

## (3) 수신기관의 표시

• 문서의 두문 중 수신란의 표시는 경유, 수신 및 참조로 구분한다.

  - 공개여부 → 공개 여부를 기재함.

  - 경유 → 경유기관의 장의 명칭을 씀(○○○ 청장).

  - 수신 → 수신기관의 장의 명칭을 씀(○○○ 장관).

  - 참조 → 수신기관에서 당해 문서를 처리할 자의 직위를 씀(○○○ 과장).

  ※ 내부결재문서는 수신란에 내부결재라고 표시

• 수신기관이 2개 이상인 경우

  - 두문의 수신란에 '수신처 참조'라고 쓴다.

  - 결문의 발신명의란 아래에 수신 기관명을 표시한다(기관장의 명이 아님).

## (4) 제목의 표시

제목은 그 문서의 내용을 함축하여 나타내는 문구로, 문서의 내용을 쉽게 알 수 있도록 쉬운 말로 간단하고 명확하게 표시한다.

## (5) 발신명의의 표시

• 문서는 당해 기관장의 명의로 발신한다.

- 내부결재는 발신명의를 표시하지 않는다.

## 4) 문서의 기안

### (1) 기안의 개념
- 기관의 의사를 결정하기 위하여 문안을 작성한다.
- 일반 기안은 어떤 하나의 안건을 처리하기 위하여 정해진 기안용지에 문안을 작성하는 것이다.

### (2) 기안자
직급에 관계없이 규정에 의하여 업무를 담당하는 자

## 5) 결 재

### (1) 결재의 의의
- 결재는 법령의 규정에 의하여 소관사항에 대한 기관의 의사를 결정할 권한을 가진 자가 직접 그 의사를 결정하는 행위를 말한다.
- 전결이라 함은 행정기관의 장으로부터 사무의 내용에 따라 결재권을 위임받은 자가 행하는 결재를 말한다. 그 위임전결사항은 당해 기관의 장이 미리 정한다(위임 전결 규정).
- 대결이라 함은 결재권자가 휴가·출장, 기타의 사유로 결재권자의 사정에 의하여 결재할 수 없을 때 그 직무를 대리하는 자가 행하는 결재를 말한다.

### (2) 전결 및 대결의 표시
- 전결의 표시: 위임전결사항을 전결하는 때는 기안용지의 보조기관란 중 전결한 자의 서명란에 '전결'의 표시(고무인으로)를 하고 결재란에 서명한다.
- 대결의 표시: 문서를 대결하는 때는 기안용지의 보조기관란 중 대결할 자의 서명란에 '대결'의 표시를 하고 결재란에 서명한다. 대결한 문서 중 그 내용이 중요한 문서에 대하여는 결재권자에게 사후에 보고한다.

### (3) 결재문서의 간인

- 간인의 의의: 간인은 2자 이상으로 이루어지는 중요문서의 앞장의 뒷면과 뒷장의 앞면에 걸쳐 찍는 도장 또는 그 행위다.
- 간인의 대상문서
  - 전후관계를 명백히 할 필요가 있는 문서
  - 사실 또는 법률관계의 증명에 관계되는 문서
  - 기타 결재권자가 중요하다고 인정하는 문서
- 간인의 방법
  - 결재인으로 문서 사이에 날인
  - 간인에 갈음하여 천공방식으로도 할 수 있음.

### (4) 관인의 찍는 위치

관인은 그 기관 또는 직위의 명칭 '끝'자가 인영 가운데 오도록 찍는다. 다만 등 · 초본 등 민원서류를 발급하는 직인의 경우에는 발급기관장 표시의 오른쪽 여백에 찍을 수 있다.

## 6) 문서의 등록

### (1) 의미

기안문을 체계적으로 관리하기 위하여 관리대장에 등록하는 것이다.

### (2) 문서등록 방법

표 7-8 문서등록 대장

| 등록번호 | 결재일자 | 분류번호 | 제 목 | 시 행 | | | | 비 고 |
|---|---|---|---|---|---|---|---|---|
| | | | | 일 자 | 수신처 | 방 법 | 인수자 | |
| 1 | 2013. 3. 23. | 직재-33 | | | 내부결재 | | | |
| ① | | | | | ④ | ② | ③ | |

① 등록번호: 연도별 일련번호를 사용

② 방법: 문서시행방법을 기재(예, 인편, 우편, 모사전송 등)

③ 인수자

▶ 처리과에서 직접 시행하는 경우 처리과의 문서수발자

▶ 문서과의 지원을 받아 시행하는 경우 문서과의 문서수발자

④ 내부결재는 문서등록대장의 수신처란에 '내부결재'라고 표시

## 7) 문서의 시행

### (1) 의 미

기안한 문서를 발송 또는 전달하는 행위다.

### (2) 문서의 발송 절차(일반 문서)

① 문서의 기안 → ② 결재 → ③ 문서등록 → ④ 시행문변환 → ⑤ 문서심사
→ ⑥ 관인날인 → ⑦ 발송 순으로 문서를 처리한다.

**표 7-9** **문서작성 예시**

○ ○ ○ ○

수신자   보건복지부장관
(경 유)   장애인정책관

제 목   중증장애인활동지원인양성 사업계획서 제출

1. 국민 누구나 건강하고 행복이 넘치는 희망사회 실현을 위해 노력하시는 귀 기관의 무궁한 발전을 기원합니다.

2. 우리 ○○장애인자립생활센터에서는 ○○○○년 중증장애인활동지원인양성 사업을 계획하고 효과적인 사업수행을 위하여 덧붙임과 같이 사업계획서를 제출하오니 ○○ 중증장애인이 불평등 속에서 누릴 수 없었던 권리를 누리고 사회구성원으로 올바른 자립이 이루어질 수 있도록 많은 협조 부탁드립니다.

덧붙임: 1. 중증장애인활동지원인양성 사업계획서 1부.
　　　　2. 고유번호증 1부.
　　　　3. 통장사본 1부. 끝

## ○○○○ 복지관장

담당:　　　센터장:　　　총장:
시행: 00-　　00. 00. 00　　(접수)
우편번호:　　주소:
전화:　　　　/ 전송:　　　　/ http://www.　　　　/ 공개

## 7. 인사관리

인사관리는 조직 인력에 대한 모집, 채용, 유지 및 능력개발, 평가를 포함하는 연속적인 관리과정이다. 인적관리는 인사관리와 조직설계 · 개발 · 교육 · 훈련까지를 포함하는 광범위한 활동으로 '인적자원의 획득 · 개발에 관한 활동으로 조직의 장래 인적자원의 수요를 예측하고, 조직전략 실현에 필요한 인적자원을 확보하기 위하여 실시하는 일련의 활동'이다.

인사관리는 직원의 능력향상과 이를 통해 서비스 프로그램의 효과성과 생산성을 증대하고, 궁극적으로는 클라이언트의 복지증진에 이바지하기 위한 것으로 조직구성원에 대한 모집, 채용, 유지 및 능력개발, 평가를 포함한다. 새로운 인사관리패러다임은 인적자원을 수단이 아닌 조직의 자산으로 인식하며, 우수직원의 유치와 능력개발에 적극적인 태도를 갖는다. 인사관리의 관심은 직원의 능력향상은 물론 인력의 모집과 선발, 인력개발, 이를 통해 서비스 프로그램의 효과성과 생산성을 증대하고 궁극적으로는 클라이언트의 복지증진에 이바지한다. 인사관리의 목적은 조직구성원들의 창조성을 극대화함으로써 조직목표를 보다 효과적이고 효율적으로 달성한다. 인사관리의 과정별 활동은 인사충원에 대한 전반적인 계획

을 말하는 것으로 언제, 어떤 경력과 학력을 소지한 사람을 어느 정도 필요로 하는지에 대한 전반적인 계획을 적절한 시점에 수립하며, 이 과정에서 직무분석표와 직무기술서, 직무명세서를 작성한다.

모집은 선발을 전제로 신규채용 희망자에게 채용에 관한 정보를 제공하여 좀 더 유능한 인력이 지원하도록 유도하는 과정이며, 선발은 지원자 중에서 기관이 필요로 하는 자질과 능력을 갖춘, 즉 직무명세서에 가장 적합한 지원자를 선별하는 과정이다. 모집에서는 자격요건이, 선발에서는 직무수행 능력의 정확한 판단이 중요하다.

교육훈련은 직무 수행상 필요한 지식과 기술을 습득시키고 그들의 가치관과 태도를 발전적으로 지향시키고자 하며, 그 대상별로 신규채용, 재직자, 관리자교육·훈련이 있고, 방식에 따라 강의, 회의, 토론, 사례연구, 시찰, 현장훈련, 직원교환 프로그램 등이 활용된다. 직무성과평가는 직원의 업무능력 개발과 인사관리의 기초자료 생산 및 교육훈련의 필요성분석 등을 위해 직원의 직무성과를 과학적으로 측정·평가하는 것으로, 주로 직원의 업무수행력과 직업만족도 등이 평가된다.

**그림 7-2** **직원의 선발과정**

보상은 직무성과평가를 통해 기관구성원의 기여도에 상응하는 봉급·임금·복리후생 등 적절한 금전적 혜택을 주는 것을 말하는 것으로, 직접적으로는 봉급과 임금, 간접적으로는 복리후생이 해당된다. 보상의 수준은 대외적 비교와 대내적 상대성의 원리에 따라 생계비, 조직의 지불능력, 인사정책 등을 고려하여 결정한다. 인력유지는 조직구성원의 직무서열 또는 자격서열의 상승을 의미하는 승진과 이직을 말하며, 특히 승진은 능력주의와 연공주의에 의한 결정이 이루어진다.

**표 7-10  인사관리 패러다임의 변화**

| 구 분 | 전통적 인사관리 | 새로운 인사관리 |
|---|---|---|
| 인력관리 철학 | • 관리자층의 특권을 강조<br>• 불신과 낮은 자존심<br>• 모든 직원을 동등하게 대우(형평성)<br>• 위험회피<br>• 투입지향적 인력관리 | • 관리자층의 적극적 지원<br>• 우수인력 유치를 위한 가치설정<br>• 차별적 형평성의 강조<br>• 관리자 태도변화와 조직원 위험감수 |
| 인적자원에 대한 기본시각 | • 생산의 요소 또는 도구로 간주<br>• 인력 = 비용 | • 인적자원을 자산으로 간주<br>• 능력배양에 많은 투자 |
| 동기 및 성과관리 | • 조직원의 창의성과 활동을 제한하는 제도<br>• 최소성과 기준의 설정<br>• 시장원리와는 분리된 경제적 보상 강조 | • 조직원의 창의성 개발 강조<br>• 조직과 조직구성원의 생산성을 동시 강조<br>• 도전·기회를 제공하는 내재적 보상체계<br>• 차별적 형평성에 따른 보수의 계산<br>• 실적 측정 및 분석의 다원화 및 구체화 |
| 인력개발 | • 공직진입로의 제한<br>• 평생고용의 보장<br>• 교육훈련을 비용으로 간주 | • 개방형 인사제도의 활성화<br>• 인적자원개발(HRD) 개념 도입<br>• 자원으로서 인력 중시(해고회피노력) |
| 의사교환 및 직원참여 | • 상의하달식 의사교환<br>• 관리자 중심의 조직 및 업무운영 | • 직원참여를 통한 신뢰형성<br>• 수직·수평 등 전방위적인 의사교환 촉진 |
| 직무설계 | • 직무분석이 비체계적·비과학적<br>• 직무가 미분화(업무구분 불명확, 법적 책임모호) | • 다수의 전문성 개념으로 전환<br>• 직무확장 및 직무충실화 도입<br>• 자율적 판단에 따라 업무를 탄력적 배분 |
| 인력관리 원칙 | • 중앙집권적 관리 원칙<br>• 규정 등에 지나치게 의존<br>• 인력관리자 간섭과 통제의 행태 | • 분권화 속에서의 중앙집권화<br>• 전략적 관리 및 인력관리정보체계 수립·활용<br>• 지원부서로서의 역할 자임 |

## 1) 인사계획

인사계획은 인사충원에 대한 전반적인 계획과 인사충원의 요구에 의해 이루어진다. 인사계획의 경우 새로운 프로젝트의 수행, 프로그램의 개발, 이직자의 충원, 조직의 인사구조 개편, 인사계획의 구성은 언제, 어떤 경력과 학력을 소지한 사람을 어느 정도 필요로 하는지에 대한 전반적인 계획을 적절한 시점에 수립하고, 문서화된 직무 관련 규정을 기반으로 계획을 수립한다.

인사계획에 필요한 직무규정은 직무분석표(job analysis)의 기관의 모든 직무에 대한 책임과 업무내용을 종합적으로 분류한 것으로, 직무기술서를 작성하기 위한 기초자료로 삼는다. 직무기술서(job description)는 특정한 직무 및 직위에 부가된 임무와 책임을 구체적으로 기록한 것, 전체 기관 구성원의 직무상의 책임을 조직화, 인력의 모집, 선발, 배치과정 및 직무성과평가, 인사고과과정에 관한 기초 자료다. 직무명세서(job specification)는 특정 직무를 수행하는 데 요구되는 최소한의 자격요건을 기술한 것이다.

## 2) 모집과 선발

모집은 선발을 전제로 신규채용 희망자에게 채용에 관한 정보를 제공하여 좀 더 유능한 인력이 지원하도록 유도하는 과정이다. 직무와 직위에 대한 구체화는 직무기술서 혹은 직무명세서를 활용하고, 직무와 직위에 부과된 역할, 책임, 필요 자격요건 등을 고지한다. 정보제공은 대중매체, 신문, 잡지, 인터넷, 공문발송, 동료집단 등을 이용하고, 자격요건은 가치관, 전문지식과 기술, 교육요건은 학력 제한, 전공제한으로 연령요건, 거주요건(지역), 기타 결격사유(민사상 능력제한·상실, 형사상 처벌경력) 등이다.

선발은 지원자 중에서 기관이 필요로 하는 자질과 능력을 갖춘 자, 즉 직무명세 서에 가장 적합한 지원자를 선별하는 과정과 선발의 일반적 과정은 ① 서류심사, ② 필기시험, ③ 면접, ④ 경력조회·신체검사, ⑤ 채용으로 지원자에 대한 정보 획득(자필이력서, 추천서, 시험, 인터뷰) 순으로 결정한다.

시험은 직무수행 능력의 정확한 판단(잠재능력·근무행동예측·발전가능성)과 기회균등으로 시험검증방법은 타당도, 신뢰도, 난이도, 객관도, 실용도를 체크하여야 한다. 시험의 종류는 필기시험, 실기시험, 면접시험으로 하고 선발자들에게 정보를 제공하며, 최종 선발자에게 업무의 성격, 급여, 인사정책과 절차 등 정보를 제공한다. 선발임용은 고용관계를 발생(신규), 변경(승진·전보 등), 소멸(면·해직)시키는 행위로, 신규임용은 ① 합격, ② 시보임용, ③ 보직을 순차적으로 부여한다.

## 3) 교육훈련

교육훈련은 개인의 잠재력을 종합적으로 개발하고(교육), 주어진 업무의 수행방법과 기준을 습득(훈련)하며, 직무수행상 필요한 지식과 기술을 습득시키고 그들의 가치관과 태도를 발전적으로 지향시키고자 하는 인사기능이다. 교육훈련의 목적은 생산성 향상 및 사기 제고에 있으며, 교육훈련의 수요와 직책이 요구하는 자격이 고려되어야 한다. 교육훈련의 종류는 교육훈련대상별 분류로, 신규채용 교육훈련은 기초소양, 직무에 필요한 지식 · 기술 · 태도 등 직무소양으로 교육한다. 일반재직자 교육훈련은 직무수행 능력 및 변화에 대한 적응력을 향상시키는 교육을 하고, 관리자 교육훈련은 관리자의 관리능력을 향상시키는 교육을 한다. 교육훈련 방식별 분류는 강의방법, 회의방법(conference, seminar), 토론방법(포럼, 패널, 심포지엄, 감수성훈련 등), 사례연구, 시찰(observation), 현장훈련(On the Job Trainning: OJT), 직원교환 프로그램(전보 및 순환보직) 등이 있다.

## 4) 직무성과평가

직무성과평가 개념은 각 직원의 직무성과를 과학적인 틀에 의하여 측정, 평가하고, 당사자인 직원에게 환류를 제공하는 일련의 근무성적평정이다. 성과평가목적은 직원의 업무능력 개발, 평가결과를 승진, 인사고과, 해고, 포상, 임금결정 등 인사관리의 기초자료로 활용하고, 직무평가를 통해 직원에 대한 교육훈련의 필요성 분석, 직원개발 프로그램 기획의 근거 자료로 활용한다.

평가는 평가지표를 작성하여 공정성과 객관성을 유지한다. 평가지표는 업무수행능력, 직업만족도, 평가방법을 객관화하는 것이다. 업무수행력은 ① 산출물(클라이언트 수, 인터뷰의 실행 건수, 지원자 수, 서비스 실천 건수), ② 효율성, ③ 서비스의 질, ④ 서비스의 효과성을 기준으로 한다. 직업만족도는 ① 재활서비스와 직업만족도, ② 소진증후군(Burnout Syndrome)을 확인한다. 평가의 방법은 ① 평가요소, ② 평가등급, ③ 동료평가, ④ 자기평가, ⑤ 상관평가, ⑥ 강제배분식, ⑦ 순위식, ⑧ 대인비교식 등의 도표식평가를 활용한다.

## 5) 보상

보상의 개념은 직무성과평가를 통해 기관구성원의 기여도에 상응하는 봉급·임금·복리후생 등 적절한 금전적 혜택을 주는 것으로, 보상은 효용 가치가 있다. 개인에게 경제적 만족감, 동기부여, 잠재능력개발을 제공하고, 그 과정에서 조직의 성과를 제고한다. 조직의 목표와 일치하는 개인의 유치로 동기부여 및 조직에 근속토록 유도하며, 보상은 직접적 요소로 봉급 및 임금으로 차등을 두고 간접적 요소는 복리후생제도를 활용한다. 보상의 결정은 다음과 같다.

- 대외적 비교성: 경쟁조직의 보상수준
- 대내적 상대성: 조직 내의 다른 직원과 공정한 배분
- 생계비: 문화적 수준, 최저생활, 생존적 생활, 조직의 지불능력
- 인사정책적 고려: 능력과 직무성과 고려

보수체계는 기본급과 부가급으로 결정한다.

- 기본급: 자격, 능력, 근무년한, 직급, 직무의 질과 양에 의해 결정
- 부가급: 특수한 근무조건 및 생활조건, 정책적 목적으로 지급(수당)

보수표의 수준은 직종에 따라(사무직, 기능직, 복지직 등) 나누고, 등급의 수는 보수액 격차의 단계구분을 표시(직급)한다. 등급의 폭은 호봉 수, 등급 간의 중첩 및 보수곡선(J-curve)을 고려한다.

복리후생이란 조직구성원의 경제적 안정과 신체적 건강을 도모하고 사기를 진작시키는 여러 프로그램을 실시하는 것으로, 법적 복리후생은 의료보험, 산재보험, 고용보험, 국민연금, 「근로기준법」상의 유급휴가·퇴직금 지급이다. 법정 외 복리후생 급여는 급식비, 통근지원, 주택보조, 자녀학비보조, 경조사비, 융자지원 등의 선택적 복리후생이다. 효율적인 복리후생 프로그램의 설계는 중장기적 관점에서 관리, 복리후생의 효과분석, 지속적인 보상관리, 주기적 급여조사, 직무평가 등을 살펴볼 수 있다.

## 6) 인력유지

인력유지는 승진으로 인한 수직적 인사이동의 하나로, 조직에서 구성원의 직무 서열 또는 자격서열의 상승을 의미한다. 승진의 결정은 능력주의와 연공주의로 선택한다. 능력주의는 근무실적 · 능력 기준, 사기진작 및 인재양성에 유리하지만 탈락자의 사기문제가 고려되며, 연공주의는 근무경력 기준, 객관적 · 안정적이지 만 무사안일의 단점이 있다. 조직의 이직발생 배경과 이유에 대한 이해를 바탕으로 이직하는 개인 및 기관 양자의 손실을 최소화하여야 한다. 또한 정기적으로 직원면담제도와 슈퍼비전의 체계화가 필요하다.

## 7) 인사발령

소속기관의 운영을 위하여 제반 규정이 필요하고, 직제와 정원을 단체의 실정에 맞게 설정한다. '○○단체'의 경우 직제와 정원은 상당한 규모이나 현재 운용인력은 미약하기 때문에 현실에 맞게 직제와 정원의 조정이 필요하다. 그리고 직원의 임용권자, 직원 구분 등을 명확히 할 필요가 있다. 승진후보자가 단 1명인 경우에도 그 승진후보자를 사전에 확정시켜야 할 것이므로 승진후보자 명부를 작성하여야 한다. 승진은 단체의 발전을 위하여 능력 위주로 실시한다.

다음은 승진 임용 인사발령 예시다.

---

○○부 ○○과 ○급 홍길동　　　○○부 ○○과 ○급 홍길동
○급에 임함.　　　　　　　　　　○급에 임함.
○○부 ○○과장에 보함.　　　　　○○부 ○○과 근무를 명함.

- 의원면직
  - 자필 사직원을 받아 결재를 얻어 의원면직 발령을 냄.
  - 발령 예시
    ○○부 ○○과 ○급 홍길동 원에 의하여 그 직을 면함.
  - 발령일은 근무일로 간주하고, 면직일은 근무를 안 한 날로 간주하니 근무하지

않는 다음 날짜로 면직발령 처리할 것(보수와 연관이 됨. 예, 발령을 내지 않고 모아 두었다가 추후에 날짜가 다른 여러 명을 한꺼번에 발령내는 위반 사례가 지적됨)
- 직원 불이익 처분
  - 신분상 불이익 처분을 하는 경우에는 반드시 관계 규저에 의거 정당한 절차를 거쳐 실시토록 함(예, ○○협회의 경우 절차 미비로 쟁송을 벌이고 있음).

## 기타 인사발령 예시

- 신규 채용·승진 및 전직의 경우(임명장)
  - 직제상 직위가 있는 경우
    ○○○에 임함.
    ○○○부 ○○과장에 보함.
  - 기타의 직위
    ○○○에 임함.
    ○○○부 ○○과 근무를 명함.
- 시보 임용의 경우(인사발령통지서)
    ○○○시보에 임함.
    ○○○부 ○○과 근무를 명함.
- 전보의 경우(임용장)
  - 직제상의 직위가 있는 경우
    ○○○부 ○○과장에 보함.
  - 기타의 직위
    ○○○부 ○○과 근무를 명함.
- 강임의 경우(인사발령통지서)
  - 직제상의 직위가 있는 경우
    ○○규정 제○○조 제○항의 규정에 의하여 ○○○○로 강임함.
    ○○○부 ○○과장에 보함.
  - 기타의 직위
    ○○규정 제○○조 제○항의 규정에 의하여 ○○○○로 강임함.
    ○○○부 ○○과 근무를 명함.
- 휴직의 경우(인사발령통지서)
    ○○규정 제○○조 제○항 제○호의 규정에 의하여 휴직을 명함.
- 직위해제의 경우(인사발령통지서)
  - 직무수행 능력부족 등의 직위해제
    ○○규정 제○○조 제○항 제○호의 규정에 의하여 그 직위를 해제함.
    (○○○○년 ○월 ○일부터 ○년 ○월 ○일까지 ○○단체 대기근무를 명함.)

- 기타의 직위해제

  ○○규정 제○○조 제○항 제○호의 규정에 의하여 그 직위를 해제함.

- 복직의 경우(인사발령통지서)

  - 직제상의 직위가 있는 경우

    복직을 명함.

    ○○○부 ○○과장에 보함.

  - 기타의 직위

    복직을 명함.

    ○○○부 ○○과 근무를 명함.

- 퇴직의 경우(인사발령통지서)

  - 의원면직의 경우(자필 사직원 첨부)

    원에 의하여 그 직을 면함.

  - 직권면직의 경우

    ○○규정 제○○조 제○항 제○호의 규정에 의하여 그 직을 면함.

  - 정년퇴직의 경우

    ○○규정 제○○조 제○항의 규정에 의하여 ○○○○년 ○월 ○일자로 정년퇴직

  - 명예퇴직의 경우

    ○○규정 제○○조의 규정에 의하여 그 직을 면함.

  - 시보 직원 면직의 경우

    ○○규정 제○○조 제○항의 규정에 의하여 그 직을 면함.

  - 결격사유로 인한 당연면직의 경우

    ○○규정 제○○조의 규정에 의하여 ○○○○년 ○월 ○일자로 당년 퇴직

  - 사망의 경우

    ○○규정 제○○조의 규정에 의하여 ○○○○년 ○월 ○일자로 면직

- 징계의 경우(인사발령통지서)

  - 파면의 경우

    ○○규정 제○○조 제○항 제○호의 규정에 의하여 파면에 처함.

  - 해임의 경우

    ○○규정 제○○조 제○항 제○호의 규정에 의하여 해임에 처함.

  - 정직의 경우

    ○○규정 제○○조 제○항 제○호의 규정에 의하여 ○월간 정직에 처함.

  - 감봉의 경우

    ○○규정 제○○조 제○항 제○호의 규정에 의하여 ○월간 감봉에 처함.

  - 견책의 경우

    ○○규정 제○○조 제○항 제○호의 규정에 의하여 견책에 처함.

- 발령취소의 경우(인사발령통지서)
  ○○○로 인하여 ○○○○년 ○월 ○일자 ○○○○를 동일자로 취소함.
- 위원임명 및 위촉의 경우(인사발령통지서)
  - 직원을 위원으로 임명하는 경우
    ○○○위원을 명함.
  - 직원이 아닌 자를 위원으로 위촉하는 경우
    ○○○위원에 위촉함.

## 8. 슈퍼비전

### 1) 슈퍼비전의 이해

　슈퍼비전은 행정·교육·지지적 기능을 수행함으로써 클라이언트에게 효과적으로 서비스가 제공되도록 일선 재활상담사를 돕는 간접서비스다. 그리고 이것은 재활상담사가 직무수행을 개인적·제도적·사회적 조건하에서 보고, 업무수행을 지시, 조정, 향상, 평가하는 의무적인 상호작용 과정으로써 재활상담사가 모든 요소를 연속선상에서 볼 수 있도록 원조한다.

　즉, 슈퍼비전이란 경험 있고 훈련받은 전문가(슈퍼바이저)와 실습생·신규직원·일선재활상담사·자원봉사자 등과의 전문적 상호작용 과정으로서, 행정·교육·지지적 기능 수행을 통해 클라이언트에게 효과적으로 서비스가 제공되도록 한다. 개념적 의미로 정신분석적 측면에서는 '대상자의 직업적 적성여부에 대한 판단'을, 교육적 측면에서는 '여러 상황과 어려움을 개선·변화시키기 위한 직업전문교육 및 재교육'을, 치료적 측면에서는 '치료 논의와 유사한 실천적 수업의 지지'를 말한다. 슈퍼바이저는 행정적인 상급자, 교육자, 상담자로서의 역할을 가지며, 풍부한 지식, 실천기술, 접근용이성, 진지성, 솔직성 등의 자질을 구비해야 한다. 슈퍼바이저와는 수평적인 관계로 지식과 기술, 정보를 공유한다.

　슈퍼비전의 활동모형으로는 개별슈퍼비전, 집단슈퍼비전, 동료슈퍼비전, 팀슈퍼비전, 기타 케이스상담 및 직렬 슈퍼비전 등이 있다. 행정적 슈퍼비전과 교육적 · 지지적 슈퍼비전을 비교하면 다음과 같다.

교육적 슈퍼비전은 효과적인 직무수행을 위한 재활상담사의 중요한 지식과 기술을 제공하고, 전문적 자아발달을 도모한다. 슈퍼비전은 교육적 목적을 지닌 행정적 과정으로 재활상담사가 의도적으로 자아를 활용하도록 지원, 전문직업적 정체성 확립을 지원한다. 행정적 슈퍼비전은 재활상담사가 보다 효과적으로 업무를 수행할 수 있도록 작업환경을 구조화하고, 조직의 구조와 자원을 상담사가 효과적으로 이용할 수 있도록 접근법을 제공한다. 또한 업무를 효과적으로 분담하고, 기관의 정책 및 행정절차 등에 관한 정확한 이해 및 준수를 촉진한다. 지지적 슈퍼비전은 상담사가 자신의 업무에 관해 편안하고 좋은 감정을 가지도록 지원하

**표 7-11** 슈퍼비전

| 구 분 | 행정적 슈퍼비전 | 교육적 슈퍼비전 | 지지적 슈퍼비전 |
|---|---|---|---|
| 목표 | 작업환경 제공 | 업무능력 개선 | 업무만족감 지원 |
| 내용 | 실무의 효과적 수행을 위한 업무환경 구조화 및 필요자원 제공 | 업무에 필요한 지식 · 기술 제공 전문적 자아를 활용하도록 도움 | 업무의 효과적 수행을 위한 심리적 · 대인관계적 자원제공 |
| 장애물 | 조직 | 무지 | 정서(소진) |
| 관심영역 | 조직-재활상담사 연결, 재활상담사의 구조 · 자원 효율적 이용 | 재활상담사의 지식 · 기술 향상, 재활상담사의 효율성 증대 | 업무스트레스 감소, 사기진작 재활상담사의 효율성 증대 |
| 필요도구 | 정관, 내규, 업무규정, 지침, 자원목록 | 윤리강령, 자료, 사례기록 | |
| 모델 | 효율적으로 과제를 수행하는 재활상담사 | 자질 있고 능력 있는 재활상담사 | 감정이입적이고 이해심 많은 재활상담사 |
| 역할 | • 직원 채용 · 선발<br>• 임명 · 배치<br>• 업무계획<br>• 업무할당<br>• 업무위임<br>• 업무 검토 · 평가<br>• 업무조정<br>• 의사소통촉진<br>• 행정적 완충자<br>• 변화대행자 | • 교수<br>• 학습 촉진<br>• 훈련<br>• 경험 · 지식의 공유<br>• 정보제공<br>• 명확화<br>• 안내<br>• 문제해결방법의 탐색지원<br>• 전문적 성장 제공<br>• 조언, 제안, 문제해결 원조 | • 스트레스 유발상황 방지<br>• 스트레스 해소<br>• 스트레스 대처 원조<br>• 신뢰형성<br>• 관점의 공유<br>• 결정에 대한 책임의 공유<br>• 성공기회 제공<br>• 동료를 통한 지지 제공<br>• 업무 관련 긴장 완화 |

고, 심리적 자원 제공, 스트레스 감소, 사기진작을 통한 업무동기를 증대시키고, 직무만족도를 제고한다.

## 2) 목표와 기능

- 장기목표: 클라이언트에게 보다 효과적이고 효율적인 서비스 제공
- 단기목표: 장기목표의 달성을 위한 수단으로 교육적 · 행정적 · 지지적 측면에서의 목표

## 3) 슈퍼바이저

- 역할
  - 행정적인 상급자의 역할: 정책, 과정, 규정에 잘 따르고 있는지를 감독(행정기능)
  - 교육자로서의 역할: 전문적 기술, 지식 증진의 임무(교육적 기능)
  - 상담자로서의 역할: 사회적 지지 제공(업무 촉진기능)
  - 활동영역
  - 업무할당과 실행을 위한 개인별 및 그룹별 목표설정
  - 참여적 의사결정의 실행
  - 그룹과정 지도(아젠다 설정을 포함)
  - 작업과 사례관리 계획
  - 의사소통 네트워크 개발
  - 업무수행에 대한 평가
  - 업무자의 사기 진작
  - 팀 구성
  - 워커와 클라이언트에 대한 옹호
  - 갈등관리
  - 개별적인 관심을 전체적인 관심으로 합리화하기 위한 계획된 변화(슈퍼바이저는 풍부한 지식, 실천기술, 접근용이성, 진지성, 솔직성 등의 자질을 구비해

야 한다)

- 슈퍼바이저와 슈퍼바이지의 관계
  ① 슈퍼바이저는 중간관리자로서 일선 재활상담사와 행정가 양쪽에 대해 책임(행정가와 달리 기관 내 작업환경, 기관의 업무 등과 관련)
  ② 슈퍼바이지는 재활상담사를 통하여 클라이언트와 간접적으로 접촉 (일선재활상담사가 클라이언트를 보다 잘 돕도록 원조)
  ③ 슈퍼바이저와 슈퍼바이지는 수평적 관계: 지식과 기술, 정보를 공유
  ④ 전문적 지식과 기술의 환류
- 슈퍼바이저의 요구덕목
  ① 전문적인 지식이나 기술, 태도
  ② 슈퍼바이저의 숙달된 경험과 지식에 바탕을 둔 지도, 후원, 교정적인 환류
  ③ 유연성과 창의성을 보장하는 관계 형성

## 4) 슈퍼비전의 활동모형

### (1) 슈퍼비전의 필요성
- 재활조직의 책무성을 이행(클라이언트의 보호)
- 급변하는 재활조직의 환경에 능동적으로 대처하기 위해 필요
- 재활상담사가 최적의 수준에서 일할 수 있도록 지원
- 재활상담사로서의 정체성을 확립하고, 윤리적 책임행동을 다하기 위해 필요
- 재활상담사가 갖는 고도의 스트레스에 대한 지지적인 슈퍼비전 필요
- 재활자원의 감소와 부족에 대응하여 일의 우선순위를 결정하기 위하여 필요

### (2) 슈퍼비전의 활동모형
- 개별슈퍼비전(개인교사모형)
  - 슈퍼비전의 기본적인 형태(1:1)
  - 지속적으로 일정한 간격을 두고 8~14일에 한 번 정도 약 90분가량의 슈퍼비전 진행

- 슈퍼바이저와 슈퍼바이지의 관계
  ① 대화를 통해 직업적인 문제와 사적인 문제를 분리
  ② 슈퍼바이저는 슈퍼바이지의 해석을 객관적으로 수용
  ③ 슈퍼바이저는 가치·태도를 명백히 하고, 슈퍼바이지와 지적이고 정서적인 상호작용
- 집단슈퍼비전
  - 집단은 한 명의 슈퍼바이저와 5~7명의 슈퍼바이지로 구성
  - 집단슈퍼비전은 비용절감이 가능하고, 자신 및 타인에 대한 이해와 협동의 능력을 발전
  - 슈퍼바이저와 슈퍼바이지 간의 관계는 덜 중요(집단이 슈퍼바이저의 역할을 부분적으로 기능)
- 동료슈퍼비전
  - 모든 성원이 다른 동료의 업무에 대해서 건설적·비판적으로 참여함으로써 역할과 기능의 분배
  - 슈퍼비전은 한 명의 슈퍼바이저가 책임을 지는 것이 아니라 모두가 동등한 책임
  - 집단의 응집력이 큰 경우에 유용
- 팀슈퍼비전
  - 함께 일해야 하는 집단(팀)을 위해 발전
  - 집단역동적 측면
  - 다양한 기능을 가진 사람들로 구성되므로 재활상담사로만 구성된 집단슈퍼비전과 차이
- 기타 모형
  - 케이스 상담
  - 직렬 슈퍼비전

## 5) 행정적 슈퍼비전

### (1) 행정적 슈퍼비전의 의의
- 슈퍼바이저는 재활상담사와 접촉하는 유일한 행정가
- 행정가로서 슈퍼바이저는 기관의 관리책임과 행정적 책임을 담당

### (2) 행정적 슈퍼비전의 기능
- 직원모집과 채용과정에 참여: 기준설정 내지 면접
- 재활상담사에 대한 직무배정 및 배치: 안내 및 배치
- 업무 계획: 업무일정, 업무수행의 우선순위, 타부서와의 협조사항 등 포함
- 업무 할당: 재활상담사의 능력에 적합
- 업무 위임: 자율성과 선택권 반영, 책임수반
- 모니터링 및 검토, 평가: 구두 · 기록 · 보고서 등 형태로 검토
- 업무 조정
- 적극적인 직원의 옹호자
- 행정적 완충자: 재활상담사~클라이언트, 재활상담사~기관 사이에서 일탈과 이단을 차단
- 변화매개자 및 지역사회 연계자: 혁신요구에 개방적 태도

### (3) 행정적 슈퍼비전 적용상의 문제
- 대리책임의 문제
  - 슈퍼바이저가 슈퍼바이지에게 배분하고 위임해 준 업무에 대해 궁극적으로 책임
- 권위와 권력의 문제
  - 슈퍼바이저가 업무를 만족스럽게 수행할 수 있도록 권위와 권한이 부여
  - 기관이 위임한 권위를 통해 합법적으로 부여된 권위에 대한 슈퍼바이지의 상호인정과 수용

## 6) 교육적 슈퍼비전

### (1) 슈퍼바이저의 업무
- 사회사업 기법을 사용하도록 슈퍼바이지 지도
- 개별 및 집단 슈퍼비전을 통해 재활상담사의 실무능력 개발
- 직무성과를 높이기 위하여 재활상담사 훈련 · 지도
- 목적적 · 의식적으로 자신의 자아를 전문적 자아로 활용

### (2) 교육적 슈퍼비전의 성공조건
- 학습에 대한 동기가 극대화
- 학습환경의 적합화
- 학습이 만족스럽고 보상 제공
- 학습과정에 능동적 참여
- 학습내용이 의미 있게 제시
- 슈퍼바이지의 특성 고려(개별화)
- 학습자의 슈퍼바이저에 대한 동일시(일체감)

## 7) 지지적 슈퍼비전

### (1) 지지적 슈퍼비전의 의의
　재활상담사의 효과적인 업무수행에 필요한 정서적 에너지, 즉 심리적이고 대인 관계적 맥락을 제공한다. 슈퍼바이저의 업무와 관련된 스트레스를 조절하도록 슈퍼바이저에게 동기를 부여하며 자아능력을 강하게 하여 업무 수행능력의 고양을 통한 서비스를 가장 효과적이고 효율적으로 제공한다.

　독립적 · 개별적 활동으로서가 아니라 교육적 · 행적적 슈퍼비전의 한 부분으로 실행한다(지지적 슈퍼비전이 수행되는 과정에서 행정적 · 교육적 슈퍼비전의 기능 수행). 지지적 슈퍼비전의 목표는 행정적 · 교육적 슈퍼비전의 목표와 동일하다.

### (2) 소 진

- 소진(burn-out)은 직업적 스트레스의 결과로 인한 육체적 · 정서적 고갈의 증후군
- 지나치게 오랜 기간 동안 사람과 관련된 긴장과 연결된 지속적이고 반복적인 정서적 압력의 결과
- 소진과정
  열정의 단계 → 침체의 단계 → 좌절의 단계 → 무관심의 단계
- 소진의 결과
  - 재활상담사: 좌절 및 전문직으로의 성장가능성 차단
  - 클라이언트와 서비스: 부정적인 태도, 서비스의 지속성 저해 및 수준(질) 하락
  - 재활조직: 업무수행능력 저하, 예산의 낭비 및 비용의 증대, 조직의 정체성 위기
- 소진을 넘어 노동의 확장으로 방향성 전환
  - 철학적 접근: 소명에 대한 열정의 재생산 및 공급
  - 제도적 접근: 재충전 및 성장, 휴식의 기회 제공
  - 대인적 접근: 공동체감의 지속적 부여 및 체감경험의 제공

## 9. 노동법 준수

### 1) 퇴직금

퇴직금은 「근로기준법」 제19조의 규정에 의한 평균임금의 월액에 자체기준의 근속기간에 따른 지급기준률을 곱한 금액으로 한다. 퇴직금 가능 기준 인원은 상시 종업원 5인 이상으로, 퇴직금은 근로자가 직장에서 퇴직할 때 퇴직급여지급규정 · 취업규칙 또는 노사합의에 의하여 지급받는 금전급부로, 공무원의 명예퇴직 수당, 단체퇴직보험금 등을 말한다.

**표 7-12** 퇴직금 지급기준율(예시)

| 근속연수 | 기준지급률 | 근속연수 | 기준지급률 | 근속연수 | 기준지급률 |
|---|---|---|---|---|---|
| 1년 | 1.0 | 6년 | 6.0 | 11년 | 11.0 |
| 2년 | 2.0 | 7년 | 7.0 | ∫ | ∫ |
| 3년 | 3.0 | 8년 | 8.0 | 20년 | 20.0 |
| 4년 | 4.0 | 9년 | 9.0 | ∫ | ∫ |
| 5년 | 5.0 | 10년 | 10.0 | 30년 | 30.0 |

## 2) 근로기준법

### 제34조(퇴직금제도)

① 사용자는 계속근로연수 1년에 대하여 30일 분 이상의 평균임금을 퇴직금으로서 퇴직하는 근로자에게 지급할 수 있는 제도를 설정하여야 한다. 다만 근로연수가 1년 미만인 경우에는 그러하지 아니한다.

② 제1항의 퇴직금 제도를 설정함에 있어서 하나의 사업 내에 차등제도를 두어서는 아니 된다.

③ 사용자는 근로자의 요구가 있는 경우에는 제1항의 규정에 불구하고 근로자가 퇴직하기 전에 당해 근로자가 계속 근로한 기간에 대한 퇴직금을 미리 정산하여 지급할 수 있다. 이 경우 미리 정산하여 지급한 후의 퇴직금 산정을 위한 계속근로연수는 정산시점부터 새로이 기산한다.

④ 사용자가 근로자를 피보험자 또는 수익자로 하여 대통령령이 정하는 퇴직보험 또는 퇴직일시금신탁(이하 '퇴직보험 등'이라 한다)에 가입하여 근로자의 퇴직 시에 일시금 또는 연금으로 수령하게 하는 경우에는 제1항의 규정에 의한 퇴직금 제도를 설정한 것으로 본다. 다만 퇴직보험 등에 의한 일시금의 액은 제1항의 규정에 의한 퇴직금의 액보다 적어서는 아니 된다. (개정 1997. 12. 24.)

### 3) 퇴직금의 지급 대상

- 「근로기준법」 제14조에 의한 '근로자'
- 상시 종업원 5인 이상 사업장에 근무하는 자(동거의 친족만으로 구성하는 5인 이상은 제외되며, 1차 산업은 제외)
- 근속기간이 1년 이상인 '근로자'를 대상으로 지급
- 일용직, 임시직 근로자라 하더라도 계속근로기간이 1년을 초과하여 재직한 자

### 4) 근로자

근로자라 함은 직업의 종류를 불문하고 사업 또는 사업장(이하 '사업'이라 한다)에 임금을 목적으로 근로를 제공하는 자를 말하고, 근로란 정신노동과 육체노동을 말한다. 근로의 종류 내지 성질과는 관계없이 「근로기준법」 제14조의 요건에 해당하는 자는 모두 「근로기준법」상의 근로자로서 보호의 대상이 된다. 일용직, 임시직, 촉탁직, 파트타임(단시간근로자) 등 근무형태도 근로자여부를 판단하는 기준이 될 수 없으며, 외국인근로자도 인정된다.

### 5) 판 례

- 근로자라 함은 「근로기준법」 제14조에 규정된 근로자로서 당해 사업장에 계속 근무하는 근로자뿐만 아니라 그때그때의 필요에 의하여 사용하는 일용근로자를 포함한다(대판 1987. 7. 21.).
- 임시고용원으로 사실상 1년 이상 계속 근무하였다면 「근로기준법」상의 퇴직금을 지급하여야 한다(대판 1978. 3. 23.).

### 6) 임 금

근로기준법에서 임금이라 함은 사용자가 근로의 대상으로 근로자에게 임금, 봉급, 기타 어떠한 명칭으로든지 지급하는 일체의 금품을 말한다.

- 자녀학비보조금, 효도휴가비, 복리후생비, 체력단련비 등 수당은 임금에 포함된다.
- 품위유지비, 차량유지비는 실비변상적 급여에 불과하며, 임금으로 볼 수는 없다.

## 7) 평균 임금

근로기준법상의 평균임금을 말하는 것으로, '이를 산정하여야 할 사유가 발생한 날 이전 3개월간에 그 근로자에 대하여 지급된 임금의 총액을 그 기간의 총 일수로 나눈 금액'을 말한다(「근로기준법」 제19조 제1항).

그러나 산출된 금액이 당해 근로자의 통상임금보다 적은 금액일 경우에는 그 통상임금액을 평균임금으로 한다(「근로기준법」 제19조 제2항).

### (1) 평균임금 산정방법

$$\frac{\text{산정사유발생일 이전 3개월간 지급된 임금총액}}{\text{산정사유발생일 이전 3개월간의 총 일수}}$$

### (2) 평균임금 산정기초인 임금에 포함되는 것

**통화로 지급되는 것**

- 기본급
- 연, 월차 유급휴가수당
- 연장, 야간, 휴일근무수당
- 특수작업수당, 위험작업수당, 기술수당
- 직무보조수당, 직책수당
- 일, 숙직수당, 복지수당
- 정근수당, 장기근속수당
- 단체협약 또는 취업규칙에서 근로조건의 하나로서 전 근로자에게 일률적으로 지급하도록 명시되어 있거나 관례적으로 지급되는 것
  - 상여금(기말수당 등)

- 교통비보조(정기적 · 일률적으로 전 근로자에게 지급되는 경우)
- 급식보조비
- 월동대책비
- 효도휴가비
- 체력단련비

**현물로 지급하는 것**  법령, 단체협약 또는 취업규칙의 규정에 의하여 지급되는 현물급여(급식 등)

### (3) 평균임금 산정기초인 임금에 포함되지 아니하는 것

**성질상 임금이 아니기 때문에 포함될 수 없는 것**

- 통화로 지급되는 것
  - 결혼축하금
  - 조의금
  - 재해위문금
  - 상금
  - 실비변상적인 것(출장여비, 기구손실금, 음료대, 작업용품대)
- 현물로 지급되는 것
  - 근로자로부터 대금을 징수하는 현물급여
  - 작업상 필수적으로 지급되는 현물급여(작업복, 작업모, 작업화 등)
  - 복지후생시설로서의 현물급여(주택설비, 조명, 용수, 의료 등의 제공, 급식, 영양식품 등)
- 기타 임금총액에 포함되지 않는 것: 퇴직금

**임금이지만 총액에서 공제되는 것**

- 임시로 지급되는 임금: 임시 또는 돌발적인 사유에 따라 지급되거나 지급조건은 사전에 규정되었더라도 그 사유발생일이 무기한 또는 희소하게 나타나는 것(결혼수당, 사상병 수당)

## 8) 근로기준법 상의 평균임금

**제19조 (평균임금의 정의)**

① 이 법에서 "평균임금"이라 함은 이를 산정하여야 할 사유가 발생한 날 이전 3월 간에 그 근로자에 대하여 지급된 임금의 총액을 그 기간의 총 일수로 나눈 금액 을 말한다. 취업 후 3개월 미만도 이에 준한다.

② 제1항의 규정에 의하여 산출된 금액이 당해 근로자의 통상임금보다 저액일 경 우에는 그 통상임금액을 평균임금으로 한다.

## 9) 통상임금

기본급료뿐만 아니라 단체협약이나 근로계약에 의하여 근로의 대가로서 근로 자에게 지급하여야 할 임금이다. 기본급 외의 직책수당 · 시간외근무수당 · 야근 수당 · 휴일근무수당 등 명칭 여하를 불문하고 통상의 근로에 대한 대가로 지급되 는 모든 금품을 말한다(근로기준법시행령 제31조). 즉, 일액(日額) 통상임금은 해고 예고수당의 산정기초와 20일을 초과하는 연차유급휴가일에 대한 임금지급의 기 초가 되며, 또한 평균임금과 비교하여 평균임금보다 높을 때는 그 통상임금을 평 균임금의 내용으로 하는 데 사용된다. 근로자의 일부에 대하여 지급되는 가족수 당이나 학비보조금은 통상임금의 산정에서 제외된다.

**「통상임금산정지침」(예규 제476호)상 산정기초임금**

① 근로계약이나 취업규칙 또는 단체협약 등에 의하여 소정근로시간(소정근로시 간이 없는 경우에는 법정근로시간)에 대하여 근로자에게 지급하기로 정하여진 고정급 임금

- 그러므로 연장 · 야간 · 휴일근로 등 제 법정수당과 임시적 · 부분적 · 부정기 적으로 지급되는 변동급임금은 포함되지 않음.

② 도급금액으로 정하여진 금액에 대하여는 그 임금산정기간에 있어서 도급제에 의하여 계산된 임금의 총액(연장·야간·휴일근로 등에 대한 가산수당은 제외)

## 「근로기준법 시행령」 제6조(통상임금)

① 법과 이 영에서 '통상임금'이라 함은 근로자에게 정기적·일률적으로 소정근로 또는 총근로에 대하여 지급하기로 정하여진 시간급금액·일급금액·주급금액·월급금액 또는 도급금액을 말한다.

② 제1항의 규정에 의한 통상임금을 시간급금액으로 산정할 경우에는 다음 각 호의 방법에 의하여 산정된 금액으로 한다.

1. 시간급금액으로 정하여진 임금에 대하여는 그 금액
2. 일급금액으로 정하여진 임금에 대하여는 그 금액을 1일의 소정근로시간수로 나눈 금액
3. 주급금액으로 정하여진 임금에 대하여는 그 금액을 주의 통상임금 산정기준 시간수(법 제20조의 규정에 의한 주의 소정근로시간과 소정근로시간 외의 유급처리되는 시간을 합산한 시간)로 나눈 금액
4. 월급금액으로 정하여진 임금에 대하여는 그 금액을 월의 통상임금 산정기준 시간수(주의 통상임금산정 기준시간에 1년간의 평균주수를 곱한 시간을 12로 나눈 시간)로 나눈금액
5. 일·주·월 외의 일정한 기간으로 정하여진 임금에 대하여는 제2호 내지 제4호에 준하여 산정된 금액
6. 도급금액으로 정하여진 임금에 대하여는 그 임금산정기간에 있어서 도급제에 의하여 계산된 임금의 총액을 당해 임금산정기간(임금마감일이 있는 경우에는 임금마감기간을 말한다)의 총 근로 시간수로 나눈 금액
7. 근로자가 받는 임금이 제1호 내지 제6호에서 정한 2 이상의 임금으로 되어 있는 경우에는 각 부분에 대하여 제1호 내지 제6호에 의하여 각각 산정된 금액을 합산한 금액

③ 제1항의 규정에 의한 통상임금을 일급금액으로 산정할 때는 제2항의 규정에 의한 시간급 금액에 1일의 소정근로시간수를 곱하여 계산한다.

**통상임금에 연동되는 제 수당**

| 연동되는 제 수당 | 관련 내용 |
|---|---|
| • 연차유급휴가(「근로기준법」 제59조) | – 사용자는 근로자를 해고하고자 할 때는 30일 전에 예고를 하여야 하고, 예고하지 않았을 때는 30일 분의 통상임금을 지급 |
| • 시간외 · 야간 및 휴일가산임금 (「근로기준법」 제55조) | – 연장근로, 야간근로, 휴일근로에 대하여는 통상 임금의 100분의 50이상을 가산 지급 |
| • 연차유급휴가(「근로기준법」 제59조) | – 1년간 개근한 근로자에 대하여 유급휴가를 주어야 하며, 20일을 초과한 경우 초과일수에 대하여는 통상 임금 지급, 휴가를 사용하지 않은 경우에는 통상 또는 평균임금 지급 |
| • 기타법에 '유급'으로 표시되어 있는 경제적 보상 | |

# 10) 퇴직금 산정방법

퇴직금 계산식(퇴직금 = 일일평균임금×30일×근무연수)

※퇴직금 계산 시 주의점

① 퇴사일: 사직서를 제출한 날이 아닌 근로를 종료한 날

② 최종 3개월 임금: 퇴사일을 기준으로 역산해서 3개월분의 임금. 보상적 차원에서 지급되는 금액을 제외하고 지급되는 모든 금액을 세금공제 전 금액으로 계산(미지급 체불임금도 포함)

③ 보상적 차원에서 지급되는 금액은 제외(경조비 등)

④ 각종 세금공제 전 금액

⑤ 상여금과 연차수당: 평균임금 산정 사유발생일 이전 3개월간에 지급되었는지 여부와 관계없이 사유발생일 이전 12개월간 지급받은 전액을 12월로 나누어 3개월분을 산입

⑥ 상여금과 연차수당은 연간 지급액의 3개월분(연간지급액의 1/4)만 산입

⑦ 미지급된 상여금과 연차수당도 포함

⑧ 상여금지급기준액=상여금을 지급하는 기준액×최종년차지급일수=퇴사전 1년간에 지급받은 연차수당(미지급 연차수당 포함)

⑨ 통상포함수당: 통상임금은 수당 명칭에 관계없이 정률적 · 정기적으로 지급되는 수당

⑩ 근로시간: 근로기준법에서 정한 44시간이 대부분이고, 노동조합이 있어 주당 40시간, 42시간으로 단체협약을 맺은 경우에는 42시간 또는 40시간으로 계산.

※「근로기준법」제36조(금품청산)

사용자는 근로자가 사망 또는 퇴직한 경우에는 그 지급사유가 발생한 때로부터 14일 이내에 임금, 보상금, 기타 일체의 금품을 지급하여야 한다.

**표 7-13** 월급제 예시

예) 주 6일(5일 8시간, 1일 4시간) 근로하기로 하고 1일은 유급휴일(월차)인 경우

| 성명 | 입사일 | 퇴사일 | 기본급 | 근속 연수 | 연차 일수 | 상여금지급 기준액 | 년 상여금 지급율 | 통상임금포함수당 | |
|------|--------|--------|--------|-----------|-----------|-------------------|------------------|-----------------|-----------------|
| | | | | | | | | 직책수당 | 시간 외 근무수당 |
| 한국장총 | 2011. 4. 1. | 2013. 8. 30. | 1,000,000 | 2년 3개월 30일 | 10일 | 기본급 | 400% | 30,000 | 20,000 |

## 통상임금의 산정방법

- 일일통상임금 계산
  - 일일통상임금: (기본급÷226시간×8시간) + (통상임금포함수당÷226시간× 8시간) = (1,000,000÷226시간×8시간) + (50,000÷226시간×8시간) = (35,398.23+1,769.91) = 37,168원 14전
  - 통상임금 산정기준시간
    ① 주 산정기준시간: (8시간×5일+4시간) + (8시간) = 52시간
    ② 월 산정기준시간: 52시간×365일/7일÷12≒226시간

## 평균임금의 산정방법

- 평균임금의 계산
  - 3개월 임금의 합: 1,300,000원(6월) + 1,100,000원(7월) + 1,200,000원(8월) = 3,600,000원
  - 상여금의 합: 1년 상여금의 합÷4 = (1,000,000원×400÷100)÷4 = 1,000,000원
  - 연차수당의 합: 1년 연차수당의 합÷4 = (일일통상임금×월차일수)÷4 = (37,168원 14전×10일)÷4 = 92,920원 35전
  - 임금총액(평균임금산정을 위한): ①+②+③ = 3개월 임금의 합+상여금의 합

+연차수당의 합=3,600,000원+1,000,000원+92,920원 35전=4,692,920원 35전

- 평균임금산정기간 총 일수: 91일(2003. 06. 01.~2003. 08. 30.)
- 일일 평균임금: ④ (임금총액)÷⑤ [(6월+7월+8월)일수]=4,692,920원 35전÷92일=51,010원

※퇴직금 계산 = 일일평균임금×30일×근속연수
① 2년분 퇴직금: 일일평균임금×30일×2년=51,010원×30×2년=3,060,600원
② 3개월분 퇴직금: (일일평균임금×30일×3개월)÷12개월=(51,010×30×3개월)÷12개월=382,575원
③ 30일분 퇴직금: (일일평균임금×30일×30일)÷365일=(51,010×30×30일)÷365일=125,778원 08전
④ 총 퇴직금: ㉠+㉡+㉢=3,060,600원+382,575원+125,778원 08전 =3,568,953원 08전

## 11) 퇴직소득세의 계산

퇴직소득에 대하여는 소득세와 주민세가 과세되며, 퇴직금을 줄 때 그 소속기관이나 사업주(원천징수 의무자)가 이를 원천징수한다.

### (1) 퇴직소득세의 계산

퇴직소득세는 퇴직급여액에서 퇴직소득공제를 하고, 나머지 소득(과세표준)에 대해 소득세율과 근속연수를 적용하여 산출세액을 계산한다.

**퇴직소득공제**
• 급여비례공제=퇴직급여액×50%
• 근속연수공제(소득세법 제48조 제1항)

| 근속연수 | 공제액 |
|---|---|
| 5년 이하 | 30만 원×근속연수 |
| 5년 초과 10년 이하 | 150만 원+50만 원×(근속연수-5년) |
| 10년 초과 20년 이하 | 400만 원+80만 원×(근속연수-10년) |
| 20년 초과 | 1,200만 원=120만 원×(근속연수-20년) |

**퇴직소득산출세액**　(과세표준액÷근속연수)×기본세율×근속연수=퇴직소득산출세액

## (2) 소득세 세표율(소득세법 제55조)

| 과세표준 | 2001년 귀속분까지 | | 2002년 귀속분부터 | |
|---|---|---|---|---|
| | 세 율 | 누진공제액 | 세 율 | 누진공제액 |
| 1,000원 이하 | 10% | - | 9% | - |
| 4,000원 이하 | 20% | 100만 원 | 18% | 90만 원 |
| 8,000원 이하 | 30% | 500만 원 | 27% | 450만 원 |
| 8,000원 초과 | 40% | 1,300만 원 | 36% | 1,170만 원 |

※ 퇴직소득산출세액에서 다시 공제하는 제도를 퇴직소득세액공제라 하는데, 이 제도는 2002년 50%, 2003년, 2004년은 25%, 2005년 이후에는 폐지된다.

• 퇴직소득산출세액×25%=퇴직소득결정세액

　(예, 퇴직급여액이 20,000,000원이고, 근속연수가 12년인 경우)

• 급여비례공제: 20,000,000원×50%=10,000,000원
• 근속연수공제: 4,000,000원+[800,000원×(12년-10년)]=5,600,000원
• 퇴직소득공제: ①+②=10,000,000원+5,600,000원=15,600,000원
• 과세표준액: 퇴직급여액-퇴직소득공제=과세표준액

　-20,000,000원-15,600,000원=4,400,000원

• 퇴직소득산출세액: (4,400,000원÷12년)×10%×12년=439,999원 9전늑 440,000원(반올림)
• 퇴직소득결정세액: 440,000원×50%=220,000원

# 10. 결산 및 감사

## ◆ 결산의 내용

결산은 결산공고의 원칙, 이사회 및 총회 결산 승인, 대차대조표, 재무제표, 이월예산, 보조금의 경우 결산 보고. 수입, 지출, 재산, 물품, 현금, 감사보고 등이다.

### (1) 결산서의 내용
- 사업계획 및 실적: 사업계획 및 실적을 물량과 금액으로 표기하여 정리하되 변동의 경우 사유를 기재한다.
- 수입: 수입예산액, 수입예산현액, 수입액, 수입 과 · 부족내용
  ※　내용에 따라 수입증가 사유, 수입감소 사유 등 변동 내용 명시
- 지출: 지출예산액, 전년도 이월액, 예비비 사용액, 전용 등 증감액, 지출예산현액, 지출액, 다음연도 이월액, 불용액을 기재한다.

### (2) 결산보고서 작성

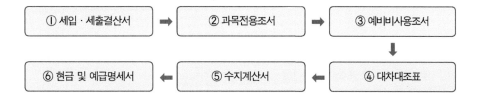

[ 별지 제1호 서식 ]

# ○○○○년도 ○○시설 사업계획 및 예산서

## 1. 사업개요

1) 목적(개조식)
2) 주요사업내용(개조식)
3) 시설현황
- 시설일반현황
- 종사자의 직급별 직종별 현황(직급별 평균호봉 표기)
4) 사업의 필요성

## 2. ○○○○년도 세부사업계획

(단위: 천 원)

| (1) 사업 분류 | (2) 세부 사업명 | (3) 사업 대상 | (4) 계획 | | (5) 사업 내용 (요약) | (6) 기대 효과 |
| --- | --- | --- | --- | --- | --- | --- |
| | | | 목표(연인원, 실인원, 건(회)수) | 예산 | | |
| | | | | | | |

※ 작성요령
- (1)항은 사업을 대분류하여 기재
- (2)항은 세부적인 단위사업명을 기재
- (3)항은 사업대상자 기재
- (4)항 중 목표는 수혜연인원을 기준으로 하되, 연인원 · 실인원 · 건(회)수로 기재
- (5)항은 세부사업내용(목적, 주요내용, 수행방법 등)을 개조식으로 기재
- (6)항은 세부사업의 수행으로 기대되는 효과를 개조식으로 기재

## 3. ○○○○년도 세입 · 세출예산

(단위: 천 원)

| 세 입 | | | | | | | 세 출 | | | | | | |
|---|---|---|---|---|---|---|---|---|---|---|---|---|---|
| 관 | 항 | 목 | 0000년도 예산(A) | 0000년도 예산(B) | 증감(B-A) | | 관 | 항 | 목 | 0000년도 예산(A) | 0000년도 예산(B) | 증감(B-A) | |
| | | | | | 금 액 | 비율(%) | | | | | | 금 액 | 비율(%) |
| | | | | | | | | | | | | | |

### 1) 세입내역

(단위: 천 원)

| 관 | 항 | 목 | 0000년도 예산(A) | 0000년도 예산(B) | 증감(B-A) | | 산출 내역 |
|---|---|---|---|---|---|---|---|
| | | | | | 금 액 | 비율(%) | |
| | | | | | | | ※ 구체적으로 기재 |

### 2) 세출내역

(단위: 천 원)

| 관 | 항 | 목 | 0000년도 예산(A) | 0000년도 예산(B) | 증감(B-A) | | 산출 내역 |
|---|---|---|---|---|---|---|---|
| | | | | | 금 액 | 비율(%) | |
| | | | | | | | ※ 구체적으로 기재 |

[ 별지 제2호 서식 ]

## 장애인직업재활시설 추가 비치 장부

〈근로장애인 임금대장〉

| 구 분 / 월 별 | 성 명 | 주민등록번호 | 고용년월일 | 근로일수 | 기본급 | 제수당 | 총 액 | 공제액 | 영수액 | 영수인 |
|---|---|---|---|---|---|---|---|---|---|---|
| | | | | | | | | | | |

※ 제수당: 가족수당, 연장근로수당, 휴일근로수당, 야간근로수당, 수익금으로 지급되는 수당 등

〈원료구매대장〉

| 월 일 | 제품명(원료명) | 규 격 | 단 가 | 수 량 | 금 액 | 비 고 |
|---|---|---|---|---|---|---|
| | | | | | | |

〈제품매출대장〉

| 월 일 | 제품명 | 규 격 | 단 가 | 수 량 | 금 액 | 공급처 | |
|---|---|---|---|---|---|---|---|
| | | | | | | 사업자등록번호 | 성 명 |
| | | | | | | | |

〈수입장부〉

| 월 일 | 적 요 | 금 액 | 누 계 | 비 고 |
|---|---|---|---|---|
| | | | | |

〈지출장부〉

| 월 일 | 적 요 | 금 액 | 누 계 | 비 고 |
|---|---|---|---|---|
| | | | | |

〈비품관리대장〉

| 품 명 | 규 격 | 구입 단가 | 수 량 | 금 액 | 비고(구입일자 및 재원) |
|---|---|---|---|---|---|
| | | | | | |

※ 비고(구입일자 및 재원)의 재원은 정부보조금, 지방비 또는 자체구입 등으로 기록

## 참고문헌

김형식, 이영철, 신준섭(2007). 사회복지 행정론. 경기: 양서원.

보건복지부(2012). 2011 보건복지백서.

보건복지부(2013). 장애인복지사업안내 Ⅰ.

서울복지재단(2005). 장애인복지관 프로그램 매뉴얼 개발연구. 장애인복지관 프로그램 매뉴얼.

신복기, 박경일, 장중탁, 이명현(2007). 사회복지행정론. 경기: 양서원.

장계희(1997). 비영리법인의 회계실무(안). 서울: 현대문화.

한국사회복지협의회(1998). 사회복지시설 평가기준 및 평가체제 개발연구.

한국사회복지협의회(1998). 사회복지법인. 시설회계 교육.

한국사회복지협의회(2005). 기초행정실무과정.

한국장애인단체총연맹(2003). 2003 전국장애인 복지단체 실무자 직무교육, 자원개발.

한국장애인단체총연맹(2003). 2003 전국장애인 복지단체 실무자 직무교육, 재 무·회계.

한국장애인단체총연맹(2008). 2008 장애인단체 실무자 매뉴얼.

한국장애인복지관협회(2010). 장애인복지관 업무전산시스템 수납 및 실적관리 프로그램 개발을 위한 업무표준화 연구.

한국장애인복지관협회(2009). 장애인복지관 직업재활 실무자 직무능력 향상 교육 수요조사 연구.

황성철, 정무성, 강철희, 최재성(2008). 사회복지행정론. 경기: 학현사.

허남식(2008). Up School 문서관리실무. 한국장애인단체총연맹.

# 재활정책

# 1. 재활정책의 배경

## 1) 재활정책의 추진 배경

우리나라는 '삶의 질' 세계선언을 계기로 1996년 '국민복지 기본상황' 대통령 보고에서 장애인복지를 획기적으로 개선할 수 있는 종합대책을 구상하도록 하였다. 이후 1996년 12월, 총리를 위원장으로 하는 '장애인복지대책위원회'에서 '장애인복지발전5개년계획'의 수립을 결정하였다.

'제1차 장애인복지발전5개년(1998~2002)계획'이 1997년 12월에 발표되었고, '제2차 장애인복지발전5개년(2003~2007)계획'이 추진되었으며, 장애 발생 요인 및 장애인의 다양한 욕구에 대응하고, 장애인복지를 선진국 수준으로 향상시키기 위한 범정부 차원의 노력을 위해 다시 '제3차 장애인정책발전5개년(2008~2012) 계획'을 추진하였다.

이러한 '장애인정책발전5개년계획'은 국무총리를 위원장, 보건복지부장관을 부위원장으로 하고, 12개 부처 장관과 장애인복지 전문가가 참여한 '장애인정책조정위원회'의 심의를 통해서 확정·시행된다. 따라서 '장애인정책발전5개년계획'은 국가정책의 청사진을 제시하는 국가계획으로 추진되어 왔다.

우리나라는 급속한 산업화를 통한 경제성장에도 불구하고 장애인의 '삶의 질'은 낮은 편이다. 최근 능동적 시민의 일원으로 자존감 있게 생활하기를 원하는 장애인이 점차 증가하고, 65세 이상의 노령장애인과 여성장애인의 비중이 늘어나면서 전체 장애인인구 비중도 높아지고 있다.

OECD 국가는 장애인의 사회통합 이념에 기초하여 장애인을 구분하는 정책보다는 장애를 자연스러운 현상으로 받아들이고 사회가 장애인들이 적응 가능하도록 정책을 전환하는 데 많은 노력을 기울여 왔다. 재활정책의 목표는 완전한 사회참여와 통합사회의 실현을 위한 것이며, 이를 달성하기 위한 다양한 정책개발이 추진되었다.

재활정책의 최근 이슈는 자립생활 정책의 강화이며, 장애인의 자립과 사회참여를 확대하고 장애인과 비장애인이 함께 사는 사회를 만들어 가는 것이다. 이를 위해 수요자 중심의 재활 시스템을 마련하고자 전달체계를 정비하고, 장애유형, 생활수준, 근로능력 등 구체적 특성을 반영하여 장애인의 실질적인 욕구와 적합한 소득·고용·교육·주거·보건의료·문화 등 다각적인 부문에서 수요자 중심의 정책을 추진하고자 노력하였다. 또한 국민기초생활보장 대상자 위주의 저소득층 장애인에 국한되어 있는 시책을 전체 장애인으로 확대하며, 지방, 농어촌 등 지역실정에 적합하고 지역주민의 요구에 따른 탄력적인 정책추진으로 정부, 지방, 민간의 합리적 역할 분담과 협력이 필요하다. 자주적이고 능동적인 재활정책을 추진하여 장애의 특성에 따른 전문적인 직업재활서비스 및 훈련체계를 확립하고, 각자의 적성과 능력에 맞는 생산적 복지를 실현함으로써 근로능력이 없는 장애인에 대해서는 장애인의 기초생활보장을 통한 생계를 지원하고, 근로능력이 있는 장애인에 대해서는 고용, 자영업, 창업 등 적극적인 재활을 추진하며 자기결정 및 선택을 강조함으로써 자립을 촉진하고, 맞춤형 복지체계를 연계 운영해야 한다. 또한 장애인 차별해소 및 실질적 권리보장을 위해 사회참여를 보장하고, 장애인 활동의 장을 확대하여 자유로운 사회참여 시책을 확대해야 한다. 그동안 공공시설 등에 편의시설을 확충하여 생활환경 면에서 물리적 장벽을 제거하는 방안이 추진되어 왔다.

　첫째, 「장애인차별금지법」의 대중매체 홍보 및 범국민적인 차별금지운동으로 장애인에 대한 사회적 차별과 편견을 제거하고, 이중의 어려움을 겪고 있는 여성장애인의 사회성 향상 및 자립을 위한 사회참여를 확대·지원함으로써 장애성폭력·가정폭력 방지 등에 대한 정책 방안을 강구하였다.

　둘째, 중앙·지방·민간 간의 장애인복지 전달체계를 효율적으로 정비하고, 점진적으로 늘어나는 장애인 욕구에 따른 재정수요에 대처하기 위하여 중앙정부, 지방자치단체, 민간단체 간의 협력 방안을 강화하고, 장애인인구 급증 및 다양한 욕구에 부응해야 한다.

　셋째, 지역별 특성에 맞는 복지사업 확대를 위해 일선 지방자치단체에 장애인복지 전담체계를 강화하여 장애인복지 시책의 결정 및 추진 과정에서 이해 당사자인 장애인의 적극적인 참여를 유도하도록 추진해야 하며, 장애인이 일할 수 있는 기회를 확대함으로써 사회참여 및 소득보장을 강화하고, 장애유형별, 장애 정도에 적합한 복지일자리 및 기업일자리를 지속적으로 확대하는 방안을 마련해야 한다.

넷째, 장애인 급여수준을 현실화하고 일자리의 질적 수준을 제고하는 방안을 마련하며, 직업재활을 위한 장애인생산품우선구매제도의 활성화를 통해 장애인 생산품 유통질서 확립 및 신뢰확보, 장애인생산품의 경쟁력 제고를 통한 고용창출 및 장애인식개선으로 사회통합을 통한 고용기반을 확대해 나가야 한다.

## 2) 국가장애인종합계획

### (1) 장애자복지대책위원회

장애인에 대한 정부종합대책은 '장애자복지대책위원회'의 발족으로 처음 시작되었다. 1988년 8월 1일 대통령령 제12501호로 '장애자복지대책위원회' 규정이 공포되었고, 이에 따라 그해 9월 15일에 대통령 직속의 '장애자복지대책위원회'가 한시적으로 운영되었다.

'장애자복지대책위원회'는 대통령 자문에 부응하기 위한 대통령 소속기구로 ① 장애인 복지 수준에 대한 평가와 문제점 도출에 관한 사항, ② 장애인복지 증진을 위한 각종 제도의 개선에 관한 사항, ③ 장애인복지 시설의 확충과 투자재원의 조달에 관한 사항, ④ 장애인에 대한 인식전환과 이해증진에 관한 사항, ⑤ 장애인의 사회참여 확대에 관한 사항을 심의하는 기능을 가지고 있다.

위원회는 정부기구의 당연직 위원과 민간위원 등 26명으로 구성되었으며, 당연직 정부위원은 경제기획원차관, 내무부차관, 문교부차관, 건설부차관, 보건사회부차관, 노동부차관, 국가보훈처차장이었다. 민간위원은 천명기, 김기창, 김석언, 김승국, 문석남, 서광윤, 송영욱, 염요섭, 유근일, 임안수, 최태호, 황연대로, 위원회의 전문적인 조사연구를 위하여 강세윤, 김상균, 이익섭, 조성모, 최현을 연구위원으로 위촉 운영하였다.

위원회는 1년에 무려 40회의 대책위원회의와 연구실무회의를 개최하였고, 1989년 8월 28일에는 ① 장애발생 예방, ② 의료 보장, ③ 재활용구 교부, ④ 교육기회 확대, ⑤ 취업 보장, ⑥ 소득 보장과 경제적 부담 경감, ⑦ 장애인복지시설 확충, ⑧ 생활환경 조성, ⑨ 국민의 이해증진, ⑩ 전문가의 양성과 연구의 활성화, ⑪ 전달체계의 개선 등 11개 부문에 걸친 대책을 마련하여 대통령에게 제출하였다.

이 대책은 「심신장애자복지법」의 개정과 장애인의 취업을 보장하는 방안으로 의무고용제를 채택할 것을 건의하고, 장애인의 취업에 지장이 되는 법령 정비, 장애인의 소득보장과 경제적 부담의 경감을 위한 장애수당제도, 각종 세금의 감면, 이용료 감면제도 등을 건의하였다. 그 결과 1990년대 장애인종합복지정책과 제도의 탄생을 통해 장애인복지기반을 구축하고 확산하는 데 기여하였으며, '아시아·태평양장애인10년(1993~2002) 행동계획'에서 각 정부의 장애인에 대한 종합계획수립을 권고받으면서 우리나라도 1997년 중앙부처합동종합계획을 수립 발표하였다.

### (2) 제1차 장애인복지발전5개년계획

'제1차 장애인복지발전5개년계획'(1998~2002)은 보건복지부, 교육인적자원부, 노동부 등이 개별적으로 추진하던 정책을 종래의 3개 부처가 공동 계획을 입안하여 추진한 최초의 중장기 계획이다. 장애인복지정책의 기본방향으로 장애인의 완전한 사회참여와 평등보장이라는 UN이 제시한 정책방향을 반영하였으며, 이로 인해 우리나라의 장애인복지 수준을 한 차원 높일 수 있는 계기를 마련하였다.

### (3) 제2차 장애인복지발전5개년계획

2003년 보건복지부, 노동부, 교육인적자원부, 건설교통부, 정보통신부 등 5개 부처 정부합동으로 장애인이 대등한 시민으로 참여하는 통합적 사회의 실현을 목표로 '제2차 장애인복지발전5개년계획'(2003~2007)이 수립되었다. 제1차 계획에서 미 시행 또는 지체되었던 정책을 재편성하였고, 단계적 발전 수준을 보이고 있지만 형식적으로는 거의 국제적 동향과 대등한 수준으로 정책이 변모했음을 알 수 있다. 정책의 기본방향은 장애인이 독립된 주체로서 지역사회에서 당당한 자립적 삶을 영위하는 것으로, 이를 통해 '수용자 중심의 공급시스템 구축' '장애인의 역량강화를 통한 자주적 독립생활 추진' '지역사회를 기반으로 한 복지체계 구축 등 장애당사자의 권리향상과 사회참여 활동에 있어서의 균등한 기회보장을 위한 지역사회 여건과 환경 개선' '자조단체의 역량강화' 등을 가져왔다.

'제2차 장애인복지발전5개년계획'은 「장애인복지법」 전부 개정, 장애인복지시설 평가시행, 미신고시설 제도권 유입, 장애인복지시설 운영사업의 지방이양, 장애인 당사자주의의 확대 등 장애인복지시설을 둘러싼 외부 환경의 급격한 전환이 이루어진 시기다. 이러한 환경변화에 의해 장애인복지시설정책은 이전 시기에 이어 지역사회 이용시설 확대정책으로 전환되었다. 이 기간에 장애인복지시설의 전체적인 숫자가 증가를 보였으며, 특히 주간보호소나 단기보호센터, 공동생활가정 등의 소규모 시설이 급격하게 증가하였다. 또한 생활시설 장애인의 지역사회복귀 및 재활지원을 강화하기 위해 공동생활가정 등 중간시설이 대폭 확대되기 시작하였다. 2003년에는 지방자치단체에서 '자립생활센터' 지원, 2004년에는 '지적장애인자립생활지원센터' 설치, 2005년에는 자립생활의 한국적 표준모델을 개발 및 자립생활지원센터 선정지원을 통해 국가 재정을 선정하여 개소당 1억 5천만 원의 재원을 정부가 지원하는 동시에 시범사업 평가와 모델개발을 위한 연구도 진행하였다. 2007년에는 「장애인복지법」 개정으로 자립생활지원을 위한 법률적 근거가 마련됨으로써 정부와 지방자치단체의 자립생활에 대한 보다 구체적인 지원책이 마련되어 자립생활지원센터가 전국적으로 확대되기 시작하였다.

미신고 복지시설에서 생활하는 장애인에 대한 인권문제가 지속적으로 사회문제로 부각되자 정부는 2002년부터 미신고 복지시설 실태조사와 함께 개선방안을 마련하는 방안을 추진하였다. 2005년부터 소규모 미신고 복지시설을 제도권으로의 유입을 지원하고, 주·단기보호센터나 재가복지센터의 기능을 부여하였으며, 중증장애인 자립생활의 전제가 되는 중증장애인 활동지원인제도가 2007년부터 정부 지원 사업으로 본격적으로 진행되었다. 2차에 걸친 '장애인복지발전5개년계획'의 수립과 이행에 맞추어 각 부처에서 분야별 종합계획을 이행하였다. 각 부처의 다양한 종합계획의 수립과 함께 전담할 부서가 없는 각 부처에는 장애업무를 전담할 부서를 설치하였다.

보건복지부는 2005년에 '장애인복지심의관' 내에 직업재활을 전담하는 '소득보장과'를 신설하였고, 2008년에는 장애인차별 및 권인을 전담하는 '장애인권익증진과'를 신설하여 1국 4과에 40여 명의 인력을 배치하였다. 특히 2004년 7월, 장애인당사자의 정책결정과정에서의 참여를 확대하기 위해 '재활지원과장'을 일반직에서 개방직으로 보직 변경하여 장애인 당사자를 채용하였다. 노동부는 장애인고용평등정책관 내에 '장애인고용과(1991년 신설)'에 11명의 신규 인력을 배치함으로써 노동부의 장애인고용정책 수립, 고용촉진 및 지원, 기금관리 등의 업무를 전담하도록 하였다.

국토해양부는 교통정책관 내에 '교통복지과(2007년 신설)'에 신규로 7명의 인력을 배치하고, 교통약자의 이동편의증진에 관한 업무를 전담토록 했다. 문화체육관광부는 체육국 내에 '장애인체육과(2005년 신설)'를 신설하고, 7명의 신규 인력을 배치하여 국내외 장애인체육, 스포츠, 생활체육 등의 업무를 전담했다. 문화체육관광부의 경우에도 개방직으로 장애인당사자를 채용하고 있다. 교육과학기술부는 교육복지지원국 내에 '특수교육정책과(2005년 신설)'를 신설하고 7명의 신규 인력이 배치되어 특수교육정책 수립과 지원 업무를 전담하도록 했다.

2003년 「장애인복지법」 개정으로 장애인정책의 조정과 실행력을 강화하기 위해 각 시·도에 도지사를 위원장으로 하는 '지방장애인복지조정위원회'를 설치하고, 국무총리실 산하 '장애인복지조정위원회'의 실무능력을 뒷받침하기 위해 위원회 산하에 실무위원회를 설치하도록 규정하여 '장애인복지조정위원회' 실무위원회가 설치되었으나 그 역할이 미비하고, 또 '지방장애인복지조정위원회'도 거의 설치하는 자치단체가 없어 유명무실화되었다.

장애인정책 혁신은 두 가지로 다시 나누어진다. 첫째는 장애인들의 욕구를 고려한 정책추진이 가능하도록 장애판정 기준을 개편하는 것이고, 둘째는 장애인의 욕구와 정책자원 간의 연결을 효과적으로 도모하기 위한 서비스 사례관리체계를 구축하는 것이다. 정부 종합정책은 '장애인고용촉진5개년투자계획'(1996~2000, 노동부), '제1차 편의시설확충국가종합5개년계획'(2000~2004, 보건복지부), '제2차 편의증진국가종합5개년계획'(2005~2009, 보건복지부), '특수교육발전방안'(1997~2001, 교육인적자원부), '특수교육발전종합계획'(2000~2007, 교육인적자원부), '교통약자이동편의증진계획'(2007~2011, 건설교통부), '참여정부국민체육진흥5개년계획'(2003~2007, 문화관광부) 등이 추진되었다.

### (4) 제3차 장애인정책발전5개년계획

'제3차 장애인정책발전5개년계획'(2008~2012)은 복지정책에서 정책발전계획으로 명칭이 수정되었다. 이 계획은 장애인등록 제도의 신뢰성과 수용성을 높이기 위한 장애심사제도 개선이 이루어졌고, 공급자중심의 서비스 지원체계를 수요자 중심의 서비스 지원체계로 개편하는 시범사업을 추진했다. 또한 만 4세의 장

**표 8-1** 장애등록 현황

(단위: 명, %)

| 연도 | 시·군·구에 등록한 장애인 수 | | | | | | | | | | | | | | |
|---|---|---|---|---|---|---|---|---|---|---|---|---|---|---|---|
| | 계 | 지체 | 시각 | 청각·언어 | 지적장애 | 뇌병변 | 자폐 | 정신 | 신장 | 심장 | 호흡기 | 간 | 장루·요루 | 안면 | 간질 |
| 1989 | 176,687 (100) | 108,923 (61.6) | 13,467 (7.6) | 26,884 (15.2) | 27,413 (15.5) | | | | | | | | | | |
| 1990 | 200,372 (100) | 125,267 (62.5) | 14,698 (7.3) | 28,721 (14.3) | 31,686 (15.8) | | | | | | | | | | |
| 1991 | 224,025 (100) | 144,080 (64.3) | 15,720 (7.0) | 30,373 (13.6) | 33,850 (15.1) | | | | | | | | | | |
| 1992 | 242,419 (100) | 158,477 (64.3) | 16,721 (6.9) | 31,602 (13.0) | 35,619 (14.7) | | | | | | | | | | |
| 1993 | 265,442 (100) | 176,015 (66.3) | 17,977 (6.8) | 33,190 (12.5) | 38,260 (14.4) | | | | | | | | | | |
| 1994 | 294,246 (100) | 197,628 (67.2) | 19,876 (6.8) | 35,098 (11.9) | 41,644 (14.2) | | | | | | | | | | |
| 1995 | 324,860 (100) | 220,723 (67.9) | 21,488 (6.6) | 36,655 (11.3) | 45,994 (14.2) | | | | | | | | | | |
| 1996 | 362,475 (100) | 248,690 (68.6) | 23,507 (6.5) | 38,465 (10.6) | 51,813 (14.3) | | | | | | | | | | |
| 1997 | 425,064 (100) | 294,419 (69.3) | 72,211 (6.4) | 43,875 (10.3) | 59,559 (14.0) | | | | | | | | | | |
| 1998 | 527,250 (100) | 371,328 (70.4) | 34,548 (6.6) | 52,501 (10.0) | 68,873 (13.4) | | | | | | | | | | |
| 1999 | 597,513 (100) | 502,647 (84.1) | 46,957 (7.9) | 67,890 (11.4) | 80,019 (9.1) | | | | | | | | | | |
| 2000 | 958,196 (100) | 606,422 (63.3) | 90,997 (9.5) | 87,387 (9.1) | 86,793 (8.4) | 33,126 (3.5) | 1,514 (0.2) | 22,559 (2.5) | 23,427 (2.4) | 4,971 (0.5) | | | | | |
| 2001 | 1,134,177 (100) | 682,325 (60.2) | 115,911 (10.2) | 105,711 (9.3) | 94,951 (8.0) | 64,950 (5.7) | 2,516 (0.2) | 32,581 (2.9) | 28,118 (2.5) | 7,114 (0.6) | | | | | |
| 2002 | 1,294,254 (100) | 754,651 (58.3) | 135,704 (10.5) | 123,823 (9.6) | 103,640 (7.1) | 91,998 (5.7) | 4,014 (0.3) | 39,494 (3.1) | 32,094 (2.5) | 8,836 (0.7) | | | | | |
| 2003 | 1,454,215 (100) | 813,916 (56.0) | 152,857 (10.5) | 139,325 (10.8) | 112,043 (7.4) | 117,514 (8.1) | 5,717 (0.4) | 46,883 (3.2) | 34,884 (2.4) | 10,409 (0.7) | 7,039 (0.5) | 3,108 (0.2) | 6,585 (0.5) | 673 (0.0) | 3,262 (0.2) |
| 2004 | 1,610,994 (100) | 883,296 (54.8) | 170,107 (10.6) | 155,382 (9.6) | 119,207 (7.1) | 142,804 (8.9) | 7,740 (0.5) | 54,333 (3.4) | 38,175 (2.4) | 11,634 (0.7) | 9,768 (0.6) | 4,072 (0.3) | 8,182 (0.5) | 1,114 (0.1) | 5,180 (0.3) |
| 2005 | 1,777,400 (100) | 959,133 (54.0) | 188,172 (10.6) | 174,302 (9.8) | 126,764 (7.0) | 167,570 (9.4) | 9,466 (0.5) | 63,323 (3.6) | 41,579 (2.3) | 12,705 (0.7) | 11,635 (0.7) | 5,126 (0.3) | 9,520 (0.5) | 1,481 (0.1) | 6,624 (0.4) |
| 2006 | 1,967,326 (100) | 1,049,396 (53.3) | 196,507 (10.0) | 205,155 (10.4) | 137,596 (6.8) | 195,253 (9.9) | 10,926 (0.6) | 75,058 (3.8) | 44,571 (2.3) | 13,739 (0.7) | 13,035 (0.7) | 5,875 (0.3) | 10,461 (0.5) | 1,863 (0.1) | 7,891 (0.4) |
| 2007 | 2,104,889 (100) | 1,114,094 (52.9) | 216,881 (10.3) | 218,206 (10.4) | 142,589 (6.5) | 214,751 (10.2) | 11,874 (0.6) | 81,961 (3.9) | 47,509 (2.3) | 14,352 (0.7) | 14,289 (0.7) | 6,329 (0.3) | 11,184 (0.5) | 2,149 (0.1) | 8,721 (0.4) |
| 2008 | 2,246,965 (100) | 1,191,013 (53.0) | 228,126 (10.2) | 238,560 (10.6) | 146,898 (6.4) | 232,389 (10.3) | 12,954 (0.6) | 86,624 (3.9) | 50,474 (2.2) | 14,732 (0.7) | 14,984 (0.7) | 6,968 (0.3) | 11,740 (0.5) | 2,337 (0.1) | 9,166 (0.4) |
| 2009 | 2,429,547 (100) | 1,293,331 (53.2) | 241,237 (9.9) | 262,050 (10.8) | 154,953 (6.3) | 251,818 (10.4) | 13,933 (0.6) | 94,776 (3.9) | 54,030 (2.2) | 15,127 (0.6) | 15,860 (0.7) | 7,730 (0.3) | 12,437 (0.5) | 2,505 (0.1) | 9,772 (0.4) |
| 2010 | 2,517,321 ((100) | 1,337,722 (53.1) | 249,259 (9.9) | 277,610 (11.0) | 161,249 (6.4) | 261,746 (10.4) | 14,888 (0.6) | 95,821 (3.8) | 57,142 (2.3) | 12,864 (0.5) | 15,551 (0.6) | 7,920 (0.3) | 13,072 (0.5) | 2,696 (0.1) | 9,772 (0.4) |
| 2011 | 2,519,241 (100) | 1,333,429 (52.9) | 249,259 (10.0) | 277,610 (11.1) | 161,249 (6.6) | 261,746 (10.3) | 14,888 (0.6) | 95,821 (3.8) | 57,142 (2.4) | 12,864 (0.4) | 15,551 (0.6) | 7,920 (0.3) | 13,072 (0.5) | 2,696 (0.1) | 9,772 (0.4) |

애유아 의무교육 확대 실시와 특수교육 내실화를 기하였다. 장애인의 인권을 기반으로 인권지킴이단 운영, 변호사협회와 MOU 체결로 장애인인권침해예방센터의 효율적 운영을 추진하는 등 보험가입을 거부하는「보험업법」개정을 통하여 사회적 차별을 방지하는 데 기여하였다.

　더불어「장애인차별금지법」, 장애연금제도, 자립생활지원을 위한「활동지원법」,「장애아동지원법」등 선진국 수준의 제도를 본격적으로 도입하였다. 특히「장애연금법」의 도입과 추진은 그동안 재정부담으로 도입을 주저했던 장애수당을 폐지하고 장애연금을 도입했다. 이로 인해 급여액은 적지만 제도상 선진국의 모형을 고루 갖추는 데 기여하게 되었으며, 특히 중증장애인을 위한 활동지원제도는 장애인의 욕구를 반영한 것으로 그 가치가 높다고 할 수 있다. 그러나 요양보호와 달리 급여 지급방식이 조세방식이기 때문에 논란이 제기되고 있다. 정부는 복지전달체계 구축을 위하여 1988년 11월부터 전국적으로 장애등록사업을 추진하고 있으며, 매년 등록률이 높아지고 있다. 2011년 12월말 등록장애인 수는 25,192,412명으로 늘어났다.

## 2. 정부의 재활정책

### 1) 지방이양화정책

　참여정부가 지방분권을 국정 원리로 내세우면서 2004년 7월 '정부혁신지방분권위원회'의 결정으로, 2005년 1월 1일부터 모든 재활상담사업이 지방정부로 이양되었다. 재활상담사업에 대한 지방이양은 재활에 대한 상황적 조건을 고려하지 않은 채 혼선을 야기하였다.

　보건복지부 소관의 지방이양사업은 67개로, 2004년 국고보조예산 기준으로 총액은 약 5,988억 원 규모로 재활분야가 핵심분야였다. 이는 사업 수를 기준으로는 재활서비스분야의 41%, 이양재정기준으로는 54%에 해당하는 것이다. 2004년 기준으로 지방이양대상사업은 67개로, 기초생활보장분야 2개, 장애인복지분야 24개, 노인복지분야 13개, 아동복지분야 11개, 여성복지분야 3개, 노숙인복지분야 2개, 보건의료분야 6개, 기타복지 6개로 지정했다.

중앙부처 장애인복지사업 중 24개 사업은 전격 지방이양화되었다. ① 장애인복지관 운영, ② 장애인 재가복지센터 운영, ③ 장애인 주간보호시설 운영, ④ 공동생활가정 운영, ⑤ 의료재활시설 운영, ⑥ 장애인체육관 운영, ⑦ 시각장애인 심부름센터 운영, ⑧ 시각장애인 재활지원센터 운영, ⑨ 청각장애인 수화통역센터 운영, ⑩ 지적장애인 자립지원센터 운영, ⑪ 장애인 해피콜봉사센터 운영, ⑫ 장애인 특별운송사업, ⑬ 편의시설 설치 시민촉진단, ⑭ 청각장애 아동 달팽이관 수술, ⑮ 여성장애인 가사도우미, ⑯ 장애인 복지시설 운영, ⑰ 장애인직업재활시설 운영, ⑱ 장애인복지관 기능보강, ⑲ 장애인 체육관 기능보강, ⑳ 장애인 지역사회 재활시설차량, ㉑ 장애인 생활시설 치과유니트, ㉒ 지체장애인 편의시설센터 운영, ㉓ 장애인 재활지원센터 운영 등이다.

지방이양된 장애인복지사업은 초기부터 지방정부의 재활 기획능력 부족, 도시와 농촌 간의 인프라 격차, 지방 간의 재정력 격차, 복지행정당국과 복지사업자 간의 밀착관계, 복지에 관한 정책결정에서 당사자와 전문가 및 민간부문의 복지공급자의 참여의 형식성 등 우리나라 지역재활서비스가 직면하고 있는 여러 가지 문제와 맞물려 다양한 문제점이 지적되었다.

- 지방재정능력의 격차가 지역 간 복지예산이나 복지수준의 격차로 연결되고 있다.
- 장애인복지사업이 지방정부의 정책 우선순위에서 밀려 나가거나 왜곡이 가능하며, 신규시설 설치가 어렵고 지방비로 추진하는 자체사업이 어려울 뿐 아니라 종사자의 인건비 현실화가 어렵고 지역 간 격차가 더욱 커지고 있다.

장애인단체는 장애인복지사업은 사회적 안전망 유지를 위한 국가의 기본적 의무로, 자치단체 재정위기가 우려되는 상황을 이유 삼아 지방이양 장애인복지사업에 대해 환원을 요구하고 있다.

한 사회가 성숙한 사회인지는 사회의 경제규모 등 경제력의 수준에 의해서만 결정되는 것은 아니다. 경제력과 아울러 소외계층에 대한 사회 인식수준과 정책적 배려, 인권보장의 수준도 사회의 성숙도를 가늠할 수 있는 중요한 지표가 된다.

표 8-2 **중앙부처의 지방이양 사업**

| 주요 사업명 | 지원 대상 | 지원 내용 | 비고 |
|---|---|---|---|
| 청각장애 아동 인공달팽이관 수술비 지원 | 인공달팽이관 수술로 청력회복이 가능한 저소득 청각장애 아동 | • 인공달팽이관 수술비 지원 | 읍·면·동사무소에 신청 |
| 장애인생활 시설 운영 | 등록장애인(국민기초생활보장법상의 수급자 우선 입소) | • 생활시설 입소 보호<br>-의식주 제공<br>-재활서비스 제공(사회심리 재활, 교육재활, 직업재활, 의료재활) | 시·군·구에 신청 |
| 장애인복지 시설 치과 유니트 지원 | 치과치료 기본 장비가 필요한 장애인복지시설 | • 통원치료가 곤란한 시설 입소 장애인에 대해 치과치료 기본 장비인 유니트 설치 지원 | |
| 장애인직업재활 시설 운영 | 등록장애인 | • 일반사업장 취업이 어려운 저소득 중증장애인에게 자신의 능력과 적성에 맞는 직업생활을 할 수 있도록 보호고용 실시 | 시·군·구에 상담 |
| 재활병·의원 운영 | 등록장애인 | • 지원 내용<br>-장애의 진단 및 치료<br>-보장구 제작 및 수리<br>-장애인심리검사 및 평가<br>• 「국민기초생활보장법」상의 수급자는 무료, 그 외의 자는 실비부담 | 의료급여증과 장애인등록증(복지카드)을 제시 |
| 장애인심부름 센터 운영 | 등록장애인 | • 사업 내용<br>-민원업무 대행, 직장 출·퇴근, 장보기, 이삿짐 운반, 가사돕기, 취업안내 등<br>• 이용요금: 실비<br>• 사업 주체: 한국시각장애인연합회 | 해당 지역 장애인심부름센터에 필요한 서비스를 요청<br>문의: 한국시각장애인연합회 |
| 수화통역센터 운영 | 청각·언어장애인 | • 출장수화통역<br>-관공서·법률 관련 기관 방문, 의료기관 진료 등의 경우에 수화통역 필요 시 출장통역 실시<br>• 일반인에 대한 수화교육<br>• 청각·언어장애인에 대한 고충 상담 | 해당 지역 수화 통역센터에 필요한 서비스를 요청<br>문의: 한국 농아인협회 |
| 장애인복지관 운영 | 등록장애인 및 가족 | • 장애인에 대한 상담, 의료재활, 직업재활, 사회생활 적응지도, 사회교육 및 계몽사업 등 | 해당 지역 복지관 내방 및 전화 등으로 이용 신청 |

| 장애인공동<br>생활가정 운영 | 등록장애인 | • 가정과 같은 주거환경에 거주하면서 독립적인 생활에 필요한 재활서비스 지원 | 해당 지역 공동생활가정에 이용 신청 |
|---|---|---|---|
| 주간 · 단기<br>보호시설 운영 | 등록장애인 | • 재가장애인에 대한 낮 동안의 보호 또는 장애인보호자가 출장, 여행 등의 경우 일시적으로 보호<br>• 「국민기초생활보장법」상의 수급자는 무료, 그 외의 자는 실비부담 | 해당 지역 복지관, 주간 · 단기보호시설 등을 내방 이용 |
| 장애인체육<br>시설 운영 | 등록장애인 등 | • 장애인의 체력증진 및 신체기능회복 활동 지원<br>• 「국민기초생활보장법」상의 수급자는 무료, 그 외의 자는 시설별 산정이용료 부담 | 해당 지역 장애인체육시설 등으로 이용 신청 |
| 장애인재활<br>지원센터 운영 | 등록장애인 및 가족 | • 장애인에게 재활정보 제공으로 사회참여 확대 및 복지 증진<br>• 사업 주체: 한국장애인재활협회(13개 시 · 도협회)<br>• 사업 내용<br>-정부사업, 서비스 등 재활 전문 데이터베이스 운영<br>-온라인 상담 및 정보 제공 등 재활 지원<br>-장애인복지정책개발을 위한 조사 · 연구 | • 인터넷서비스 (http://www.free get.net<br>• ARS서비스 및 복지 사업 상담 |
| 장애인 재가<br>복지봉사센터<br>운영 | 등록장애인 | • 장애인복지관에 재가복지봉사센터를 부설하여 운영<br>-재가장애인을 방문, 상담, 의료·교육재활, 직업재활 등의 서비스 제공 | 해당 복지관에 이용 신청 |
| 지적장애인 자립<br>지원센터 운영 | 등록 지적장애인과 가족 | • 지적장애인에 대한 상담지원<br>• 지적장애인의 사회활동 수행보호를 위한 도우미서비스 제공<br>• 지적장애인 자립지원 프로그램 개발 · 보급 등 | 문의: (사)한국지적장애인복지협회 |
| 장애인 특별운송<br>사업 운영 | 이동에 장애를 가진 자 (보호자 포함) | • 리프트가 장착된 특장차 운영<br>-셔틀 및 콜 운행 병용 | 시 · 도지사 운영 |
| 편의시설 설치,<br>시민촉진단 운영 | 시 · 도지사가 선정한 장애인단체 | • 주요 업무 기능<br>-편의시설 설치 홍보 및 안내<br>-편의시설 실태조사 지원<br>-시설주관기관에 의견제시 등 | |

| 지체장애인 편의시설 지원센터 운영 | 한국지체장애인협회 16개 시·도협회 | • 주요 업무 기능<br>-편의시설 설치 관련 자문, 기술적 지원<br>-기술 및 매뉴얼 개발 등 | |
| --- | --- | --- | --- |
| 여성장애인 가사도우미 파견 사업 | 저소득 가정의 등록 여성 장애인 | • 여성장애인의 임신·출산·육아 및 가사활동지원을 위한<br>-가사도우미 파견<br>-산후조리, 자녀양육, 가사활동 지원 | 해당 지역 시·도립 장애인복지관에 신청 |

## 2) 재활복지 시책

　정부는 장애등록제도를 도입하고 다양한 재활 시책을 추진했다. 또한 중앙부처, 지방자치단체, 민간기관 등 다양한 재활복지 시책을 추진하여 왔다. 정부 중앙행정기관 및 보건복지부에서 추진하는 재활복지 시책은 장애수당을 비롯하여 27개 시책을 펼쳤으며, 지방자치단체에서는 조례에 의거하여 시행하는 사업과 중앙부처에서는 지방으로 이양한 복지 시책 24개, 기타 민간단체가 추진하는 시책 11개의 사업이 운영되고 있다. 이러한 복지 시책은 주로 국민기초수급장애인과 중증장애인에 대한 지원 대책이다.

　이 밖에도 장애인의 안정적 자립생활을 위해 국민기초생활보호 수급자 전체 중 30%가 장애인이며, 등록장애인 중 약 32만 명이 국민기초생활보호 대상자로 지정되었다. 이는 고령장애인의 증가와 중증장애인의 증가, 자립생활 이념 실천으로 중증장애인이 시설에서 지역사회로 옮겨 왔기 때문이다. 그리고 2010년 장애수당을 장애연금으로 전환하면서 장애연금지급 대상이 확대되었고, 2013년 활동지원이 대상자는 1~2급까지 지정했으며 활동지원 시간도 양적으로 확대되었다.

**표 8-3** 중앙행정기관에서 하는 재활시책

| 주요 사업명 | 지원 대상 | 지원 내용 | 비 고 |
|---|---|---|---|
| 장애수당 지급 | 「국민기초생활보장법」상의 수급자로서<br>• 중증장애인: 장애등급이 1, 2급인 자(다른 장애가 중복된 3급 지적장애인 및 발달장애인 포함)<br>• 경증장애인: 장애등급이 3~6급인 자(※특례수급장애인은 제외하되 생계급여 수급자는 지급) | • 중증장애인: 1인당 월 7만 원<br>• 경증장애인: 1인당 월 2만 원 | 읍·면·동에 신청 |
| 장애인자녀 교육비 지원 | 기초생계비의 차상위계층(소득인정액)인 가구의 1~3급 장애인인 중학생 · 고등학생<br><br>앞과 같은 저소득가구의 1~3급 장애인의 중학생 · 고등학생 자녀<br>※소득인정액 기준(가구원/월)<br>1인: 543,802원 이하<br>2인: 911,104원 이하<br>3인: 1,221,804원 이하<br>4인: 1,521,549원 이하<br>5인: 1,759,215원 이하<br>6인: 2,005,097원 이하<br>※7인 이상 가구는 1인 증가 시마다 245,882원씩 증가 | • 고등학생의 입학금 및 수업료 전액<br>• 고등학생의 교과서대 10만 원 (연 1회)<br>• 중학생의 부교재비 32만 1천 원 (연 1회)<br>• 중학생, 고등학생의 학용품비 44만 1천 원(학기당 22만 1천 원씩 연 2회) | 읍·면·동에 신청 |
| 장애인자립자금 대여 | 저소득 가구의 장애인가구주 또는 가구주의 배우자인 장애인<br>※「국민기초생활보장법」상의 수급자 및 차상위 계층은 생업자금을 대여함으로 자립자금대여 대상에서 제외 | • 대여한도: 가구당 2,000만 원 이내 (단, 농협중앙회는 1,500만 원)<br>• 이자: 3% | 읍·면·동에 신청 |
| 장애인의료비지원 | 의료급여법에 의한 2종 의료급여대상자인 장애인 | • 1차 의료급여기관 진료<br>- 본인부담금 1,000원 중 750원 지원(의약분업 적용)<br>- 본인부담금 1,500원 중 750원 지원(의약분업 예외)<br>• 2차, 3차 의료급여기관 및 국·공립결핵병원 진료<br>- 의료급여수가적용 본인부담진료비 15%(암, 심장 및 뇌혈관질환은 본인부담진료비 10%) 전액을 지원하되 본인부담금 식대 20%는 지원하지 않음. | 의료급여증과 장애인 등록증을 제시 |

| | | | | |
|---|---|---|---|---|
| | | | • 의료급여 적용 보장구 구입 시 상한액 범위 내에서 본인부담금(15%) 전액 | |
| 장애아동부양수당 지급 | | 「국민기초생활보장법」상의 수급자로서 만 18세 미만의 1급 재가 장애아동 보호자 ※보장시설입소장애인 및 특례수급장애인 제외 | • 1인당 월 7만 원 | 읍·면·동에 신청 |
| 장애인등록진단비 지급 | | 「국민기초생활보장법」상의 수급자로서 신규 등록 장애인 및 직권에 의한 등급 재조정 대상 장애인 | • 진단서 발급 비용 지원<br>-지적장애 및 발달장애: 4만 원<br>-기타 일반장애: 1만 5천 원<br>※장애판정을 위한 검사비용은 본인 부담 | 시·군·구에서 의료기관에 직접 지급 |
| 장애인재활보조 기구 무료 교부 | | 「국민기초생활보장법」상의 수급자 및 차상위계층으로서 등록 장애인 중 교부품목자 | • 품목<br>-욕창방지용 매트: 1~2급 지체·뇌병변·심장장애인<br>-음향신호기의 리모컨과 음성탁상시계: 시각장애인<br>-휴대용 무선신호기: 청각장애인<br>-자세보조용구: 뇌병변장애인, 근육병 등 지체장애인 1, 2급 | 읍·면·동에 신청건 |
| 건강보험 지역 가입자의 보험료 경감 | 자동차분 건강보험료 전액 면제 | 자동차분 건강보험료 전액 「장애인복지법」 규정에 의해 등록한 장애인 소유 자동차 | • 건강보험료 책정 시 자동차분 건강보험료 전액 면제 | 국민건강보험공단지사에 확인 |
| | | 지방세법에 의하여 장애인을 위하여 사용하는 자동차로서 지자체가 자동차세를 면제하는 자동차 | | |
| | 생활수준 및 경제 활동 참가율 등급별 점수 산정 시 특례 적용 | 등록장애인 | • 건강보험료 책정 시 지역가입자의 연령·성별에 상관없이 기본구간(1구간)을 적용하고, 자동차분 건강보험료를 면제받는 장애인용자동차에 대하여 모두 기본구간(1구간)을 적용하여 보험료를 낮게 책정 | 국민건강보험공단지사에 신청 |
| | 산출 보험료 경감 | 지역가입자 중 등록장애인이 있는 세대로 소득이 없어야 하고, 동시에 과표 재산이 5,000만 원 이하이어야 함. | • 장애등급 1~2급인 경우 : 30% 감면<br>• 장애등급 3~4급인 경우 : 20% 감면<br>• 장애등급 5~6급인 경우 : 10% 감면 | 국민건강보험공단지사에 신청 |

| | | | |
|---|---|---|---|
| 장애인생산품 판매시설(공판장) 운영 | 장애인직업재활시설 등에서 물품을 생산하는 장애인 | • 장애인이 생산한 물품의 판로 확보로 장애인 취업 확대 및 소득 보장<br>• 설치지역: 시·도당 1개소 (16개 지역) | 인근 장애인 생산품 판매시설에 의뢰 문의: 한국 장애인복지 시설협회 02-718-9363 |
| 장애인직업재활 기금사업 수행기관 운영 | 등록장애인 | • 장애인이 취업을 통하여 안정된 생활을 할 수 있도록 직업상담, 직업평가, 직업적응훈련, 취업알선, 지원고용, 취업 후 지도 등 취업과 관련된 종합적인 서비스 제공 | 사업 수행기관(장애인복지관, 장애인단체, 직업재활시설 등)내방, 전화 등으로 이용 신청 |
| 보장구 건강보험 급여(의료 급여) 실시 | 등록장애인<br>• '보장구급여비 지급청구서' 제출 시 첨부서류<br>-의사발행 보장구 처방전 및 보장구 검수확인서 각 1부<br>-요양기관 또는 보장구 제작·판매자 발행 영수증 1부<br>※지팡이·목발·휠체어(2회 이상 신청 시) 및 흰 지팡이의 경우는 위 1호 서류 첨부생략 | • 건강보험대상자: 적용 대상 품목의 기준액 범위 내에서 구입비용의 80%를 공단에서 부담<br>• 의료급여수급권자: 적용 대상품목의 기준액 범위 내에서 전부(1종) 또는 85%(2종)를 기금에서 부담<br><br>〈적용 대상 보장구 및 기준액〉<br><br>| 분류 | 기준액(원) | 내구연한 |<br>|---|---|---|<br>| 지체장애인용 지팡이 | 20,000 | 2 |<br>| 목발 | 15,600 | 2 |<br>| 휠체어 | 480,000 | 5 |<br>| 의자·보조기 | 유형별로 상이 | 유형별로 상이 |<br>| 시각장애인용 저시력 보조기 | | |<br>| • 안경 | 100,000 | 5 |<br>| • 돋보기 | 100,000 | 4 |<br>| • 망원경 | 100,000 | 4 |<br>| • 콘택트렌즈 | 80,000 | 3 |<br>| • 의안 | 300,000 | 5 |<br>| 흰 지팡이 | 140,000 | 5 |<br>| 보청기 | 240,000 | 5 |<br>| 체외용인공후두 | 500,000 | 5 |<br>| 전동휠체어 | 2,090,000 | 6 |<br>| 전동스쿠터 | 1,670,000 | 6 |<br>| 정형외과구두 | 220,000 | 2 | | 신청기관<br>• 건강보험: 공단<br>• 의료급여: 시·군·구청 |

| 장애인자동차 표지 발급 | 장애인 또는 장애인과 세대별주 민등록표상 같이 기재되어 있는 배우자, 직계존·비속, 직계비속의 배우자, 형제, 자매 명의로 등록하여 장애인이 주로 사용하는 자동차 1대 | • 장애인전용주차구역 이용(일부에 한함), 10부제 적용 제외, 지방자치 단체별 조례에 의거 공영주차장 주차요금 감면 등 ※장애인의 보행상 장애여부에 따라 장애인 전용주차구역을 이용할 수 있는 표지가 발급되며, 장애인이 탑승한 경우에만 표지의 효력을 인정 | 읍·면·동 에 신청 |
|---|---|---|---|
| | 국내거소신고를 한 재외동포와 외국인등록을 한 외국인으로서 보행장애가 있는 사람 명의로 등록한 자동차 1대 | | |
| | 장애인복지시설 및 단체 명의의 자동차 | | |
| 장애인결연 사업 | 시설 입소 장애인 및 재가 저소 득장애인 | • 결연을 통하여 장애인에게 후원금품 지원, 자원봉사활동, 취업알선 ※신청기관 ① 시설생활 장애인: 한국장애인복지시설협회 ② 재가장애인: 한국복지재단 | |
| 장애인용 LPG연료 세금인상액 지원 | 복지(구입)카드 또는 보호자카드로 수송용 LPG를 구매하는 장애인용 LPG 승용차 소지자 | • 월 250ℓ 지원 -240원/ℓ (잠정적) | 읍·면·동 에 신청 |
| 농어촌 재가장애인 주택 개조사업 | 기초생활보장수급자 및 차상위 계층 중 등록장애인으로 자가소유자 및 임대주택 거주자 | • 가구당 400만 원 (1,000가구 지원) | 읍·면·동 에 신청 |
| 승용자동차에 대한 특별소비세 면제 | 1~3급 장애인 본인 명의 또는 장애인과 주민등록표상 생계를 같이 하는 배우자, 직계존속·직계비속·직계비속의 배우자, 형제·자매 중 1인과 공동명의로 등록한 승용자동차 1대 | • 특별소비세 및 교육세 전액 면세 | 자동차판매 인에게 상담 국세청소관 관할세무서 |
| 승용자동차 LPG 연료 사용 허용 | 장애인 또는 장애인과 주민등록 표상 같이 거주하는 배우자, 직계존·비속, 형제·자매로 등록한 승용자동차 1대 | • LPG 연료사용 허용(LPG 연료 사용차량을 구입하여 등록 또는 휘발유 사용차량을 구입하여 구조변경) ※LPG승용차를 사용하던 장애인이 사망한 경우는 동 승용차를 상속받은 자에게도 사용 허용 | 시·군·구 차량등록기 관에 신청 산업자원부 소관 |

| 차량 구입 시 도시 철도채권 구입 면제 | 장애인명의 또는 장애인과 주민등록상 같이 거주하는 보호자 1인과 공동명의로 등록한 보철용의 아래 차량 중 1대<br>• 비사업용 승용자동차<br>• 15인승 이하 승합차<br>• 소형화물차(2.5톤 미만) | • 도시철도채권 구입의무 면제(지하철공사가 진행되고 있는 특별시와 광역시에 해당) | 관할 시·군·구청 차량등록기관에 신청(자동차판매사 영업사원에게 문의) |
|---|---|---|---|
| 소득세 인적 공제 | 등록장애인 | • 소득금액에서 장애인 1인당 연 200만 원 추가 공제<br>• 부양가족(직계존·비속, 형제·자매 등) 공제 시 장애인인 경우 연령제한 미적용 | 연말정산 또는 종합소득 신고 시 공제 신청 |
| 장애인의료비 공제 | 등록장애인 | • 당해 연도 의료비 전액 | 연말정산 또는 종합소득 신고 시 공제 신청 세무서 문의 |
| 상속세 인적 공제 | 등록장애인<br>• 상속인과 피상속인이 사실상 부양하고 있던 직계존·비속, 형제, 자매 | • 장애인에 대한 상속세 인적 공제<br>- 공제금액=500만 원×(75세-상속 당시 나이) | 관할 세무서에 신청 |
| 신청장애인 특수 교육비 소득공제 | 등록장애인 | • 재활시설이나 보건복지부장관으로부터 장애인재활교육시설로 인정받은 비영리법인에 지급하는 특수교육비 전액 | 연말정산 또는 종합소득 신고 시 공제 신청 |
| 증여세 면제 | 등록장애인<br>• 장애인을 수익자로 하며, 신탁기간을 장애인의 사망 시까지로 하여 신탁회사에 신탁한 부동산, 금전, 유가증권 | • 장애인이 생존기간 동안 증여받은 재산가액의 합계액에 대하여 최고 5억 원까지 증여세과세가액에 불산입<br>※ 중도에 신탁계약을 해지하는 경우 해지 시점에서 세금 납부 | 관할 세무서에 신청 |

| 장애인보장구 부가가치세 영세율 적용 | • 등록장애인 | • 부가가치세 감면<br>-의수족, 휠체어, 보청기, 보조기, 지체장애인용 지팡이 및 목발, 시각장애인용 흰 지팡이, 청각장애인용 인공달팽이관시스템, 성인용 보행기, 욕창예방용 매트리스·쿠션·침대, 인공후두, 장애인용 기저귀, 점자판과 점필, 시각장애인용 점자정보단말기, 시각장애인용 점자프린트, 청각장애인용 골도전화기, 시각장애인용으로 특수 제작된 화면낭독 소프트웨어, 지체장애인용으로 특수 제작된 키보드 및 마우스, 청각장애인용 음향표시장치 | 별도신청 없음<br>※텔레비전 자막 수신기 (국가·지방자치단체·한국농아인협회의 구매 시) |
|---|---|---|---|
| 장애인용 수입 물품 관세 감면 | 등록장애인 | • 장애인용 물품으로 관세법시행규칙 별표2에서 정한 101종의 수입물품에 대하여 관세 면제<br>• 재활병원 등에서 사용하는 지체·시각 등 장애인 진료용구에 대하여 관세면제 | 통관시, 세관에 수입신고 시 관세면제 신청 |
| 장애인 의무고용 | 등록장애인 | • 국가·지방자치단체: 소속 공무원 정원의 2% 이상 의무고용<br>• 50인 이상 고용사업주: 상시 근로자의 2% 이상 의무고용<br>-부담금 부과 단계적 확대<br>① 200~299인(2006년부터)<br>② 100인~199인(2007년부터)<br>※100~299인 사업장 최초 5년간 부담금 50% 감면 | 노동부 소관 |
| 특허출원료 또는 기술 평가청구료 등의 감면 | 등록장애인 | • 특허 출원 시 출원료, 심사청구료, 1~3년차 등록료, 기술평가 청구료 면제<br>• 특허·실용신안원 또는 의장권에 대한 적극적인 권리범위 확인심판 시 그 심판청구료의 70% 할인 | 출원, 심사청구, 기술평가청구, 심판청구 시 또는 등록 시 특허청에 감면 신청 |

**표 8-4** 지방자치단체에서 시행하는 재활시책

| 주요 사업명 | 지원 대상 | 지원 내용 | 비 고 |
|---|---|---|---|
| 장애인용 차량에 대한 등록세 · 취득세 · 자동차세 면제 | 차량 명의를 1~3급(시각은 4급 포함)의 장애인 본인이나 그 배우자 또는 주민등록표상 장애인과 함께 거주하는 직계존 · 비속, 직계비속의 배우자, 형제. 자매 중 1인과 공동명의<br>• 배기량 2000cc 이하 승용차<br>• 승차정원 7인승 이상 10인승 이하인 승용자동차, 승차정원 15인승 이하 승합차, 적재정량 1톤 이하인 화물차, 이륜자동차 중 1대 | • 등록세 · 취득세 · 자동차세 면세 | 시 · 군 · 구청(세무과)에 신청 |
| 차량 구입 시 지역개발 공채 구입 면제 | 지방자치단체별 조례에서 규정하는 장애인용차량<br>※도지역에 해당 | • 지방자치단체별 조례에 의거 장애인차량에 대한 지역개발공채 구입 의무 면제 | 시 · 군 · 구청 차량등록기관에 신청 (자동차판매사 영업사원에 문의) |
| 고궁, 능원, 국 · 공립박물관 및 미술관, 국 · 공립공원, 국 · 공립 공연장, 공공체육시설 요금 감면 | 등록장애인 및 1~3급 장애인과 동행하는 보호자 1인<br>• 국공립 공연장 중 대관공연은 할인에서 제외 | • 입장요금 무료<br>※국 · 공립 공연장(대관공연 제외) 및 공공체육시설 요금은 50% 할인 | 장애인등록증(복지카드) 제시 |
| 공영주차장 주차요금 감면 | 등록장애인<br>• 장애인 자가 운전 차량<br>• 장애인이 승차한 차량 | • 지방자치단체의 조례에 의거 할인혜택 부여<br>※대부분 50% 할인혜택이 부여되나 각 자치단체별로 상이 | 장애인등록증(복지카드) 제시 |

**표 8-5  민간기관에서 실시하는 재활사업**

| 주요 사업명 | 지원 대상 | 지원 내용 | 비고 |
|---|---|---|---|
| 철도 · 도시철도 요금 감면 | 등록장애인 | • 등록장애인 중 중증장애인(1~3급)과 동행하는 보호자 1인 KTX, 새마을호, 무궁화, 통근열차: 50% 할인<br>• 등록장애인 중 4~6급<br> -KIX, 새마을호: 30% 할인(법정 공휴일을 제외한 주중에 한하여)<br> -무궁화, 통근열차: 50% 할인<br>• 도시철도(지하철, 전철): 100% | 장애인등록증(복지카드) 제시 |
| 전화 요금 할인 | 장애인 명의의 전화 1대<br><br>장애인단체, 복지시설 및 특수학교 전화 2대(청각 · 언어장애인 시설 및 학교는 FAX전용전화 1대 추가 가능) | • 시내통화료 50% 할인<br>• 시외통화는 월 3만 원의 사용한도 내에서 50% 할인<br>• 이동전화와 통화 요금: 월 1만 원의 사용한도 이내에서 30% 할인<br>• 114 안내 요금 면제 | 관할 전신전화국에 신청 |
| 시 · 청각장애인 TV 수신료 면제 | 시각 · 청각 장애인이 있는 가정<br><br>재활시설에 입소한 장애인을 위하여 설치한 텔레비전 수상기 | • TV 수신료 전액 면제<br>※시·청각장애인 가정의 수신료 면제는 주거 전용의 주택 안에 설치된 수상기에 한함. | BS사업소 또는 관할 한전지점에 신청 |
| 공동주택 특별 분양 알선 | 등록장애인인 무주택 세대주(지적장애 또는 정신 및 제3급 이상의 뇌병변장애인의 경우 그 배우자 포함) | • 청약저축에 상관없이 전용면적 85제곱미터 이하의 공공분양 및 공공임대주택 분양 알선 | 시 · 도에 문의 및 읍 · 면 · 동에 신청 |
| 무료 법률 구조제도 실시 | 등록장애인<br>• 법률구조공단에서 심의하여 무료 법률구조를 결정한 사건에 한함. | • 소송 시 법원에 소요되는 일체의 비용(인지대, 송달료, 변호사 비용 등)을 무료로 법률구조서비스 제공<br> -무료 법률 상담<br> -무료 민사·가사사건 소송 대리(승소 가액이 2억 원 초과 시 실비 상환)<br> -무료 형사변호(단, 보석보증금 또는 보석 보증보험 수수료 본인 부담) | 대한법률구조공단 관할 지부에 유선 또는 방문 상담 무료전화 132 http://www.klac.or.kr |

| 항공 요금 할인 | 등록장애인 | • 대한항공, 아시아나항공 국내선 요금 50% 할인(1~3급 장애인은 동행하는 보호자 1인 포함)<br>※ 대한항공은 2006년부터 사전예약제(Booking Class 관리 시스템) 실시로 주말, 성수기, 명절연휴 등 고객 선호도가 높은 항공편(제주노선부터 실시)의 경우 사전예약이 안 되면 항공 요금 감면 등 구입이 안 될 수 있으므로 동 시기에는 사전 예약 요망 | 장애인등록증(복지카드) 제시 |
|---|---|---|---|
| 연안여객선 여객운임 할인 | 등록장애인 | • 연안여객선 여객운임 50% 할인(1~3급 장애인 및 1급 장애인 보호자 1인)<br>• 연안여객선 여객운임 20% 할인(4~6급 장애인) | 장애인 등록증(복지 카드) 제시 |
| 이동통신 요금 할인 | 등록장애인, 장애인단체<br>※ 모든 이동통신 사업자 중 개인은 1회선, 단체는 2회선에 한함. | • 이동전화<br>-신규가입비 면제<br>-기본요금 및 국내통화 35% 할인<br>• 무선호출기<br>-기본요금 30% 할인 | 해당 회사에 신청<br>※ 전 이동통신회사 |
| 초고속 인터넷 요금할인 | 등록장애인 | • 기본정보이용료 30~40% 할인<br>-인터넷 사업자에 따라 할인대상 요금과 할인율이 상이함 | 해당 회사에 신청 |
| 고속도로통행료 50% 할인 | 장애인 또는 장애인과 함께 거주하는 배우자 · 직계 존속 · 직계비속 · 직계비속의 배우자 · 형제 · 자매 명의로 등록한 보철용의 다음 차량 중 1대(장애인자동차표지 부착)에 승차한 등록장애인<br>• 배기량 2,000CC 이하의 승용차<br>• 승차정원 6~10인승의 승용차<br>• 승차정원 12인승 이하 승합차<br>• 적재정량 1톤이하 화물차<br>※ 경차와 영업용차량(노란색 번호판의 차량)은 제외 | • 고속도로 통행료 50% 할인<br>-요금정산소에서 통행권과 할인카드를 함께 제시하면 요금 할인 | 할인카드 발급 신청<br>: 읍 · 면 · 동 사무소, 한국도로 공사 문의 |
| 전기요금 할인 | 중증장애인(3급 이상) | • 전기요금의 20% 감면<br>※ 구비서류 : 장애인등록증, 주민등록등본, 전기요금영수증 각 1부<br>-문의전화 : 국번없이 123<br>-인터넷 : http://www. kepco. co.kr | 한국전력 관할지사 · 지점에 신청(방문, 전화) |

# 3. 장애차별해소정책

## 1) 장애 차별

우리 사회에서는 장애인이라 하면 의례히 태어날 때부터 장애를 가지게 된 것으로 생각하고, 장애의 원인을 유전과 같은 선천적 요인에 의한 것으로 여기는 경향이 있다. 이러한 생각은 장애를 특별한 사람 혹은 다른 사람이라는 생각으로 이어졌으며, 장애인과 비장애인을 구별하여 대했다. 그러나 장애는 90%가 후천적 장애이며, 10% 정도만 선천적인 것으로 나타나 장애는 특별한 사람이 아니라는 것을 통계적으로 보여 주고 있다. 후천적 장애가 선천적 장애의 90%에 이른다는 통계는 장애 발생요인이 장애인이 가지는 유전적 요인으로 인한 특별한 사람이라거나 장애가 우리와는 다른 특별한 사람에게만 일어나는 일이 아니라는 것을 명백히 보여 준다.

하지만 우리 사회에서는 장애인을 별개의 사람으로 차별하는 관행이 여전히 남아 있다. '2011년도 장애인실태조사'에 따르면, 보험계약 시 장애인을 차별한 경우는 54.3%에 달하였고 취업 시 사회적 차별은 34%에 이르고 있어 여러 분야에서 장애를 차별하는 사례를 볼 수 있다. 이러한 맥락에서 정부는 장애인의 정책을 자립생활, 정상화, 탈시설화, 차별금지를 강조하며, 사회적 분위기를 변화시키기 위해 「차별금지법」과 'UN장애인권리협약'을 추진하여 장애인 차별해소와 권익증진을 위한 정책을 지속적으로 추진하고 있다.

국내의 장애인정책은 시혜(Charity-based)에서 권리(right-based)로 정책 이념이 전환하여 왔다. 국내적으로 「장애인차별금지 및 권리구제 등에 관한 법률」 제정, 「장애인복지법」 전면 개정, 국제적으로 'UN장애인권리협약' 채택 등 장애인 차별해소 및 권익증진을 위한 정책을 추진하였다. '장애인권리협약'은 장애인의 인권 및 기본적인 자유를 보호·촉진하기 위해 UN 회원국 192개국의 만장일치로 채택(2006. 12. 31.)되었으며, 협약은 20개국이 가입한지 30일 후인 2008년 5월 3일에 국제 발효되었다. 협약의 내용은 여성장애인, 생명보험 가입 등 사회적 차별 개선은 물론 장애 인권보호의 전환점이 되고 있다.

차별(discrimination)이란 거시적 관점에서 보면 장애를 가진 개인을 구분하고 배제하고 제한하는 것을 뜻한다. 미시적 관점에서 보면 장애 개인에 대하여 정치적 · 경제적 · 사회적 · 문화적 생활 전 분야에서 그동안 사회적 권력, 문화적 가치 그리고 개인 편견 등에 의해 부여된 신체적이고, 정신적인 특징 등을 부정적 측면으로 부여하여 다른 사람과 평등한 입장에서 사회생활에 참가할 기회를 빼앗거나 제한하는 억압 상태를 말한다. 이러한 장애차별은 합리적인 이유 없이 장애로 인하여 장애를 가진 개인에게 불이익을 가하거나 혹은 주변화된다. 차별의 종류는 직접적 차별과 주류 사회의 중립적인 기준을 적용하였으나 장애인집단에게 불리한 결과를 초래하는 간접적 차별로 인하여 수치감, 모멸감, 혐오감, 위협감을 느끼게 하거나 장애인을 신체적 · 정신적 · 정서적으로 공격하는 모든 종류의 행위, 즉 폭력 등을 들 수 있다.

장애차별 내용 중 직접적 차별과 폭력은 구체적이고 가시적인 측면이 강하여 이에 대한 사회적 변화노력은 강력하게 진행되고 있다. 그러나 장애를 가진 개인에게 의도하지 않은 간접차별의 양상은 개선의 정도가 미약하다. 장애를 가진 사람에게 의도하지 않은 차별이란, 장애를 가진 사람에 대한 무지로 행정기관 및 비공식기관, 개인 등이 권리침해 사실을 인정하지 않고, 그로 인해 장애를 가진 사람이 어떠한 불이익을 당하거나 부당한 취급을 받고 있는 상태에 있음을 의미한다. 예컨대, 장애를 가진 사람이 직업을 구할 때 사업주가 장애를 이유로 노동기회나 고용을 제한하거나 구분 또는 분류하는 행위인 직접차별에 대한 개선을 위해서는 많은 노력을 하고 있으나, 근로능력이 있음에도 업무기회와 편의를 제공하지 않거나 배제하는 행위인 간접차별에 대하여서는 아직까지 노력 정도가 미약하다.

우리 사회에서 장애인 차별문제를 설명함에 있어 가장 근본적인 문제는 장애인의 능력이나 일상생활 전반에 대한 잘못된 인식과 비과학적이고 미신적 편견에 근거한 사회문화적 가치관이라고 보는 견해가 우세하다. 이러한 현상은 알포트의 편견의 행동단계, 즉 반대화, 회피, 차별, 신체적 공격, 학살과 같은 행동의 단계로 설명될 수 있다. 장애인에 대한 우리 사회의 편견행동 수준이 반대화나 회피 또는 차별의 단계에 아직 머물러 있다고 보면서 '사회주류의 비장애인의 생활 속에서 장애인을 업신여기거나 차별하는 경우가 많다.'고 지적하고 있다.

외형적으로는 장애인의 취업을 찬성하면서도 실제로는 장애인에 대한 고용을 기피하고 있는 것이 현실이다. 장애인에게 차별금지라는 용어를 사용하지는 않지만 장애 개인의 전 생활영역(예, 교육·취업·이동·선거 등)에서 장애로 인한 불리한 대우, 배제, 억압 등의 문제를 해결하기 위한 노력은 장애운동에서부터 실행되었다.

장애를 가진 사람들의 권리를 보장하는 차별방지에 관한 규정이 명시되어 있으며, 이에 대한 개선 정도도 매우 높다. 그럼에도 불구하고 장애인 차별, 즉 장애인의 인권침해는 지속적으로 제기되고 있다.

## 2) 장애인차별금지정책

「장애인차별금지법」 제정 추진운동은 마침내 2007년 4월 10일 「장애인차별금지 및 권리구제 등에 관한 법률」이 공포됨으로써 중대한 결실을 맺었다. 그동안 장애인 기본권 침해문제를 해결하는 데 기본법의 역할을 하는 「장애인복지법」 제8조 차별금지 조항과 선거권보장과 장애발생 예방, 정보에의 접근, 사회환경 개선, 문화환경 정비, 경제적 지원 등 차별과 관련된 조항은 이미 마련되어 있지만, 기본권 침해에 대한 근거와 실제 해당 행위, 위법 시 처벌조항 등이 구체적이지 못하고 강력하지 않아서 장애인권 침해문제는 지속적으로 제기되었다.

「장애인차별금지법」의 내용은 직접차별, 간접차별, 정당한 편의제공, 광고를 통한 차별 및 장애를 사유로 한 폭력을 차별행위의 범위로 규정하고, 장애아동의 보호자 또는 후견인 기타장애인을 돕기 위한 장애인 관련자와 장애인이 사용하는 보조견 및 재활보조기구 등에 대한 부당한 처우도 차별에 해당하는 것으로 규정하였다. 다만 과도한 부담이나 현저히 곤란한 사정 및 특정 직무나 사업수행의 성질상 불가피한 경우 등 정당한 사유가 있는 경우와 장애인의 실질적 평등권을 실현하고 차별을 시정하기 위한 적극적 조치는 차별로 간주하지 않도록 하였다.

차별영역은 고용, 교육, 재화와 용역의 제공 및 이용, 사법·행정절차 및 서비스와 참정권, 모·부성권, 가정·복지시설 및 건강권 등의 여섯 가지 영역으로 규정하여 생활상의 다양한 영역에서의 차별을 금지토록 하였다. 또한 여성장애인 및 장애아동으로 인한 장애인가족의 부담 증가를 고려하여 장애여성 및 장애아동 등에 대한 차별금지와 권리구제에 관한 장을 별도로 규정하였다.

　장애를 사유로 한 차별의 예방 · 조사 · 시정조치 및 장애인권의 보호 · 향상을 위하여 국가인권위원회 내에 '장애인차별시정소위원회'를 두도록 하였다. 국가인권위원회는 이 법이 금지하는 차별행위로 인해 시정권고를 한 경우에 그 내용을 법무부장관에게 통보하고, 차별행위자가 정당한 사유 없이 이행치 않고 차별행위의 양태가 심각하여 공익에 미치는 영향이 중대한 경우 법무부장관은 시정명령을 할 수 있도록 하여 시정권고와 시정명령으로 이원화하였다. 또한 차별행위로 인한 피해 회복을 위한 손해배상 규정을 두고, 분쟁해결에 있어서는 장애인의 정보접근 등의 어려움과 차별행위의 특수성 등을 감안하여 입증책임을 원고와 피고 간에 분배하도록 규정하였으며, 차별행위에 관한 소송 전 또는 소송 중에 피해자의 신청으로 차별이 소명되는 경우 법원으로 하여금 본안 판결 전까지 차별행위의 중지 등 필요한 임시조치를 취할 수 있도록 법원의 구제조치를 규정하였다.

## 4. 자립생활정책

　장애인의 자립생활을 이해하는 데 중요하게 작용하는 장애개념, 서비스, 모델의 변화에 대한 검토는 장애의 원인과 특성 그리고 역사적인 흐름에 따라 신념, 가치, 모델, 실천 과정 등에 있어서 복잡하고 다양하기 때문에 단정적으로 규정짓기는 어렵다. 이러한 이론적 분류는 각 이론들에 의한 구분으로 인하여 장애인복지정책결정과 서비스 전략, 장애에 대한 태도파악, 행동의 인식, 서비스 접근 등에 있어서 유리하다(Julie, 2001).

　장애이론에 대한 고찰은 1970년대 이전까지 장애를 개인의 심리적 · 의료적 · 기능적인 차원에서 다루어 별다른 진전이 없었으나, 1970년대 중반부터 장애개념의 변화, 장애인 복지서비스의 변화, 장애인에 대한 사회적 책임론 대두, 의료사회학의 등장 등으로 인하여 비로소 개별적 모델(individual models)과 사회적 모델(societal models)로 구분되었다. 구분된 모델은 각각 기본적 전제, 이념, 신념, 서비스 접근방법, 실천과정, 문제해결 방법을 제시하므로 하나의 이론들이 형성[1] 되었다.

　장애 또는 장애인에 대한 개별적 모델의 접근은 장애 개인의 신체기능과 의료적 치료를 강조하여 전문가 또는 서비스 공급자 중심의 재활패러다임(rehabilitation paradigm)의 근간을 이룬 반면, 사회적 모델의 접근은 장애 개인에게 불리함을 초래하는 사회적 장애의 개선과 장애개인의 장점, 임파워먼트(empowerment), 서비스 이용 시 소비자(consumer)로서의 권리가 자립생활패러다임(independent paradigm)의 핵심이 되었다.[2]

　사회적 장애이론의 근거가 된 자립생활패러다임은 소비자주의(consumerism), 탈시설화(deinstitutionalization), 탈의료화(demedicalization), 자기신뢰(self-reliance), 자조와 동료지지(self-help and peer support) 등의 이론으로 구분될 수 있으며, 1950~1960년대 미국의 여성운동, 흑인 인권운동, 소수민족 차별반대운동, 반전(反戰)운동 등 각종 사회운동의 영향을 받아 형성되었다. 자립생활패러다임은 1990년대에 이르러 장애인복지에 있어 기존의 재활패러다임과 비슷한 영향력을 발휘하게 되었으며, 최근의 장애인복지 패러다임이 자립생활패러다임으로 변화하고 있음을 알 수 있다. 결국 장애인 권리확보운동과 장애인권운동은 장애인이 지역사회 내에서 자립적으로 살아갈 수 있도록 주거 환경, 접근이 가능한 건물, 활용할 수 있는 이동 또는 교통수단, 교육, 고용 등에 대한 권익옹호 활동이라고 할 수 있다. 이러한 운동은 현재 교육, 취업, 교통시설이나 이동시설 접근에 있어서 장애인 차별금지, 이동권 확보, 무기여 연금 등으로 전환 또는 발전되고 있음을 의미한다.

　자립생활을 알아보기에 앞서 전반적인 장애개념과 관점, 장애로 인하여 파생된 문제를 해결하기 위한 서비스 접근 등의 변화는 다음과 같다.

- 장애개념의 변화는 과거 장애인의 기준을 주로 신체적 또는 지적결함의 정

---

1) 장애이론이 이렇게 구분되는 가장 구체적인 이유로는 기본가정, 문제의 원인, 정의, 소재, 문제해결의 주체, 접근방법, 문제해결 후 효과에 있어서 개별이론과 사회이론이 다르게 나타나는 것과 장애개념과 장애인 복지서비스의 변화흐름을 들 수 있다.

2) 재활패러다임에 근거한 재활모델과 자립생활패러다임의 자립생활모델의 구체적인 비교는 제4장 장애인복지의 이념과 가치, 6. 장애인 복지서비스 접근모델, 4) 자립생활 접근의 내용 중 재활모델과 자립생활모델의 비교표를 참고하기 바란다.

도에 두어야 한다는 일반적인 견해에서 일을 할 수 있는 능력과 가정생활 및 사회생활의 불편 정도 등으로 장애인을 판정하고 구분하는 것이 타당하다는 견해다. 즉, 장애를 개인적 신체손상이나 기능상의 제한을 의미하는 것에서 그치는 것이 아니라 개인적 장애와 사회환경 간의 부적절한 상호작용의 결과로서 나타나는 기능 및 활동상의 제한까지를 포함하는 개념으로 정의하는 변화다.

- 장애관점의 변화는 장애라는 사실 자체에 초점을 두고 장애 자체를 문제시하는 과거의 관점, 즉 비장애인 주류사회의 가치 · 신념 · 구조의 결과로서 생성되었던 관점에서 장애를 가진 사람의 사회적응과 사회통합을 강조하는 현대적 측면 관점으로의 변화다.

- 장애로 인하여 파생된 문제에 대한 접근서비스는 시설보호차원의 배려에 중점을 두는 단계에서 지역사회에서 통합된 생활, 즉 지역사회 내 생활에 초점을 두는 서비스단계로의 변화다.

- 서비스모델의 변화는 재활실천의 흐름과 맥을 같이한다. 즉, 현대재활실천의 특징은 개인과 환경 간의 균형에 대한 강조, 클라이언트의 자기결정 존중, 인권옹호자로서의 역할 강조, 클라이언트 임파워먼트(empowerment)에 대한 강조, 자립생활 강조, 현존 지역사회에서의 다양한 지원의 확보와 유지 등을 강조하는 것이며, 이는 장애인복지 서비스모델의 변화단계로 볼 수 있다.

우리나라는 일본자립생활센터협의회 후원으로 한국자립생활지원기금이 조성되었으며, 이 기금으로 2000년도에 '동대문 피노키오자립생활센터'와 '광주 우리이웃자립생활센터'가 설립된 것을 시초로 매년 장애인자립생활센터는 높은 증가속도를 보이고 있다. 2003년 '장애인 당사자 중심의 자립생활 실현을 위한 도전'이라는 목적으로 각 지역의 자립생활센터 중 11개 센터가 중심이 되어 한국장애인단체협의회가 설립되었으며, 이후 각 지역센터가 기하급수적으로 늘어나면서 센터마다 지향하는 자립강조점이 약간씩 상이한 모습을 보이기 시작하였다. 결국 2006년 현재 각각 전국장애인자립생활센터협의회와 한국장애인자립생활센터총연합회, 이 양자기구 어느 곳에도 가입하지 아니한 자립생활센터 등 크게 세 가지 측면으로 나누어졌다.

　보건복지부에서 2005년부터 전국을 단위로 10개소의 자립생활센터를 선정하여 시범사업을 실시하고 있다(국비와 지방비, 1개 자립생활센터 총 1억 5천만 원 지원). 시범사업을 실시한 이후 평가를 통한 더 많은 자립생활센터를 지원하고, 이를 제도화하려는 노력을 시도하고 있다. 한편 서울시는 2002년부터 자립생활센터 지원사업(2006년도 7개소 지원)을 지속적으로 실시하고 있다. 이외에도 '사회복지공동모금회'의 기획사업과 노동부 사회적 일자리 창출사업 등을 통해 장애인 자립생활 실현을 위한 직 · 간접적인 지원이 이루어지고 있다.

　우리나라에 자립생활운동의 연구가 본격적으로 진행되어 온 것은 불과 10여 년 정도다. 하지만 장애인에게 호응을 얻으면서 국가와 사회의 관심이 커져 가고 있는 현실을 볼 때, 향후 재활정책에 있어 자립생활 관련 내용은 한동안 중요한 위치를 차지하게 될 것이다. 그러나 장애인 자립생활의 이념적 이해와 인식수준, 장애인자립생활센터의 제도화, 활동지원서비스로 대표되는 자립생활센터 서비스 운영 등에 있어서는 한계를 보이고 있다. 우리나라는 미국과 일본과는 달리 자립생활이나 자립생활센터를 지원할 별도의 근거법이 없다. 장애인복지의 궁극적인 목표가 사회참여와 활동의 기회를 극대화하여 완전한 사회통합을 이루는 것이기에 이를 달성할 수 있는 대표적인 접근 중 하나가 자립생활 또는 자립생활센터 제공 서비스임을 시범사업 평가와 관련 연구가 제시하고 있다. 결국 자립생활 관련 내용에 대한 법률적 · 재정적 · 제도적 지원을 강화하여 이를 단독으로 법제화할 필요가 있다. 또한 자립생활센터 서비스에 대한 검토가 필요하다. 자립생활센터에서 제공된 서비스가 이용장애인의 선택권과 통제권, 자기결정권 등을 고양시킨다는 점에서 자립생활센터 제공 서비스에 대한 타 기관의 유사한 서비스와 연계하여 구체적인 제도화가 필요하다.

　자립생활실현을 달성하고 이를 돕는 자립생활센터 서비스에 관한 제도화와 함께 장애인뿐만 아니라 비장애인의 사회적 합의를 위한 적극적인 홍보와 인식개선 작업이 필요하다. 자립생활 실현을 위한 제도화 구축을 위해서는 반드시 나머지 사회구성원 전체 합의를 하기 때문에 장애인 자립생활에 대한 적극적인 홍보와 사회구성원들의 인식개선을 위한 접근이 필요하다. 자립생활실현을 위해 가장 중요한 역할을 담당해야 할 주체가 바로 장애인 당사자다. 서비스에 대한 선택권과 통제권, 자기결정권 등을 가지고 있기 때문에 이를 통한 성공과 실패에 대한 책임감 또한 매우 크다. 따라서 장애인 자신이 자신의 삶에 영향을 미치는 중요한 사건을 선택하고 결정해 갈 수 있는 능력을 고취시키는 접근이 필요하다.

자립생활에 대한 양적 확대는 꾸준히 늘고 있지만 관련 지원법이 존재치 않아 센터를 운영하는 데 큰 장애물이 되고 있다. 현재 자립생활을 위한 「장애활동지원법」에서 바우처서비스가 규정되고, 「장애인복지법」에서는 자립생활 조항을 두고 있다.

현재 전국에 180여 개의 자립생활센터가 운영되고 있으며, 국가의 자원이 투입되는 프로그램 지원비로 한시적 지원과 시범적인 평가사업 수준에 머물러 있어, 이를 해결하기 위해 중증장애인 지원서비스에 대한 관련 법과 장애 관련 서비스시설로 편입되어 종사자의 안정된 처우개선이 필요하다. 또한 자립생활센터가 시설화되는 것에 대한 우려를 불식화해야 한다. 지금의 「장애인복지법」에서 규정하는 시설은 생활시설과 이용시설의 차이점을 명확히 하고 있어 시설화에 대한 부작용을 제도적으로 사전에 막을 수 있다. 자립생활센터 종사자들의 안정된 처우개선과 지속적 서비스 경쟁을 위하여 자립생활센터는 제도권으로 유입되어야 한다.

자립생활 이념을 실현하기 위해 사회운동모델을 추진하고 있지만 실상은 중증장애인 맞춤형 사회서비스로 당사자에 알맞은 서비스를 개발하여 장애인의 사회통합을 이루는 데 기여해야 하며, 이를 위한 역량강화 프로그램과 권익옹호 프로그램이 차별금지정책과 맞물려 하나의 자립생활정책으로 추진되어야 한다. 자립생활센터는 중증장애인서비스 제공기관으로, 중증장애인 고용과 취업, 각종 생활서비스를 제공하고, 지역사회 장애인에 대한 안전과 급속히 고령화되어 가는 장애인의 장기서비스 전략으로의 장애인이용시설로 제도화하며, 당사자에게는 전문상담사 자격을 부여함으로써 전문화시켜야 한다.

## 참고문헌

강위영, 나운환(2001). **직업재활개론**. 서울: 나눔의집.

권도용(1995). **장애인재활복지**. 서울: 홍익재.

김경혜(2004). 장애인 자립생활센터 운영기반 조성방안. 서울시정개발연구원.

나운환(2000). **재활행정 및 기획론**. 서울: 홍익재.

대한민국정부(2011). 장애인권리협약 제1차 국가보고서.

박경순(2004). 장애인 직업재활정책의 결정요인에 관한 연구: 정책네트워크관점. 미간행 대구대학교 대학원 박사학위 청구논문.

박용성(2005). 정책분석 및 평가의 이론과 실제. **장애인단체 실무자 역량강화를 위한 정책분석평가교육**. 서울: 한국장애인단체총연맹.

송근원, 김태성(1995). 사회복지정책론. 경기: 나남출판.

오혜경(1999). 장애인과 사회복지실천. 아시아미디어리서치.

이곤수(2000). 장애인고용정책의 집행과정분석. 미간행 대구대학교 대학원 박사학위 청구논문.

이인영(2002). 신 사회운동으로서의 장애인운동에 관한 고찰: 장애인고용촉진 등에 관한 법률과 장애인고용촉진및직업재활법 정책결정과정을 중심으로. 미간행 중앙대학교 대학원 석사학위 청구논문.

이태복, 심복자(2006). **사회복지정책론**. 경기: 나남출판.

장애우권익문제연구소(2002).「장애인차별금지법」제정을 위한 공청회.

전준구(1996). 한국장애인고용정책의 집행과정에 관한 연구. 미간행 동국대학교 대학원 박사학위 청구논문.

정정길, 최종원, 이시원, 정준금(2003). **정책학원론**. 서울: 대명출판사.

정종화, 주숙자(2008). **자립생활과 활동지원서비스**. 경기: 양서원.

조영길(2010). **중증장애인의 독립생활**. 서울: 시그마프레스.

한국장애인인권포럼 장애인정책모니터링센터(2007). 국제장애인권리협약과 국내 장애인법제도 비교연구보고서.

한국장애인재활협회(2009). 장애인차별금지 및 권리구제에 관한 법률과 상충되는 장애인고용분야 국내법연구.

황성철, 정무성, 강철희, 최재성(2006). **사회복지행정론**. 경기: 학현사.

Julie, S. (2001). *Disability, Society, and the Individual*. An Aspen Publication.

# 장애와 고용서비스

# 1. 고용서비스

## 1) 장애인 고용서비스

우리나라의 직업재활정책은 1961년 「군사원호대상자고용법」에 의해 국가 및 지방자치 단체, 국영기업체 그리고 20인 이상을 고용하는 민간기업체 및 단체에서 상시고용인원의 5%를 국가원호대상자를 고용하도록 국가 차원의 장애인 직업정책이 마련되었다. 1963년 원호대상자 「직업재활법」「산재상해보상법」이 제정되어 산재장애인에게도 직업재활서비스가 실시되었으며, 일반장애인을 위한 직업정책은 1981년 「심신장애자복지법」에서부터 출발하였다. 1982년 정부는 「직업안정법」을 제정하여 장애인의 고용촉진과 사업주의 의무를 규정하고 적합직종 52개를 개발하였다.

최초의 장애인 고용서비스는 보건사회부가 '한국장애인재활협회'로 하여금 장애인취업알선 업무를 민간에 위탁함으로써 출발하였다. 1986년 「직업훈련법」이 개정되면서 일반인을 위한 직업훈련시설에서도 장애인이 직업훈련 대상자로 확대되었다. 또한 중증장애인을 위한 시범사업으로 22개의 '자립작업장'을 운영하였다.

1989년 12월에는 「장애인고용촉진 등에 관한 법」이 제정되면서 의무고용제도가 실현되었다. 이 법은 당시 상시고용인원 300인 이상 업체를 대상으로 장애인을 의무고용토록 법제화시켰으나 법의 목적과 다르게 대기업보다 300인 이하의 중소기업에서 보다 많은 장애인을 고용하는 결과를 가져왔지만 중증장애인의 고용지원은 인식부족으로 인해 큰 효과를 보지 못하였다. 그로 인하여 중증장애인의 소외 문제를 해결하기 위해 1999년 12월 「장애인고용촉진법」을 전면 개정하였다. 개정된 「장애인고용촉진 및 직업재활법」은 장애인고용정책에서 중증장애인을 위한 직업재활정책으로 장애인고용 패러다임을 수정하였다.

그동안 장애인 직업재활은 정부 부처별로 소관 업무가 달라 일관성을 기대하기 힘들었다. 취업알선은 노동부에서 담당했으며, 상담, 평가, 훈련, 사후지도는 보건복지부에서 시행하는 정책으로 이원화되어 있었다. 이로 인해 고용정책의 혼선과 예산의 중복투자, 고용차별 등 직업재활서비스에 대한 문제점이 제기되었다. 그러나 이는 직업재활법의 등장으로 중증장애인 고용에 대한 의무가 강화되었음을 의미하며, 그 주체를 노동부와 보건복지부가 지속적 연계를 갖도록 하였다.

국가는 장애인의 직업을 제공하는 차원을 넘어 모든 장애인의 사회적 통합을 강조하고 있으며, 장애인복지와 직업재활에 관한 사항을 함께 관장하는 체계로 전환하였다. 모든 장애인의 직업재활과 고용에 초점을 맞추고 있으며, 장애인이 경제적으로 독립하도록 다양한 시책을 펼치고 있다.

'제3차 장애인정책발전5개년계획'에서는 장애인 경제활동 분야의 기본방향을 장애인고용 환경개선과 고용확대, 장애인기업 활성화 및 창업촉진, 장애인 직업재활 및 직종개발, 장애인생산품판매 활성화를 중점 추진과제로 실천해 왔다. 직업생활능력을 갖춘 경증장애인에 대해서는 「차별금지법」 신설로 고용차별해소를 통한 보편적 고용을 추진하고, 의무고용 대상자는 근로능력이 일정부분 상실된 중증장애인 위주로 재편될 것이며, 이러한 추진 방안은 제도나 정책 구축만으로는 성공하기가 어렵기 때문에 서비스 전달방식의 효율화, 한국형 소프트웨어의 구축, 직업재활에 대한 전문지식을 기반으로 질 높은 서비스 제공, 장애인의 직업능력개발, 다양한 지원과 서비스의 연계를 실현해 나가야 한다.

우리나라의 장애인고용 서비스 전달체계는 보건복지부, 노동부, 교육과학기술부를 중심으로 서비스가 제공되고 있다. 보건복지부의 경우 중증장애인을 대상으로 '한국장애인개발원' '장애인복지관' '장애인단체' 등 각종 직업재활시설에서 고용서비스를 제공하고 있다. 고용노동부는 일반고용이 어려운 경증장애와 중증장애인의 통합고용을 실현하고 있으며 사업 주체인 '한국장애인고용공단'은 노동부의 고용지원센터와 협력하여 통합고용을 위한 다양한 노력을 기울이며, 직업훈련을 위해 '장애인직업능력개발센터'를 운영하고 있다. 교육과학기술부는 '국립특수교육원'을 중심으로 특수학교에서 사회로의 원활한 이동을 촉진시켜 줄 수 있는 전공과와 고등부 직업교과 전공과정을 통해 직업재활 교육의 한 축을 담당하고 있다.

재활의 궁극적인 목표는 장애인이 자기능력을 최대한 개발하여 적성에 맞는 직업을 가지고 사회적 · 경제적 활동에 참여하여 자활 · 자립을 도모하는 것이다. 국가는 통합고용이 어려운 장애인이 준비된 작업환경에서 직업훈련을 받거나 근로를 할 수 있도록 직업재활시설을 지원하고 있다. 직업재활시설에서 생산한 생산품을 위탁판매하기 위해 전국에 16개의 장애인생산품판매시설 운영을 지원하고 있으며, 중증장애인생산품의 구매를 촉진하기 위하여 중증장애인생산품 우선구매 제도를 시행하고 있다. 또한 재가장애인의 자립을 지원하기 위하여 자립자금 대여제도와 공공기관의 매점·자동판매기 운영을 장애인에게 우선하여 허가하고 있다.

직업재활서비스는 여러 단계로 구성되어 있으나 전체가 직업재활과정이라는 하나의 구조로 이루어져 있기 때문에 각 단계를 명확히 한계를 두어 구분 짓기는 곤란하다. 클라이언트의 욕구나 장애 정도에 대응해서 보다 더 필요로 하는 것을 집중적으로 행하여야 하는 경우가 많기 때문에 장애인 개개인에 대응한 개별적 방법에 의해 직업재활 과정을 적용해야 한다.

직업재활과정은 하나의 계획된 프로그램이자 장애인의 요구와 밀접하게 연결된 서비스로, 직업재활은 재활의 최종적이고 종합적인 산물이며, 의료적·교육적 재활에 이어서 사회생활에 참여하는 과정이라 할 수 있다. 국제노동기구(ILO)의 권고에도 직업재활은 장애인의 적절한 취업과 유지를 가능하도록 계획되어진 것이라 하였으며 최종 목적은 고용에 있음을 명시한다.

## 2) 정부 부처별 고용서비스

### (1) 고용노동부

「장애인고용촉진 및 직업재활법」에서는 사업주로 하여금 근로자 수의 일정비율 이상 고용의무를 부과하는 장애인고용의무제를 실시하고 있다. 의무고용률 적용을 받는 사업체는 현재 월 평균 상시근로자 수가 50인 이상인 사업체 또는 건설업체는 노동부장관이 고시하는 일정 공사금액 이상인 사업체를 말하며, 「장애인고용촉진 및 직업재활법」 제 27조에 따라 의무고용률 2% 미달 고용 사업주는 매년 노동부장관에게 장애인고용 부담금을 납부해야 함을 명시하고 있다.

장애인고용 장려금은 장애인을 고용한 사업주의 경제적인 부담을 경감해 주고 장애인 고용을 장려(incentive)하기 위하여, 의무고용률을 초과하여 장애인을 고용할 때 초과된 장애인 수에 비례하여 일정액을 지원하는 제도다. 「장애인고용촉진 등에 관한 법률」에서는 '장애인고용지원금'을, 장애인고용의무의 적용을 받지 않는 사업주가 장애인을 일정기준 이상 고용하는 경우에는 '장애인고용장려금'으로 구분하여 지급하였으나, 2000년 7월 개정된 「장애인고용촉진 및 직업재활법」 제26조의 규정에 의해 고용장려금으로 일원화되었다.

### (2) 보건복지부

「장애인복지법」에서는 직업재활에 관한 사항을 포함하고 있다. 특히 직업재활시설은 「장애인복지법」 시행규칙에서 상세히 명시하고 있으며, 매년 장애인복지사업안내를 통하여 방향을 제시하고 있다. 국가와 지방자치단체는 「장애인복지법」 제19조에 의거 장애인이 자신의 적성과 능력에 따라 적절한 직업에 종사할 수 있도록 하기 위하여 직업지도, 직업평가, 직업적응훈련, 직업훈련, 취업알선, 고용 및 취업 후 지도 등 필요한 시책을 강구하여야 하며, 장애인직업재활 훈련이 원활히 추진될 수 있도록 장애인 적합 직종 및 재활사업에 관한 조사·연구를 촉진해야 한다.

직업재활을 실시하는 기관은 보호작업장과 근로사업장으로 시설을 구분하고 있으며, 장애인생산품판매시설을 인정하고 있다. 직업재활 과정은 의뢰·접수가 이루어지면 초기면접이 실시된다. 초기면접을 통하여 직업재활서비스 적격 여부를 결정하는 적격성 판단이 이루어지게 되며, 이 판단을 위하여 추가적인 평가가 실시되기도 한다. 직업평가를 바탕으로 재활계획을 수립하게 되며, 직업재활서비스의 방향이 설정된다.

## 2. 보호고용

### 1) 보호고용의 의미

보호고용은 통합고용이 어려운 중증장애인을 위해 마련된 고용의 한 형태로 근로시설을 운영하고 있다. 미국전국보호작업장 프로그램협회(National Association of Sheltered Workshops and Homebound Programs)는 근로자 신분의 유지 혹은 성취 및 직업에 초점을 두어 보호고용을 '직업적 장애를 지닌 사람들이 근로자로 서의 최대 잠재력을 유지하거나 성취하도록 원조하는 통제된 직업환경, 지원서비 스, 임금, 개별 목표를 활용하는 비영리재활시설'로 정하고 있다. 반면 우리나라 의 직업재활시설은 통제된 작업환경과 개별적 취업목표를 가진 직업 지향적 재활 시설로, 장애인이 정상적인 생활과 생산적인 취업상태로 발전해 나가도록 도와주 는 작업경험 및 서비스를 제공하는 재활시설로 정의하였다(안병즙, 강위영, 박석돈, 1994).

직업재활과정이란 장애를 가진 모든 사람들이 직업을 가질 수 있는 능력이 있 는지를 평가하고, 능력이 있을 시에는 과학적인 훈련과 교육을 실시, 상담과 직 업알선, 사후지도를 함으로써 마무리되는 일련의 과정이다. Hutchison(1973) 은 직업재활과정을 접수(intake), 평가(evaluation), 계획(planning), 회복(resto- ration), 훈련(training), 취업(placement)과 추수지도(follow-up)로 분류하였다. Malikin과 Rusalem(1969)은 조회(referral), 평가(evaluation), 처치(treatment), 훈련(training), 직업안정(job placement), 추수지도(follow-up)라고 분류하였다. Goldenson(1978)은 상담(counseling), 검사(testing), 직업적응훈련(occupational and work adjustment training), 직업안정(job placement)으로 분류하였다. 굿윌 인더스트리즈(Goodwill Industries)는 직업재활과정을 전체적으로 접수단계(in- take), 평가단계(evaluation), 서비스 · 전달방법단계(service · vehicle), 결과단계 (outcome)로 구분하고 있다.

보호고용의 목표는 다음과 같다.

- 직업재활시설의 기본 목적은 노동의 대가로 장애인에게 보수를 지급하고 생 산적인 과업을 제공하는 것으로, 다양한 사회, 심리, 치료, 레크리에이션 등 을 제공할 수 있다.
- 직업재활시설은 고용된 장애인의 이익을 우선 고려하고, 그들의 생산적 목 표 달성을 위한 다양한 사업계획을 만들어야 한다.
- 직업재활시설은 상품의 생산적 측면을 강조하고 훈련과 재활에 초점을 맞추 는 이원성(duality)을 갖고 있다.

보호고용은 노동시장의 일반경쟁에서 이겨 내지 못하는 장애인의 일시적 혹은 지속적인 고용의 욕구를 채우기 위해 특별히 계획된 조건하에서 행해지는 훈련 및 고용으로, 보수가 있는 근로 기회를 제공하여 장애인의 직업적 욕구를 충족시켜 주는 고용형태다.

보호고용의 목적은 장애인에게 일거리를 제공하는 것이 우선이지만 그 사람의 개인적 · 적성적 · 지역적 특성에 관심을 기울여야 한다. 그로 인해 장애인이 취업에 의한 생계향상을 가져올 수 있고, 노동력을 가진 인간으로서의 건설적인 생산성을 획득할 수 있으며, 이러한 목적하에 의료, 심리, 사회, 교육과 같은 전문적인 서비스는 국가, 지방자치단체의 행정체계에 따라 달라진다.

미국의 보호작업시설은 전이작업장과 보호작업장으로 분류될 수 있는데(나운환, 1999), 전이작업장(transitional workshop)은 경쟁고용에서 재고용을 목적으로 하는 직업적 재적응과 전이고용에 강조를 두고 있는 작업장이고, 보호작업장(sheltered workshop)은 경쟁고용에 쉽게 참여하기 어려운 장애인의 고용에 강조를 둔 시설이다. 보호작업장은 중증장애인에게 적합하게 디자인된 작업환경으로, 신체 또는 정신 혹은 다른 장애사항을 가진 취학 연령 이상의 어느 정도의 노동능력을 가진 사람으로서 특별한 원조가 주어지지 않는 한 개방노동시장에서의 고용을 확보하기 어려운 사람이 주된 대상이다(김종인, 2005).

현재 우리나라의 보호고용(Sheltered Employment)시스템은 보호작업장과 근로사업장으로 분류되며, 장애인생산품판매시설을 전국 시 · 도에 설치하고 있다. 보호작업장은 직업능력이 낮은 장애인에게 직업적응능력향상, 직무기능향상훈련, 그리고 보호적 조건에서 근로의 기회를 제공하여 유상적 임금을 지급하며, 장애인 근로사업장이나 고용으로 전이를 위한 역할을 하는 시설이다. 근로사업장은 직업능력은 있으나 이동 및 접근성이나 사회적 제약 등으로 취업이 어려운 장애인에게 근로의 기회를 제공하여 최저 임금 이상의 유상적 임금을 지급하며, 경쟁고용으로의 전환을 위한 보다 체계화된 시설이다.

우리나라의 직업재활시설은 456개소로, 근로사업장이 53개소, 보호작업장이 403개소가 운영되고 있으며, 근로장애인 수는 근로사업장에 2,190명, 보호작업장에 10,680명이 종사하고 있다. 생산품판매시설은 전국 16개소에 설치 운영되고 있으며, 총 종사자 수는 48명이다(보건복지부, 2011).

**표 9-1** 장애인직업재활시설 운영현황         (2011. 12. 기준, 단위: 개소, 명)

| 구분 | 계 | 근로사업장 | 보호작업장 |
|---|---|---|---|
| 시설 수 | 456 | 53 | 403 |
| 근로장애인 수 | 12,870 | 2,190 | 10,680 |

## 2) 직업재활사업

직업재활기금사업은 노동부의 고용촉진기금을 배경으로 보건복지부가 2007년까지 공동으로 진행하여 왔으나 2008년 기금사업이 국가의 일반회계로 전환됨에 따라 보건복지부가 장애인복지관, 직업재활시설, 장애인단체 등으로 하여금 중증장애인고용 지원 사업을 수행하게 하였다. 이에 직업재활기금사업은 장애인 의무고용제가 경증장애인 위주로 고용되는 문제점을 해소하고자 2000년 「장애인고용촉진 및 직업재활법」의 개정으로 노동부 기금의 9분의 2를 보건복지부로 이관하고 직업재활사업을 수행해 왔다.

보건복지부는 노동부의 기금사업을 일반회계예산으로 전환하고, 전달체계도 노동부에서 보건복지부로 일원화하였다. 이 사업의 총괄수행기관으로 보건복지부 산하의 (재)한국장애인개발원으로 하여금 중증장애인의 고용기회 확대 및 직업재활서비스 사업을 시행하도록 하였다.

직업재활사업 수행기관은 매년 심사를 거쳐 수행기관을 선정하며, 신청기관은 직업재활시설의 업무내용과 장애 정도를 고려하여 직업재활센터, 직업평가센터, 직업재활시설, 장애인단체 등으로 기능과 역할을 고루 분산하고 있다. 개발원은 중증장애인 직업재활, 복지제도연구, 적합직종개발 등의 업무를 수행하고 있다.

보건복지부는 직업재활사업 수행기관을 장애인복지관(직업재활센터), 직업재활시설, 장애인단체 등 186개소를 수행기관으로 선정하고, 직업재활사 346명을 지원하여 중증장애인에 대한 직업지도, 직업적응훈련, 지원고용, 취업알선 및 취업 후 적응지도 등의 사업을 실시하고 있다. 2011년 말에는 약 102,810명의 장애인에게 직업재활서비스를 제공하였으며, 이 중 약 6,069명이 통합고용에 성공하는 등 중증장애인 직업재활 활성화에 기여하고 있다.

| 구 분 | 계 | 장애인복지관직업재활센터 | 장애인단체 | 장애인직업재활시설 | 직업평가센터 | 직업적응훈련수행기관 | 직업능력개발훈련기관 | 직업재활프로그램기관 |
|---|---|---|---|---|---|---|---|---|
| 개소수 | 186 | 34 | 32 | 79 | 6 | 10 | 15 | 10 |
| 인력수 | 346 | 131 | 64 | 15 | 24 | 12 | – | – |

**표 9-2　중증장애인 직업재활사업 수행기관 현황**　(2011. 12. 31. 기준, 단위: 개소, 명)

　보건복지부 산하 기관이 수행하는 직업재활사업은 의뢰·접수로 직업상담과 직업평가를 통해 적격성여부를 판정한다. 초기면접에서 종결에 이르는 재활서비스 제공과정에서 직업재활계획을 수립하고 의사결정과 문제해결을 할 수 있도록 상담 및 사례관리를 실시하는 서비스 과정으로, 직업상담은 직업재활서비스의 전반적 과정에 개입한다. 직업평가는 장애인에게 적합한 근로능력 평가를 계획하고

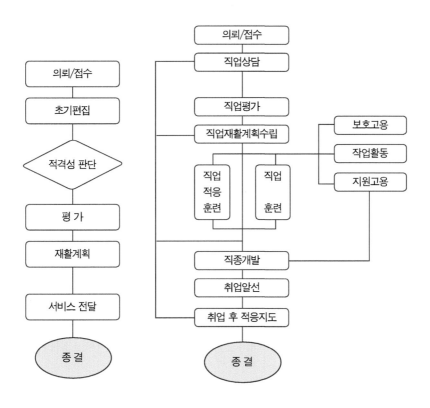

**그림 9-1　직업재활 과정도**

의료 · 심리평가, 직업표본평가, 상황 · 현장 평가 등을 실시하여 평가보고서를 작성하고 평가결과에 따라 각종 작업내용과 현장에 관한 정보를 제공한다.

직업평가와 직업상담 결과를 중심으로 직업재활계획을 수립하고, 계획에 따라 보호고용, 작업활동, 지원고용, 직업적응훈련, 직업훈련, 직종개발 취업알선, 취업 후 적응지도 등 전문적인 서비스가 제공된다. 이러한 서비스는 상호 연관성을 가지고 중복되기도 한다. 이러한 직업재활서비스의 이원성을 설명하기 위하여 Nelson(1971)은 [그림 9-1]과 같이 도식하였다.

## 3) 장애인생산품우선구매

정부는 장애인생산품의 판로개척 및 판매증대 등을 위해 장애인직업재활시설 또는 장애인복지단체가 생산하고 있는 제품을 국가, 지방자치단체, 기타 공공단체가 우선적으로 구매하도록 하는 장애인생산품우선구매제도를 1989년 「장애인복지법」에 의해 시행했다. 1999년에는 법령 개정에 따라 6개 종목(복사용지, 행정봉투, 화장지, 면장갑, 칫솔, 쓰레기봉투)에 대하여 2~20% 범위에서 정부가 우선 구매하도록 하였다.

2008년 3월에 「중증장애인생산품우선구매특별법」을 제정하게 되면서 공공기관은 매년 중증장애인생산품의 구매계획을 수립하여 이를 충실히 이행해야 하며, 각 공공기관은 매년도 구매실적을 보건복지부로 제출하도록 했으며, 보건복지부는 각 공공기관의 구매실적을 취합하여 공표하였다. 정부는 중증장애인생산품우선구매제도를 통한 장애인고용촉진을 위한 중증장애인 고용비율 및 직접 생산의 요건을 갖춘 장애인복지시설(장애인직업재활시설)과 장애인복지단체를 중증장애인생산품생산시설로 지정(2011. 12. 기준 260개 기관)한 것을 공고하여 공공기관의 중증장애인생산품 구매 이행을 지원하였다. 2011년부터 품목 구분 없이 기관 총구매액의 1% 이상은 중증장애인생산품으로 구매토록 의무가 강화되었으며, 이에 따라 우선구매 실적은 전년 대비 24% 증가한 2,358억 원으로 나타났다.

**표 9-3** 연도별 장애인생산품 우선구매 실적

(단위: 억 원)

| 구 분 | 2006 | 2007 | 2008 | 2009 | 2010 | 2011 |
|---|---|---|---|---|---|---|
| 금액 | 1,105 | 1,557 | 1,320 | 1,658 | 1,902 | 2,358 |

## 3. 장애인일자리

### 1) 복지일자리

노동시장에서 취업이 어려운 장애인에게 정부가 직접 일자리를 제공하여 장애인의 사회 참여와 경제적 자립을 도모하고자 장애인일자리 사업을 2007년부터 진행하고 있다. 정부와 지방자치단체 등이 사업주체가 되어 장애유형 및 정도에 맞는 적합 직종을 발굴·보급함으로써 전국 주민자치센터의 지역사회 장애인복지 행정업무를 보조하는 행정도우미, 동료상담, 주차단속 보조요원, 건강도우미, 안마 등의 복지일자리를 창출하였다.

복지일자리는 보건복지부가 주관하는 중증장애인일자리창출사업으로 「장애인복지법」 제21조(직업)에 근거를 두고 있으며, 국가와 지방자치단체는 장애인이 적성과 능력에 맞는 직업에 종사할 수 있도록 직업지도, 직업평가, 직업적응훈련, 직업훈련, 취업알선, 고용 및 취업 후 지도 등 필요한 정책을 강구하도록 하고 있다. 또한 국가와 지방자치단체는 장애인직업재활훈련이 원활히 이루어질 수 있도록 장애인에게 적합직종 및 재활사업에 관한 조사·연구를 촉진하도록 규정하였다.

장애인일자리 제공을 통한 사회참여 기회 확대 및 소득보장을 근로연계를 통하여 장애인복지 실현 및 취업의 활성화를 도모하고, 다양한 장애유형별 일자리를 발굴·보급하는 데 역점을 두고 있다. 지원시스템은 장애인의 인건비 지원에 바탕을 두고 있으며, 사업장은 기존 지역사회 일자리에 배치하는 지원고용 형태다. 매년 장애인일자리 아이템 공모사업을 통하여 두세 가지 유형의 신규 일자리를 보급하여 2011년도에는 푸드은행, 실버케어, 버스청결도우미 등의 일자리 유형을 새로이 보급하여, 복지일자리 6,500명, 행정도우미 3,500명, 시각장애인 안마사 300명의 직접적인 고용효과를 가져왔다. 또한 통합고용이 어려운 중증장애인에게 장애유형 특성에 따라 일자리를 발굴·보급하여 직업생활 경험을 제공하고, 4대 보험을 지원하여 간접적 복지를 높이고 있다. 복지일자리는 지방자치단체의 고유사업 영역 중 장애인에게 적합한 일자리를 제공함으로써 공공의 이익을 도모하는 방식이다. 시·군·구청장이 직접 수행하는 것을 원칙으로 하되, 지역 사정을 고려하여 장애인복지관 등 민간기관 또는 사회적기업에 업무 위탁이 가능하다. 대상자 선정은 고용노동부가 운영하는 일자리 통합관리시스템, 지방자치단체 홈페이지, 지역신문들을 이용한 공개모집을 원칙으로 하고 있다.

## 2) 사회적 기업

사회적 기업은 취약계층에게 일자리를 제공하거나 지역사회에 공헌함으로써 지역주민의 삶의 질을 높이는 사회적 목적을 추구하면서 재화 및 서비스의 생산, 판매 등 영업 활동을 하는 기업을 말한다. 광의의 개념으로는 경제, 제3섹터, 비영리부문 등으로 정의되며, 관련 근거로 「사회적기업육성법」이 있다.

사회적 기업은 사회적 약자가 일할 수 있는 일터를 법정 조건으로 갖추게 되면 고용노동부와 지방자치단체가 한시적으로 종사자의 인건비를 지원하는 시스템이다. 초기 2년 동안은 지방자치단체가 예비 사회적 기업을 선정하여 종사자의 인건비를 지원함으로써 일정한 궤도에 올라서게 되면 제3차 연도부터 고용노동부가 종사자의 인건비를 지원하여 스스로 자립할 수 있도록 정부가 기업을 지원하고 육성하는 제도다. 설립형태는 비영리법인단체 혹은 주식회사가 별도의 기업법인을 설립하고 사회적 취약계층을 일정 수 이상 고용할 경우 소수의 기업을 선정하고 국가지원을 지속적으로 이어 가는 형태로, 지원기준은 취업근로자의 유지와 생산성으로 일정 기준 이상의 이윤을 창출해야 한다.

사회적 기업의 이윤발생은 재투자 형식으로 종사자 또는 시설에 대한 투자비로 사용하며, 기업의 이윤 추구를 목표로 한다. 비영리기관이 참여하여 수익을 법인이나 개인이 가져가지 못하도록 하고, 취약계층의 재투자만 가능하도록 회계를 운영한다. 사회적 기업은 취약계층의 신규고용 효과 발생과 지역사회 자원을 기반으로 하고 있으며, 기업의 법정 요건을 준수하고 대표자가 이윤을 가져가지 못하도록 한다.

## 3) 자회사형 표준사업장

　자회사형 표준사업장은 고용노동부가 추진하는 중증장애인일자리 창출사업으로, 대기업이 장애인을 고용함에 있어서 문제점 해소에 목적이 있다. 대기업이 기금을 투자하여 별도의 기업을 설립하고 장애인을 일정 수 이상 고용할 경우 자회사로 인정하고, 의무고용 효과를 인정하는 제도다. 즉, 고용노동부가 정한 일정한 기업의 요건을 갖춘 회사에서 중증장애인을 일정 수 이상 채용하게 되면 정부가 기업지원을 통하여 장애인의 신규일자리를 확대하는 정책이다. 장애인고용의무가 있는 사업주가 장애인표준사업장 발행주식 총수 또는 출자 총액 기준 50%를 초과하여 실질적으로 지배하고 있는 경우, 장애인고용 인원수를 별도의 대기업이 출자하여 별도의 자회사를 꾸려 나갈 경우, 국가가 장애인고용인원을 대기업이 여건상 미처 고용하지 못한 장애인을 자회사에서 고용으로 인정해 주는 대기업 지원 프로그램이다.

　자회사형 표준사업장의 장점은 대기업의 장애인의무고용 이행모델의 필요성에 있다. 우리나라의 법정고용률은 전체 인원의 2%로 규정하고 있으며, 고용률을 달성하지 못할 시 그 해당 인원만큼의 장애인고용부담금을 납부하게 된다. 따라서 고용률이 미달된 대기업에 장애인고용을 확대하고 직접고용의 어려움을 해소하기 위한 새로운 고용모델이다.

　자회사형 표준사업장은 기업의 사회적 책임에 대한 이행을 강조한다. 어느 기업이든지 자신의 기업의 사회적 공헌을 알리기 위해 많은 자본을 투자하며, 그 예로는 장학사업, 기부, 결식아동 지원사업 등을 들 수 있다.

　장애인고용은 모든 대기업이 선택이 아닌 필수적인 기업 활동으로 관심을 갖고 있는 기업의 사회적 책임(CSR) 이행 방안으로 볼 수 있다. 또한 의무고용 인원의 불이행에 따른 사회적 비난을 해소하고 단기적 투자에 따른 손실비용보다 기업이미지 상승을 위한 기회로 활용된다.

　자회사형 표준사업장은 작업시설, 부대시설, 편의시설, 장애인 출퇴근용 승합자동차 구입 등 무상지원금 용도로 실제 투자한 금액과 한국장애인고용공단이 산정한 금액으로 75%를 무상 지원한다. 산정 방법을 보면 장애인 표준사업장을 설립한 기업이 13억 원 투자, 장애인 30명 고용, 모회사의 직전년도 부담금이 2억 원일 경우, 기업투자금(A)이 13억 원, 공단산정금액(B)이 10억 원일 경우, 둘 중 적은 금액을 인정하여 75%를 곱하여 모회사부담금(C)이 2억 원을 앞의 금액에서 빼주면 무상지원금(D)은 5억 5천만 원이 된다. 장애인 의무고용 인원은 10~15명에 3억 원, 16~20명에 5억 원, 21~25명에 7억 원, 26~30명에 9억 원, 31명 이상은 9억 원으로 산정될 수 있다. 자회사형 표준사업장 설립에 따른 모기업의 부담금 감면은 고용의무사업주가장애인고용을 목적으로 일정 요건을 갖춘 자회사를 설립할 경우 자회사에 고용한 장애인을 모회사에서 고용한 것으로 간주하여 고용률에 산입하도록 한다.

한국장애인고용공단에서는 각 기업에 따른 적합 직무를 찾을 수 있도록 전문 직업평가사를 통해 장애인 적합 직무분석 및 직무평가를 지원하고, 기업에 맞는 맞춤훈련을 실시한다. 기업에서 원하는 직무를 수행할 수 있도록 직업능력개발센터를 통한 맞춤훈련을 실시한 후 장애인 채용여부를 결정한다. 모회사의 자회사 지원방안으로 「독점규제 및 공정거래에 관한 법률」의 부당한 지원행위의 심사지침 개정(공정거래위원회 지침 개정 2009. 12.)과 심사지침 개정을 통해 모회사를 지원한다.

모기업의 자회사 설립은 별도의 법인설립계획을 확정하고, 법인설립을 추진하는 데 법인명칭, 이사회, 투자계획, 채용추진계획서 등이 필요하다. 설립지원금 및 자회사형 표준사업장 신청은 법인설립 후 투자계획서를 제출하여 지원금을 공

| 모회사 | 주식 총액 또는<br>출자 총액 50% 초과 소유 | 자회사형 표준사업장 |
|---|---|---|
| 장애인고용의무사업주<br>(상시근로자 50인 이상) | 모회사 고용률 산입 | 장애인 근로자 최소 10명 이상<br>장애인이 총 근로자 수의 30% 이상<br>장애인 중 중증장애인 비율 30% 이상 |

그림 9-2 표준사업장

단 지사로 신청한다. 설립지원금 대상기업이 아닐 경우 자회사 설립 후 일정요건을 갖춘 뒤, 인정신청서를 제출 시 심사 후에 인정서 발급이 된다. 지원금 심사 결과 및 인정결과를 통보하고, 심사기준에 의거하여 현장, 서류평가 후 지원금 및 인정여부 결과를 통보하게 된다. 건립계획에 의한 장애인고용 및 투자완료 후 지원금 수령이 가능하다.

**표 9-4  자회사형 표준사업장 설립 법인**

| 모회사명 | 자회사형 표준사업장 | 법인 설립일 | 업 종 | 상시 (장애인/중증) | 소재지 |
|---|---|---|---|---|---|
| 포스코 | 포스위드 | 2007. 12. 01. | 사무지원, IT, 세탁, 통신 | 308(171/83) | 포항 |
| 유베이스 | 유베이스 유니티 | 2008. 07. 15. | 센터, 사무지원, 헬스키퍼 | 53(35/24) | 서울 |
| 나사렛대학 | 교드림앤 챌린지 | 2008. 11. 11. | 인쇄, 여행, 이벤트, 카페 | 30(27/19) | 천안 |
| 엘림비엠에스 | 이엘아이비에스 | 2008. 06. 12. | 세탁, 여행 | 43(33/19) | 충북 |
| 인성의료재단 | 인성드림 | 2009. 07. 14. | 사무지원,세탁 | 26(19/12) | 인천 |
| NHN | 엔비젼스 | 2009. 02. 15. | '어둠 속의 대화' 전시장 운영 | 11(10/10) | 서울 |
| 제주동물 테마파크 | 나누리 | 2009. 01. 19. | 재활승마, 공예 | 18(13/9) | 제주 |
| 크릭앤리버 코리아 | 미디어 네이티브 | 2010. 02. 01. | 온라인 리크루팅업 방송 관련 업무 등 | 3(0) | 서울 |
| 카톨릭학원 | (주)평화아름 | 2009. 12. 28. | 콜센터, 사무 지원, 헬스키퍼 | 47(21/12) | 서울 |
| 서원유통(주) | (주) 탑위드 | 2009. 11. 25. | 수산물 포장 | 42(29/26) | 부산 |
| 현대아미스(주) | (주)아미스 | 2009. 08. 14. | 사무지원 | 45(11/9) | 광주 |
| (주)스태프스 | (주)유플러스 | 2010. 02. 02. | 콜센터, 사무지원 | 17(16/7) | 서울 |
| (주)삼양식품 | (주)삼양THS | 2010. 10. 25. | 야채선별 | 투자 진행 중 | 강원 |
| (주)조은 시스템 | (주)조은 프로소싱 | 2010. 08. 10. | 사무지원, 보안시스템 운영 | 14(13/8) | 서울 |
| (주)삼성SDS | 오픈핸즈(주) | 2010. 10. 15. | IT 테스트, 총무지원 | 채용 진행 중 | 경기 |

## 참고문헌

강위영, 조인수, 정대영(1991). **직업재활과 지원고용**. 서울: 성원사.

강위영, 조인수, 구대희(1991). **직업재활개론**. 서울: 성원사.

강위영, 나운환(2001). **직업재활개론**. 서울: 나눔의집.

강위영, 나운환, 박경순, 류정진, 정명현, 김동주, 정승원, 강윤주(2009). **직업재활개론**. 서울: 나눔의집.

강혜규(2007). 한국 사회서비스정책의 현황과 서비스 확충의 과제, **보건복지포럼** 통권 제125호, 한국보건사회연구원,

고용노동부, 사회적기업(2010). 내 아들, 내 딸에게 보여 주고 싶은 사회적 기업 51.

고용노동부, 한국장애인고용공단 고용개발원(2012). EDI 2012 장애인 통계.

권도용, 이달엽, 나운환(1996). 중증장애인 장애인 보호작업장 활성화 방안에 관한 연구, 한국장애인재활협회 부설 연구소.

김종인(2005). 장애인고용정책. 제11회 직업재활연수. 한국직업재활학회.

김형완, 김길태, 박주영(2010). **복지일자리 직무 매뉴얼 I**. 한국장애인개발원.

나운환(1997). 중증장애인 보호작업장의 활성화 방안, 제5회 재활심포지엄.

나운환(1999). 보호고용. **직업재활학입문**. 한국직업재활학회.

박석돈(1994). **직업평가**. 대구: 문창사.

박석돈(1999). 직업재활의 과정. **직업재활입문**. 직업재활시설연수교재.

박석돈, 조만복(1997). 직업재활상담(평가)사의 전문능력조사연구. **중복지체부자유아교육**, 29.

박석돈, 조주현(2005). 직업재활과정에서의 직업재활상담사의 역할과 기능. **중복지체부자유아교육**, 45.

박석돈(2003). **장애인 (직업)재활시설과 프로그램**. 대구: 도서출판 중외.

보건복지부(2001), 장애인 직업재활 중장기정책방향에 관한 연구.

보건복지부, 가톨릭대학교(2002), 장애인직업재활시설 관리운영요원 직무분석 및 배치방향 연구.

보건복지부, 한국장애인 복지진흥회(2006). 장애인복지 일자리 모델 개발 연구.

보건복지부, 한국장애인복지진흥회(2007). 장애인직업재활시설 제도 개선 안내.

보건복지부(2011). 2011년 장애인복지사업 안내.

손우덕(2006). 장애인직업재활시설 운영 개선 방안에 대한 연구, 미간행 대구대학

　　교 사회복지대학원 석사학위 청구논문.

서울시립북부장애인종합복지관(2006). 고령사회를 준비하다, 고령 장애인 고용지
　　원정책의 과제와 전망. 2006년 고령장애인 고용정책세미나.

안병즙, 강위영, 박석돈(1994). **직업평가**. 대구: 문창사.

안유경(2002). 장애인직업재활시설의 운영 실태와 개선방안에 관한 연구, 미간행
　　대구대학교 사회복지대학원 석사학위 청구논문.

윤상용(2008). 장애인 소득보장체계 개편 방안, 한국보건사회연구원.

이달엽(2000). 재활과학론. 서울: 형설출판사.

이달엽(2000). **직업개발과 직업배치**. 대구: 도서출판 중외.

이달엽(2005). 직업개발과 직업배치. 제11회 직업재활연수. 한국직업재활학회.

이달엽(2006). **재활과학론**. 대구: 형설출판사.

이용기(2001). 장애인직업재활시설 활성화에 관한 연구, 미간행 경희대학교 산업정
　　보대학원 석사학위 청구논문.

조성열(2002). 장애인고용촉진 및 직업재활인력의 전문화, **2000년도 한국직업재활학
　　회 학술대회 및 연차총회자료집**, 23-46.

조주현(2006). 직업평가 과정에서의 MDS 활용. 제15회 전국단위 특수교육 직무
　　연수. 한국정신지체아교육학회.

최국환(2002). 장애인고용 및 직업재활대책정책 토론회.

최현석(1999). 우리나라 장애인 고용정책의 이해. 노동부장애인고용과.

한국보건사회연구원(2001). 2000년도 장애인 실태조사.

한국보건사회연구원(2001). 2001년 장애인직업재활시설 평가.

한국보건사회연구원(2008). 장애인복지 인프라 개선 방안 연구.

한국장애인 개발원(2009). 장애인행정도우미 직무분석.

한국장애인고용공단(1994). 장애인고용. **특집합본호('91~'94)**.

한국장애인고용공단(2010). 2010 자회사형 표준사업장 설립 및 추진기업 워크숍.

한국장애인고용공단 고용개발원(2011). 2010년 기업체 장애인고용 실태조사.

한국장애인고용촉진공단(2008). 장애인고용동향.

한국장애인단체총연맹(2001). 장애인 직업재활을 위한 장애인 복지시설 및 장애인
　　단체의 역할 연구.

한국장애인단체총연맹(2001). 직업재활사업운영매뉴얼.

한국장애인복지시설협회(2000). 장애인직업재활시설 사업과 운영.

한국장애인복지시설협회(2001). 장애인직업재활시설 편람.

한국장애인복지시설협회(2001). 장애인직업재활시설 예산지원방식 개선방안.

한국장애인재활협회(2002). 아시아·태평양장애인10년(1993~2002) 평가논문집.

한국장애인직업재활시설협회(2012). 제4회 장애인 직업재활의 날 기념 심포지엄. 중증장애인 고용활성화 방안 모색.

OECD(1999). 이익을 만들고 행복을 나누는 사회적 기업. Social Enterprises.

---

Anderson, B. (1990). *Creating diversity: Organizing and sustaining workplaces that support employees with disabilities.* Sitta, AL : Center for Community.

Beardsley, M., & Rubin, S. (1998). Rehabilitation service providers: An investigation of generic job tasks and knowledge. *Rehabilitation Counseling Bulletin, 37,* 122-139

Brubaker, D. R. (1997). Professionalization and rehabilitation counseling. *Journal of Applied Rehabilitation Counseling, 8,* 208-217.

Dziekan, K., & Okocha, A. (1993). Accessibility of Rehabilitation Services:Comparison by Racial-Ethnic status. *Rehabilitation Counseling Bulletin. 36.*

Emerner, W. & Rubin, S. (1980). Rehabilitation counselor role and functions and source of role strain. *Journal of Applied Rehabilitation Counseling, 11,* 57-9.

Gandy, G. L., Martin, Jr. E. D., Hardy, R. E., & Cull, J. G. (1987). *Rehabilitation Counseling and Services: Profession and process.* Springfield, IL: Charles Thomas.

Goldenson, R. M. (1978). *Disability and Rehabilitation Handbook.* New York: McGraw-Hill Book Company.

Hutchison, J. (1973). "The Vocational Rehabilititation Program and Its Relationship to the Social Security Program," In J. G. Cull & R. E.

Hardy (Eds.), *Understanding Disability for Social and Rehabilitation Services,* Illinois: Charles Thomas.

Hutchison. J. (1973). The vocational rehabilitation program and its relationship to the social security program. In J. G. Cull & R. E. Hardy (Eds.), *Understanding Disability for Social and Rehabilitation Services*. IL: Charles Thomas.

Leahy, M., Szymanski, E., & Lindkowski, D. (1993). Knowledge importance in rehabilitation counseling. *Rehabilitation Counseling Bulletin, 37*(2), 130-145.

Nelson, N. (1971). *Workshops for the Handicapped in the United States*. Springfield, IL: Charles C. Thomas Publisher.

Parker, R. M., & Szymanski, E. M. (1998). *Rehabilitation Counseling: Basic and Beyond* (3rd ed.). Austin, TX: Pro-ed.

Roessler, R. T., & Rubin, S. E. (1998). *Case Management and Rehabilitation Counseling: Procedures and Techniques* (3rd ed). Austin, TX: Pro-ed.

Rubin, S. E., Matkin, R. E., Ashley, J., Beardsley, M. M., May, V. R., Onstott, K., & Puckett, F. (1984). Roles and functions of certified rehabilitation counselors [Special issues]. *Rehabilitation Counseling Bulletin, 27*, 199-224, 238-245.

Rubin, S. E., & Roessler, R. T. (1995). *Foundations of the Vocational Rehabilitation Process.* Austin, TX: Pro-ed.

Malikin, D., & Rusalem, H. (1969). *Vocation Rehabilitation of the Disabled: An Overview*, New York: New York University Press.

Peavy, V., Robertsons, S., & Westwood, M. (1982). Guidelines for Counselor Education in Canada. *Canadian Counselor, 16*(3), 135-143.

Roessler, R. T., & Rubin, S. E. (1982). *Case Management and Rehabilitation Counseling: Procedures and Techniques.* Austin, TX: Pro-ed.

Sitlington, P. L., & Frank, A. R. (1998). *Follow-Up Studies, A Practitioner's Handbook.* Austin, TX: Pro-ed.

Tarvydas, V. M., & Leahy, M. J. (1993). Licensure in rehabilitation counseling: A critical incident in professionalization. *Rehabilitation Counseling Bulletin, 37*(2), 92-108.

Wright, G. N. (1980). *Total Rehabilitation*. Boston: Little Brown & Company, Inc.

### 📖 참고 사이트

http://www.bmwa.bund.de
http://www.kawid.or.kr

## 제10장

# 재활 프로그램의 개발

## 1. 재활 프로그램 기획

### 1) 기획의 정의

재활 프로그램 개발은 기획 단계부터 출발한다. 기획의 의미는 목적을 가지고 무엇인가 하고자 하는 일에 대하여 목표에 알맞게 자원을 투입하고 이용자 변화를 도모한다. 또한 시행착오를 최소화하고, 이용자의 만족도를 평가하여 자원의 투입 과정이 적절한지 또는 이용자의 환경이 변화되었는지에 대한 자원투입의 전환을 점검하는 과정을 프로그램 평가라 한다.

일반적으로 재활 프로그램 개발에 있어 기획의 관점은 이용자 중심으로 설명하고 있다. 재활 프로그램은 ① 대상자(Person)의 변화, ② 이용자 중심의 개인과 환경(in)의 변화, ③ 이용자 환경(Environment)의 변화에 있다. 대상자의 변화는 대상자의 문제해결을 중심으로 작성하고, 대상자의 지역사회에 있어서 복합적 문제를 해결하기 위해 이용자와 환경을 고려한 프로그램을 기획하며, 이용자가 거주하는 지역사회의 문제일 경우 환경을 개선하는 프로그램을 기획해야 한다. 이러한 관점은 지역사회 에서 살아가는 장애인의 문제를 세밀하게 조사하여 문제 중심의 해결과제에 초점을 두는 것이다. 재활 프로그램은 직업재활에 관한 프로그램이 설득력을 갖고 있으며, 공동의 관심이 되고 있다.

학자들은 기획을 목표 달성과정으로 해석하고 있다. Dror는 기획을 보는 장래 활동에 대한 사전결정 혹은 준비과정으로, '설계된 행동노선' 혹은 '지적 사전구성' 등으로 정의하며 '최적의 수단으로 목표를 달성할 수 있도록 장래에 취할 행동'을 위하여 결정을 준비하는 지속적인 과정'으로 보고 있다. Dahl은 기획을 합리적 결정에 도달하기 위한 '하나의 사회적 과정'으로 정의하였으며, Koontz와 O'Donnell은 '합리성과 지적과정(intellectual process)'임을 강조하였다. 또한 기획을 여러 가지 대안 중에서 '목표, 예산, 절차, 사업 계획 등을 선택하는 관리자의 기능'으로 보았다. Goodwill은 기획을 '사회적 선'을 증진시키는 데 목적이 있다고 하였으며, Waldo는 '인간생활에 과학을 활용함으로써 목적을 구현하는 수단'으로, Friedmann은 '인간이 공동의 장래를 설계하려고 노력하는 활동에 있다.'고 정의하였다. Ehlers는 '현재나 미래의 특정한 시기에 목표달성을 위한 행동'으로 해석하였으며, Stone은 '사업의 장래 운영을 정확하게 예견하고자 노력하며 신중히 준비'된 것으로, Ackoff는 기획을 '최선의 미래 설계 외 그것을 달성할 수 있는 다양한 방안 모색'으로 정의하였다.

기획은 하나의 과정으로서 기획(planning)과 계획(plan)으로 구별된다. 기획은 연속된 일련의 과정(planning is a process)으로 조직이나 업무 단위에서 나타나는 지속적인 활동이며, 활동을 지속하기 위해서는 자원이나 에너지가 투입된다. 반면에 계획은 선택의 과정(a process of choosing)으로 의사결정(a decision-making process) 과정으로 볼 수 있다. 계획은 이러한 과정을 거쳐서 나타나게 되는 최종 산물(end-result)이다.

기획이란 본질적으로 공식적 혹은 법적으로도 기관에 의하여 승인되고 수행될 결정으로 계획을 준비(pre-paring)하는 과정으로, 기획을 승인하는 기관이 동일기관이라도 기획기능과 아울러 승인 및 집행에 대한 권한을 동시에 갖는다. 양자는 본질적으로 하나의 과정에 속하는 것이며, 상호의존적 관계가 깊다. 기획은 의사결정 또는 정책결정의 일종이지만, 단일의 결정을 대상으로 하는 것이 아니라 한 묶음의 결정(a set of decisions)을 다룬다는 특징이 있다. 이러한 결정은 대부분 체계적으로 연결되어 투자나 추진 일정에서 우선순위가 요청되는 것에 불과하다.

현장 재활행정가의 직무 중 하나는 자원개발에 초점을 맞추는 것이다. 제한된 자원과 한정된 예산은 늘 현장에서 한계를 절감하며, 이때 지역사회 자원을 동원한다. 흔히 직업재활사는 주어진 전문 영역의 일만 수행하는 것으로 인식하고, 자원개발은 기관의 관리자만 수행하는 것으로 오인하고 있다. 또한 지역사회 자원개발은 프로그램 진행자의 중대한 책무 중 하나로 인식하여 기획을 단순히 행정적 절차로만 인식하는 경우가 더러 있다.

기획은 재활 프로그램의 의사결정과 다양한 자원을 획득할 수 있는 수단으로 재활행정가의 중대한 책무 중 하나로 여겨진다. 기획은 재활 현장의 욕구를 분석하고 이용자의 문제를 효과적으로 해결하는 데 다양한 자원을 투입함으로써 이용자의 욕구를 해소하는 데 있다.

보통 프로그램 개발과 기획과정을 어렵게 생각하여 특별한 업무에 종사하는 사람만이 기획을 한다는 인식이 높지만, 기획은 재활을 전공한 모든 사람의 일상적인 문제로, 기회를 보다 폭넓게 잡는 기회조건이다. 기획은 이용자의 문제 해결 과정에서 자원과 프로그램을 연결하는 과정으로, 기획기술을 통해 누구나 손쉽게 프로그램을 완성할 수 있다. 기획이 재활행정에서 반드시 필요한 것은 자원개발이라는 관점과 재활사업의 기대효과가 보다 명확하기 때문이다. 재활 프로그램에 투입된 자원과 기술은 프로그램의 효율성, 효과성, 책임성, 역량강화, 예측성 등 일정부분 측정이 가능하다. 프로그램 평가 관점은 효율성에 비중을 두지만 재활행정에서는 프로그램의 효과성에 비중을 두고 있다. 이용자의 문제해결이 선결 과제이고, 그 다음이 자원의 효율성에 초점을 두기 때문에 재활 프로그램은 일반행정의 예산보다는 효과성을 더 중요하게 여긴다. 특히 장애인에 대한 이용자의 역량강화와 권익옹호는 프로그램 평가에 있어서 책임성과 효과성을 더욱 명확하게 한다.

프로그램 평가는 자원제공자 입장에서 늘 투명성과 자원의 효과를 점검하길 원하고 있기 때문에 일선 재활조직을 지휘·통제하는 수단으로, 자원의 낭비를 막고 문제에 효과적으로 대처하며 미래를 체계적으로 준비하는 데 있다. 프로그램 평가에 있어 책임성은 조직의 환경 및 클라이언트의 욕구변화에 대처하고, 안으로는 직원의 역량강화 및 사기앙양에 그 가치를 둔다. 좋은 기획은 최근 비영리조직의 미래에 대한 불확실성을 크게 감소시키고, 조직의 안정에 기여하는 데 있다.

기획은 재활정책 입안자의 강도 높은 전문성과 책임성을 강조한다. 1970년대 미국 정부는 장애인에게 제한적 서비스를 제공하고 원조를 하던 것이 1973년 「재활법」의 개정으로 보다 많은 정부예산이 배정되고 다양한 장애인에게 서비스를 제공했다. 이러한 급격한 서비스의 증가로 정책결정에 있어 보다 전문성과 책임성을 높이는 결과를 가져왔다. 기획의 정책결정에 대하여 ① 어떤 대상을 중증장애인으로 분류할 것인가? ② 어떤 특정장애 유형에 속하게 되는 모든 성원이 그 유형에 포함될 것인가? ③ 얼마나 많은 사람이 중증장애로 진단받는가? ④ 중증장애영역 속에 포함시킬 수 있는 기준은 무엇인가? ⑤ 이 집단에 속하게 된 장애인의 개인적이고 구체적 욕구는 어떠한 것이 있는가? ⑥ 중증장애인을 최우선적으로 강조함으로 인하여 다른 장애인이 부분적 또는 전체적으로 재활서비스를 받지 못하고 지내게 될 것인가?와 같은 질문에 재활서비스 계획가는 우선순위를 정하고, 의사결정을 내릴 수 있도록 객관적이고 신뢰성 있는 정보를 제시하며 장애인과 서비스에 대한 책임성과 전문성을 강조하고 있다.

프로그램 기획은 전문가의 여러 가지 대안 가운데 가장 바람직한 기술을 선택할 수 있도록 결정함으로써 서비스 비용을 절약하고 비생산적 업무활동을 억제시킬 수 있다. 전문가가 사용하는 여러 가지 자원 가운데 최적의 선택을 하도록 결정하여 합리적 서비스가 제공될 수 있도록 해야 한다. 재활행정가의 활동은 과거에는 한 가지 활동에만 전념해 왔다. 직업재활 상담의 경우 장애인을 취업시키고 직업을 유지하기 위한 직업개발과 배치에만 몰두해 왔다. 하지만 오늘날에는 사회적, 심리적 지지와 직업훈련, 지원고용, 현직훈련, 직무지도원, 자원봉사자 등 다양한 서비스와 기술이 복합적으로 투입되었으며, 하나의 정책결정에 있어서 다양한 전문가의 참여와 기획을 하기 위해서 문제의 인식부터 대안선택까지 다양한 전문가 참여가 필요함을 강조하고 있다. 또한 기획은 미래를 예측하는 전문성을 지니고 있다. 미래 예측에는 많은 변수가 작용하며, 조직은 미래의 계획이나 운영의 시기를 잘 포착해야 한다. 장래에 대한 대비가 있는 재활행정가는 전략적 변화를 요하는 사태가 일어날 경우 빠른 인식과 대처를 필요로 한다.

프로그램 기획은 재활행정가의 전략을 결정하는 데 큰 도움을 주며, 재활행정가의 신중한 검토는 물론 적절한 시기가 올 때까지 의사결정을 유보하거나 위험을 피할 수 있도록 한다. 프로그램 기획은 목표 성취를 위한 다양한 방안을 제시하고, 최선의 방안을 선택할 수 있게 하는 정확성을 가질 수 있도록 하지만 프로그램 계획이 결여된 재활행정은 전문성을 발휘하는 데 한계를 지닌다.

## 2) 기획의 종류

프로그램 개발 기획은 단기계획, 중기계획, 장기계획으로 구분하는데, 보통 1년 미만 프로그램은 단기계획, 3~5년 프로그램은 중장기계획, 5~10년 이상 계획을 장기계획이라 칭한다. 단기계획은 회계연도를 중시한 1년 미만의 단기 사업으로, 보통 지역사회 자원은 1년 미만의 사업이 제공된다. 다수의 프로그램은 목표관리적 관점보다 얼마나 많은 기관에 자원을 제공하고 단기간에 홍보 효과를 낼 수 있는지를 평가한다. 자원제공 조직은 일정한 자원을 매년 계획하고, 보다 많은 기관에 자원을 배분하여 제공함으로써 그 결과를 평가하는 데 초점이 맞추어져 있다. 이런 사업은 보통 단기계획으로 프로그램을 선정하고, 사업의 결과를 조기에 마감함으로써 단기간의 사업 결과를 가지고 평가를 수행해야 한다. 그러나 정부나 지방자치단체에서 시행하는 계획은 주로 중장기계획을 중심으로 입안되고, 정부의 장기적인 발전과제는 장기계획을 통해 수행되고 있다.

기획은 행정에서 다양하게 분화되며 용도와 분야에 따라 세분화된다. 기획의 종류는 재정기획, 시설기획, 소비기획, 인사기획, 프로젝트 기획(project planning), 자원기획(resource planning) 등 대상 분야에 따라 종류가 달라진다.

**표 10-1 기획의 종류**

| 구 분 | 기 간 | 지역수준 | 대상분야 | 고정 여부 | 이용빈도 | 계층성 |
|---|---|---|---|---|---|---|
| 종류 | • 단기기획<br>• 중기기획<br>• 장기기획 | • 지방기획<br>• 지역기획<br>• 국가기획<br>• 국제기획 | • 자원기획<br>• 프로젝트 기획<br>• 개인기획 | • 고정기획<br>• 연동기획 | • 단용기획<br>• 상용기획 | • 정책기획<br>• 전략기획<br>• 운영기획<br>• 프로그램 기획 |

기획과정은 여러 단계를 거쳐 완성되며, 가장 단순한 기획과정은 4단계로 ① 조사, ② 목표설정, ③ 전략계획, ④ 운영계획으로 구분될 수 있다.

**그림 10-1 4단계 기획**

기획과정을 좀 더 세분화시키면 7단계 기획과정으로, 프로그램 개발에서 가장 많이 사용되고 있다. 기획의 7단계 과정은 기획환경 인식, 조직의 목표설정, 환경분석, 전략, 선택, 프로그램으로 구분된다.

기획의 7단계 과정은 경영이나 관리기능으로 고전적 조직이론에서 POSD-CoRB라는 기획과정을 구성하였는데, ① 기획(planning), ② 조직(organization),

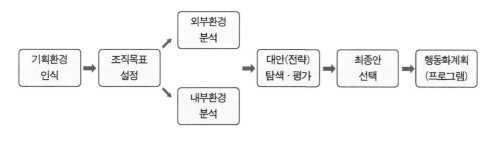

**그림 10-2** 7단계 기획

③ 사람(staffing), ④ 관리(directing), ⑤ 자원연계(coordination), ⑥ 기록(report-ing), ⑦ 예산(budgeting)으로 분리한다.

　기획의 프로그램 계획에서 가장 많이 사용하고 있는 기법은 '5W1H' 방법이다. Who, What, When, Where, Why, How의 여섯 가지 관점에서 프로그램 개발을 점검하고 세부적인 업무의 누락을 방지하기 위해 이러한 방법을 선호한다. '5W1H'의 장점은 다양한 관점에서 포괄적으로 점검하는 데 도움이 될 수 있으나, 단점으로는 단순점검으로 끝나거나 대책을 마련하지 않고 나열식으로 늘어놓기 쉽다는 것이다. 재활 프로그램 계획수립 시 고려해야 할 요소는 다음과 같다.

**표 10-2** 프로그램 작성 절차

| 구 분 | 내 용 |
|---|---|
| Who<br>(주체) | • 현재 누가 담당하고 있는가?<br>• 누가 담당하는 것이 좋은가?<br>• 이 프로그램을 담당할 수 있는 사람은 그 이외에 없는가?<br>• 3無(쓸데없고, 무리하고, 한결같지 않음)를 하고 있는 사람은 없는가?<br>　(예, 주최, 주관, 후원, 준비위원, 지도책임자, 강사, 초청인사 등) |
| What<br>(내용) | • 현재 무엇을 하고 있는가?<br>• 무엇을 하는 것이 좋은가?<br>• 이 프로그램 이외에 할 수 있는 프로그램은 없는가?<br>• 이 프로그램 이외에 담당해야 할 프로그램은 없는가?<br>• 3無를 하고 있지 않은가?<br>　(예, 프로그램 종류명(분야별), 프로그램의 제목, 기본적으로 포함해야 할 내용) |

| When<br>(기간) | • 언제 하는가?<br>• 그 이외에 할 수 있는 시간은 없는가?<br>• 그 이외에 해야 되는 시간은 없는가?<br>• 시간에 있어 3無를 하고 있지 않은가?<br>　[예, 예정실시시간, 기간(부터~까지)] |
|---|---|
| Where<br>(장소) | • 현재 어디에서 하고 있는가?<br>• 어디에서 하는 것이 정말 좋은가?<br>• 현재의 장소 이외에 해야 되는 곳은 없는가?<br>• 장소에 있어서 3無를 하고 있지 않은가?<br>　(예, 제1후보 장소, 우천시나 급변한 사항을 대비한 제2후보지) |
| Why<br>(목적) | • 왜 그 사람이 담당하는 것인가?<br>• 왜 그 일을 하는 것인가?<br>• 왜 그 시간에 하는 것인가?<br>• 왜 거기에서 하는 것인가?<br>• 왜 그 방법으로 하는가?<br>• 사고방식에 3無는 없는가?<br>　[예, 프로그램의 목적은 무엇인가?, 프로그램의 주제(표어), 프로그램과 그룹의<br>　회기, 월별 중점사항과의 관계] |
| How<br>(방법) | • 현재 어떤 방법으로 하고 있는가?<br>• 어떤 방법으로 하는 것이 정말 좋은가?<br>• 그 방법 이외에 할 수 있는 방법은 없는가?<br>• 방법에 3無는 없는가?<br>　[예, 일의 분담(구체적 부서의 조직 할당), 순서의 세부내용(혹은 세부방법), 예<br>　산수립, 홍보방법, 보고서 및 참고자료 발간을 위한 계획] |

**표 10-3** 장애대상 민간단체 공모 사업

| 구 분 | 지원 내용 | 지원 대상 | 지원 규모 | |
|---|---|---|---|---|
| 한국장애인<br>재단 | 각 단체 신청에 따른 개별사업(자<br>유주제) | 장애 관련 기관 및 단체 | 5억 2천만 원<br>(1천만 원×52건) | |
| | 장애 관련 실태(욕구)조사에 의한<br>정책제안사업 및 장애인관련법 제<br>개정을 위한 활동 지원사업 | 장애 관련 기관 및 단체 | 6천만 원<br>(1천 5백만<br>원×4건) | 2억 7천만 원 |
| | 장애인 평생교육 지원사업 (장애<br>인 검정고시 대비반, 장애인 활동<br>가 교육 등) | 장애 관련 기관 및 단체 | 8천만 원<br>(1천만 원×<br>8건) | |
| | 장애대학생 · 장애청소년 자조모임<br>등 자조모임 지원사업 | 장애 관련 기관 및 단체 | 7천만 원<br>(7백만 원×<br>10건) | |

| | | | 6천만 원<br>(3천만 원×<br>2건) | 2억 7천만 원 |
|---|---|---|---|---|
| | 국제교류 및 해외연수지원사업 | 장애 관련 기관 및 단체 | 6천만 원<br>(3천만 원×<br>2건) | 2억 7천만 원 |
| | 전국 장애인 단체활동가 대회 | 장애 관련 기관 및 단체 | 5천만 원 | |
| 사회복지<br>공동모금회 | 신청사업: 지역복지 증진 및 문제 해결을 위해 사회복지기관, 단체, 시설 등에서 사업 내용을 정해 공모형태로 신청을 받아 배분하는 사업<br>※신청시기: 2007년 7월 | 재활상담사업, 기타 사회복지활동을 행하는 법인·기관·단체 및 시설 | 프로그램사업<br>2천만 원 이하<br>기능보강사업<br>1,500만 원 이하<br>※지회 제출 | |
| | 전국사업: 전국단위의 사회문제 해결 및 복지증진을 위한 선도적이고 전문적인 시범사업을 제안받아 배분하는 사업<br>※신청시기: 2007년 7월 | 재활상담사업, 기타 사회복지활동을 행하는 법인·기관·단체 및 시설 | 1억 원 이하<br>※중앙회 제출 | |
| | 지역사회: 지역단위의 사회문제 해결 및 복지증진을 위한 선도적이고 전문적인 시범사업을 제안받아 배분하는 사업<br>※신청시기: 2007년 7월 | 재활상담사업, 기타 사회복지활동을 행하는 법인·기관·단체 및 시설 | 5천만 원 이하<br>※지회 제출 | |
| | 전략사업: 지역복지 증진, 지역사회 주민의 삶의 질의 변화를 도모하기 위한 장기적이고 예방적인 전략기회사업으로 모금회에서 주제를 정하여 배분하는 사업<br>※신청시기: 별도 공고 | 재활상담사업, 기타 사회복지활동을 행하는 법인·기관·단체 및 시설 | 별도 지정<br>※중앙회/지회 제출 | |
| | 보호육성사업: 취약한 사회복지 현장의 역량강화를 위한 목적으로 지원되는 사업으로 모금회에서 주제를 정하여 배분하는 사업<br>※신청시기: 별도 공고 | 재활상담사업, 기타 사회복지활동을 행하는 법인·기관·단체 및 시설 | 별도 지정<br>※중앙회/지회 제출 | |
| | 기초복지사업: 의식주, 교육, 문화 등 기초복지의 질적 향상을 위한 지역복지사업으로 모금회에서 주제를 정하여 배분하는 사업<br>※신청시기: 별도 공고 | 재활상담사업, 기타 사회복지활동을 행하는 법인·기관·단체 및 시설 | 별도 지정<br>※중앙회/지회 제출 | |

| | | | |
|---|---|---|---|
| 사회복지<br>공동모금회 | 재해 · 재난긴급구호, 저소득층의 긴급한 의료 및 생활문제의 신속한 해결을 위해 배분하는 사업<br>※신청시기: 별도 공고 | 재활상담사업, 기타 사회복지활동을 행하는 법인 · 기관 · 단체 및 시설 | 별도 지정<br>※중앙회/지회 제출 |
| | 지역사회 주민들의 삶의 질 향상을 위해 기부자가 지역, 대상, 사용용도 등을 지정한 배분사업<br>※신청시기: 수시 | 재활상담사업, 기타 사회복지활동을 행하는 법인 · 기관 · 단체 및 시설 | • 기관: 연 5억 원 이하<br>• 개인: 연 1억 원 이하<br>※중앙회/지회 제출 |
| 메트라이프<br>재단 | 장애아동의 능력 및 역량강화 | 장애아동 관련 비영리 기관 또는 연구기관 | 총 3억 원 예산<br>(기관당 1천 5백만 원 내외) |
| | 장애아동 관련 세미나 지원 | 장애아동 관련 비영리 기관 또는 연구기관 | 총 5천만 원 예산 |
| 파라다이스<br>복지재단 | 풀뿌리단체지원<br>• 가족기능강화<br>• 학교연계 교육 프로그램<br>• 지역사회재활 프로그램 | 장애 관련 기관 및 단체 | 총 5천만 원<br>(기관당 최대 500만 원) |
| | 장애인식개선<br>• 장애인식개선 관련 프로그램 개발 및 실제 | 장애 관련 기관 및 단체 | 각 기관당 최대 500만 원 |
| | 장애 · 비장애 통합 프로그램지원<br>• 캠프 프로그램 | 장애 관련 기관 및 단체 | 기관당 최대 100만 원 |
| | 행사지원<br>• 장애 관련 행사 및 물품지원<br>• 긴급의료지원 | • 장애 관련 기관, 단체, 모임<br>• 전국의 저소득층 장애인 (수급권자 차상위, 19세 미만 장애아동) | • 기관당 최대 100만 원<br>• 개인당 최대 100만 원 |
| | 장애재활지원<br>• 인공와우 재활지원 | 만 18세 미만 인공와우 수술을 받은 아동 | |

## 3) 기획의 목표

### (1) 행동지향적 기획

기획은 행동에 목표를 두는 것이며, 순수한 지식의 탐구나 기획자의 육성과 같은 목표를 지향하는 것이 아니다. 단순한 선택이나 결정이 행동지향적인 것은 아니지만 기획은 행동을 전제로 한다. 물론 기획은 현실적으로 집행 책임자의 자질 향상, 의사결정, 집단활동, 훈련 등 각종 부수적인 효과를 초래하지만 기획기능을 감소시키지는 않는다. 기획활동은 대중의 지지를 획득하고 공공관계를 개선하는 수단으로서 사용되는 일도 있지만 완전한 의미의 기획이라고 볼 수 없으며, 실제로 나타나는 과정도 순수한 형태의 기획과정이 지니는 특성과는 다르게 나타난다. 기획이란 본질적으로 행동 또는 집행을 지향(action or execution oriented)하는 것이지만 그렇다고 해서 행동이나 집행 그 자체는 아니다.

### (2) 미래지향적 기획

미래지향적(future oriented) 기획은 기획과 미래 예측을 동일시해서는 안 된다. 미래 예측이란 앞으로 발생할 가능성이 가장 많은 상황 또는 사태의 방향이나 가능성의 정도를 미리 알아내려는 시도이며, 미래 예측(forecasting)은 장래의 행동이 내포되기도 하고 그렇지 않을 수도 있다.

사전 행동노선(predetermined course of action)을 내포하지 않는 미래예측은 기획이라고 할 수 없다. 따라서 현재의 결정이 가지는 실제적 의의를 손실 없이 장래에 대한 설계를 어느 정도 할 수 있는가의 시간(time period)상의 제한을 가하게 되고, 기획기간 중 일관해서 기획상의 분석과 평가(assessment)를 계속하며 목적에 대한 수단의 부단한 재평가 및 조절을 할 필요성을 제시한다. 또한 장래를 설명하는 데 있어 예상산정법(expectational calculus)의 적용을 암시하고, 골자만을 세우는 준거적 기획제도 또는 구조적 기획제도(system of structural planning)의 채택을 주장한다. 기획에 있어 융통성의 문제를 신중히 고려하지 않을 수 없게 하며, 최종안에서 명시될 융통성의 정도가 앞으로 예측되는 사태에 대한 불확실성의 정도와 비례적이어야 한다. 이런 방법을 통해서만 이성(reason)과 불확실성의 절충이 이루어질 수 있다.

### (3) 목표지향적 기획

기획은 장래에 달성하고자 하는 목표가 명시되지 않고서는 성립될 수 없다. 그러나 기획은 처음부터 분명하게 명시된 목표를 가지고 움직여져 나가는 것이 아니다. 오히려 대부분의 경우 기획과정의 최초단계는 기획과정 이전의 다른 것에 의해서 설정된 모호한 목표를 토대로 운영상의 기획목표를 설정하는 것으로부터 시작된다.

기획은 최적의 수단 제시로 장래를 합리적으로 형성하는 과정이다. 기획의 본질은 수단과 목적관계(means-ends relationship)로 기획과정의 기초가 되며, 기획과정의 방향은 목표달성을 위한 최적의 수단(optimal means)을 제시하는 데 있다. 또한 기획은 정보의 수집, 지식의 활용, 체계적·통합적 자료정리 등 합리적인 과정을 원칙으로 원하는 목표달성에 최적의 전략을 선정하는 데 있으며, 기획의 방법과 절차 그리고 기술에 관한 문제는 자원을 최소로 투입하고 최적의 수단을 찾아내는 방법을 강구하는 데 있다.

재활행정가는 프로그램 기획의 특성을 이해하고, 프로그램 기획 시 재활전문가의 가치 반영, 지속적인 정보의 제공, 다양한 수준의 개입을 고려해야 한다. 이러한 이유는 재활 프로그램 기획은 일회성이 아니라 지속적으로 수정하는 과정에 있기 때문이다.

## 2. 재활 프로그램 개발

### 1) 프로포절

의사는 질병에 대하여 진단과 처방을 실시하여 환자의 건강을 회복하는 프로그램에 의해 의사의 역할이 결정된다. 재활행정가는 장애인을 대상으로 장애인의 문제를 진단하고 측정하여 하나의 프로그램을 지원하여 보다 나은 '삶의 질'을 개선하기 위해 프로그램을 시행한다.

프로그램은 '특정 목표를 성취하기 위한 활동들의 집합'이라고 정의될 수 있으며, 재활 프로그램은 전문가의 원조를 받는 활동으로 구성된다. 종사자는 장애인에게 특별한 원조를 제공함으로써 대상자의 욕구를 충족시키는 동시에 성취감과 만족감을 제공하는 중대한 수단이 된다. 프로그램 기획과정은 계획을 수립하여 과정을 집행하고 결과를 평가하여 다음 계획에 반영하는 하나의 순환(cycle)과정으로 보고 기획수립, 집행은 물론 통제와 환류까지를 포함하는 일련의 연속된 과정을 보여 준다.

프로그램 기획에 관한 구분은 학자마다 다른 견해가 제기되기도 하나 보통의 프로그램 기획과정은 다음의 단계로 이루어진다. 프로그램 작성은 ① 문제의 사정, ② 목표설정, ③ 목표와 연관된 정보·자료 수집, ④ 기획의 전체를 설정하는 단계로서 문제의 당연성 또는 전망, ⑤ 목표달성을 위한 대안의 모색, ⑥ 여러 가지 대안의 비교·검토, ⑦ 최선의 대안 선택, ⑧ 집행을 위한 세부계획 수립, ⑨ 예산계획, 사업의 진행, ⑩ 프로그램의 평가 및 환류의 과정을 거친다. 이런 프로그램 기획 과정을 보다 단순화하면 ① 문제분석, ② 의사결정, ③ 문제해결방안 가설, ④ 프로그램 실행, ⑤ 평가를 수행으로 나타낼 수 있다. 문제분석과 평가는 하나의 과정으로, 평가의 방법을 명확히 수립해야 된다.

재활행정가가 가장 중요하게 다루고 있는 책무 중 하나는 프로그램 기획이라고 할 수 있다. 프로그램을 계획하고 준비하기 위해서는 프로그램의 결과가 어떻게 나오고 있는지 여부를 사전 예측해야 한다. 그렇기 때문에 재활 프로그램에 대한 철저한 계획을 세우지 않고서는 프로그램의 효과가 어떤 영향을 미치고 욕구충족이 어떤 결과를 가져오는지 예측하기 어렵다.

비영리조직의 대부분은 원천적으로 후원금이나 보조금에 의존하기 때문에 운영재원의 부족에 대해 관리자는 항상 불만을 드러낸다. 따라서 재활조직의 종사자는 타 기관의 자원을 절실히 필요로 한다. 재활조직은 공익을 위한 목적으로, 조직의 고유 업무를 중심으로 사업을 추진하지만 정부의 지원은 제한적이며 부족한 예산을 채우지 못하고 있다. 이를 해결하기 위해 기관의 운영자는 후원자를 발굴하고 지역사회 자원을 동원하지만 한계는 늘 주변에 존재한다. 그러한 한계를 극복하기 위해서는 직원의 프로그램 개발을 독려하고 정보의 공유가 필요하다.

재활분야 종사자는 프로그램에 필요한 자원을 획득하기 위해서 다양한 재원을 찾게 되며, 대표적인 공익자원 제공처는 '사회복지공동모금회'로 알려져 있다. '사회복지공동모금회'는 국가가 공익 민간단체로 설립하여 각계의 기부금을 한데 모아 적재적소에 배분하는 업무를 전담하고 있으며, 자원의 모금과 배분이 그 역할이다. 또한 대기업의 창업자들이 설립한 기업재단 역시 많은 자원을 제공하고 있다.

BC카드사회공헌, CJ그룹사회공헌, GM대우한마음재단, KBS강태원복지재단, KT&G복지재단, LG공익재단, SK Telecom복지재단, 꿈·희망·미래 재단, 다음 세대재단, 대교문화재단, 대상문화재단, 대한불교조계종 사회복지재단, 롯데재

단, 모니카재단, 삼성복지재단, 삼성사회봉사단, 삼성생명공익재단, 상영재단, 신
도리코, 실업극복국민재단, 아름다운가게, 아름다운재단, 아산사회복지재단, 애
경복지재단, 이랜드복지재단, 전경련사회공헌, 코오롱복지재단, 태평양복지재단,
파라다이스복지재단, 한국타이어복지재단, 호암복지재단 등은 기업의 이윤을 사
회환원 차원에서 기부활동을 하고 있다.

정부의 행정부처 또는 지방자치단체도 특별 기금을 조성하고 프로그램을 공모
하며 제안서를 접수받는다. 행정자치부, 문화관광부, 서울특별시 등 지방자치단
체에서 설립한 각종 법인에서 지원사업을 공모하고 있으며, 공익법인인 공기업에
서도 지원사업을 공모하고 있다. 문화재단, 여성재단, 마사회 등 많은 공익법인이
특별한 기금을 투자하고 있다.

재활현장에 프로그램 공모사업이 늘어남에 따라 각 기관의 경쟁은 한층 늘어났
으며, 프로그램의 기획 또한 사회적 추세를 반영하고 있다. 가령 다문화 문제가
사회적으로 이슈가 되면 이주민가정에 초점을 맞춘 사업이 등장하고, 노인에 대
한 문제나 장애인에 대한 문제가 사회적 이슈가 되면 이를 해결하기 위한 사업이
등장하고 있다. 이런 추세는 지원재단의 성격과 핵심 지원사업의 기준에 따라 추
세가 정해진다. 장학사업을 하는 복지재단, 아동에 대한 사업을 중점적으로 지원
하는 재단 등 지원재단의 사업목적이 점차 명확해지고 있으며, 이는 재단 설립자
의 의지로 정치적 · 사회적 분위기에 민감한 반응을 보이는 특성을 지닌다.

지원재단의 사회환원 목적은 기업의 '좋은 이미지' 개선에 주된 목적이 있으며,
사회환원을 통해 시민에 대한 부정적 이미지를 올바르게 세우는 데 역할이 있다.
강원도 정선의 '강원랜드'에서 제공하는 공모사업은 사회적 기여를 통해 카지노
의 부정적 인식을 사회적 기여로 그 인식을 바꾸고 있으며, '한국마사회'는 경마
사업 이윤의 일부를 공모사업을 통해 사회적 기여를 수행한다.

'사회복지공동모금회'를 비롯하여 다양한 재단이 지원사업 공모를 통해 사회취
약계층의 자원을 투입하고 있으며, 선진국으로 갈수록 이런 지원시스템은 더욱
발달하고 있다. 이는 기부문화가 안정적으로 그린펀드화되고 있음을 보여 주는
예라고 할 수 있다. 기업은 사회적 환원으로 사회문제 해결에 동참하고, 기부를
받는 기관은 그 자원을 기반으로 지역사회 문제를 보다 심도 있게 해결함으로써
'좋은 이웃' 혹은 '좋은 사회'를 만드는 데 기여한다. 특히 장애문제는 사회적 차

별대상으로 취약계층 중 극취약자로 국가와 관련 기관들이 장애문제 해결을 위해 힘을 모으고 있지만 사회적으로 장애계층은 빈곤과 실업, 질병으로 근본적 문제를 해결하지 못하고 있다. 이를 위해 기업이 설립한 재단이 지원하는 기부금은 투명성과 합리성에 의해 집행되고 전달되어야 한다.

공모사업은 비영리조직의 목적사업 달성을 위한 프로그램 개발로 인해 자원을 운영하는 데 효율적이며, 이용자 지원에 가장 적합한 자원으로 활용되어 각 기관마다 프로포절에 대한 관심이 높아지고 있다. 프로그램 공모사업에서 제시하는 기획을 흔히 프로포절이라 하는데, 이는 공모사업 수행을 희망하는 기관이 일정한 제안서를 작성한다. 이러한 사업을 선정하는 데는 다양한 기술을 필요로 한다. 제안서의 기술은 공모기관의 의도를 가장 정확하게 파악하고, 프로그램의 추세와 선정하고자 하는 기준을 잘 이해하는 데 있다. 수많은 비영리조직에서 프로포절을 제안하기 때문에 심사 기준은 날로 까다로워지며, 치열한 경쟁을 통해 선정된다.

프로포절 선정 기준은 프로그램의 평가방법에 달려 있다. 프로그램이 종결되었을 때 평가에서 어떤 산출물로 나타나는지 예측해야 하며, 기업의 기부금은 어떤 형태의 산출물로 나타나고, 지역사회와 이용자에 대하여 어떤 영향을 미치는지에 대해 계량화될 수 있다면 심사의 기준을 적절히 수용할 수 있을 것이다.

프로포절은 재활기관이나 종사자가 수행하고자 하는 사업의 목표와 사업내용을 일목요연하게 설명하는 제안서다. 이 제안서는 기부자의 심사과정을 염두에 두고 작성해야 하며, 다양한 아이디어가 경쟁 과정을 거쳐 우수 프로그램에 선정됨으로써 자원 획득이 가능하다. 또한 프로포절의 심사에서 가장 핵심요인은 프로그램의 시행 전과 시행 후의 달라진 평가다. 프로포절은 사회적으로 열악한 계층에 대하여 경쟁력을 높이고 서비스 질을 개선하기 위해 자원을 배분하는 데 목적이 있으며, 배분자원의 투명성을 확보하기 위해 대부분의 제공자가 기본적으로 요구하는 서류라고 할 수 있다.

재활기관 입장에서 프로포절 제출의 일차적인 목적은 사업수행에 필요한 재원을 확보하는 것으로 선정을 위해 호소력 있게 작성한다. 미국의 경우 민간 비영리조직이나 시설의 총 예산 중 30%가량이 프로포절 승인을 통해 획득하게 된다. 반면 우리나라의 경우 프로그램 공모방식이 확대되면서 많은 사회복지시설이나 재활기관이 제안서를 통해 재원을 확보하는 비율이 점차 높아지고 있으며, 자원 배분처가 제출한 기관의 제안서를 심사할 때 고려 사항으로는 지역사회문제의 심각성을 담아내며, 제안서의 참신성, 효과성, 효율성, 전문성에 기준을 두고 있다. 또한 기본적으로 사업수행 기관의 공익적 가치가 반영되어야 하고, 실현 가능성, 준비성, 기록의 신뢰성 등이 확보되어야 한다.

## 2) 제안서 작성의 실제

프로그램 개발 제안서의 경우 일정한 양식에 사업을 설명하도록 구성되어 있다. '사회복지공동모금회'가 좋은 예시다. 이 기관은 프로포절 양식을 통일해서 제안서를 받고 있으며, 제안서 내용에는 기관의 위치는 물론 제안서의 내용을 가지고 담당자와 네트워크가 가능하고, 방문이 가능하도록 약도나 제안자의 과거의 사업실적까지도 한눈에 볼 수 있도록 제시된 양식이다. 이 양식을 기반으로 삼성복지재단, 행정자치부 등 매년 정기적으로 민간단체에 기금을 배분하는 기관은 공모양식을 준비하고 있다. 이는 공모사업 심사에서 공정성과 효율성을 기하고, 자원의 낭비를 막고, 심사기준을 통일하고, 우수한 프로그램을 선정하기 위함이다.

사업제안서 양식은 기관별로 차이는 있으나 '사회복지공동모금회' 사업공모 양식 구성은 보통 ① 표지, ② 욕구분석, ③ 대상자 선정, ④ 목표설정, ⑤ 사업내용, ⑥ 예산, ⑦ 평가, ⑧ 기대효과 등으로 되어 있다. 심사자는 프로포절의 특정 내용을 분담하여 점수를 가감하기 때문에 모든 항목이 고루 잘 설명되어야 한다. 특히 예산서 작성은 선정과 밀접하여 예산을 반영하는 데 경험과 기술을 필요로 하며, 이러한 통일된 내용은 일정한 틀에 어떻게 사업을 표현하는가에 따라 프로포절 심사에 상당한 영향을 미친다. 대부분의 기관에서는 직원에게 프로포절 작성 요령에 대한 지식과 기술을 습득하기 위한 교육을 진행하고 있다.

비영리조직의 사업제안서의 경우 프로그램 내용은 사람의 변화, 환경의 변화, 인간과 환경의 변화를 목적으로 한다. 이는 사회문제를 프로그램을 통해서 해결하고자 기획되었기 때문이다. 참여 기관은 제안서 내용에 기본적으로 프로그램의 효율성, 효과성, 책무성 등을 함께 담아내야 한다.

제안사업의 분석은 간결하게 표현되어야 한다. 사업의 필요성, 사업의 논리, 평가방법, 공모사업처의 의도된 목표에 부합하도록 문장을 간결하게 표현하는 것이 관건이다. 기관은 제안사업의 필요성과 실현가능성에 대한 책임을 담보할 수 있어야 하기 때문에 사업수행 후 명확한 성과를 제시할 수 있어야 한다. 제안서의 논리적 일관성은 프로그램 작성 시 요소 간의 논리적 연결이 자연스러워야 하며, 불필요한 내용은 과감하게 삭제해야 한다.

제안서의 평가방법은 사업 수행과정을 통해 그 성과를 어떤 방식으로 측정할 것인지에 대한 구체적인 방법과 척도를 제시해야 한다. 이는 사업의 성과를 보여 줄 수 있는 확신과 책임성에 기인하기 때문이며, 또한 제안사업 공모처의 목적을 명확히 파악해야 하기 때문이다. 이에 따라 선정 심사위원이 구성되며, 사업제안서는 논문이 아니기 때문에 절제되고 간결함의 미학이 필요하다. 설명적인 문장구성보다 단문으로 심사자가 짧은 시간에 내용을 파악하도록 해야 하며, 전체 사업체계도를 간결하게 구성하여 사업을 시각적으로 이해시키는 것이 필요하다. 제안사업의 전체적 구성은 ① 사업명, ② 사업개요, ③ 사업의 필요성, ④ 사업의 대상, ⑤ 사업의 목적과 목표, ⑥ 사업내용, ⑦ 사업예산, ⑧ 평가방법, ⑨ 시행기관의 정보 순으로 작성한다.

제안사업을 작성할 때 ① 사업명은 사업의 모든 걸 함축할 수 있으면서, 상징성까지 갖춘다면 충분하다. ② 사업 개요는 어떤 문제 상황이나 욕구로부터 출발해서 누구를 대상으로 어떤 방법을 통해 어떤 변화나 효과를 가져올 것인지에 대해 기술해야 하며, ③ 사업의 필요성은 해결해야 할 지역사회문제와 그 문제를 가진 집단의 욕구를 객관화시켜 기술할 수 있어야 한다. ④ 사업의 대상으로는 해결해야 할 과제나 욕구를 가진 집단 중에서 실제 개입이 가능한 집단이어야 하고, ⑤ 사업의 목적은 사업이 왜 필요한지에 대한 해결책을 담고 있어야 되며, 목적과 목표는 상위목표와 하위목표로 구분한다. ⑥ 사업내용은 사업의 목적, 목표의 하위체계로 목적, 목표와 관련 있는 사업내용만으로 소단위로 작성한다. ⑦ 사업예산은 작성방법이 중요하며, 구체적인 세부 프로그램 내용은 돈으로 환산한 것으로서 산출근거가 시장조사에 맞게 제시되어야 한다.

'제안사업계획' 작성 사례를 살펴봤을 때, 프로포절 심사 시 일반적 고려사항으로는 프로그램 운영의 비용효과성, 지역사회 기여도, 지역사회 다양성 반영, 문제의 예방적 효과, 기록의 신빙성, 프로그램의 참신성과 혁신성, 다른 재단으로부터의 지원금 수혜, 재단과의 과거관계에서의 신뢰도, 기관의 객관적인 평판, 성향 등 직원의 자질과 전문성을 심사하게 된다. 프로포절에 포함되는 내용은 표지의 경우 기관 및 프로그램에 대한 개괄적 소개와 문제(욕구)분석, 프로그램 대상자 선정, 목적 및 목표 설정, 서비스 구성(서비스 전달 계획), 예산계획(간접비용, 직접비용, 단위비용, 자부담 등), 평가계획, 신청기관의 능력으로 과거 프로그램 수행능력, 기관의 구조(이사회, 직원, 자원봉사자 포함)를 분석한다. 예산계획으로는 프로포절 프로그램이 종료된 후 예산확보계획을 반영해야 한다.

추천서 등은 다른 전문기관, 클라이언트, 지역사회지도자 등으로부터의 추천서를 준비한다. 표지의 작성예시는 기관 현황과 신청 프로그램 현황 및 개요로 작성하며, 기관현황은 일반적으로 신청년도를 기준으로 작성한다. 기관명은 ○○복지관, ○○집, ○○단체로 기록하고, 법인형태는 비영리법인, 사단법인, 재단법인, 임의단체 등으로 부속 서류와 일치되게 작성한다. 기관 분야(예, 장애인복지, 노인복지, 종합복지 등)는 양식에 따르며, 프로그램 주제는 사회통합 프로그램, 자립강화 프로그램 등으로 구분하고, 지원금은 타 기관으로부터의 지원 여부를 기록하는데, 민간 재단이나 정부로부터 자금을 지원받은 공적 내용으로 구성된다. 기관의 연혁은 기관의 주요 사업과 중요한 역사적 사건에 대해 간략하게 기술한다. 직원 및 조직체계는 기관의 전문성을 파악할 수 있도록 자격증 소지자별로 전 직원을 분류하여 인원수를 표로 기재하고 실명으로 표기하는 것이 좋으며, 이는 전문성을 가진 기관으로 심사에서 인정되기 때문이다. 조직체계는 조직표만 제시하는 것이 아니라, 조직체계에 따른 직원 현황을 쉽게 알 수 있도록 조직표에 직원의 배치현황을 상세히 기록한다. 신청 프로그램 현황을 작성할 때는 사업 · 프로그램명은 대상, 목적, 방법 등이 나타나도록 하며, 가령 성인지적장애인의 자립기능 강화를 위한 집단 프로그램이라면 사각지대에 존재하는 사람들이나 문제를 심각하게 경험하고 있는 집단을 구체적으로 제시할 수 있어야 한다. 프로그램 요약은 전반적인 내용을 알 수 있도록 간략하게 서술한다. 프로그램의 동기(문제제기), 목적, 내용 등과 함께 성과에 대한 제시가 있어야 한다. 프로그램 실행기간은 대개 1년간의 지원을 원칙으로 하나 장기지원이나 연속지원이 필수적일 경우, 그 사유를 구체적으로 기재해야 한다. 프로그램 예산은 신청 프로그램의 총 예산, 지원금을 제외한 나머지 기관 부담금, 전체 예산 중 재단이 지원할 금액의 비율 등 특히 자부담(sharing cost)을 기록하여야 한다.

　프로그램 작성 시 욕구 분석은 프로그램을 통해 해결하고자 하는 문제와 원인을 정확히 파악해야 목적과 목표가 분명해진다. 정의된 문제는 신청 프로그램이 궁극적으로 해결하고자 하는 목적과 연관된다. 문제의 원인은 신청 프로그램이 달성해야 할 목표와 연관되기 때문에 원인을 정확히 파악할 경우 목표를 구체적으로 명시할 수 있다. 따라서 신청 프로그램에는 해결하고자 하는 표적집단의 문제 및 욕구가 반드시 정의되어야 하고, 문제의 원인이 명시되어야 한다. 이러한 문제 정의와 원인은 선행연구 혹은 경험적 근거에 의해 논리적으로 제시되어야 한다. 대부분 문제(자원부족)는 해결책(자원의 지원)을 가지고 정의된다. 이러한 접근은 기존 서비스 기술의 한도 내에서 문제를 해결하려는 경향으로 나타난다. 따라서 문제에 대한 참신한 정의를 통한 새로운 프로그램 개발을 시도할 필요가 있다. ① 문제정의는 기술적 요소와 정치적 요소를 동시에 고려해야 한다. ② 문제는 상대적으로 정의되어야 한다. ③ 문제정의는 가치중립적으로 보기보다는 가치몰입적이어야 한다. ④ 욕구 분석은 무능력·수요를 중심으로 기술한다. 욕구분석에 영향을 미치는 요소로 ① 생활수준 변화, ② 사회정치적 환경, ③ 자원과 기술을 기록한다. 욕구의 유형은 ① 규범적 욕구, ② 인지적 욕구, ③ 표출적 욕구, ④ 상대적 욕구로 표현한다.

　대상자 선정의 문제 규모를 정확하게 보여 주기 위해서는 일반집단, 위험집단, 표적집단, 클라이언트집단의 수를 명시해야 한다. 개념정의에 근거해 각 집단의 수를 산출하되 근거를 제시해야 한다. 표적집단과 클라이언트의 수가 동일하게 산출될 수 있도록 해야 하지만 기관의 여건상 표적집단 모두에게 서비스를 제공하는 것이 불가능할 경우 클라이언트의 수가 표적집단의 수보다 적게 선정되어야 한다. ① 일반집단은 대상집단이 속한 커다란 인구집단, ② 위기집단은 문제에 노출된 인구집단, ③ 표적집단은 문제에 노출된 해결대상으로 삼은 인구집단, ④ 클라이언트의 수는 신청 프로그램이 서비스 대상으로 삼는 인구수다.

**표 10-4 욕구집단 대상자 산출 구분**

| 대상 구분 | 대상자 산출 근거 | 인원수 |
|---|---|---|
| 일반집단 | 부산시 초등학생 | 100,000명 |
| 위기집단 | 초등학생 중 학교부적응 아동 | 2,000명(일반집단의 2%) |
| 표적집단 | 학교부적응 학생 중 저소득 가정 아동 | 200명(위험집단의 10%) |
| 클라이언트 집단의 수 | 표적집단 중 프로그램에 참여하기로 동의한 아동 | 20명 |

제안서의 목표(Goals)와 세부목표(Objectives) 작성은 목적의 진술(Statements of Purpose)이다. 목표와 세부목표는 목적의 진술을 위한 시작으로 단계의 부분이다. 목적의 진술은 계속적인 철학적 관점을 제공하고, 조직화 혹은 지역사회 서비스체계의 존재를 명백하게 만든다.

목표는 개입 의도의 간결한 진술을 의미한다. 목표는 지역사회조직화와 행정, 서비스 공급수준을 결정하는 기준이 된다. 세부목표 프로그램을 통해 달성하고자 하는 것으로, 프로그램이 잘 진행되면 결과적으로 그 세부목표가 달성되어야 한다. 따라서 성과에 대한 평가는 세부목표의 달성여부를 평가하는 것이다.

세부목표는 실현가능하고 구체적이며, 현실적인 언어로 표현되어야 한다. 또한 프로그램 시행 후 목표달성여부를 평가할 수 있도록 측정 가능한 언어로 표현되어야 한다. 세부목표의 유형은 성과목표와 세부목표로 구분한다. 성과목표와 세부목표는 표적집단의 질적인 생활변화를 언급한다. 질적인 생활변화는 행동변화, 지위 내에서의 변화, 기술의 증가, 자기인식의 변화, 혹은 많은 형태의 변화가될 수 있다. 세부목표는 미래의 표적대상을 위한 증진되는 진술, 그리고 보다 가치 있는 진술을 묘사해야 한다. 과정세부목표는 관리기능, 성과세부목표의 달성을 위한 과정과 진보를 모니터링하고 조절해 가는 것을 의미한다. 또한 이 목표는 다룰 수 있는 수행도구를 만드는 효과적인 도구이며, 수행방법의 사후평가를 위한 기반을 제공한다.

프로그램 구성은 프로그램 담당인력을 실명으로 기재한다. 일반적으로 프로그램 수행역할에 대해 총괄, 조정, 협조 등으로만 명시하고 있으며, 좀 더 구체적으로 프로그램을 담당하는 역할을 명시해야 한다. 또한 수행직원의 능력에 따라 프로그램의 효과가 좌우될 수 있으므로, 프로그램 수행 역할에 관련된 경력이나 훈련을 구체적으로 명시해야 한다. 할당시간의 경우, 주 단위의 전체 시간 중에서 담당자가 신청 프로그램에 투여하는 시간을 명시하여야 한다.

**표 10-5** **예) 신청사업의 담당인력 구성**

| 이 름 | 담당부서 및 직위 | 경 력 | 담당 역할 | 할당시간 |
|---|---|---|---|---|
| 박찬호 | 가톨릭대학교 교수 | 교수 10년 | 슈퍼비전 | 주당 2시간 |
| 홍길동 | 재가복지 팀장 | 사회복지5년 | 상담 및 재가복지 | 주당 10시간 |
| ⋮ | ⋮ | ⋮ | ⋮ | ⋮ |
| 정무성 | **기업 부장 | 기업 15년 | 자원봉사 | 주당 10시간 |

프로그램 구조의 개입목표별 프로그램의 내용 및 수행방법은 이론 및 경험적 기반에 의해 각 목표별 프로그램 내용을 서술하고, 기술적 기반에 근거해 수행방법을 구체적으로 기술해야 한다. 또한 이러한 프로그램 내용과 수행을 위한 수행직원의 역할과 클라이언트의 역할을 구체적으로 명시하여야 한다. ① 형태 및 구조, 즉 프로그램 내용을 시행하는 데 적합한 프로그램 형태가 무엇인지 논하는 항목으로, 프로그램이 시행되어야 할 기간, 소요시간, 간격, 그리고 프로그램의 크기, 장소 등에 대해서도 언급한다. ② 프로그램의 매개체(수행방법), 즉 제시될 프로그램에 활용되는 매개체(역할놀이, 시범, 강의, 토의, 설문지, 지침서, 시청각 기재 등)로 어떤 것이 적합한지 서술한다. ③ 수행직원의 역할 및 과업, 즉 프로그램을 위해 수행직원이 해야 하는 역할과 과업이 어떤 것이 있는지 서술한다. ④ 클라이언트의 역할 및 과업이 프로그램에 참여하는 클라이언트의 변화를 위해 스스로 어떤 노력을 기울여야 하는지, 그리고 변화를 위한 구체적인 과업은 무엇인지 서술한다.

**표 10-6** **사업 내용 및 사업추진방법 양식**

| 목 표 | 세부 목표 | 프로그램 내용 | 수행방법 | 담당자 및 역할 | Client 과업 | 비 고 |
|---|---|---|---|---|---|---|
| | | | | | | |

　　프로그램의 내용 및 실시방법은 프로그램 요소와 일정표를 중심으로 상세하게 기록한다. ① 프로그램의 기간, 간격, 소요시간, 장소 등은 프로그램의 형태와 구조를 파악할 수 있도록 기재하고, ② 프로그램 일정표는 프로그램 내용과 수행방법에서 제시된 내용을 재구성하고, 진행일정표에 따라 프로그램 매개체, 재활상담사, 클라이언트의 역할까지도 구체적으로 명시할 수 있다.

**표 10-7  추진사업의 시간계획표 양식**

| 사업 내용 | 1월 | 2월 | 3월 | 4월 | 5월 | 6월 | 7월 | 8월 | 9월 | 10월 | 11월 | 12월 |
|---|---|---|---|---|---|---|---|---|---|---|---|---|
| 프로그램 기획 | | | | | | | | | | | | |
| 클라이언트 확보 | | | | | | | | | | | | |
| | | | | | | | | | | | | |

　　예산작성은 신청 프로그램 총예산의 인건비, 관리비, 기자재 및 집기 구입비, 수용비, 사업비 등의 항목으로 나누어 각 항목의 산출근거를 구체적으로 제시한다. 직접비 경비는 신규시설, 신규인력 등 신청 프로그램을 위해 직접현금으로 새롭게 지출되는 경비이며, 간접비는 기관의 기존시설(예, 사무실, 집기 등)이나 인원(관장, 기존 스태프 등) 중 신청 프로그램에 활용될 부분이다. 기존인력 및 시설을 활용하는 경우에는 신청 프로그램에 할당되는 비율을 근거로 간접경비를 계산한다. 자금조달계획은 예산항목별 자금조달계획을 알 수 있도록 신청 프로그램의 총 예산을 신청분과 자부담분으로 나누어 항목별 산출 근거를 구체적으로 제시해야 한다. 자부담일 경우에는 기부금, 수혜자 부담금 등으로 나누어 조달방법을 기재해야 한다.

# 3. 재활 프로그램 평가

## 1) 서비스 평가과정

조직 분석방법은 기회요인과 위험요인을 기준으로 조직을 분석하는 SWOT 분석이 이용된다. SWOT 분석은 목표설정, 외부환경분석, 내부환경분석으로 이루어지며, 목표설정 방법은 법제분석, 이해관계자(stakeholder)분석으로, 외부환경분석은 정치·경제·사회·기술환경분석(PEST)으로 진단된다. 또한 조직의 내부환경분석은 벤치마킹을 활용한다.

프로그램 분석은 체계(system)모델을 활용하는데, 제안서의 체계(system)모델은 ① 투입(inputs), ② 전환(throughputs), ③ 산출(outputs), ④ 성과(outcomes)로 구성된다. 이를 나무에 비유하면 투입은 뿌리, 전환은 줄기, 산출은 열매, 성과는 열매의 질에 해당된다고 할 수 있다. 나무의 각 부분이 상호유기적으로 연계되어 있듯이 프로그램도 각 부분이 유기적으로 연결되어 있다. 투입은 대상자와 서비스 자원을 의미하고, 개입은 프로그램 기술을, 산출은 서비스의 달성, 성과는 투입한 물적·인적 자원이 전환된 단위를 객관적으로 측정하는 평가척도를 의미한다.

투입은 클라이언트, 인적자원, 물적자원, 시설, 설비 등을 포함하고, 각 요소가 정의되면 모니터링하고 평가하는 데 사용하기 위한 자료수집체계를 마련해야 한다. 프로그램의 가설과 관련하여 어떤 클라이언트가 이득을 보게 되는가, 기대되는 서비스를 제공하기 위해 어떤 수행직원이 고용될 것인가, 필요한 자원, 장비, 시설은 무엇인가를 분석한다.

전환은 서비스 개입 후의 전달과정을 나타낸다. 이 과정은 직원이 서비스 과정을 종결하거나 또는 희망한다면 클라이언트 문제를 해결할 수 있도록 하기 위해 직원과 자원을 이용하는 것이다. 개입 요소를 살펴보면 서비스 정의, 서비스 과업, 개입방법을 포함한다.

- 서비스 정의(service definition)는 제공받게 되는 서비스에 대한 한두 문장의 단순한 정의다. 이러한 기능은 클라이언트 문제와 욕구 전체를 드러낼 수 있

는 것으로 클라이언트 문제와 욕구의 특정한 면에 초점을 좁혀 나간다.

- 서비스 과업(service tasks)은 서비스의 급부에 들어가는 활동을 규정하는 것을 도우며, 서비스 과업들은 한 클라이언트에게 서비스의 연대기적인 순서를 따른다.
- 개입방법(method of intervention)은 프로그램 기획자가 서비스가 전달될 수 있는 방법을 사전에 구체화를 요구한다. 예를 들어, 상담모델은 정신치료에서 행동수정까지 이어져 있다. 프로그램의 이해와 프로그램 가설에 기반을 둔 치료방법에 있어서는 증명된 치료방법이나 서비스 전달을 구체화하는 것이 중요하며, 프로그램 기획에서 정의한 클라이언트와 문제에 적합한 서비스 종류, 서비스 내용 및 개입방법이 무엇인가 등이다.

산출은 대상자에 대한 서비스 종결로 정의된다. 서비스를 끝내는 것은 언제이며, 프로그램의 설계자에 의해 의도된 대로 그 충분한 서비스 혼합(full service mix)이 대상자에 의해 받아들여지는 것을 보증하는 데 있다. 프로그램 또는 서비스의 이행에 우선권을 주는 산출을 규정하는 것은 프로그램 평가자로 하여금 프로그램을 성취하는 사람과 낙오된 사람 사이를 구별짓는 것을 가능하게 한다. 산출은 기대하는 결과를 얻기 위한 최소의 서비스 양과 질을 결정짓는다.

성과는 비영리조직의 자원개발과 평가에 있어 중요한 이슈과제가 되고 있다. 성과는 이용자가 한 프로그램에 참여하고 종결하는 것 사이에 성취된 삶의 질 속

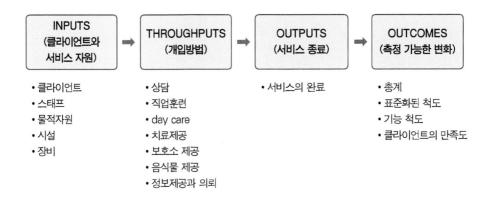

**그림 10-3** 프로그램의 전환 과정

에서 측정할 수 있는 변화로 정의된다. 기대하는 결과는 무엇인가, 프로그램의 한계상 어쩔 수 없이 얻게 되는 결과는 무엇인가를 평가하게 된다. [그림 10-3] 서비스 평가의 전환 과정을 도식화한 것이다.

## 2) 지역사회 영향력 평가

지역사회 영향력 평가(Community Impact)는 미국의 공동모금회(United Way)의 사례로 찾아볼 수 있다. 자원을 제공받은 기관이 지역의 이용자만을 변화시키는 프로그램이 아닌 지역사회 전체를 변화시킬 수 있는 사업을 발굴해 지원하고 있다. 지역사회 문제해결에 필요한 기관이 동시에 참여해 지역사회를 변화시킬 수 있도록 코디네이터한다. 제공자의 연계사업 중재를 통해 장애인의 경우 '한국장애인복지관협회'를 통해 특정 지역의 자원봉사자 활성화, 영향력 평가사업에서 지역사회 변화를 위해 필요한 사업계획 작성, 사업수행, 평가방법은 논리모델과 성과측정을 활용한다.

## 3) 프로그램 평가

### (1) 과정평가와 총량평가

프로그램 평가는 과정평가와 총괄평가를 활용한다. 과정평가는 프로그램의 원활한 진행을 위해 진행과업의 달성여부를 평가하는 것으로, 프로그램 일정표에서 설정된 진행과업으로 클라이언트 참여확보, 홍보 등의 시기별 공정표를 작성하고 수행한다. 수행시기는 각 진행과업별로 분기별, 월별 등 어느 구분이나 가능하며 또한 진행과업의 달성여부를 평가할 수 있는 평가방법을 제시해야 한다. 출석표 또는 일지를 일별, 업무일지 등을 통해 기록하고, 프로그램 진행과업의 수행 시기별 목표달성 정도를 수시로 평가하여 중간보고서에 기재해야 한다. 목표가 미달성되었을 경우 사유와 이에 대한 대처방안을 기술한다.

총괄평가는 평가지표와 측정도구, 평가방법을 사전 기획해야 한다. 평가지표의 효과성이 있다는 것은 설정된 프로그램 목표가 원만히 달성되었다는 것을 의미한다. 따라서 프로그램 시행 효과를 평가하기 위해서는 목표달성 정도를 정확히 반

**표 10-8 서비스 평가계획**

| 성과평가 | 자존감향상 | 올바른 직업관 형성 | 약물남용예방 | 건전한 여가활동 | 지각 · 결근 일수의 감소 | 서비스의 질적 향상 | 안전사고 발생률 감소 |
|---|---|---|---|---|---|---|---|
| 평가지표 | 자아인식도 자기주장 능력 | 직업 필요성 의 인식도 장래인생계획 | 약물남용에 대한 이해, 약물남용 청소년의 발견 과 전문기관의뢰 | 취미활동의 종류 | 지각 · 결근 일수 | 사용자 만 족도 | 안전사고 발 생률 |
| 측정도구 | 자존감척도 사전사후 설문 | 사전사후설문 | 사전사후설문 의뢰기록지 | 사전사후 설문 | 근무일지 | 설문지 | 전년도 안전 사고통계자료 |
| 평가방법 | 사전사후 설문의 자 존감척도를 통해 평가 | 사전사후설 문의 직업인 식항목을 통 해 평가 | 약물사용 고위 험검사와 약물 남용 인지도검 사를 통해 평가 | 사전사후설 문의 여가 활동 항목을 통해 평가 | 교육 전 · 교육 후의 근무일지를 통해 평가 | 교육이수 3개월 후 사용자에 게 설문하 여 평가 | 전년도 안전 사고율과 교 육년도의 안 전사고율 비 교평가 |

영할 수 있는 지표가 개발되어야 한다.

측정도구는 지표상의 변화를 측정하기 위해 구조화된 측정도구가 사용되어야 하며, 측정도구가 의도한 바대로 지표상의 변화를 제대로 측정할 수 있는지를 알기 위해서는 측정도구의 타당도와 신뢰도가 검증되어야 한다. 평가방법으로 프로그램 실시의 성과를 제대로 평가하기 위해서는 각 연구에 적합한 조사 설계 방법을 적용해야 한다.

### (2) 성과평가

프로그램의 성과평가는 재활 프로그램의 효율성, 질, 효과성에 대한 결과를 지속적으로 기록함으로써 관리한다. 성과평가는 서비스의 품질과 서비스의 효과성에 관점을 두며, 서비스의 효율성 또한 성과평가에 큰 영향을 미친다. 효과성 관점(Effectiveness Perspective)은 프로그램에 의해 의도된 결과나 급부가 성취되었는가에 주된 관심이 있다. 효과성 관점은 투입에 대한 성취 혹은 결과의 비율과 관련성이 있으며, 투입과 관련하여 성취 혹은 결과를 최대화하는 전략을 의미한다. 사실상 투입된 자원은 크게 고려하지 않는 사항으로, 이용자의 변화에 초점을 두고 있는 측정 방식이다.

품질에 대한 관점(Qualitiy Perspective)은 서비스의 질적인 면과 생산성에 대한 고전적인 정의를 개정한 것이다. TQM이론에 따르면 생산성은 프로그램에 높은 질을 가진 서비스가 제공될 때 증가하고, 낮은 수준의 서비스가 제공될 때 감소한다. 예컨대, 재활서비스 프로그램에서 높은 수준의 서비스는 시행착오의 감소, 과정시간의 단축, 재원의 증가, 이용자의 만족감 향상, 비용감소, 지역사회로부터의 이미지 개선 등과 같은 결과를 가져온다. 품질은 자원의 투입과 관련하여 질적인 산출물을 최대화하는 것을 추구한다.

투입에 대한 산출물 비율은 생산성을 평가하는 효율성(Efficiency Perspective)에 대한 관점이다. 제한된 투입에 있어 더 많은 산출물(Output)을 생산하는 것은 무엇인지, 동일한 목적을 달성하기 위해 더 효율적인 방법은 없는지, 얼마나 경제적으로 목적을 성취하고 있는지를 파악하는 방법이다. 인간 서비스 프로그램에 있어 제공된 서비스의 양과 프로그램을 종결하는 클라이언트의 수를 파악하고, 비교함으로써 예산분석에서 단위별로 투입물량을 분석하는 방법이다. 성과평가 분석은 수적인 계수, 기능수행척도, 표준화된 측정, 내담자 만족도를 활용한다.

- 수량집계(Numerical counts) 결과분석은 클라이언트의 프로그램 참여와 관련된 명목적 측정이다. 이는 특수한 질문에 대해 "예." 또는 "아니오." 대답을 요구한다.
- 표준화 척도(Standardized measures)는 실천가에 의해 널리 사용되며, 타당화된 객관적인 도구다. 가령 Minnesota Multiphasic Personality Inventory(MMPI)와 Stanford-Binet와 같은 표준화된 지능검사를 활용한다.
- 기능 척도(Level of functioning scales)는 특별한 집단과 문제에 친숙한 다른 전문가와 직원에 의해 발달된 도구이며, 프로그램이나 서비스를 구체화하는 것이다. 실천가는 기능의 여러 면에 관한 클라이언트를 평가한다.
- 이용자 만족도(Client satisfaction)조사는 만족은 좀 더 실제적인 것, 궁극적인 성과와 같은 것과 직접적인 관계가 있다. 이용자 만족 측정은 '매우 만족'에서 '매우 불만족'까지의 반응을 조사하는 질문 결과다.

궁극적인 성과를 결정함에 있어 앞의 네 가지 측정 기법을 활용할 수 있다. 하

표 10-9 **성과평가의 형태**

| 종 류 | 예 시 | 결과평가 요소 |
|---|---|---|
| 상태(condition) | 노숙자 ⇨ 쉼터 | 수적인 계수(Numeric counts) |
| 지위(status) | 실직자 ⇨ 취업 | |
| 행위(behavior) | 비행청소년 ⇨ 학교출석 | |
| 기능(functioning) | 일상생활 기능수준의 향상 | 기능수행척도(Level of functioning scales) |
| 태도(attitude) | 가치의 변화 | 표준화된 측정(Standardized measures) |
| 감정(feeling) | 소속감 | |
| 인지(perception) | 자존감, 만족도 | 표준화된 측정(Standardized measures) 내담자 만족도(Client satisfaction) |

지만 양적총계 또는 기능척도는 궁극적인 성과에 더 적절하다. 그러한 이유는 궁극적인 성과는 중간평가보다 더 포괄적이고 넓은 범위를 포함하고 있기 때문이다. 이는 표준화 척도나 이용자 만족도 점수보다 더 포괄적인 측정을 요구한다. 성과측정은 생활조건의 안전성, 만족한 인간관계, 고용, 교육, 문화적 측면에서 이용자의 성취감과 같은 '삶의 질'의 총체적 반영이다.

**■ 참고문헌**

김통원(1997). 프로그램개발 및 평가. 재가노인복지관 사회복지사반. 국립사회복지연수원.

김통원(2009). 사회복지 프로그램 기획과 평가. 서울: 신정.

서울시립북부장애인 종합복지관(2004). 업무 매뉴얼.

신복기, 박경일, 장중탁, 이명현(2007). 사회복지행정론. 경기: 양서원.

오세영(2009). 사회복지행정론. 서울: 신정.

이봉주, 김기덕(2009). 사회복지 프로그램 기획의 이해와 적용. 서울: 신정.

정무성(1999). 사회복지프로그램 지원 신청서 작성. 한국사회복지행정학회 1차

work-shop. 한국사회복지행정학회 교육전문위원회.

정무성(2000). 사회복지 프로그램의 기획과 관리. 서울: 나눔의집.

지은구(2006). 사회복지 프로그램 개발과 평가. 서울: 학지사.

한국장애인복지관협회(2010). 2010년도 장애인복지관 현장 연구. 2010 분과위원회
    연구보고.

# 직업재활시설 평가

# 1. 직업재활시설

## 1) 직업재활시설의 개념

직업은 현대사회에 있어 가장 중요한 형태의 개인적 활동이며, 성공적 성취수단이 된다. 직업재활은 장애를 지닌 사람이 직업을 갖도록 도와주는 개입 과정이다. ILO(International Labor Organization)는 직업재활을 '직업상담, 직업훈련, 직업평가, 직업기능훈련, 취업알선, 고용정보의 제공, 일반고용에의 취업지도, 사후지도, 보호고용' 등을 포함한 일련의 경제적 원조체계로 정의하였다.

직업재활은 '장애인이 소득이 있는 활동을 수행할 수 있는 능력을 증가시키는 것이며, 장애로 인한 고비용을 줄여 나감으로써 사회를 이롭게 함'을 의미한다. 이러한 경제적 효과와 삶의 질을 촉진시키기 위한 변화가 필요하다. 이러한 변화는 환경의 개조에서부터 신체적 재활의 범위에 이르기까지 매우 다양하다. 이는 직업재활의 결과로서 국가적 소득이 증가하고 생산성이 늘어나게 됨을 의미한다. 이러한 직업재활의 경제적 가치는 궁극적으로 국가의 비용을 줄임으로써 장애인의 경제적 가치, 사회적 비용 등을 비교하여 파악할 수 있다. 재활에 성공한 사람의 심리적·내재적 가치와 긴 생애 동안에 투입되는 경제적 가치로 환산되어야 하며, 재활서비스는 의무교육과 같이 전 국민을 대상으로 하는 것(compulsory)이 아닌 특정한 조건을 지닌 사람(entitlement program)을 대상으로 한다.

최근 노령인구 증가와 교통사고 등 장기적 서비스를 필요로 하는 중증 및 뇌손상 장애인의 수가 증가함에 따라 이들에 대한 재활은 매우 중요시되고 있다. 이처럼 증가되는 직업재활 욕구와는 달리 각 재활기관에서 실시하고 있는 프로그램은 단조로우며, 그 내용면에서도 복잡한 현대사회를 살아가는 시민의 욕구에 충분히 접근하지 못하고 있다. 그렇기 때문에 직업재활 현장 전문가는 각종 직업재활 프로그램 전달에 필요한 지식과 이론이 무장되어야 한다.

시설에서 장애인을 단순 보호하고 있는 것이 현실이다. 장애는 확실히 가난에 이르게 하거나 가구의 소득 불균형을 초래하기 때문에 재활정책도 개인적 차원(personal system)과 사회적 차원(social system)에서 함께 고려되어야 한다. 개인적 차원의 문제접근 방법은 상담·훈련과 같은 교정수단이나 자원을 직접 제공하는 형태를 가지며, 사회적 차원의 문제접근 방법은 직접적인 개입보다는 사회체계의 변화나 제도적 지원체계와 같은 간접적 지원 방식을 보여 준다.

직업재활은 고용에 있어 '직업적 장애'를 지닌 사람이 대상이 된다. 따라서 직업재활은 장애인으로 하여금 타인의 의존에서 독립적으로 살아갈 수 있도록 하고, 사회구성원으로서 경제적 자립과 긍지를 갖게 하는 것이다. 뿐만 아니라 장애인이 갖고 있는 생산적 능력을 사회가 최대한 활용함으로써 국가경제에 기여할 수 있고, 가정과 사회적 안녕을 가져올 수 있게 된다.

개인적 차원에서의 직업재활은 생산성 회복과 개발을 강조한다. 이를 통해 개인은 물론 사회적 소득이 증대되고 개인의 독립이 강화되며, 사회적 비용을 감소시키는 효과를 얻게 된다. 직업재활은 실업, 경제동향, 일자리 창출과 같은 광범위한 사회적 이슈와 정책을 다루는 동시에 개인과 관련된 고용 장벽의 개선과 치유에 초점을 두기 때문에 대부분의 다른 고용 프로그램과는 구분이 된다(Bellamy et al., 1979).

## 2) 직업재활시설의 역할과 기능

미국은 중증장애인의 일터를 '보호작업장' 대신 '직업재활시설'이라는 용어를 1968년에 개정된 「직업재활법」에서 처음 사용하였다. 이는 직업재활시설에서 직업 서비스 혹은 고용, 평가, 직업적응 서비스를 장애인에게 제공하는 데 일차적인 목적을 둔 시설(an operation)로 정의된다(권도용, 이달엽, 1997).

직업재활시설의 기능은 ① 의료적·심리적·사회적·직업적 서비스를 포괄하는 종합 재활서비스 제공, ② 보장구의 사용을 위한 검사와 조정, 훈련서비스 제공, ③ 오락·치료 혹은 직업적 서비스 제공, ④ 신체적 및 직업적 치료서비스 제공, ⑤ 언어 및 청력 훈련서비스, ⑥ 심리적 및 사회적 서비스, ⑦ 평가서비스, ⑧ 개인적 및 직업적 적응훈련, ⑨ 기타 재활서비스와 조화된 직업훈련, ⑩ 특수 장애의 평가 및 관리 등이 있다.

직업재활시설은 ① 정부 프로그램의 철학적 선택이며, ② 직업재활시설의 발전은 직업재활행정가 사이에 일련의 정책적 관계가 깊으며, ③ 보호작업장은 공공기금에 의존하는 민간서비스 제공자로서 공공부문과 민간부문 사이의 주요한 정책적 역할을 수행한다. 다음과 같이 직업재활시설의 사회적 기여가 구체적으로 증명된다(Weiss, 1986). ① 중증장애인의 장기 시설수용에 대한 하나의 대안, ② 경쟁고용에 필요한 기술과 작업인내력을 개발할 수 있는 기회, ③ 정신장애인도 지지적 작업환경 아래에서의 적절한 훈련기회가 제공된다면 생산적이라는 것을 산업계, 정부, 대중에게 증명하였다.

Zaetz(1971)는 직업재활시설의 목적을 네 가지로 제시하였다. ① 실제 작업 조건을 모방한 상황에서 구체적 직업경험을 함으로써 직업에서 요구되는 특별한 손 기능이나 사회적 기능 습득, ② 안전한 장소 제공으로 가능한 직업조건을 모방하면서 내담자는 해고나 기타 직업상의 불안이나 위험을 느끼지 않고 자신에게 가장 적절한 행동을 취하고, 다양한 직업적 시도, ③ 치료서비스 제공은 직업적 요구조건을 적절히 수정할 수 있고, 적절한 조정으로 성격, 생활상의 변화 시도, ④ 집단장면의 제공은 체계적인 지도감독 아래 장애인이 집단으로 일하고 자신의 성취수준을 다른 사람의 수준과 비교 가능하도록 하였다.

직업재활시설에서 다루는 문제영역은 ① 문제식별력 결함, ② 감각운동 결함, ③ 느린 신체동작, ④ 부적절한 문제행동, ⑤ 사회적 행동과 같은 행동이 노동의 질에 영향을 미치게 된다. 직업재활시설이 지니는 공통적 요소는 다음과 같다 (Caniff, Mathis, Pomp, & Ellwood, 1964). ① 장애를 지닌 개인에 대해 직업적응, 직업훈련, 고용 기회 제공, ② 시설활동의 한계와 책임을 명확히 하는 구조 확립, ③ 직업재활시설에서 성취하고자 하는 서비스 유형이 장애인의 직업적 욕구 만족에 기여, ④ 시설에서 일하는 전문영역의 사람들은 필요한 자격을 갖추어야 할 뿐만 아니라 재활과정에 내담자가 능동적으로 참여할 수 있도록 하는역동적 역할, ⑤ 내담자가 직업재활에 관련된 다양한 전문영역과 내용의 기록유지 수록, ⑥ 내담자의 전반적 욕구와 관련된 계획된 물리적 환경을 제공하다.

오늘날 중증장애인에 대한 직업재활시설은 각 나라마다 시설의 내용에는 차이가 있으나 보통 보호작업장, 작업활동센터, 직업훈련시설 등으로 시설을 구분하고 있다. 우리나라는 보호작업장과 근로사업장으로 구분하고 있다.

### (1) 보호작업장

보호작업장(sheltered workshops)은 장애인의 직업재활에 중요한 프로그램을 제공하는 곳이다. 보호작업장은 소득이 있는 활동에 종사할 수 있는 중증장애인의 능력을 향상시키기 위한 개별화된 목적을 설정하고, 통제된 직업 환경에서 체계적인 직업 프로그램을 제공하는 시설이다.

재활의 궁극적 목표 또한 장애인이 경제적 및 산업적 활동에 완전한 통합을 이루도록 하는 것이다. 1949년에 설립된 전국보호작업장위원회(National committee on sheltered Workshops and Homebound)는 논란 끝에 1968년에 보호작업장의 정의를 채택하였다(Nelson, 1971). 근로자로서 장애인 능력개발을 위한 통제된 환경에서 다양한 서비스를 제공하는 보호기능을 강조하고 있으며, 이와 함께 미국의 「공정노동기준법(Fair Labor Standards Act: FLSA)」은 보호작업장을 직업인내성을 점진적으로 습득할 수 있는 비경쟁 고용환경이 필요한 중증장애인에게 제공하며, 일반적으로 산업상의 직업에 필요한 훈련의 제공으로 규정한다(Weiss, 1986).

미국의 「직업재활법」(1968)은 그동안 '보호작업장'이라는 용어와 정의를 삭제하고 '직업재활시설'이라는 표현을 사용하도록 개정하였다. 재활시설은 매우 광범위한 개념으로 ① 경영 · 의료 · 심리 · 사회 · 직업 서비스를 포함하는 포괄적인 재활서비스, ② 보조기구와 보장구 사용에 관한 검사, 훈련, ③ 착용 직업 전 훈련(pre-vocational training)이나 레크리에이션 치료, ④ 물리치료와 작업치료, ⑤ 언어와 청력훈련, ⑥ 심리적 서비스와 사회적 서비스, ⑦ 평가, ⑧ 개인적응과 직업적응, ⑨ 재활서비스를 수반한 직업훈련, ⑩ 특수한 장애의 평가와 통제, ⑪ 노동시장에 흡수되기 어려운 중증 장애를 지닌 사람들에 대한 확장된 고용서비스를 제공하는 곳이다. 미국에서는 보호작업장의 4분의 3이 비영리민간기구에 의해 운영되고, 대부분 연방, 주, 지역 정부로부터 재정적 지원을 받고 있지만 최소의 정부보조금만을 지원받고 운영되는 '보호작업장'도 있다.

### (2) 작업활동센터

작업활동센터(Work activity center: WAC)는 신체적 · 정신적 장애가 심하여 일관된 생산성을 기대할 수 없는 장애를 지닌 사람들에게 치료적 활동을 전적으로 제공하기 위해 고안된 장소다. 작업활동센터 프로그램은 직업 내 인력이나 기

술 개발이 불가능할 정도로 장애가 심한 지적장애인이나 정신장애인 등 내담자의
욕구를 다루는 프로그램으로, 미국의 경우 이러한 시설프로그램은 주로 정신질
환 프로그램 예산, 공동모금회, 자선기구, 그리고 가족의 기금으로부터 충당된다.
「공정노동기준법(Federal Fair Labor Standards: FLSA)」 제14조는 작업활동센터의
개념을 '작업장은 이윤이 목적이 아니라 장애를 지닌 근로자의 재활 프로그램을
수행하기 위한 목적으로 또는 그들에게 교육적이거나 치료적인 기타 직업적 재활
활동과 보상적인 고용을 제공하기 위한 자선적 기구 혹은 시설'로 규정하고 있다
(Wright, 1980).

'직업활동센터'의 주된 이슈는 내담자에게 치료적이고 방어적인 환경에 머무
르도록 하느냐 아니면 지역사회의 고용장면으로 이동을 촉진시켜야 하느냐다
(Whitehead, 1979). 내담자 부모의 걱정은 직업활동센터에서 제공되는 지원서비
스 중단이나 의료부조와 사회복지수당, 즉 SSI와 SSDI의 상실 등에 초점이 모아
져 있다.

'직업활동센터'는 개별내담자가 받는 훈련에 따라 최대한의 능력을 개발시킬
수 있는 확장된 보호작업장 프로그램 형태로, 장애 정도가 심해 정규 보호작업장
프로그램의 서비스를 제공받기가 어려운 장애인에게 직업재활서비스를 제공하기
위해 1966년에 「공정노동기준법(FLSA)」의 개정을 통해 만들어졌다. 또한 1968년
미국의 법규에는 평균 생산성과 관련하여 작업활동센터의 생산성에 기초한 연간
평균임금이 600달러 미만이거나 혹은 주간 40시간 근로하였을 때 연간 850달러
의 임금에 미치지 못하는 장애인이 근로하는 작업장 혹은 물리적으로 분리된 공
간이다.

'직업활동센터'의 내담자는 직업기능과 생산성이 상당히 제한되어 있기 때문
에 직업훈련의 초점이 내담자의 생산성과 상위수준의 직업기능과 관련하여 자발
적인 직업기능을 높이는 동시에 보다 효과적으로 개인적·사회적 기능을 개발하
기 위한 서비스와 경험을 쌓게 된다. 생산성을 기대할 수 없는 내담자는 식사, 배
변, 착·탈의, 사회적 행동과 같은 일상생활기능(activities of daily living: ADL)
훈련에 따른 기술로 자신감을 증진시키게 된다. 이러한 의미의 작업장은 경쟁고
용을 성취할 수 없는 장애인에게 보호고용(sheltered employment)을 보장하기 위
한 것이며, 그들의 기능 수준에 따라 보호적인 환경 속에서 일의 기회가 제공된다

(Wright, 1980).

'직업활동센터'는 장애를 지닌 근로자를 재활시키기 위한 프로그램으로 장애를 지닌 근로자에게 교육 및 치료적 본질의 고용 및 기타 직업재활 활동을 제공하는 것에 초점을 두고 있다. 이에 '직업활동센터'는 중증장애인의 신체기능 개선과 정보제공, 의료재활서비스 및 회복과 같은 장애조건의 개선에 기여하는 여러 가지 활동과 프로그램을 제공한다. 이 시설에서 제공하는 작업적응 프로그램은 누진적이며 내담자 욕구를 충족시키기 위해 수정된 활동이다. '직업활동센터'의 내담자는 비장애근로자 생산성의 0~40% 범위에 있는 일정하지 않은 제한된 생산성(inconsequential)을 지니고 있기 때문에 복잡한 문제를 야기하고, 이는 공장, 생산물, 직무배열, 기계 및 장비와 같은 기술적 요인과 피고용자의 직무성취 수준, 능력, 동기, 욕구와 같은 인간적 요인과 관련된다.

### (3) 직업훈련시설

장애인에 대한 직업훈련(vocational training)은 크게 직업기능(skills) 훈련영역과 직업 관련 태도(attitudes) 훈련영역으로 나누어 생각할 수 있다. 특히 중증장애인에 대한 훈련은 특별한 산업, 서비스 직종 혹은 제조공정에 대해 경험적 준비로써 정의된다.

직업기능훈련은 특정한 직업에 요구되는 구체적 기능을 습득할 수 있도록 하는 것이며, 직업 관련 태도훈련은 직업적응, 직업준비, 직업 전 훈련 요소 등을 모두 포함한다. 직업훈련에 있어서 단순한 직업적 기능의 습득만으로는 직업재활에 성공을 거둘 수 없으며, 직업인으로서 갖추어야 할 직업행동, 작업미숙에 필요한 능력, 작업태도, 습관, 작업에 대한 이해력, 성공적으로 일을 수행할 수 있는 능력의 배양과 전인격적인 훈련이 필요하다. 따라서 장애인의 직업훈련은 직업훈련(vocational training)과 직업적응훈련(work adjustment training)이 모두 포함된다. 직업적응훈련(work adjustment training)이란 장애인이 고용되고, 그 고용상태를 안정적으로 유지할 수 있도록 작업상황에서의 수행능력을 최대한 향상 또는 개발시키기 위한 서비스를 지칭한다.

특수화된 산업훈련은 소규모의 산업지향적 작업장에서 이루어지는 중증지적장애인 내담자는 위해 제공되는 직업훈련의 형태다. 보통 15인 이하의 장애인근로자가 참여하는 이 훈련은 지역사회 내에서 이루어지며, 복잡한 조립형태의 작업이나 계약생산품을 생산하는 과정을 다룬다. 여기에는 행동수정기술과 사업수완이 뛰어난 전문 인력이 참여하며, 고용에 직접 초점을 두는 지역사회 훈련 프로그램이 강조된다(Wehman, Wood, Everson, Goodwyn, & Conley, 1988).

직업적응훈련영역에서 다루는 구체적 내용은 ① 일상생활기능으로는 금전관리, 가사, 자기욕구 충족 및 관리, 가족책임수행, 음식가공과 조리, 의복의 구입과 관리, 오락과 여가선용, 지역사회 이동이고, ② 개인 · 사회적 기능은 자아인식, 자신감 획득, 사회적 책임수행, 인간관계 유지, 독립심 배양, 문제해결능력 배양, 타인과의 의사소통이며, ③ 직업준비는 직업적성의 인식과 탐색, 직업선택과 직업준비, 작업습관과 행동형성, 구직활동과 직업유지다.

장애인직업훈련정책은 1943년의 「Barden-LaFollette Amindments」(113공법), 1954년의 개정 「직업재활법」(565공법), 1963년의 「Kennedy 입법」(88-156, 164공법)의 세 법률을 통해 지적장애인에 대한 종합적인 직업훈련에 관심을 불러일으켰다. 영국의 던칸(John Duncan)이 초기에 장애인의 직업준비를 위한 체계적인 훈련 프로그램을 개발한 이후 미국에서 1952년에 '지적장애시민전국연합(National Association for Retarded Citizens: NARC)'이 결성된 후, 장애인이 노동력에 포함되도록 하는 체계적인 노력이 시작되었다. 던칸은 지역사회에 존재하는 다양한 직업이 요구하는 구체적 지적 수준을 분석한 이후 세분화된 단계적 과제를 훈련시키기 위해 노력하였으며, 뒤이어 1940년대 초에 직업교육(Occupational Education)이라는 학술지의 발간을 통해 유명해진 뉴욕 시의 지적장애아동국의 국장이었던 헝거포드(Richard Hungerford)는 지적장애 청소년이 수행할 수 있는 편직, 서비스직업, 전구산업, 그리고 다양한 미숙련 혹은 반숙련 직업에 대해 단계적(step-by-step) 훈련방식을 훈련교사에게 제안하여, 이후 1970년대까지 경증 지적장애인에 대한 직업훈련이 강조되었다. 훈련교사는 직업기술과 독립생활기술뿐만 아니라 학업기능을 동시에 훈련하였으며, 직업배치와 사후지도 감독까지 겸하게 되었다.

「직업교육법(Vocational Education Act)」(1963)의 제정을 통해 장애인도 장애를 지니지 않은 동료와 똑같은 전향적인 직업교육을 받도록 조치하였지만, 정부예산은 불행하게도 지원되지 않았다. 1968년의 개정법을 통해서는 정부 직업교육예산의 10%를 장애를 지닌 청년을 위해 할당하도록 조치하였다. 특히 1975년의 모든 「장애아동법(The Education for All handicapped Children)」은 주정부 예산을 적절히 배려하였다.

보호작업장에 고용되어 있는 사람들이 경쟁고용으로 나아가는 기회는 그들의 훈련기간이 늘어남에 따라 감소되고 있음을 나타내며, 보호작업장이 경쟁고용에 의해 중·경증 장애인에게 충분한 훈련을 제공하지 못하였음을 보여 주고 있다. 경쟁고용을 위해 장애인에게 제공하는 효과적인 훈련에 대한 가능성은 의문점으로 남는다고 할 수 있다.

1990년에 개정된 「미국장애인교육법(Individuals with Disabilities Education Act: IDEA)」에서는 학생 개개인의 욕구나 선호도, 취미에 따라 전환교육계획이 수립되어야 하며, 관련 기관 간의 협력, 지역사회 내의 다양한 경험, 고용개발계획과 졸업 후의 삶의 목표, 필요에 따라 일상생활기능과 직업기능평가 등이 강조되고 있다.

졸업 후 취업을 촉진시키기 위한 연구 주제를 다루는 미국의 언어장애인학생의 실태에 관한 조사 결과에서는 21%의 학생이 직업훈련을 받지 못하였음을 증명하였다(Allen, Rawlings, & Schildroth, 1989). 또한 약 79%의 학생은 몇몇 직업훈련을 받고 있고, 많은 경우 학교 밖의 기관이 아닌 학교 안에서 교과과정의 일부분으로 훈련을 받고 있다. 학교 밖에서 직업훈련을 받는 학생의 2분의 1 정도는 주립 재활기관을 통해 직접적으로 훈련을 받고 있으며, 상담사가 현직 훈련 중(OJT)으로 분류한 고용활동에 종사하는 학생은 11%이며, Job Training Partnership Act(JTPA)와 같은 다른 프로그램을 통해 훈련을 받은 학생과 사설 훈련기관을 통해 훈련을 받은 학생 그리고 재활센터와 학교 밖의 다른 교육기관에서 훈련을 받은 학생의 비율은 상대적으로 낮은 비율을 차지한다.

## 3) 직업준비

직업준비는 삶 자체를 위한 준비에 지나지 않는다. 많은 사람은 직업을 가지기 위해 교육을 받으며, 인간이 제공하는 노동의 가치는 저장될 수 없다. 이러한 측면에서 개인의 재활에 대한 노력은 숭고하게 간주되어야 하며, 재활의 가치는 교육에 내재하는 가치와 동일하다. 정신장애 혹은 모든 장애영역의 재활과정은 교육 이상의 헌신과 노력을 요구한다.

미국의 행정가인 Switzer는 역사적으로 장애인에 대한 긍정적인 공중의 태도를 다음과 같은 세 가지 단계, 즉 ① 행동이 결여된 애정을 보이는 단계, ② 경제적 동기에서 행동을 취하려는 단계, ③ 사회적 동기에서 행동을 취하려는 단계로 구분지었다. McGowan과 Porter(1967)는 1960년대에 경제적 동기에서 사회적 동기로 태도가 이동하고 있다고 보았으며, 1980년대에는 선택과 독립에 대한 자유와 권리라는 인권의 토대로 장애문제를 다루었다.

선진국은 지역사회 속 소규모(small scale) 재활시설의 설립을 정부의 이니셔티브로 하고 있다. 이것은 장애를 지닌 시민도 최적의 주거, 대인관계, 신체적 · 정신적 보건 등 장애를 지니지 않은 시민과 똑같은 기본 욕구를 지닌다는 전제에 기초하고 있으며, 국내 장애인의 직업재활에 필요한 사회적 인프라와 예산을 획기적으로 늘려야 함을 주장한다. 질 좋은 의무교육이 국민 모두의 권리이듯 장애인의 직업재활도 시민의 정당한 권리로 받아들여져야 한다.

## 2. 직업재활시설 유형

### 1) 시설의 분류

1970년대 미국의 장애인직업재활시설은 '작업활동센터'가 가장 우월하며, 그 다음으로 '보호작업장'과 '평가 및 훈련센터'다. 그린라이 회사(Greenleigh Associates)는 민간 자문회사로 1974년 재활에 있어서 작업장(workshop)의 역할에 대한 평가를 위해 미국 보건, 교육 및 복지부(Department of Health, Education, and Welfare: HEW)와 조사계약을 체결하였다.

그린라이 회사는 미국의 장애인직업재활시설을 다음과 같이 분류하도록 권장하였다(1976). ① 정규 보호작업장은 최저임금의 2분의 1 이상을 제공하는 작업장, ② 개인 보호작업장은 정규 보호작업장의 최저임금보다는 적지만 최저임금의 4분의 1 이상을 제공하는 작업장, ③ 작업활동센터는 중증장애로 인해 생산에 대한 잠재력이 불규칙(inconsequential)하여 최저임금에 대한 보장이 없으나 어떠한 객관적인 자격기준을 충족하는 작업장, ④ 평가 및 훈련작업장은 최저임금에 대한 보장이 없으나 정부나 관련 기준을 충족하는 작업장이다. 그러나 대부분의 직업재활시설에서는 특별한 직업적 기술을 훈련시키기보다는 직업에 대한 태도와 직업습관을 향상시키는 데 훈련의 초점을 뒀으며, 이러한 이유는 많은 고용주가 신뢰할 만한 장애인이 있다면 기꺼이 직업훈련을 실시하기를 원하기 때문이다.

1970년대 미국의 학자들은 전국의 5,500개 보호작업장과 2,000개의 직업활동센터의 보호고용 프로그램 중 상당수가 지원고용 프로그램으로 전환되어야 한다고 주장했으며, 이때 지적장애인 수용시설에서 행해지는 장애인에 대한 학대(abuses)로 인해 많은 전문가와 대중의 걱정 어린 시선과 함께 인도적 서비스를 제공함에 있어서 역할을 축소하도록 탈시설화를 명령하는 입법과 법률적 명령을 제정하였다. 미국에 있어서 직업활동센터와 정규 보호작업장의 차이는 매우 심한데, 예를 들어 1973년 작업활동센터 내담자의 연간 평균임금은 487달러에 지나지 않는 것으로 정규 보호작업장 내담자의 연간 평균임금 3,992달러의 15%에도 미치지 못하였다. 보다 생산성이 낮은 내담자 수의 급증에 따른 현상은 1970년대에 이미 정규 보호작업장의 내담자 성장률은 계속 줄어든 반면, 작업활동센터의 성장률은 증가된 점에서 나타났다. 작업활동센터는 정규 보호작업장에서 기능할 수 없는 중증장애인에게 그들의 직업적 잠재력을 최대한 개발할 수 있는 기회를 제공한다.

## 2) 성격에 따른 분류

직업재활시설을 운영주체의 목적과 성격에 따른 분류로 직업재활시설, 고용주로서의 직업재활시설, 훈련, 교육기관으로서의 직업재활시설을 고려해 볼 수 있다. 구체적으로 보면, 결핵환자를 위한 작업장, 이스트썰 작업장, 정신장애인과 간질장애인작업장, 시각장애인보호작업장, 구세군작업장, 굿윌코리아작업장 등의 직업재활시설이 있다.

직업재활시설은 서비스 대상자의 사회적 퇴보를 예방하고, 사회문제의 발생예방과 완화 같은 사회복지의 목표를 달성하는 것이다. 직업재활시설 사업은 공공

성이 높고 서비스 대상자의 인권에 중대한 영향을 미치기 때문에 국가, 지방자치
단체, 그리고 사회복지법인과 같은 공공단체 등에 한해 설치, 경영할 수 있도록
되어 있어 공공재 혹은 준공공재의 성격을 지닌다. 또한 가족, 개인, 사회적 영역
에서 박탈당한 사람들을 위해 정신건강, 가족과 지역사회복지, 사회적 안정의 회
복, 약물남용과 비행을 교정할 목적으로 안전하고 사회적인 접촉이 가능한 보호
장소를 제공하는 기능을 수행한다. 직업재활시설이 장애인에게 장기고용의 장소
를 제공하기 위해 이윤추구 활동을 활발히 전개하며, 이러한 의미에서 장애인생
산품판매시설은 생산자와 소비자의 중간 매체로서 기능하며, 제품이나 서비스에
대한 수요를 증가시키는 데 기여한다.

사회고용체계로서의 직업재활시설은 비경쟁적인 환경에서의 안전한 고용을 제
공한다는 점에서 중요하며, 사회고용체계로서의 성공은 다양한 유형의 직업을 제
공하고 역할을 수행하는 데 있다. 고용주로서의 직업재활시설은 생산성이 충분하
지 못한 장애인들의 고용을 통해 최대한 이익을 남기고 그것을 배분하는 데 의의
를 둔다. 따라서 이러한 직업재활시설은 대상자에게 생산성과 상응하는 정도의
임금제공 기회를 보장한다. 훈련기관으로서의 직업재활시설은 장애인에게 발달
의 기회와 직업탐색의 기회를 제공하는 장소다. 직업세계에 대한 이해, 진로탐색,
자기이해와 평가를 통해서 고용을 준비하는 자기개발의 장이라고 볼 수 있다. 자
기이해와 평가를 위해서는 직업평가 활동이 매우 중요하며, 고용과 직업에 대한
이해와 평가를 위해서는 직무분석과 직업탐색이 중요하게 다루어진다. 이러한 시
설은 사회적 본질을 지니는 이차적 이익을 함께 제공하게 된다.

## 3) 시설기능에 따른 분류

### (1) 근로시설

근로시설은 일반적으로 생산적 활동에 종사하며, 평가와 훈련(conditioning)이
직업재활서비스의 기초부분으로 사용된다. 직업배치를 강조하는 시설의 경우 고
용서비스와 전이적 형태의 직업재활 프로그램이 다루어지며, 영구적 고용장소로
서의 시설은 생산성 향상과 품질관리, 안정된 임금의 제공을 위해 노력하게 된다.
1970년대 미국에서는 두 가지 형태의 시설로 전이작업장(the transitional work-

shop)과 보호작업장(sheltered workshop)을 들 수 있다. 이 중 '전이작업장'이 우리나라의 '근로시설' 형태로, 경쟁고용에 있어서 재고용의 목적을 둔 직업적 재적응과 전이고용에 강조를 두고 있으며, '보호작업장'은 경쟁고용에 쉽게 참여하기 어려운 내담자들의 궁극적 고용에 강조를 둔다. 그러나 많은 보호작업장이 이 두 가지 형태를 결합한 방식으로 운영되고 있다(Wright, 1980).

또 다른 근로시설의 유형은 1950년 '전국보호작업장 및 재활 프로그램 연합회' (The National Association of Sheltered Workshop and Homebound Programs Inc.) 에 의해 분류된 세 가지 형태로 '산업재활작업장'이 있다. 이 작업장은 직업적 기능은 우수하지만 여러 가지 이유로 인해 경쟁노동시장에 흡수되지 않은 장애인과 노인을 대상으로 하여 상담 등을 통해 치료적 고용과 사회적 · 개인적 적응에 필요한 서비스를 제공하는 시설이다. 내담자의 특성을 고려하고 고용을 최종 목표로 하여 외부고용으로의 전이를 촉진시키는 노력을 집중하는 산업재활작업장 (industrial rehabilitation workshop)은 우리나라의 '근로시설' 형태와 흡사하다.

### (2) 평가와 훈련시설

평가와 훈련시설은 사회적 기술 훈련과 직업활동에 강조를 두고 임금은 지급되지 않으며, 장애유형에 관계없이 모든 장애인이 그 대상이 된다. 시설의 주된 기능 중의 하나가 고용 잠재력에 대한 평가이며, 다양한 작업표본, 작업대의 활용, 기관 행정직무의 이용 등을 통해 시설목표를 달성하게 되며, 때때로 활동을 촉진시키기 위한 임금이 제공되기도 한다(Nelson, 1971).

직업평가는 직업발달에 있어서 내담자를 사정하기 위한 목적으로 직업적 탐구와 평가에 초점을 둔 모의 혹은 실제의 일과 다양한 평가매체를 체계적으로 사용하는 과정으로 평가에서 얻은 내담자 및 그 주변 정보는 내담자와 상담사 모두가 재활에 필요한 서비스의 효과적 선택, 훈련, 보조적 재활기술, 교육 프로그램의 선정, 그리고 궁극적으로 재활계획을 수립하도록 지원한다(이달엽, 1995; Wesolek & McFarlane, 1991). 평가를 토대로 한 내담자에 대한 자원은 내담자의 욕구를 분류하고 이용 가능한 자원방법을 찾는 것이며, 이러한 장애인의 재활과정에 있어서 정보수집의 중요성은 다수의 미국 재활 관련 입법이 평가서비스를 보장하기 위한 공공기금을 할당하도록 조치한 것을 보아도 알 수 있다. 직업평가의 목적은

① 직업배치는 직업흥미, 직업적성, 학습능력에 맞도록 하고, ② 즉각적 선별배치는 특정한 산업, 직업에서 요구하는 기능을 가졌는지와 일하는 속도와 질, 그리고 정보의 수준에 달려 있는지, ③ 재활계획수립, 재활 프로그램 조정, 장애극복 수단이나 기능개선 수단의 탐색여부다.

1965년 미국의 「직업재활법」은 직업재활의 가능성을 효과적으로 결정할 수 없는 장애인을 위해 주정부 재활기관의 확대평가(extended evaluation)를 의뢰하도록 규정하였다(Nosek, 1987). 1973년 「재활법」은 정도가 매우 심한 장애인의 재활잠재력 평가와 관련된 다양한 서비스를 위해 주정부 직업재활 기관에게 일정의 예산을 지원하도록 조치하였다(Perlman & Kirk, 1991).

직업평가는 재활서비스의 불가결한 부분이며, 근로자의 체재 기간 동안에는 지속적이다. 평가는 심리적 · 사회적 특성, 신체 능력에 관한 사정(assessment)을 포함하며 검사지, 직업 예비검사(tryout), 직원 면접과 같은 다른 적절한 수단이 필요할 때 사용된다. 이처럼 직업평가는 장애인의 재활서비스에 있어 가장 우선적인 과정이며, 장애인의 성공적인 재활을 돕기 위한 재활서비스의 핵심이 된다.

### (3) 보호작업장

보호작업장(sheltered workshops)은 흔히 소규모 공장형태로 운영되지만 전문적 훈련을 받은 상담사가 감독으로서 기능을 수행하게 되며, 종종 간접 운영경비와 납세문제, 생산투자와 회계비용, 그리고 피고용인 기록유지 등을 피하기 위해 하청작업이 이루어진다. 또한 보호작업장의 기능은 ① 경쟁고용을 획득하기가 어려운 중증장애인의 주요한 산업훈련 센터 기능, ② 내담자를 훈련하는 동시에 지역사회에 머무르도록 하는 기능, ③ 중증장애인이 사회 속에서 직업적 신분을 획득하고 독립을 획득할 수 있는 수단을 제공한다. 또한 보호작업장은 재정적 자원의 확보와 기금모금 및 다양한 형태의 일자리를 개발하고 유지하려는 노력이 중요하며, 간접비용과 임금의 제공을 위해서 합리적 재정 상태를 유지해야 한다.

다양한 형태의 직업을 개발하기 위해서는 종종 많은 비용이나 직업적 기술의 훈련에 대한 여러 가지 요건을 필요로 하게 되며, 보호작업장에서 복잡한 일을 수행하기를 꺼리게 하는 요인이 된다. Albert Feintuch에 의해 1951년에 분류된 보호작업장은 모두 여섯 가지 형태로 나타낼 수 있다(Nelson, 1971).

- 신체적 조건이나 직업 내 인력의 강화를 위해 산업상의 직업경험을 제공하고 임금을 지급하는 물리치료작업장(industrial workshop, physical therapy)
- 내담자에 의해 판매되거나 소유되는 물건을 생산하는 비산업상의 작업장으로 기타 조건은 산업적 작업장과 동일
- 경쟁고용상태로 근무할 수 없는 장애인에게 부업활동이나 집단 활동을 제공하는 작업치료작업장으로, 중요한 가치는 내담자의 심리적 획득에 두며, 다수의 내담자가 생산적 활동을 위해 작업장 수료
- 사회재활 치료작업장은 책임감의 증진, 직업습관의 함양을 통해 비행이나 알코올문제를 지닌 내담자의 기능회복에 목적
- 장애인내담자가 노동시장에 진입할 수 있도록 필요한 직업훈련기회를 제공하는 직업훈련 보호작업장
- 연령의 증가, 신체적·정신적 장애가 일반 고용현장에서 일할 정도로 적합하지 않은 사람들에게 고용 기회를 제공하는 근로작업장(terminal employment workshop)

보호작업장의 분류체계를 종합하면 보호작업장은 대략 다음과 같은 여덟 가지 준거에 따라 이루어진다(Nelson, 1971). ① 일반 기능과 역할, ② 운영주체, ③ 장단기 서비스 기간, ④ 내담자 장애유형, ⑤ 내담자 연령, ⑥ 작업의 성격, ⑦ 서비스 유형, ⑧ 작업장 목적인 영구 혹은 전이시설이다. 보호작업장의 분류내용을 종합해 보면 보호작업장의 분류체계는 ① 보호작업장의 목적과 서비스, ② 보호작업장 내담자의 장애유형, ③ 보호작업장의 서비스 제공 기간이다.

직업준비성, 직업적응력, 그리고 직업기술개발은 보호작업장에서 내담자의 직업준비에 초점을 둔 프로그램에서 다루어져야 할 내용이다. 보호작업장에서 내담자의 고용을 준비시키기 위해서는 ① 직업준비성(work readiness)의 개발, ② 직업적응력의 개발, 그리고 직업기술의 개발이라는 준비 측면과 정신적 건강상태의 회복과 신체기능 회복, ③ 정신적 와해상태의 예방이라는 장애보건의 개선 측면과 관련된 재활서비스 제공 측면으로 세 가지 모두 중요하다고 볼 수 있다.

- 직업준비성은 신체기능의 회복, 동기부여, 생산성의 증진, 성취감의 촉진,

작업집중력과 내인력의 향상, 자기 확신감, 정서적 고무, 직업경험을 통해 성취수준을 높이게 된다.

- 직업적응력은 생산성은 평균 이상이지만 행동문제나 특이한 작업행동 등으로 인해 고용이 어려운 사람들을 대상으로 직업경험과 상담사에 의한 격려 이상의 노력을 기울인다. 구체적인 분석과 치료방법을 통해 내담자의 특이한 행동이나 문제를 고용이 가능할 정도의 수준까지 감소시키고, 수용될 수 없는 직업행동들에 대해 재교육, 상담, 행동수정을 통해 고용이 가능할 때까지 개선시킨다.
- 직업기술재발은 보호작업장의 자원과 내담자의 흥미 및 능력에 기초하여 구체적인 기술 훈련을 실시하게 된다. 종종 현직훈련(on the job training: OJT) 형태나 단기 도제식 훈련이 이루어지고 지역사회에 유용한 직업을 중심으로 공식적 직업훈련기회가 제공된다. 많은 내담자는 직업훈련과 더불어 의료적·사회심리적 재활서비스가 필요하게 되며, 훈련 속도는 프로그램에 의해 결정되는 것이 아니라 내담자의 특수한 욕구에 맞추어 조정이 이루어진다. 따라서 보호작업장의 기술훈련은 공식적 훈련기관보다 신축성이 있으며, 간혹 소득이 수반되는 형태로 나타나기도 한다.

보호작업장에서 실시하고 있는 직업관련 훈련 프로그램은 다음과 같다.

- 개인적응훈련(personal adjustment training: PAT)은 직업조건화(job conditioning), 직업강화(work hardening), 혹은 직업적응(work adjustment)이라 부르며, 내담자가 산업현장에서의 반복적 상황과 작업상황에서의 심리적 및 사회적 요구조건을 개발하고 적응하도록 돕는 프로그램이다. 미국 보호작업장의 79%가 이러한 프로그램을 제공하고 있는 것으로 추산되었으며, 특히 내담자의 직업상황에 있어서 사회적 적응이 경쟁 고용상태의 적응을 발견하고 유지하는 가장 중요한 요인이라는 것을 짐작케 한다.
- 현장 직무훈련 프로그램(on the job training: OJT)은 내담자 훈련비율에 따라 임금을 받을 수 있고, 구체적 직무기술 혹은 직업적 초점을 두지 않는 실제의 생산 현장에서 일반화된 직무기술과 직업능력을 개발하도록 고안된 프

로그램이며, 흔히 최소의 교육적 조건과 공식적 및 학교교육에 필요하지 않을 직업이 사용된다. 앞의 PAT 프로그램과 구별되는 점은 직업의 사회적 요구조건보다는 직무성취능력과 능률에 대한 훈련을 강조한다는 점이다. 전체 보호작업장의 57%가 이 프로그램을 제공하는 것으로 추산되었다.

- 직업배치 혹은 고용준비훈련은 직업면접, 입사 구직양식의 작성, 구인광고 이용, 잠재적 고용주의 발견 등 고용과정의 중요한 측면을 교육하는 조직화된 프로그램으로서, 전체 보호작업장의 46%가 이 프로그램을 제공하는 것으로 추산되었다. 주로 경쟁고용이 가능한 보호작업장의 내담자 대상집단으로 교육이 행해지며, 상담 및 선별적 직업배치 프로그램의 일부로서 사용 가능하다.

- 직업지향훈련(occupation-oriented training)은 내담자가 구체적 직업 혹은 직업군에 필요한 성취기술을 습득할 수 있도록 하는 교과훈련을 포함된 특수한 교과과정으로 구성된 체계적 훈련 프로그램이다. 구체적 기술교육으로도 부르며, 내담자는 훈련비, 생계보조비, 혹은 부분임금을 받을 수 있도록 되어 있다. 훈련교사는 특정 직업에 있어서 많은 경험을 지니고 있다. 전체 보호작업장의 34%가 이 프로그램을 제공하고 있는 것으로 추산되었으며, 패스트푸드식당, 수위, 인쇄소, 점원, 창고 근무자, 원예, 기계수리, 도예, 목재소 등의 직업에서 주로 이용된다.

- 직업준비 혹은 직업강화 프로그램은 주로 신체장애인이 구체적 직업과 고용상황에서 요구되는 노력에 에너지 조건들을 충족하기 위한 심리적 준비와 신체적 내 인력을 개발하기 위한 훈련 프로그램이다. 이 프로그램은 일반 근로자의 8시간 노동조건에 중증장애인이 용이하게 적응될 수 있도록 특수하게 고안되어 체계적으로 근무시간을 늘려 간다. 전체 보호작업장의 35%가 이 훈련을 제공하고 있는 것으로 추산된다.

- 진로지도 및 상담프로그램은 내담자가 구체적이고 일반적인 직업에 대한 동기를 갖도록 하고 또 동기를 개발하는 데 목적을 두며, 직업적 선택을 원조할 수 있도록 하는 훈련 프로그램이다. 이처럼 보호작업장의 프로그램은 중증장애인의 직업적 욕구에 적절히 대응하기 위해 매우 다양하고 복잡한 노력이 요구된다.

보호작업장 프로그램영역(Nelson, 1971)으로는 다음과 같다.

- 인적개발 프로그램으로 장애로 인한 발달상의 결함을 극복하기 위해 시행되는 활동이다. 재활치료, 직업경험, 직업활동, 직업 전 훈련, 일상생활 동작훈련, 독립생활 기능훈련과 서비스를 제공하며, 고용준비가 되지 않은 내담자를 준비시키고 개발하는 직업재활 프로그램이다.
- 신체적 · 정신적 조건화는 고용에 지장을 초래하는 신체적이고 정서적 결함을 개선하기 위해 물리치료, 직업치료, 직업 내 인력 강화, 직업태도훈련과 같은 신체적 · 직업적 조건화(conditioning)를 시도하는 것이다.
- 고용준비는 내담자의 결함 수준에 따라 직업습관의 향상, 직업조건화, 직업강화(hardening)와 같은 직업적이고 개인적인 적응훈련을 통해 내담자가 특정한 직업의 심리적이고 사회적인 요구조건에 적합하게 적응하도록 원조하는 것이다.
- 직업기능개발은 구체적 직업기능이나 능력의 개발을 목적으로 직업훈련이 제공된다. OJT, 직능개발 훈련과 같이 내담자에 대한 일반적인 직업기능보다는 특수한 직업기능의 개발이 이루어진다.
- 보호고용은 비교적 장기적 형태의 고용이 제공되어 전이고용, 확대고용, 보호고용으로 구분된다. 전이고용은 개인의 생산성 증대와 외부고용 개발을 목적으로 이루어지기 때문에 재활고용이나 직업경험이라는 용어로 표현된다. 확대고용은 상당한 정도의 임금이 전제되며, 보호고용의 임금규모는 비교적 작지만 내담자의 복지를 증진시키는 목적이 강조된다.

보호작업장의 인력구성과 관리는 보호작업장의 성공적 운영을 위해 직업재활 개념을 몇 가지 형태의 구체적 행동으로 옮기고, 재활철학을 적응시킬 수 있는 지식과 훈련된 요원을 필요로 한다(Caniff et al., 1964). 시설이 제공하는 서비스, 직원의 유형과 질, 내담자의 유형과 수, 후원주체, 기금의 원천과 적절성, 직업유형, 하청, 조립, 서비스, 재활용 산업과 같은 내담자를 위한 일거리 획득방법 등에 의해 다양하게 나타난다.

보호작업장의 인력은 전체 프로그램의 분위기와 환경에 큰 영향을 미친다.

1962년 뉴욕주 입법을 통해 규정한 재활 인력에는 의사, 재활상담사, 심리학자, 직업재활상담사, 평가사, 물리치료사, 직업치료사, 고용전문가, 원장, 직업훈련교사, 간호사가 포함되어 있다. 보호작업장은 고용주로서 그리고 서비스 제공자로서 가능해야 하기 때문에 재정적 어려움을 겪게 된다. 고용주로서의 측면은 경영을 통해 이익을 남겨야 하고 임금을 지급해야 하며, 서비스 제공자로서의 측면은 서비스 이용자의 욕구에 따라 인적서비스를 제공해야 하기 때문에 이윤을 남기는 것과는 반대되는 행동을 해야 한다(Weiss, 1986).

임금에 의한 보호작업장 분류방식은 1966년에 개정된 「공정근로기준법(Fair Labor Standards Act Amendments)」에 의거하여 최저임금의 50% 이상을 지급하는 보호작업장과 최저임금의 50% 미만의 임금을 지급하는 보호작업장을 단기집단과 장기집단으로 나누었다. 여기서 단기집단은 평가와 훈련의 범주에 분류하였으며, 장기집단은 장애정도가 심한 중복장애근로자이나 '작업활동센터'의 사람들로 구분하였다.

## 4) 직업재활시설의 유형

우리나라의 직업재활시설은 「장애인복지법 시행규칙」에서 명시되고 있으며, 매년 '장애인복지사업안내'를 통하여 직업재활사업의 방향을 제시하고 있다. 직업재활시설은 「장애인복지법」 제19조에 의해 '장애인이 자신의 적성과 능력에 따라 적절한 직업에 종사할 수 있도록 하기 위하여 직업지도, 직업평가, 직업적응훈련, 직업훈련, 취업알선, 고용 및 취업 후 지도 등 필요한 시책'을 강구하도록 명시하고, 직업재활훈련이 원활히 추진될 수 있도록 적합직종 및 재활사업에 관한 조사ㆍ연구를 촉진하도록 하고 있다.

우리나라의 직업재활시설은 보호작업장과 근로사업장으로 구분이 될 수 있으며, 보호작업장은 직업능력이 낮은 장애인에게 직업적응능력향상, 직무기능향상 훈련, 그리고 보호적 조건에서 근로의 기회를 제공하여 유상적인 임금을 지급하며 장애인근로사업장이나 고용으로의 전이를 위한 역할을 하는 시설이고, 근로사업장은 직업능력은 있으나 이동 및 접근성이나 사회적 제약 등으로 취업이 어려운 장애인에게 근로의 기회를 제공하여 최저임금 이상의 유상적 임금을 지급하며, 경쟁고용으로의 전환을 위해 보다 체계화된 시설이다.

우리나라의 직업재활시설은 2011년 기준 456개소로, 근로사업장이 53개소, 보호작업장이 403개소가 운영되고 있다. 근로장애인 수는 근로사업장에 2,190명, 보호작업장에 10,680명이 종사하고 있으며, 생산품판매시설은 전국 16개소에 설치 운영되고 있으며, 종사자 수는 48명이다.

### (1) 장애인보호작업장

'보호작업장'은 직업능력이 낮은 장애인에게 직업적응능력 및 직무기능 향상훈련 등 직업재활 훈련 프로그램을 제공하고, 보호가 가능한 조건에서 근로의 기회를 제공하며, 이에 상응하는 노동의 대가로 임금을 지급한다. 직무분석을 실시하여 장애인의 유형, 장애 정도, 연령별 특성과 당해 시설에서 수행 중인 업종의 특성을 반영하여 재활사업계획을 수립해야 하며, 직업능력이 낮은 장애인에게 직업적응능력향상, 직무기능향상훈련, 그리고 보호적 조건에서 근로의 기회를 제공하여 유상적인 임금을 지급하며, 장애인근로사업장이나 경쟁고용으로 전이를 이루도록 한다. 근로장애인의 재활 프로그램은 주 8시간 이상 실시하여야 한다.

- 직업적응훈련: 일상생활훈련, 사회적응훈련, 작업태도 및 기술훈련
- 문제해결훈련: 의사소통 기술훈련, 문제해결훈련, 대인관계능력 향상훈련, 위급 혹은 응급상황 대비훈련, 자기옹호 및 주장훈련
- 직업평가: 작업표본평가 및 현장평가
- 직무기능 향상훈련: 직무분석에 따른 직무변경, 개조, 보조공학 개입에 따른 훈련
- 지역사회 자원활용훈련: 지역사회 적응훈련

'보호작업장'은 장애인근로자를 보호하는 환경에서 장애인에게 근로기회를 제공하고 유상의 임금을 지급하며 교육 · 훈련 및 작업관리, 재활 프로그램 등 서비스 제공 등의 기준 사업을 시행한다. 이용 적격 대상 장애인보다 생산능력이 떨어지는 장애인의 경우에는 작업활동 프로그램에 참여하게 할 수 있도록 하되, 적어도 3년 후의 평가결과에 따라 장애인보호작업장이나 장애인근로사업장 또는

경쟁적인 고용시장으로 옮겨 갈 수 있도록 해야 한다. 보호작업장의 근로장애인의 최소 기준은 10명 이상으로 하고, 작업활동 프로그램을 운영할 경우에도 최소 10명 이상이 되도록 해야 한다.

보호작업장의 최소설비 기준은 부대시설을 포함하여 90제곱미터 이상이어야 하며, 작업실의 면적은 기계설비를 제외하고 1인당 2제곱미터 이상이어야 한다. 부대시설은 운영업종 및 시설의 용도를 고려하여 적합한 곳에 설치해야 하며, 장애인근로자의 급여지급은 직무수행능력에 따라 차등 지급할 수 있다. 장애인근로자의 임금은 반드시 개인별 통장에 입금하여 지급되어야 하며, 당해 장애인의 동의 없이 타인이 임의로 인출할 수 없다. 근로장애인의 3분의 2 이상에게 최저임금의 40% 이상을 지급하기 위해 최선의 노력을 다해야 하며, 모든 근로장애인에게 임금을 지급하여야 하고, 근로장애인 1인당 월평균 임금은 최저임금의 30% 이상을 유지할 수 있도록 노력해야 한다.

근로장애인에게 보호적 환경에서 유상적 작업을 제공하여야 하며, 작업에 대한 보수가 제공되어야 한다. 작업에 대한 직무분석을 통하여 장애인 개개인별 특성에 적합한 직무에 배치하여야 한다. 시설의 생산품목 또는 서비스는 장애유형별, 지역특성, 판로개척 용이성, 일반고용과의 연계가능성 등을 고려하여 수익성과 고용창출이 높은 것으로 선정하여야 한다. 그리고 근로장애인의 욕구와 능력을 이해하고 이들에게 필요한 서비스와 프로그램을 효과적으로 전달하기 위해 다음 사항을 고려한 개별고용계획(Individualized Plan for Employment)을 수립하여 실시하여야 한다. 개별고용계획은 장애인이 충분히 이해할 수 있는 내용과 방법으로 제공되어야 하고 확인되어야 한다.

근로장애인의 고용상황이나 서비스 과정에 대한 기록은 ① 자체적으로 관리되어야 한다. ② 근로장애인의 개인별재활계획을 수립하여 직업 전 훈련, 직업적응 훈련, 고용상담 및 직업평가를 실시하여야 한다. ③ 초기면접, 직업사정 및 평가 결과를 반영한 개인별고용계획서, 장애특성에 맞는 적절한 배려나 보조공학기기 활용·지원, 장애인의 건강이나 안전을 위협할 수 있는 요인, 직무기능 향상이나 재활서비스를 기록 유지하여야 한다.

## (2) 장애인근로사업장

장애인근로사업장은 구직단계에서 일반사업장에의 취업이 어려운 장애인에게 일정한 기간 동안 직업훈련과 고용기회를 제공하여 장애인이 직업생활을 영위하면서 직업능력을 향상시켜 일반사업장에서의 취업을 준비할 수 있도록 조력하는 역할을 담당한다. 체계적인 직업재활서비스를 도모하며, 시설전문성을 강화하고자 하는 기본 취지에 따라 장애인근로사업장의 역할인 근로의 기회 제공, 최저임금의 지급, 경쟁고용으로의 전이를 강화하여 이를 충실히 고용하도록 유도한다.

근로사업장은 직업능력은 있으나 이동 및 접근성이나 사회적 제약 등으로 취업이 어려운 장애인에게 근로의 기회를 제공하고, 최저임금 이상의 임금을 지급하며, 경쟁적인 고용시장으로 옮겨 갈 수 있도록 돕는 역할을 하는 시설을 의미한다.

근로사업장은 교통, 건축 환경의 접근성이나 적응의 문제로 경쟁적인 고용시장에서의 취업이 어려운 장애인 근로자를 고용하여 그들을 보호하는 환경에서 근로의 기회와 최저임금 이상의 유상임금을 지급하기 위한 최선의 노력을 해야 한다. 더하여 사회적응훈련, 직무기능향상훈련, 작업태도 및 기술 훈련, 직무개발 및 경쟁적 고용시장으로의 전이 조치 등 재활 프로그램 및 통근지원 등의 기준사업을 시행한다. 근로장애인의 3분의 2 이상에게 최저임금 이상을 지급하기 위해 최선의 노력을 하는 것과 근로장애인 1인당 월평균임금은 최저임금의 80% 이상을 유지할 수 있도록 노력한다. 근로장애인의 직업능력에 따라 적정임금을 제공하기 위한 근로활동을 유지하되, 최저임금 이상의 지급을 위하여 최선의 노력을 기울여야 한다. 또한 장애인근로사업장 운영을 내실화하여 재가장애인의 경제적 기반을 강화하고 지역사회로의 통합을 촉진하는 탈시설화를 도모해야 한다.

장애인근로사업장은 장애인근로자와 근로계약을 체결해야 한다. 이때 「근로기준법」 제17조의 근로조건을 명시하여야 한다. 근로시간과 휴가 등 기타 필요한 사항은 「근로기준법」의 규정을 준수해야 한다. 장애인근로사업장은 장애인에게 근로자로서의 지위를 부여하고 보호고용의 기회를 제공하는 사업장으로서 체계적인 마케팅 계획을 수립 · 실시해야 한다.

근로장애인에게 최저임금 미만의 임금을 지급할 경우 최저임금적용 제외 신청을 해야 한다(「최저임금법」 제7조). 근로장애인에 대한 4대보험(건강보험, 국민연금, 고용보험, 산재보험)의 가입과 퇴직금 및 제반수당지급에 최선을 다해야 하며, 기타 임금지급방법과 관리 등 장애인 근로자의 임금관리와 관련하여서는 「근로기준법」에서 규정하는 지침을 준수해야 한다.

근로작업장 이용대상은 근로장애인의 최소인원은 30명으로 하며, 근로장애인의 비율은 총 인원 중 장애인이 70% 이상이어야 한다. 또한 작업공정 등을 고려하여 중·경증장애인을 적재적소에 배치하되, 근로장애인 중 60% 이상을 장애등급 3급 이상인 장애인으로 고용해야 한다.

동일 임금 및 매출액인 경우 중증장애인 고용 시 가산점을 부여(시설운영평가에 반영)하며, 작업공정상 장애인이 아닌 자를 고용하여야 할 필요가 있는 경우 그 인원은 전체 작업인원수의 30%를 초과할 수 없다. 재가장애인이 50% 이상이 되도록 하고, 장애인생활시설 내 입소장애인의 경우 공동생활가정 등을 통해 사회에 복귀하도록 하여 장애인근로사업장은 사회통합적 차원으로 장애인고용이 이루어질 수 있도록 해야 한다.

근로사업장의 최소설비기준은 부대시설을 포함하여 430제곱미터 이상 되어야 하며, 작업실의 면적은 기계 설비를 제외하고 1인당 2제곱미터 이상이어야 한다. 프로그램을 운영하려는 경우에는 장애인보호작업장의 작업실 규모를 충족하고, 부대시설은 직종 및 작업내용에 따라 적합한 곳에 설치되어야 한다.

장애인근로사업장 운영으로 발생한 수익금은 근로장애인에게 보다 많은 임금을 지급하거나 복리후생을 개선하는 데 우선하여 사용해야 하고, 그 외의 수익금은 시설운영 개선에 재투자할 수 있다. 또한 '정부지원 직원에 대한 추가인건비 및 일반 관리운영비'로 쓰여질 경우에는 이사회의 결의를 통하여 매년 지방자치단체의 사전승인을 얻어야 한다. 앞의 사항은 각 근로장애인에게 지급해야 할 인건비 최소한의 요건을 충족하는 시설에 한하여 적용 가능하다. 직업재활시설의 운영으로 발생한 수익금은 장애인직업재활시설의 운영과 관련 없이 법인의 운영을 위한 비용으로 사용되어서는 안 되며, '장애인근로사업장'의 재활사업은 장애인의 유형, 장애 정도, 연령별 특성과 현재 수행중인 업종의 특성에 따라 재활 프로그램이 계획되어야 한다.

## 3. 직업재활시설 평가

### 1) 시설평가의 목적

직업재활시설은 일반적인 작업환경에서 일하기 어려운 장애인이 특별히 준비된 환경에서 직업훈련을 받거나 직업생활을 영위할 수 있도록 하는 시설을 의미한다. 더불어 장애인의 능력과 적성에 맞는 직업생활을 통해 인간다운 생활을 함으로써 장애인의 자활·자립을 도모하는 데 목적이 있다. 우리나라의 모든 직업재활시설은 주기적으로 시설평가를 받게 되어 있으며, 평가는 직업재활시설 간의 건전한 경쟁과 상호협력을 통해 운영사의 문제점을 조기에 진단하고 수정하는 지속적인 자기혁신을 통해 시설 발전을 도모한다.

직업재활시설은 두 번의 유형개편과 법 개정, 직업재활사업의 지방이양 등과 같은 제도 및 환경적 변화로 많은 변화와 발전을 거듭함으로써 직업재활시설의 수도 양적으로 증가하였다. 또한 예산지원의 규모도 확대되는 등 양적 증가가 이루어져 긍정적 평가를 받고 있는 반면 직업재활시설의 사업내용, 운영효과 등에 대한 질적인 부분에 대한 발전은 객관적으로 입증되지 못하고 있다.

직업재활시설은 공공재 투입에 따른 시설운영의 투명성과 효과성, 효율성을 높이고 시설의 운영 방향을 정립하며 그동안 사업에 대한 평가를 꾸준히 받고 있다. 이것은 「사회복지사업법」 제43조의2와 동법 시행규칙 제27조에 근거한 것으로, 모든 사회복지시설은 3년마다 1회 이상 평가를 받도록 하고 있다.

직업재활시설은 2004년에 시범적으로 처음 실시된 이후 시설유형 개편, 2005년 직업재활사업 지방이양 등의 사유로 정기평가가 10년째 이루어지지 못하고 있다. 또한 2005년 이후에 새로이 설치된 직업재활시설의 경우 운영의 투명성과 효과성 등에 대한 피드백을 받지 못하는 문제가 발생했다.

직업재활시설 유형개편은 2010년 보호작업장과 근로사업장으로 최종 개편되었으며, 평가 기준을 재정비해야 한다. 그동안의 평가지표는 '한국사회복지협의회' 등에서 개발한 지표를 근거로 시설평가를 수행해 왔다. 직업재활시설 유형개편 완료 이후 처음으로 실시될 직업재활시설 평가를 대비하여 새로운 기준을 제시하는 기준연구가 '한국장애인개발원'에 의해 수행되었다.

시설평가의 목적은 ① 직업재활시설 이용자가 만족하도록 서비스의 질을 개선하는 것, ② 직업재활시설 운영의 일부분이 되는 것, ③ 직업재활서비스가 제공된 내담자가 성취한 결과에 대한 효과성과 효율성을 결정하는 것, ④ 시설운영자와 직원의 책무성이 어떻게 이해되고 성취되었는지 알려 주는 것, ⑤ 평가결과는 시설의 서비스를 개선하기 위한 방법 탐색 하는 것, ⑥ 지역사회의 자원을 얻어 질적 결과를 확보하는 것이다. 평가기준 설정은 전통적인 효과성 척도인 목표달성을 기준으로 할 것인지, 체계를 기준으로 할 것인지, 목표, 체계, 환경 등을 모든 변수로 포함하는 통합적 측면을 기준으로 할 것인지에 대해 고려해야 한다. 시설평가는 평가과정이 매우 중요하며, 그 과정은 계획수립에서부터 시행, 평가로 연속된 과정으로, 이는 직업재활서비스 체계의 효율성을 판단하는 기준을 제시한다.

직업재활시설은 하나의 조직으로 인간조직의 효과성에 대한 판단을 통해 프로그램의 질을 높이고 개선하려는 노력이다. 이러한 조직의 평가 지수로는 ① 프로그램 효과성, ② 직원의 전문성, ③ 조직규모, ④ 시스템의 효율성, ⑤ 긴장갈등 부재, ⑥ 사기, 보수체계, ⑦ 지역사회기준, ⑧ 홍보 · 조사 영역이 반영된다.

## 2) 직업재활시설 평가기준

직업재활시설은 2000년 「장애인복지법」과 「장애인고용촉진 및 직업재활법」의 개정으로 인해 근로작업시설, 직업훈련시설, 작업활동시설, 보호작업시설, 생산품판매시설의 5개 유형으로 확대개편되었다. 이후 2007년에는 또 다시 「장애인복지법」의 개정으로 2개 유형인 근로사업장과 보호작업장으로 재편되는 등 직업재활시설 운영 및 제도가 계속 변화되고 있다. 보건복지부가 매년 발행하는 장애인복지사업안내에서 직업재활시설이 지향하는 운영방향을 알 수 있는데, 직업재활시설의 수가 확대되고 유형이 확대되면서부터 직업재활시설의 역할과 기능이 직업재활서비스 제공보다는 생산품 제작과 이를 통한 판매활동에 더 치중되어 있음을 알 수 있다. 또한 2008년 「중증장애인생산품우선구매특별법」의 제정으로 직업재활시설에서는 중증장애인의 임금수준을 향상시키고 매출을 증가시키는 데더욱 초점을 맞추었다. 또한 직업재활시설의 이러한 운영 정체성의 문제, 즉 직업재활서비스에 초점을 맞추는 복지성과 제품의 생산과 판매에 초점을 맞추는 생산성과 마케팅을 고려하였다.

직업재활시설 유형 개편과 함께 2007년에 개발된 평가지표를 바탕으로 새로운 환경에 근거하여 '한국장애인개발원'(2012)이 지표를 새롭게 구성하였다. 첫째 원칙은 시설유형별 차이를 고려한 지표가 만들어져야 한다는 것이며, 둘째 원칙은 '장애인복지사업안내'에서 제시하고 있는 직업재활시설 운영목적과 운영방향을 충분히 전달할 수 있는 지표로 구성되어야 한다는 것이었다.

직업재활시설은 「장애인복지법」 제58조에 의해 장애인거주시설, 지역사회재활시설, 장애인의료재활시설 등과 같은 장애인복지시설 중의 한 유형으로 구분되지만 사실상 그 운영목적과 운영방식에 있어서는 큰 차이가 있다. 직업재활시설은 중증장애인을 위한 직업상담, 직업평가, 직업적응훈련, 직업훈련 등의 재활서비스를 제공한다는 차원에서는 동일하나 생산품을 제작하고 판매하여 매출이 발생하는 측면에 있어서는 다른 장애인복지시설과 차별성이 존재한다. 또한 이러한 생산품 판매와 매출이 중증장애인의 일자리와 연결이 되기 때문에 매출이 높은 직업재활시설의 경우 후원금을 받거나 운영법인으로부터 지원을 받을 필요는 없다.

장애인복지시설은 법인으로부터의 지원이 많을수록 긍정적인 측면이 있고, 시설 운영을 위해서는 어느 정도의 후원금도 받아야 하지만 직업재활시설은 그렇지 않다. 이러한 직업재활시설의 차별성이 존재하기 때문에 동일한 기준과 동일한 평가위원에 의해 평가되는 것은 직업재활시설 평가결과의 신뢰성에 문제가 생길 수 있는 요인이 되며, 그렇기 때문에 직업재활시설 평가지표를 다른 유형의 장애인복지시설과 구분하고, 직업재활시설 평가를 수행할 수 있는 평가전담 기구를 설치해야 한다.

직업재활시설의 특수성과 전문성을 보장하고 직업재활시설이 보다 잘 운영되며, 중증장애인을 위한 직업재활사업에 중요한 기능을 할 수 있도록 기반을 마련할 필요가 있다. 직업재활시설 평가기준을 살펴보면 미국의 비영리민간조직의 평가기관인 CARF는 재활시설의 평가 기준을 열 가지로 규정하여, ① 인가적격 조건, ② 목적, ③ 기구와 행정, ④ 서비스, ⑤ 인사, ⑥ 기록과 보고서, ⑦ 재정, ⑧ 시설설비, ⑨ 지역사회 참여와 관계, ⑩ 프로그램 평가로 구분하였다.

최일섭, 이창호, 나문환, 유명화(1993)는 장애인 이용시설의 평가지표를 여덟 가지로 구분하였는데, ① 프로그램의 효과성, ② 직원의 전문성, ③ 조직규모, ④ 시스템의 효율성, ⑤ 긴장갈등 부재, ⑥ 사기보수체계, ⑦ 지역사회 기여, ⑧ 홍보 및 조사다. 그동안 직업재활시설 평가영역은 네 가지로 구분하고 가중치를 반영하여 왔다. 시설평가 영역은 ① 시설 및 환경, ② 운영관리, ③ 서비스의 질, ④ 인력의 질로 구분하여 가중치를 반영하였다. 프로그램 평가 영역은 ① 노력성, ② 영향력, ③ 효과성, ④ 효율성, ⑤ 프로그램의 질을 반영하였다. 이는 내담자의 욕구산정, 개별재활계획서의 개발, 재활단계별 시간경과와 내담자 진보, 상담사의 생산성, 서비스의 질, 재활서비스를 통한 성과에 초점을 둔 평가영역이다.

직업재활시설의 조직평가는 조직규모의 성장, 이사회와 시설장, 시설직원, 시설활동, 시설의 목표와 계획수립에 초점을 두고, 시설의 운영규정, 부서별 생산성에 대해 평가한다. 시설과 설비 항목으로는 시설의 입지, 설비와 장치, 시설공간과 설비의 디자인, 시설의 장비와 내담자 개발로 직업배치, 내담자 관련 평가, 구난체계, 직업안전도구, 보고체계, 화재예방에 역점을 둔 평가항목이다.

서비스 프로그램 평가는 ① 직업적 서비스 프로그램, ② 평가와 의료, 심리, 사회적 서비스, ③ 직업적응과 진로지도 서비스, ④ 훈련과 지도, ⑤ 작업조직, ⑥ 평가와 환류, ⑦ 규정과 회의, ⑧ 서비스의 질, ⑨ 내담자 대 직원의 비율을 다루고 있으며, 기타 인적자원과 인사 평가, 행정 및 기록, 재정, 지역사회 관계를 평가한다. 내담자 만족도 평가 영역은 설비와 자원, 전문인력, 정보교환, 직업재활관련 서비스로 내담자 만족도를 보편적으로 시설평가에서 점검한다.

## 3) 장애인직업재활시설 평가지표

'2013 장애인직업재활시설 평가지표'는 '한국사회복지협의회' '사회복지시설평가원'에서 2007년 지표를 수정 개편한 내용으로서 기존의 지표를 중심으로 세부평가 영역을 ① 시설 및 환경, ② 재정 및 조직운영, ③ 인적자원관리, ④ 재활 프로그램 및 사업실적, ⑤ 이용자의 관리, ⑥ 지역사회관계로 세부기준을 수정하였다.

시설유형은 보호작업장과 근로사업장 두 가지 유형시설로 구분하고, 지표는 공통지표를 사용하였다. 배점기준은 시설 및 환경 10%, 재정 및 조직운영 10%, 인적자원관리 25%, 재활 프로그램 및 사업실적이 40%로 비중이 가장 높다. 이용자 관리 5%, 지역사회관계 10%로, 총 100점을 기준으로 하였다. 2012년도 6월 기준 국내의 직업재활시설은 460여 개로, 이 중 2013년 평가시설은 134개로 선정, 보호작업장이 66개, 근로사업장 68개 시설이 평가 대상이 된다.

**표 11-1 장애인직업재활시설 평가 지표수 및 배점**

| 평가영역 | 배 점 | 시설유형별 지표 수(개) | | |
|---|---|---|---|---|
| | | 보호작업장 | 근로사업장 | 공통지표 |
| 시설 및 환경 | 10% | 6 | 6 | 3 |
| 재정 및 조직운영 | 10% | 8 | 8 | 6 |
| 인적자원관리 | 25% | 14 | 14 | 14 |
| 재활 프로그램 및 사업실적 | 40% | 27 | 28 | 0 |
| 이용자의 관리 | 5% | 5 | 5 | 3 |
| 지역사회관계 | 10% | 6 | 6 | 6 |
| 총계 | 100% | 66 | 67 | 32 |

## 2007년도 평가지표 대비 2013년도 평가지표 비교표

| 영 역 | 2007년도 평가지표 | 변경사항 | 2013년도 평가지표 |
|---|---|---|---|
| A. 시설 및 환경 | | 신규 | A1. 시설의 규모 및 환경 |
| | A2. 장애인편의시설 설치상태 | 수정보완 (전체공통) | A2. 편의시설의 적절성 |
| | | 신규 (전체공통) | A3. 위생상태의 적절성 |
| | | 신규 (전체공통) | A4. 안전관리 |
| | A1. 작업의 안전성 | 수정보완 | A5. 작업안전관리 |
| | E5. 응급상황에 대한 의료적 안전 체계 구축 | 수정보완 | A6. 응급상황에 대한 안전체계 구축 |
| | A4. 이사회 구성 및 활동 | 삭제 | |
| | A10. 장애인 임금체불기간 | 삭제 | |

| 영 역 | 2007년도 평가지표 | 변경사항 | 2013년도 평가지표 |
|---|---|---|---|
| B.<br>재정<br>및<br>조직<br>운영 | A11. 운영법인의 전입금 비율 | 유지<br>(전체공통) | B1. 법인전입금 비율 |
| | | 신규<br>(전체공통) | B2. 사업비 비율 |
| | | 신규<br>(전체공통) | B3. 후원금 비율 |
| | A5. 비전, 목적, 목표, 중장기 계획<br>수립 및 공식화 | 수정보완<br>(전체공통) | B4. 기관의 미션과 비전 |
| | A6. 연간 사업계획수립과 실제 활동 | 수정보완<br>(전체공통) | B5. 사업(운영) 계획의 수립 |
| | A3. 운영위원회활동의 충실성 | 수정보완<br>(전체공통) | B6. 운영위원회 구성 및 활동 |
| | A7. 문서비치 상태 | 수정보완 | B7. 문서비치 상태 |
| | | 신규 | B8. 회계관리 |
| C.<br>인적<br>자원<br>관리 | B1. 법정 직원수 대비 직원 충원율 | 유지<br>(전체공통) | C1. 직원 충원율 |
| | | 신규<br>(전체공통) | C2. 자격증 소지율 |
| | B8. 최근 2년간 연평균 이직률 | 유지<br>(전체공통) | C3. 직원 이(퇴)직률 |
| | | 신규<br>(전체공통) | C4. 직원 교육활동비 |
| | | 신규<br>(전체공통) | C5. 직원의 외부교육 참여 |
| | B4. 직원채용의 체계성 및 합리성 | 수정보완<br>(전체공통) | C6. 직원채용의 공정성 |
| | B2. 시설장의 자격 및 전문성 | 수정보완<br>(전체공통) | C7. 시설장의 전문성 |
| | B9. 직원의 전문성 | 수정보완<br>(전체공통) | C8. 최고중간관리자의 전문성 |
| | B5. 직원관리 및 평가 | 수정보완<br>(전체공통) | C9. 직원업무분담의 적절성 |

| 영 역 | 2007년도 평가지표 | 변경사항 | 2013년도 평가지표 |
|---|---|---|---|
| C.<br>인적<br>자원<br>관리 | | 신규<br>(전체공통) | C10. 직원인사평가 |
| | B6. 직원교육 | 수정보완<br>(전체공통) | C11. 직원교육 |
| | | 수정보완<br>(전체공통) | C12. 신입직원 교육 |
| | B7. 직원복리의 후생 | 수정보완<br>(전체공통) | C13. 직원복지 |
| | | 신규<br>(전체공통) | C14. 직원의 고충처리 |
| | B9. 직원의 전문성 | 삭제 | |
| | B3. 시설장의 상근여부 | 삭제 | |
| D.<br>재활<br>프로<br>그램<br>및<br>사업<br>실적 | C1. 서비스대상자 선정과정의 체계성<br>및 공정성 | 수정보완 | D1. 서비스 대상자(이용자) 선정 |
| | D1. 작업상담실적(연인원) | 유지 | D2. 직업상담 |
| | C3. 직업평가도구의 다양성<br>C4. 직업평가결과의 정리 활용 | 수정보완 | D3. 직업평가 |
| | D2. 직업평가실적(연인원) | 수정보완 | D4. 직업평가 실적 |
| | | 신규 | D5. 직무분석 |
| | C8. 사례회의 | 수정보완 | D6. 사례회의 |
| | C2. 개별화 계획 수립에 의한 개별서<br>비스 제공여부 | 수정보완 | D7. 개별화 계획수립 및 서비스 제공 |
| | C7. 성과측정(이용인의 변화목표설<br>정 및 달성도 측정) | 신규 | D8.목표설정 및 평가 |
| | C9. 재활 프로그램의 다양성 | 수정보완 | D9. 재활 프로그램 |
| | | 신규 | D10-1. 훈련규정(보호작업장) |
| | | 신규 | D10-2. 취업규칙(근로사업장) |
| | D5. 취업알선 실적 | 수정보완 | D11. 취업연계실적 |
| | D6. 취업확정 연인원 | 수정보완 | D12. 취업실인원 |
| | C6. 서비스만족도 조사 | 수정보완 | D13. 만족도 조사 |
| | C10. 부모교육 및 모임 | 수정보완 | D14. 보호자교육(모집) |

| 영 역 | 2007년도 평가지표 | 변경사항 | 2013년도 평가지표 |
|---|---|---|---|
| D.<br>재활<br>프로<br>그램<br>및<br>사업<br>실적 | D8. 서비스 의뢰건수(연인원)<br>D9. 서비스 대상인원 | 수정보완 | D15. 서비스 의뢰건수 |
| | | 신규 | D16. 서비스 종결 |
| | | 신규 | D17. 고객관리 |
| | | 신규 | D18. 생산관리 |
| | | 신규 | D19. 품질관리 |
| | A12. 외부기관 인증 실적 | 수정보완 | D20. 외부기관 인증 노력 |
| | D4. 사업체개발실적(고용연계업체,<br>방문업체) | 수정보완 | D21-1. 판매처 개발 노력의 다양성 |
| | D10. 하청업체/판매처 개발 노력 | 수정보완 | D21-2. 하청품목 개발 노력의 다양성 |
| | D15. 최저임금지급요건/수당지급체계 | 수정보완 | D22-1. 최저임금지급요건(보호작업장) |
| | | 신규 | D22-2. 최저임금지급요건(근로작업장) |
| | E3. 근로 훈련장애인에 대한 인적 물<br>적 보험가입 | 수정보완 | D23. 훈련장애인에 대한 보험가입 |
| | E4. 4대보험 가입 여부 | 수정보완 | D24. 근로장애인 5대보험(근로사업장) |
| | | 신규 | D25. 임금지급 |
| | | 신규 | D26. 훈련수당지급 |
| | D12. 2009년도 매출액<br>D13. 2009년도 순이익 | 수정보완 | D27. 매출증가율 |
| | D14. 월평균임금<br>D17. 근로자 임금향상노력 | 수정보완 | D28. 평균임금증가율 |
| | C5. 사업(프로그램)평가와 환류 | 삭제 | |
| | D3. 직업적응훈련 실적 | 삭제 | |
| E.<br>이용<br>자의<br>권리 | | 신규<br>(전체공통) | E1. 이용자의 비밀보장 |
| | E6. 근로장애인의 고충처리 및 개선<br>체계 구축 | 수정보완<br>(전체공통) | E2. 이용자의 고충처리 |
| | | 신규 | E3. 이용자의 인권보장 노력 |
| | E2. 서비스과정에의 당사자 참여 | 수정보완 | E4. 서비스 과정에의 당사자 참여 |
| | E1. 서비스 정보제공 | 수정보완 | E5. 서비스 정보제공 |

| 영역 | 2007년도 평가지표 | 변경사항 | 2013년도 평가지표 |
|---|---|---|---|
| F.<br>지역<br>사회<br>관계 | F1. 자원봉사자 연인원 | 수정보완<br>(전체공통) | F1. 자원봉사자의 활용 |
| | | 신규<br>(전체공통) | F2. 외부자원개발 |
| | F2. 자원봉사자관리 | 수정보완<br>(전체공통) | F3. 자원봉사자관리 |
| | C11.실습교육 | 수정보완<br>(전체공통) | F4. 실습교육 |
| | A9. 후원금 사용 및 관리상태<br>A8. 후원물품의 관리상태 | 수정보완<br>(전체공통) | F5. 후원금(품) 사용 및 관리 |
| | F3. 시설사업의 홍보노력<br>F4. 인터넷 홈페이지관리 활용 | 수정보완<br>(전체공통) | F6. 홍보 |
| | F5. 재가장애인 비율(생활시설 부설<br>만 해당) | 삭제 | |

## 참고문헌

경기복지재단(2010). 2010 사회복지시설평가 – 장애인생활시설 –.

권도용, 이달엽(1997). 보호작업장 활성화 방안. 한국장애인 복지시설협회.

권선진(1995). 사회복지관의 조직효과성에 관한 연구. 연세대학교 대학원 박사학위 논문.

김다혜(2003). 직업훈련 프로그램이 장애인 직업준비도에 미치는 효과. 대구대학교 대학원 석사학위 논문.

김형모, 이수연, 전미숙(2011), "사회복지시설 평가인증제도 도입방안". 임상사회사업연구 8(3), pp.1-17.

나운환(1997). 한국장애인복지기관의 조직효과성평가. 광운대학교 박사학위논문.

나운환(2000). 지방자치단체의 직업재활정책의 진단과 개선방안. 직업재활연구, 10(1), 95-115.

나운환(2007a). 장애인직업재활시설의 인증제 도입과 인증기준에 관한 연구. **한국 직업재활학회**, 17(1), 25-48.

나운환(2007b). 장애인직업재활시설 유형 재편과 세부업무 매뉴얼개발 보고서. 한국장애인복지진흥회.

나운환, 이혜경(2005), 장애인직업재활시설 유형에 관한 연구. **직업재활연구**, 15(1), 1-23.

박옥희, 권중돈(1997). 장애인 복지의 현황과 정책과제. 한국보건사회연구원.

박용성(2005). 정책분석 및 평가의 이론과 실제. **장애인 단체 실무자 역량강화를 위한 정책분석 평가교육**. 서울: 한국장애인단체총연맹.

박태영(1999). 사회복지시설의 평가에 관한 연구, 대구대학교 사회과학연구, 6(4), 223-255.

법제처(1998). 대한민국법전.

변용찬, 김성회, 김종인, 나운환, 박희찬, 변경희, 이선우, 최미영(2005). 장애인 직업재활기금사업 수행기관 평가. 한국보건사회연구원.

변용찬, 김성희, 이정선, 나운환(2005). 2004년 장애인직업재활시설 평가 및 시설 유형 재편방안 연구, 보건복지부 한국보건사회연구원.

보건복지부(1999). 장애인복지사업안내.

보건복지부(2012). 2012년도 장애인복지사업안내.

서울복지재단(2007). 2007년 서울특별시 장애인직업재활시설 평가결과보고서.

서울복지재단(2007). 2007년 서울특별시 장애인생활시설 평가결과보고서.

서울복지재단(2007). 장애인 자립생활센터 실태조사.

서울복지재단(2007). 2007년 서울특별시 장애인직업재활시설 평가결과보고서.

서울복지재단(2008). 장애인직업재활시설 운영 매뉴얼.

서울복지재단(2010). 2010 서울시 장애인직업재활시설 평가결과 보고서.

신복기, 박경일, 장중탁, 이명현(2007). **사회복지행정론**. 경기: 양서원.

심석순, 이선화, 임수경(2007). 장애인 자립생활센터 평가도구개발 연구. 한국장애인개발원.

오충순(2010), 사회복지시설 유형별 최소기준안 연구. **한국사회복지협의회, 사회 복지 시설평가개선방안공청회 자료집**, 7-37.

이달엽(1995). 장애인 직업재활서비스 프로그램 진단. **장애인고용** 16. 61-93

이달엽(1997). **재활과학론**. 서울: 형설출판사

이달엽(2010), 장애인직업재활시설 현황과 효율성에 관한 연구. **중복지체부자유연구**, 53(1), 1-24, 86.

이달엽, 조성재, 서인환, 노임대, 이성민(2009). 장애인직업재활시설 운영실태 분석 및 효율성 제고방안 연구, 대구대학교 한국재활정보연구소.

이번송, 김진욱, 함건식(1996). 서울시 사회복지관 단순평가모형개발 – 합리적 보조금 지원 방안 연구 –. **한국사회복지학** vol. 29, 105-131.

이선우, 최상미(2002). 사회복지시설 평가의 현실과 개선방안. 장애인복지시설을 중심으로. **사회복지정책 15집**.

이선우(2004). 장애인직업재활시설의 평가: 문제와 개선 방안. **한국직업재활회**, 14(2), 119-140.

이완우(1998). 시각장애 대학생의 진로발달 수준에 관한 연구. 대구대학교 미간행 박사학위논문.

이정호, 김성이, 김통원(1998). 사회복지시설 평가기준 및 평가체제 개발연구. 한국사회복지협의회.

이진명, 강호성, 이종길, 백남중, 이달엽, 김경미(1989). 서울시립자립장의 실태 및 육성 · 활성화방안. 장애자재활서비스 개선을 위한 기초연구보고서. 서울특별시 남부장애자복지관.

장애인복지시설발전위원회(2010). 직업재활 프로그램사업 현황분석 및 수행기관 평가지표개발 연구.

정봉도, 이달엽, 나운환(2000). 직업재활시설 운영 평가기준에 관한 연구. **초등수 교육연구**, 2(1), 1-17.

정정길, 성규탁, 이장, 이윤식(2004). **정책평가 – 이론과 적용 –**. 서울: 법영사.

최일섭, 이창호, 나운환, 유명화(1993). 장애인종합복지관 조직효과성 평가연구. 1993년도 조사연구보고서. 한국장애인 재활협회.

최혜경(1995). 프로그램 계획과 평가방법. **미간행연수교육 자료집**. 사회복지개발연구원.

한국사회복지협의회(1998). 사회복지시설 평가기준 및 평가체제 개발 연구.

한국장애인개발원(2007). 장애인 자립생활센터 평가도구 개발 연구.

한국장애인개발원(2008). 중증장애인직업재활지원사업의 현황분석 및 개선방안에

관한 연구.

한국장애인개발원(2012). 중증장애인 직업재활지원사업 평가체계 및 지표개선 연구: 장애인복지관을 중심으로. 한국장애인개발원.

한국장애인복지시설협회(1999). 직업재활시설 운영평가기준에 관한연구.

한국장애인복지시설협회(1999). 직업재활시설 운영평가 기준에 관한 연구.

———

Allen, T. E., Rawlings, B. W., & Schildroth, A. N. (1989). *Deaf students and the school—to—work transition.* Baltimore: Paul H. Brookes Publishing Co.

Baumeister, A. A., & Butterfield, E. (1970). *Residential facilities for the mentally retarded.* Chicago, IL: Aldine Publishing Company.

Bellamy, G. T., Horner, R. H., & Inman, D. P. (1981). *Vocational habilitation of severely retarded adults.* Baltimore, Maryland: University Park Press.

Bellamy, G. T., O'Connor, G., & Karan, O. C. (1979). *Vocational rehabilitation of severely handicapped persons: Contemporary service strategies.* Baltimore: University Park Press

Caniff, C. E, Mathis, B. C., Pomp, H. C., & Ellwood, P. (1964). Rehabilitation facilities and social trends. *Journal of Rehabilitation 30*(3), 16-20.

CARF. (1978). *Standards manual for rehabilitation facilities.* Chicago, Illinois: Commission on Accreditaion of Rehabilitation Facilities.

CARF. (1994). *Standards manual and interpretive guidelines for organizations serving people with disabilities.* Tucson, Arizona: Commission on Accreditation of Rehabilitation Facilities.

Chouinard, E. L. (Updated). Current trends and developments in the workshop field. In E. L. Chouinard and J. F. Garrett (Eds.), *Workshops for the disabled: A vocational rehabilitation resource* (pp. 1-13). Washington, DC: U.S. Department of Health, Education, and Welfare, Office of Vacational Rehabilitation.

Cull, J. G., & Hardy, R. E. (1973). Adiustment to work. Springfield, IL: Charles C. Thomas Publisher.

Goodyear, D. L., & Bitter, J. A. (1974). Goal attainment Scaling as program evaluation measure in rehabilitation. *Journal of Applied Rehabilitation Counseling, 5*(1), 19-26.

Greenleigh Associates. (1976). *The role of the sheltered workshop in the rehabilitation of the severely handicapped.* New York: Greenleigh Associate, Inc.

Krantzler, M. (1970). Workshops and disadvantaged black youth: Challenge and opportunity. *Journal of Rehabilitation, 36*(2), 27-29.

Massie, W. A. (1968). The evoution of standards for sheltered workshops. *Journal of Rehabilitation, 34*(2), 32-33.

McGowan. J. F., & Porter, T. L. (1967). *An Introduction to the Vocational Rehabilitation Process.* Baltimore: University Park Press.

Mcloughein, C. S., Garner, J. B., & Callahan, M. J. (1987). *Getting employed, staying employed: Job development and training for persons with servere handicaps* (ed.). Baltimore: Paul H. Brookes Publishing Co.

Miller, J. V., & Harrison, D. K. (1979). Status of program evaluation in the state-federal Vocational rehabilitation program. *Journal of Rehabilitation Administration, 3*(3), 134-138.

Mott, J. F. (1960). *Financing and operating rehabilitation centers and facilities.* Chicago, IL: National society for crippled children Adult, Inc.

Nelson, N. (1971). *Workshops for the Handicapped in the United State.* Springfield, IL: Charles C. Thomas Publisher.

Nosek, M. (1987). Independent living rehabilitation, In S. E. Rubin & R. T. Roessler (Eds.), *Foundations of the vocational rehabilitation process* (3rd eds.) Austin, Texas: Pro-ed

Perlman, L. G., & Kirk, F. S. (1991). Key disability and rehabilitation legislation. *Journal of Applied Rehabilitation Counseling, 22*(3). 21-27.

Posavac, E. J., & Carey, R. G. (1992). *Program evaluation: Method and case studies* (4th ed.) Englewood Cliffs, New Jersey: Prentice Hall, Inc.

Pruitt, W. A. (1983). *Work adjustment.* Stout, Wisconsin: Walt Pruitt

Associates.

Royse, D. (1995). *Program evaluation:An introduction.* Chicago: Nelson-Hall Publishers.

Robin, S. E. (1977). A national rehabilitation program evaluation research and training effort: some results and implications. *Journal of Rehabilitation, 43*(2), 28-31.

Rubin, S. E., & Roessler, R. T. (1987). *Foundations of the Vocational Rehabilitation Process* (3rd ed.). Austin, Texas: Pro-ed.

Wehman, P., Wood, Everson T. M., Goodwyn, R., & Conley, S. (1988). *Vocational education for multihandicapped Youth with Cerebral Palsy.* Baltimore: Paul H. Brookes. Publishing Co.

Weiss, J. W. (1986). *The management of change.* New York: Praeger Publishers.

Wesolek, J. S., & McFarlane, F. R. (1991). Perceived needs for vocational assessment information as determined by determined by those who utilize assessment results. *Vocational Evaluation and Work Adjustment Bulletin, 24*(2), 55-60.

Whilliams, F. (Ed.) (1998). *Measuring the Information Society.* Newbury Park: Sage.

Whitehead, C. W. (1979). Sheltered workshops in the decade ahead: Work and wages or welfare. In G. T. Bellamy, G. O'Connor, & O. C. Karan (Eds.), *Vocational rehabilitation of Severely handicapped persons: Contemporary service strategies* (71-84). Baltimore: University Park Press.

Wright, G. N. (1980). *Total Rehabilitation.* Boston: Litter, Brown and Company.

Zaetz, J. L. (1971). *Organization of sheltered workshop program for the mentally retarded adult.* Springfield IL: Charles C. Thomas Publisher.

# 재활조직과 환경변화

# 1. 재활행정의 변화

## 1) 재활행정의 동향

재활행정은 서비스의 효과적 제공과 조직의 효율적인 유지관리를 의미한다. 재활행정은 환경에 긍정적 영향력을 발휘하고, 효과적인 서비스 전달을 위해 보다 많은 자원을 확보하고, 효과적인 서비스 전달을 어렵게 하는 제반 요소를 제거하거나 최소화하는 방법을 찾는 것이다. 이러한 재활행정 과정에서 관리자가 수행해야 할 과업은 기획, 조직, 설계, 인적자원개발, 리더십, 재정관리, 평가, 마케팅, 홍보 등의 기술이다.

재활행정에서 이러한 실천 기법의 우월성은 재활조직의 대외적 경쟁력을 높이게 되며, 오늘날 직업재활시설은 행정관리에 있어 많은 변화가 요구된다. 직업재활시설은 비영리조직의 형태를 띠고 있지만 내용 면에서는 기업의 이윤을 창출해야 하기 때문에 일반기업과 경쟁이 불가피하다고 볼 수 있다. 시설에서 생산해 낸 제품의 홍보, 판매 등 비영리조직은 영리를 목적으로 하는 기업의 조직 업무를 그대로 유지해야 한다. 재활조직이 직면해 있는 현실은 상품의 생산, 판매, 이윤창출 등에 대한 경쟁이 심화되고 있는 상황이다. 그리고 재활행정에서 각종 사회서비스의 도입으로 경쟁의 시대에 진입하였다. 그리하여 인적·물적 자원의 획득을 위해 다양한 경쟁이 이루어지고 있다.

2010년부터 장애연금 수혜를 받는 장애인은 일부 재정능력을 갖추게 되었으며, 바우처서비스를 선택할 수 있는 권한이 생기게 되었다. 그동안 재활 대상자는 지불능력이 없는 소비자(consumer)로 인식되었지만 지금의 제도는 장애인의 서비스 지불능력을 국가가 대행해 주는 서비스체계로의 전환을 보여 준다. 따라서 직업재활서비스도 시장경쟁 시대에 돌입하게 되었다. 실제 복지서비스를 제공하는 민간복지계의 발달단계는 다음과 같이 나누어 볼 수 있다.

- 개인이 자원봉사차원에서 재활사업을 시작하는 단계이며, 자선의 조직화단계는 사회적 지지와 후원을 얻어 재활사업을 위한 재원을 마련하는 시기로,

공신력과 책임성을 확보하기 위해 조직화의 노력을 기울인다.

- 전문화와 권리주장단계는 재활에 대한 국가의 책임을 인식하고 정부의 지원을 강조하는 단계이며, 정부의 확대된 지원을 바탕으로 전문인력들을 충원하는 단계다.
- 경쟁적시장단계는 재활욕구의 증가와 다양화에 따라 재활서비스의 공급을 민간부문에서 경쟁적으로 제공하는 시기이며, 그 결과 재활서비스공급에서 영리부문과 비영리부문의 경계가 없어지게 된다.

　복지국가의 추세를 한마디로 요약하면 'less state more market'으로 표현할 수 있다. 이는 정부의 역할 축소와 함께 시장기능을 강화한다는 의미다. 2005년도에 시작된 지방이양화정책과 맥을 같이할 수 있으며, 고령화 사회로 장애에 대한 투자보다 저출산, 고령화에 따른 문제를 해소하기 위한 국가적 차원의 재원이 우선 투자되었기 때문에 재활에 대한 국가적 예산은 점차 축소됨을 보여 준다. 한시적 팽창은 연금이나 바우처서비스의 양적확대로 일시적 증가현상을 보이고 있으나 정작 고령화 사회에서의 재활정책은 축소되고 있다. 이는 복지와 재활분야의 예산이 축소됐음을 의미하는 것이 아니라 정부의 복지서비스기능이 민간의 경쟁을 통해 제공된다는 의미로 해석된다. 이러한 맥락에서 장애인복지 동향은 정상화의 이념을 기초로 한 지역 중심의 대인서비스, 재가복지의 활성화, 자립을 강조하는 모델 확산, 자원의 효율적 활용을 위한 네트워크 구축 등으로 요약할 수 있다.

　이러한 맥락에서 우리나라의 직업재활 분야도 변화를 모색하고 있다. ① 시설복지에서 지역복지로의 전환, ② 공급자중심의 서비스에서 이용자 중심의 서비스로의 전환, ③ 욕구(need) 충족을 위한 수요에서 복지수요(demand) 충족으로의 전환, ④ 클라이언트의 개념에서 소비자(consumer) 개념으로의 전환, ⑤ 원조(help)중심에서 자립(self-help)중심으로의 전환이다.

## 2) 재활조직의 환경 분석

　재활조직의 성공적인 혁신을 위해서는 조직을 둘러싼 내·외부환경을 이해하고 환경의 변화에 적응해 나가는 것이 필요하다. 내부환경은 상호역동적이며, 전체 기관과 각각의 단위가 서로에게 영향을 준다. 조직구성원이 이해해야 할 내부환경은 다음과 같다(Lewis et al., 2001).

- 기관의 목적, 사명, 철학이 잘 운영되는 기관은 조직을 관통하는 사명(mission)과 철학을 가지고 있다.
- 기관의 기획은 전략적 · 장기적 전략과 프로그램기획은 상호일관성이 있고 서로 상호작용한다.
- 기관의 상호작용은 각각의 부서, 프로그램, 단위의 기능을 주기적으로 조사해야 한다.
- 서비스 기능은 그들 내부의 일관성을 위해 요약되고, 매년 보고되고 사정되어야 한다.
- 기술자원은 기관의 모든 부서, 프로그램, 단위를 적어도 최근의 통합된 기술의 최상위 수준에 머물러 있어야 한다.
- 재정자원 · 재정기록은 누적되어 있어야 하고, 투명하게 공유되어 실무자의 역할수행에 미래지향적으로 영향을 미쳐야 한다.

외부환경을 이해할 때 PEST(Political Economic Social Technical Trends)분석을 이용한다.

- 정치적 경향(Political Trend)에서는 규제, 법률, 정치적 풍토(분위기), 전문가의 의견에 관한 사정을 해야 한다.
- 경제적 추세(Economic Trends)는 재정자원, 비현금수입, 소비자, 공급자, 경쟁자에 관한 사정이 필요하다.
- 사회적 추세(Social Trends)에서는 지역사회의 인구통계, 지역사회의 문제와 욕구, 이용 가능한 노동력에 관해 사정해야 한다.
- 기술적 추세(Technical Trends)는 새로운 기술, 새로운 실행모델에 관한 사정 등을 요구하는데, 정보사회에서 기술은 거의 '컴퓨터'의 뜻으로 쓰이며, 장애인복지 분야에서는 보다 넓은 의미로 해석하여 투입을 산출(물질 또는 서비

스)로 전환하는 데 쓰이는 작업규정, 도구, 능력이나 자질 또는 정보를 의미한다.

## 3) 환경변화에 대한 과제

재활조직은 외부로부터 재원을 지원받아 사용하는 비영리조직이며, 조직의 사명(mission)을 위해 존재한다. 영리단체의 경우 자원을 목적으로 임의대로 쓸 수 있지만, 재활조직은 그 기관을 믿고 그 기관에서 봉사하며 재정적으로 기부해 주는 사람들의 순수한 신뢰를 바탕으로 일구어 온 조직으로 조직의 활동은 교환(exchange)조직이라고 할 수 있다. 따라서 재활조직의 경우 영리조직보다 자원을 투명하고 효율적으로 활용해야 할 책임이 훨씬 크며 재원의 사용도 더욱 신중해야 할 책임이 있다.

재활행정과 관련한 환경변화의 두드러진 점은 서비스 수준 제고와 복지수요의 증가다. 즉, 교육수준의 향상과 소득 증가에 따라 장애인의 재활서비스에 대한 기대 수준이 높아지는 것과 소득격차 및 노령 인구의 확대에 따른 복지수요가 크게 증가하고 있다. 따라서 재활행정은 이와 같은 사회변화에 적절히 대처해 나가야 한다.

소득격차 및 장애인구의 고령화 증가에 맞추어 볼 때 새로운 재활서비스의 확대가 요구된다. 이를 위해 일차적 노력은 중앙정부의 복지지출을 확대하는 것과 소득수준에 걸맞은 양질의 행정서비스를 제공해야 한다. 이러한 환경변화는 한정된 재원의 효율적 사용을 통한 서비스 우선순위의 조정, 복지행정에 대한 생산성의 제고, 구조조정, 사용자 자부담 등 효율화를 위한 다각적 방안이 적용된다. 그동안 비영리조직은 기업과는 달리 영리를 추구하지 않는 조직으로 이해되어 왔기 때문에 기업과는 다른 운영원리가 적용되어야 한다고 생각되지만, 재활사례의 경우 다음과 같이 제시하고 있다.

- 경쟁성 강화(more competitive behavior)로 재활기관 사이의 관계는 전통적으로 협조적(cooperative) 관계였지만, 앞으로는 기금, 프로그램, 고객유치 등에서 협조보다는 경쟁적인 분위기가 주도하게 된다.

- 민영화 경향(more privatization)으로 보수적이고 정부의 개입이 억제되는 분위기가 지배적일 것이기 때문에 계약, 보조금, 이용권(vouchers), 공동생산(co-production), 자원봉사자 활용 등과 같은 '민영화(privatization)'의 기법을 사용한다.
- 재구조화 경향(more restructuring)으로 경쟁이 심화되고 민영화가 지속적으로 진행되는 동시에 정보기술이 비약적으로 발전하게 되며 재활기관의 재구조화는 필연적이다.
- 마케팅 활성화(more marketing)는 전통적인 사회계획이나 욕구사정 같은 기법은 더 이상 통용될 수 없으며, 클라이언트와 기부자들의 관심을 유발할 수 있는 프로그램 구성과 포장, 서비스의 제공이 더욱더 중요한 문제가 된다.
- 기업경영적 행정강화(more entrepreneurial management)로 재활시스템의 분권화, 민영화가 촉진되기 시작하면 연방 · 주 정부의 기금을 확보하기 위해 규격화되고 획일적인 프로그램의 구성과 포장으로는 불충분하게 되므로, 새롭고 창조적인 것을 추구하는 기업가적 경영이 더욱 필요하게 된다.
- 품질관리강화(more quality management)로 과거 재활분야에서 재활전문가가 서비스의 질을 결정하는 접근방법(quality assurance approach)이 사용되어 왔다면 앞으로는 고객과 클라이언트 중심의 서비스를 제공하는 서비스 품질관리접근법이 필요하다.
- 결과에 대한 강조(more emphasis on result)는 앞으로의 재활은 과정보다는 결과를 중시하게 될 것이므로 성과측정, 성과할당 등의 분야에 보다 많은 노력을 기울여야 한다.
- 전략적 기획강화(more strategic planning)로 재활은 주변 여건이나 환경에 대한 보다 체계적인 분석을 통하여 외부환경이 클라이언트, 프로그램, 기관 등에 미칠 영향을 면밀하게 분석하여 적응하고, 피하는 등의 전략적인 대처가 필요하다. 이와 같은 내용은 모두 경영학에서 이전부터 사용되어 오던 개념이라는 점에서 앞으로의 재활행정이 나아갈 방향과 관련해 매우 시사적이라고 볼 수 있다.

## 2. 재활조직의 고객변화

### 1) 재활기관의 경쟁력

재활조직은 클라이언트를 소비자(consumer)로 인식하고 고객중심적 서비스를 실시해야 한다. 재활행정의 관점에서는 구체적이고 측정 가능한 목표의 설정을 통해 책임 있는 경영을 해야 한다. 현대사회는 소비자의 이질성이 높아지고, 비영리조직의 사회적 책임에 대한 요구가 확산됨에 따라 고객만족을 위한 고객 중심적 경영이 필수적으로 요구된다. 그럼에도 불구하고 대상자가 고객으로 대우받지 못하는 이유는 다음과 같은 재활조직의 독특성 때문이다.

- 재활조직은 서비스 공급에 있어 경쟁적 위치에 있기보다는 독점적 위치를 차지하고 있는 경우가 많다. 즉, 대부분의 재활조직은 지역에서 서비스의 독점적 공급자 지위를 확보하고 있다. 지역별 인구비례로 설치되어 있는 재활기관이나 시설은 지역 내에서 특별한 서비스 경쟁자가 없기 때문에 클라이언트는 기관의 서비스에 전적으로 의존하게 된다. 특히 우리나라와 같이 재활서비스 공급이 제한되어 있는 사회에서는 클라이언트 입장에서 다른 대안이 없기 때문에 특정기관의 서비스를 이용하는 경우가 많다. 이 경우 재활조직은 클라이언트의 욕구를 충분히 반영하지 않는 매너리즘에 빠지기 쉽다.
- 재활서비스는 항상 공급보다 수요가 초과되는 특징이 있다. 더구나 공급이 수요를 재창출하는 경우가 많기 때문에 일단 서비스가 공급되면 수요가 급속하게 증가한다. 이 경우 많은 서비스를 공급한다 할지라도 극히 일부의 욕구만을 충족시킬 수 있기 때문에 재활조직은 클라이언트의 다양한 욕구를 반영하지 못하고 기존의 서비스만 반복적으로 제공하려는 유혹에 빠지기 쉽다. 결국 일부 클라이언트는 재활조직으로부터 철저하게 무시당했다는 기분을 갖게 된다.
- 재활조직은 무의식중에 온정주의적 태도를 취하기 쉽다. 특히 공급에 비해 수요가 많기 때문에 극히 일부의 클라이언트만이 서비스를 받게 되는 경우

에 이러한 태도를 가지게 된다. 서비스를 받게 된 사람은 선택된 소수이기 때문에 서비스를 공급하는 재활조직에 감사하는 태도를 가져야 한다고 생각하며, 클라이언트가 서비스에 불만을 표시하거나 불평하는 것은 온당치 못하거나 심지어 배은망덕하다고 간주할 수 있다.

• 전문가의 자부심은 클라이언트의 욕구를 완벽하게 알고 있는 것처럼 착각하게 만들 수 있다. 재활조직에는 자신의 분야에서 고도의 훈련과 교육을 받은 고학력 전문 인력이 많으며, 이들이 재활의 가치와 철학에 투철하지 못한 경우에는 클라이언트의 욕구판단에 지나친 자신감을 갖기 쉽다. 그리하여 클라이언트를 개별화하지 못하거나 다양한 개인의 욕구를 차별화하지 못하는 우를 범하게 된다.

• 재활조직은 사명에 기초한 동기를 갖는 경우가 많다. 특히 종교성을 강하게 띠는 재활조직일수록 종교적 신앙의 관점에서 클라이언트의 욕구를 설명하려는 경향이 있다. 이 경우 클라이언트 본인의 욕구인지와 재활기관의 욕구분석은 서로 상반될 수 있어 클라이언트는 철저하게 무시당하는 느낌을 갖게 된다. 이러한 이유로 인해 비영리조직이 태생적으로 고객의 욕구를 충족시키는 데 한계를 지니고 있다고 주장한다. 그러나 최근 재활조직을 포함한 비영리 부문의 문화에서 일어나고 있는 변화로, 고객욕구충족의 중요성에 대한 인식이 높아지고 있다. 재활실천은 고객인 대상자들의 욕구에 대한 관심으로부터 시작된다.

과거에는 조직의 목적과 관련하여 기술체계를 강조하였으나, 최근에는 사회체계의 중요성이 인식되고 인적자원개발의 필요성이 강조되고 있다. 특히 1980년대 미국 경영인의 교과서가 되었던 Peters와 Waterman의 *In Search of Excellence*(1982)에서 '사람을 통한 생산성(productivity through people)'의 중요성을 강조하면서 각 조직마다 인적자원의 잠재력 향상을 위한 노력이 본격화되었다.

재활시설은 다양한 모습으로 존재하지만, 기본적으로 욕구를 가진 사람들의 삶의 질을 유지 · 향상시킴으로써 행복과 보다 나은 삶을 살 수 있도록 영향을 주기 위해 전문가적이고 직업적인 기술을 제공하도록 하는 사회적으로 위임받은 곳이다.

재활조직은 관료제 조직과는 구별된 특성을 지니고 있다. 수급권을 가진 클라이언트와 직접접촉을 하며 활동을 하는 재활제도의 최일선(front line)에 위치한 기구라고 할 수 있다. 또한 재활조직은 사회성을 가지고 있기 때문에 그 존재의 정당성은 사회로부터 부여받을 수 있으며, 전문가들의 전문적인 역량과 기술이 서비스의 효과성을 좌우할 수 있다. 따라서 재활조직은 ① 클라이언트 중심적이어야 하며, ② 조직 구조가 탄력성이 있어야 하고, ③ 전문적인 조직이 되어야 한다. 즉, 재활서비스는 전문 인력이 있는 재활기관이나 시설을 매개로 하여 대상자에게 전달한다.

재활행정은 이러한 시설을 효율적으로 운영하여 서비스의 효과성을 극대화하고자 하는 전문적인 노력이다. 이러한 시설의 효과적 운영은 재활서비스 전달체계의 원칙에 입각해야 한다. 일반적으로 재활서비스 전달체계에서 고려되어야 할 원칙으로는 포괄성, 접근성, 연계성, 통합성, 책임성 등이 있다(Gates, 1980).

- 포괄성은 충분한 양, 질, 충분한 기간에 걸친 일련의 서비스를 제공한다.
- 접근성은 서비스를 필요로 하는 사람들에게 서비스 이용에 대해 물리적 · 사회적 · 심리적 장애요인을 제거한다.
- 연계성은 전체적인 프로그램과 기관 내에서 조직상호 간 접근성의 관계다.
- 통합성은 프로그램 간의 연결이 결여되거나 프로그램에 대한 불확실성으로 인한 서비스의 단절을 최소화한다.
- 책임성은 종종 이용자의 유일한 문제나 욕구에 대해 책임을 지거나 이용자들이 그들의 불만이나 불평을 처리할 수 있는 일련의 과정이 있어야 함을 의미한다. 따라서 재활행정가는 서비스 전달과정에서 이러한 원칙이 준수될 수 있도록 노력해야 한다.

최근 재활서비스 추세는 대상자에게 선택을 보장해 주는 방향으로 나아가고 있다. 선택의 자유를 제공하기 위해서는 서비스 공급자가 다양해야 하며, 이를 위해 정부에서는 민간부문의 경쟁을 유도하는 경향이 있다. 실제로 많은 나라에서 재활조직은 경쟁의 시대에 진입하고 있다.

급격한 사회변화에 따라 사람들의 복지요구는 급격하게 변화되고, 고급화 · 다양화되고 있다. 정부의 보조금만으로는 대상자의 욕구를 도저히 충족할 수 없는 단계이며, 정부도 더 이상 재정적 지원을 확대할 수 없는 시점에 이르면서 재활 서비스는 다양한 공급자의 경쟁을 통해 제공되어 경쟁력을 가진 조직만이 생존하게 되는 시장경쟁의 단계에 이르게 되었다. 재활조직이 경쟁력이 있다는 것은 대상자와 기부자 모두에게 매력을 주며, 대상자가 선호하는 조직이나 서비스는 후원자에게도 기부의 동기를 강화시켜 준다. 그러나 이러한 상황에도 불구하고 재활조직에서 책임성의 위기에 대한 논의가 반복되고 있는 것은 기관운영과 관련된 재활행정의 미숙에서 기인한다. 재활에 대한 사회자원의 투자가 괄목할 만큼 증대되고 재활조직이 다원화되어 경쟁이 일어나고 있음에도 불구하고 재활조직은 효과성을 제시할 수 있는 객관적인 증거를 성공적으로 확보하지 못했기 때문에 책임성 논쟁이 지속되고 있다고 할 수 있다.

재활의 목표는 소외계층과 지역사회 모두에게 의식을 고취시키고, 인적자원을 개발하여 개인과 지역사회의 역량강화를 통해 스스로의 문제를 이해하고 해결할 수 있도록 도와주며 생계를 위해 새로운 환경을 창출할 수 있도록 도와주는 것이다. 그동안 우리나라에서 지역사회를 거점으로 하는 민간재활체계가 비난을 받은 이유 중 하나는 대상자의 참여를 제대로 이끌어 내지 못했기 때문이다. 그러기 위해서는 재활기관이 대상자의 역량을 강화시키고 지역사회의 자원을 효과적으로 조직화하기 위한 노력이 가시적으로 나타날 수 있도록 해야 하며, 특히 정책결정 과정에서 소외되었던 대상자가 자신의 복지에 영향을 미치는 결정에 대해 정책형성과정에 스스로 참여하도록 지원해야 한다.

## 2) 재활조직의 혁신

재활조직의 혁신에 대하여는 다양하게 논의될 수 있으나 일반적으로 '재활행정 체계를 서비스욕구와 수요의 변화에 적절히 대응하도록 개선함으로써 목표를 보다 더 효과적으로 달성하기 위한 인위적이고 계획적인 활동'이라고 정의할 수 있다. 이와 같이 재활행정의 혁신을 위해서는 재활 환경변화에 대해 살펴볼 필요가 있다.

어떠한 조직이든 지속적으로 성장하기 위해서는 성공하고 있는 시기에 조직의 초점을 재조정하고 변화를 모색해야 한다. 한 번의 성공으로 모든 것이 끝나는 것이 아니라 성공이 꼬리를 물고 계속 다음의 성공으로 성장해야 하며, 이를 위해서는 변화에 적응할 수 있는 자세와 태도를 항상 잊지 말아야 한다. 시작에 있어 가장 중요한 것은 바로 변화가 위협이 아닌 기회임을 인식하는 것이다.

성공적인 혁신에서 제일 먼저 요청되는 것은 주변에서 일어나는 변화를 위협이 아니라 잠재성이 있는 기회로 보는 자세다. 지속적으로 이익을 창출하고 생존할 수 있는 기업이 되기 위해서는 새로운 환경에 적응하여 경쟁우위를 유지하고 창출하는 것이 중요하며, 이를 위해 혁신적인 활동과 혁신성이 중요한 원천이 된다(Drucker, 1992).

경영학에서 혁신이란 새로운 아이디어(Van de Ven & Ferry, 1980)라고 정의하며, 이 아이디어는 현재의 질서, 공식에 도전을 주는 체계이면서 낡은 아이디어를 재조합하고, 관련된 개개인에 의해서 새롭게 인지되는 고유한 접근방법이다. 따라서 조직혁신이란 조직 내 구성원의 새로운 아이디어나 창의적인 태도와 행동으로 조직의 목표를 달성하는 것이다.

## 3) 재활조직의 혁신모델

변화에 관련된 사람들이나 다양한 유형의 저항 때문에 어떤 변화를 성공적으로 성취하는 것은 매우 힘든 일이다. 조직의 변화는 다양한 방식으로 이루어질 수 있다.

변화가 없는 조직의 리더십은 주로 거래적인 경우가 많다. 거래적 리더십(transactional leadership)은 조직이 기대하는 성과를 부하가 달성할 경우 반대급부로 부하가 원하는 것을 제공함으로써 동기를 부여하는 리더십이다. 즉, 조직을 위한 노력과 부하를 위한 보상을 상호교환하는 리더십이며, 이는 부하의 개인적 이익에 호소하고 합리성을 전제로 한다. 이러한 의미에서 거래적 리더십은 종래의 '리더와 부하 교환관계'를 기초로 한 것이다(Burns, 1978).

위로부터의 혁신은 변혁적 리더십이다. 변혁적 리더십(transformational leadership)은 새로운 패러다임이라 할 수 있다. 변혁적 리더십은 거래적 리더십과 같은 교환관계를 떠나 개인의 이익을 초월하여 상위욕구를 충족하도록 동기를 부여한다. 변혁적 리더십의 핵심은 리더가 부하를 몰입시키고 기대를 초월하는 성과를 달성하도록 동기를 부여하는 데 있으며, 이를 위한 구체적인 방안으로 세 가지를 제시한다. ① 목표달성을 위한 성과의 중요성과 가치에 대한 인식 수준 제고, ② 집단의 이익과 목적을 위해 사적 이익 초월, ③ 욕구 수준을 상승시켜 상위욕구를 중시하도록 한다.

아래로부터의 혁신은 직원주도의 변화를 의미한다. 흔히 '아래로부터의 변화' 혹은 '내부로부터의 변화'라고 부르는 하위계급의 고용인이 시도하는 변화전략은 Holloway(1987)가 SIOC(Staff-Initiated Organization Change)라고 요약하고 있다. 이 과정은 원래 Resnick(1978)이 정의한 것으로, 재활조직에서 하위 혹은 중간 위치의 직원이 궁극적으로 클라이언트에 대한 서비스를 향상시키기 위한 조직의 환경, 정책, 프로그램, 절차 등을 수정하거나 개선하고 실행하는 일련의 활동을 말한다. 이와 관련되는 활동은 전문적인 목적과 기관의 규범에 의해 정당한 것으로 인정을 받는다. 아래로부터의 혁신은 다음과 같은 다섯 단계를 거친다.

- 초기 사정단계는 문제확인, 흥미와 관심을 가진 평범한 개인으로 이루어진 행동체계(action system) 구성, 자료수집, 변화 목표설정, 가능한 해결책에 대해 고려하는 단계다. 특별히 조직의 의사결정자가 연관되어 있는 관심 부분에 대해 주목하면서, 변화 관리자(agent)의 잠재적 영향사정, 조직의 상황, 변화 관리자에 미칠 수 있는 위험, 유익, 추진 및 제어력에 대한 사정이 필요하다.
- 개시 전 단계는 재활인력이 그들의 영향력과 신뢰성(사회적 자본)을 전제로 문제가 처리될 수 있도록 스트레스를 유발하거나 증대시킨다.
- 개시단계는 어떻게 하면 주요 의사결정자의 관심사에 맞는 것처럼 보일 수 있을지를 고민하며 변화 목표를 제시하고, 변화 관리자는 다른 주요 개인 및 집단들과 동맹이나 지원을 개발하며, 주요행동가의 관심과 가치에 부합하도록 구체적인 사업계획서를 준비한다. 의사결정자와 대면할 대표자를 선출하고, 변화의 목표와 사업계획서를 소개한다.
- 실행단계는 변화 목표가 승인되었다는 가정하에 이 단계에서 관련 직원의 지원과 책임을 얻어 내고 저항을 처리하며, 변화계획을 이행했을 때의 기대

가 이해되도록 설득한다.

- 제도화 단계에서는 궁극적으로 변화가 기존의 전략계획, 표준운영절차, 조직문화의 일부가 되어야 한다. 다른 체계와의 연계도 필요하여 기관의 예산과정, 새로운 지위, 역할이나 보상체계 등이 인적 자원체계에서 공식화되어야 한다. 모든 변화는 모두가 변화를 인식하고 그에 대한 모든 질문에 답할 수 있도록 하기 위해 게시판, 회보, 미팅을 통해 규칙적으로 모든 직원과 의사소통되어야 한다. 클라이언트 혹은 고객 중심 시각과 주요한 조직성과에 미치는 영향에 초점을 두도록 해야 하며, 기관은 교란된 환경 속에서 운영되기 때문에 변화에 대한 관리는 계속적으로 이루어지는 조직의 생활방식이 되어야 한다.

### 4) 조직혁신의 방해요인

조직혁신의 노력이 별다른 변화가 없다거나, 저항에 부딪히거나, 직원 입장에서 또는 조직 내보다 큰 단위에서 불편감이나 스트레스를 유발함으로써 실패를 맞게 된다. 아래로부터 시작되는 변화는 기존의 권력구조로 충분히 이행되지 못하는 경우에 실패하게 되며, 위로부터의 변화는 권위적인 방식으로 이루어짐으로써 실패하게 된다. 조직의 변화와 혁신노력이 실패하는 경우를 다음과 같이 제시하고 있다.

- 지나치게 무사안일한 경우 변화 대리인은 자른 사람들이 변화를 원하도록 동기화하기 위해 다른 사람들이 고도의 긴박감을 형성하도록 할 필요가 있다.
- 충분히 영향력 있는 지도연합을 형성하지 못한 경우 핵심리더는 변화 노력을 공개적으로 지지할 필요가 있다.
- 비전의 힘을 과소평가하는 경우 비전 있는 리더십 사례에서 나타난 것처럼, 비전은 다수의 사람들의 행동을 이끌고 동조시키고 고무하는 것을 도움으로써 유용한 변화를 초래하는 데 결정적인 역할을 한다.
- 열중의 한 요소로(혹은 백 중의 하나, 심지어 천 중의 하나) 비전을 충분히 의사소통하지 못하는 경우 사람들은 자신에게 돌아올 이득이 비용을 능가하는지

명확하게 보고, 자신의 리더가 자신에게 말한 의도와 가치에 맞게 행동하는
지 확인할 필요가 있다.

- 새로운 비전을 차단하는 장애물을 허용하는 경우 변화 비전은 변화로 조정되
지 않는 조직구조나 보상체계 등과 같은 기존체계에 의해 정체될 수 있다.
- 단기간의 승리를 이루어 내지 못하는 경우 나태함이나 좌절과 겨루기 위해
직원은 몇 가지 신속한 성공을 볼 필요가 있다.
- 너무 일찍 승리를 선언하는 경우 분화의 변화 같은 대규모의 변화를 완전하
게 성취하는 데 수년이 걸린다.
- 변화가 있으나 이를 조직문화에 확실하게 정착시키는 것을 무시하는 경우
변화 결과는 조직의 업무수행도 향상과 시각적으로 연결될 필요가 있다. 이
때 새로운 행동과 체계는 새로운 규범과 가치에 근거해야 한다.

## 참고문헌

황성철, 정무성, 강철희, 최재성(2008). 사회복지행정론. 경기: 학현사.

Ballew, J. R., & Mink, G. (1996). *Case management in social work.* Spriagfield, IL: Charies C Thomas.

Bloom, B. L. (1984). *Community mental health.* Pacific Grove, CA: Brooks/ Cole Publishing CO.

Bradly, V. J., & Knoll, J. (1995). Shifting paradigms in services to people with disabilities. In O. C. Karan & S. Greenspan (Eds.), *In Community rehabilitation services for people with disabilites.* MA: Butterworth-Heineman, 5-19.

Burns, J. M. (1978). *Leadership.* New York: Harper & Row.

Dever, R. B. (1988). Community living skills. AAMR.

Drucker, P. F. (1992). *Managing the Non-profit Organization: Principles and*

*Practices*. New York: Harper Business.

Fellin, P. (1987). The Community and the social worker. Peacock.

Gates, B. L. (1980). *Social Program Administration: The Implementation of Social Policy.* Englewood Cliffs, NJ: Prentice-Hall.

Holloway, S. (1987). Staff-initiated Organizational Change. In A. Minahan (Ed.), *Encyclopedia of Social Work* (18th ed.), Washington DC: NASW Press.

Kotter, J. (1996). *Leading Change.* Boston: Harvard Business School Press.

Leake, D. W., & James, R. K. (1995). Shifting paradigms to natural supports: a practical response to a crisis in disabilities services. In O. C. Karan & S. Greenspan (Eds.), *In Community rehabilitation services for people with disabilites.* MA: Butterworth-Heineman, 20-37.

Lewis, J. A., Lewis, M. D., & Souflee, F. S. Jr. (1991). *Management of Human Service Programs.* Pacific Grove, CA: Brooks/Cole Publishing Co.

Lewis, J. A., Lewis, M. D., Packard. T., & Souflee. F., Jr. (2001). *Management of Human Service Programs* (3rd ed.). Belmont, CA: Brooks & Cole.

Lightfoot, E. (2004). Community-based rehabilitation: a rapidly growing method for supporting people with disabilities. *International Social Work, 47*(4), 455-468.

Mackelprang, R. W., & Salsgiver, R. O. (1999). *Disability: a Ddiversity Model Approach in Human Service Practice.* Pacific Grove, CA: Brooks/Cole Publishing Co.

Miles, S. (1996). Engaging with the disability rights movement: the experience of community=based rehabilitation in southern Africa. *Disability & Society, 11*(4), 501-517.

Mitchell, M. (1986). Utilizing volunteers to enhance informal social network. *Social Casework, vol. 67.*

Patton, M. Q. (1990). *Qualitative evaluation and research methods.* Newbury Pakr, CA: Sage.

Peters, T. J., & Waterman, R. H., Jr. (1982). *In Search of Excellence.* New

York: Harper & Row.

Price, R. H. (1984). *Psychology and community change*. Homewood, Illinois: The Dorsey Press.

Resnick, H. (1978). Tasks in Changing the Organization from Within. *Administration in Social Work, 2*(1). 29-44.

Roessler, R. T., & Rubin, S. E. (1982). Case management and rehabilitation counseling. Pro-ed.

Rubin, H. J., & Rubin, I. (1986). Community organizing and development. Merill.

Sharma, M. (2004). Viable methods for evaluation of community-based rehabilitation programmes. *Disability and Rehabilitation, 26*(6), 326-334.

Taylor, R. R., & Jones, C. J. (2005). Communiyt-based rehabilitation. In Encyclopedia of disability. In G. L. Albrecht (Ed.). London: Sage Publication. vol. 1, 286-289.

Twible, R. L., & Henley, E. C. (1993). A curriculum model for a community development approach to community-based rehabilitation. *Disability, Handicap & Society, 8*(1), 43-57.

UNESCO., ILO., & WHO. (1994). Community-based rehabilitation for and with people with disabilities. *Joint position paper.* Geneva/Paris: UNESCO, ILO, WHO.

Trine, N. Johans T. S., & Hanne, T. (2004). A Holistic Approach to Rehabilitation. Kommuneforlaget.

Van de Ven, A. H., & Ferry, D. L. (1980). *Measuring And Assessing Organizations.* New York: Wiley-Interscience.

# 국제사회와 재활

# 1. 국제사회의 참여

## 1) 국제기구의 천명

우리나라의 재활행정은 국제교류를 통해 시작되고 발전되었다. 과거 60년 동안은 선진국의 영향을 받아 국내외 재활을 발전시켜 왔다면, 앞으로 한국의 재활은 국제적 협력과 연대에 영향을 미치면서 새로운 국제화 시대에 동참하게 될 것이다.

한 사회의 발전은 다른 사회에 영향을 미치며 지구촌도 국제화 시대를 맞아 변화를 거듭하고 있다. 우리나라도 지속적인 국제관계와 맞물려 국내외 재활분야의 발전을 거듭해 왔다. 지난 60년간 재활분야의 국제교류는 괄목할 만한 성장을 거듭하였으며, 2012년 RI, DPI인천대회를 기점으로 국제사회에서도 주도적 역할을 수행하고 있다.

**표 13-1** ILO 재활 기본규칙

| 규 칙 | 내 용 |
|---|---|
| 1 | 이해증진(Awareness) |
| 2 | 의료보호(Medical Care) |
| 3 | 재활(Rehabilitation) |
| 4 | 지원서비스(Support Services) |
| 5 | 접근성(Accessibility) |
| 6 | 교육(Education) |
| 7 | 고용(Employment) |
| 8 | 소득 및 사회보장(Income Maintenance & Social Security) |
| 9 | 가정생활과 개인성(Family Life & Personal Interity) |
| 10 | 문화생활(Culture Activities) |
| 11 | 여가와 체육(Recreation & Sport) |
| 12 | 종교(Religion) |

| 13 | 정보와 연구(Information & Research) |
| 14 | 정책 수립과 계획(Policy-Making & Planning) |
| 15 | 입법(Legislation) |
| 16 | 경제정책(Economic Policies) |
| 17 | 사업조정(Coordnination of Work) |
| 18 | 장애인 단체(Organizations of Persons with Disabilities) |
| 19 | 전문요원 양성(Personnel Training) |
| 20 | 국가장애프로그램 평가(National Monitoring & Evaluation of Disability Programmers in Implementation of the Standard Rules) |
| 21 | 기술 및 경제적 협력(Technical & Economical Cooperation) |
| 22 | 국제협력(International Cooperation) |

국제연합은 1944년 국제노동기구의 결의에 따라 '직업재활에대한기본규칙'을 결의했다. 그 후 1971년 '지적장애인권리선언', 1975년 '장애인의권리선언', 1980년 '세계장애인의 해' 선포, 1981년 'UN 장애인10년세계행동계획', 2008년 'UN 장애인권리협약' 등 다양한 영향력을 미쳐 왔다.

1991년 국제경제사회이사회(UN EACAP)는 '국제장애인복지대회' 등 다양한 분야에서 각 나라가 협력할 것을 논의했으며, 아시아에서도 'UN장애인10년행동계획'을 거듭 선포하고 아시아 국가 재활발전을 위해 공동으로 노력하고 있다. 그 노력은 '아시아·태평양장애인10년행동계획'(1999~2002) 결의를 통해 아시아 지역 국가가 재활의 공동 실천을 노력해 왔으며, 이 계획은 2013년부터 새로운 '아시아·태평양장애인10년행동계획'으로 거듭났다.

2012년 10월 인천에서 개최된 국제재활 기구는 일제히 총회를 개최하였다. 이 기간 중에 개최된 주요 국제기구는 세계재활협회(RI), 국제장애인연맹(DPI), 국제경제사회이사회(UN ESCAP) 등 다양한 조직으로, 한국 조직은 이들 회의 운영을 주관하였다. 우리나라의 국제기구 가입단체는 '한국장애인재활협회'가 RI 한국대표를, '한국장애인연맹'이 DPI 한국대표를 이끌고 있다. 이런 장애인단체는 회원국으로 국제사회에 지속적 참여와 동시에 다양한 국제적 이슈를 국내에 도입해 온 결과로 국제대회 유치를 통해 국제사회에 알리는 데 기여했다.

우리나라도 국제적 재활지도자가 활동하고 있어 한국의 국제위상을 조금씩 높여 가고 있다. 한국전쟁 이후 1954년 '한국장애인재활협회'의 설립과 더불어 국제재활기구인 '세계재활협회(Rehabilitation International; RI)' 가입을 통해 국제사회에 첫발을 내딛었다. 당시 한미재단(American-Korean Foundation)이나 UN 한국지원기구(United Nation Korea Reconstruction Agency: UNKRA), '세계기독교봉사회' 등의 노력이 있었기에 가능하였다. 특히 한미재단의 지원을 받아 1958년과 1960년에 '국제재활대회에 각 대표를 파견하는 등 국제화의 흐름에 동참할 수 있었다.

1970년대는 국제교류와 관련하여 '세계재활협회'가 '재활 10년'을 정하고, 전 세계적으로 캠페인을 전개함에 따라 우리나라도 이에 걸맞은 재활과 복지의 발전에 동참하였다. 이를 계기로 마침내 '한국장애인재활협회'는 2012년 정기총회를 국내에 유치하고 그 위상을 높였다. 1977년에는 제32차 UN총회에서 1981년을 '세계장애인의 해'로 정하고, '행동계획'을 채택하여 각국에 이를 위해 전력할 것을 권유함에 따라, 우리나라도 1980년에 대통령령에 의해 구성된 '세계장애인의 해 사업추진위원회'를 통해 시설과 재활센터 건립을 하나의 사업으로 추진하였다.

1981년 UN '세계장애인의 해'는 우리나라 장애인복지증진에 커다란 획을 그었다. 또한 '서울장애자올림픽대회'를 우리나라에 유치하기로 결정한 후 정부는 국내외 장애인 시설에 관심을 두었다. 1980년대의 또 다른 중요한 변화는 국제적으로 UN '세계장애인의 해(International Year of Disabled Person: IYDP)'로 정하고, 완전한 참여와 평등(Full Participation and Equality)을 주제로 세계적 운동을 전개하였다.

우리나라도 국제조직의 천명으로 국내 장애인복지정책과 제도를 본격적으로 수립하게 되었다. 이는 시대적 변화에 따른 장애인의 사회적 참여와 권리를 향한 장애운동의 확산으로 국내에 큰 영향을 미치게 되었다. 특히 1980년 '국제장애인연맹(DPI)'의 설립을 계기로, 1986년에 출범된 '한국장애인연맹(DPI Korea)'은 국제 활동에 영향을 주었다.

UN에서 1980년 7월에 채택한 '여성을 위한 10년 세계회의'는 민간조직, 특히 장애인 및 그들의 가족으로 구성된 단체의 노력을 환영하며, 이에 대한 공공적·

재정적 지원을 요구하였다. 또한 '아시아 · 태평양 경제사회위원회(UN ESCAP)'에서는 1980년 '세계장애인의 해' 행동목적과 계획에 관한 전문가회의에서 민간단체와 자조조직의 사업이 촉진되고, 완전히 통합되어야 함을 규정한 바 있다.

국제경제사회이사회(UN ESCAP, 1991)의 '장애인 자조단체에 관한 전문가 회의'에서는 장애인 자조단체의 기본적 기능에 대해 ① 장애인에 의한 자기결정, ② 상호지지 기제를 통한 장애인의 역량강화, ③ 모든 장애조직에 동등기회의 원칙 적용, ④ 국가 책임성의 강조, ⑤ 다양한 장애영역 간 대화와 협력, ⑥ 완전참여와 기회균등을 위한 대변, ⑦ 정부 및 NGO 단체와의 긴밀한 관계 수립을 제시했다.

국제적으로 장애인단체 역량강화 전략으로는 ① 장애인의 실태와 욕구 및 지역자원에 대한 조사연구, ② 성공적 기획, ③ 모니터링과 평가, ④ 자원의 개발, ⑤ 실질적 소득원 창출, ⑥ 단체의 공식적 인정, ⑦ 자원의 개발, ⑧ 장애인의 역량강화를 위한 지지, ⑨ 훈련, ⑩ 공간과 인력확보, ⑪ 지지적 서비스, ⑫ 지역사회 및 정부 그리고 NGO와의 적극적 교류, ⑬ 장애분야의 자조단체 전국모임에의 적극적인 참여, ⑭ 장애문제에 관한 국가조정위원회의 역할을 제시하였다.

장애문제를 권리차원에서 접근하려는 노력은 국제적으로도 적지 않은 연륜을 가지고 있다. 특히 UN은 1971년에 '정신박약자권리선언'을 하고, 1975년 12월 9일에는 총회결의로 '장애인의권리선언'(declaration on the rights of disabled persons)을 채택한 바 있다. 그 이후 UN은 1981년을 '세계 장애인의 해' (1983~1992)로 선포하고, 장애인의 참여와 평등을 가치로 활발하게 활동을 전개하여 그간에 실천할 목표로 '세계장애인10년행동계획(world programme of action concerning disabled persons)'을 채택하였으며, 1993년 12월 20일에는 '장애인의 기회균등화에 관한 표준규칙(Standard rules on equalization of opportunities for persons with disabilities)을 채택했다.

2012년 '한국장애인재활협회'와 '한국장애인연맹'은 각기 인천송도에서 국제대회를 유치 · 개최하였다. 이 대회에서는 정부와 민간, 그리고 국가적 · 지역적 · 국제적 수준의 협력과 공동노력을 이끌어 내기 위해 '제22차 RI세계대회' 'DPI대회' '아시아 · 태평양 장애포럼(APDF)', 정부 간 회의인 '국제경제사회이사회(UN ESCAP)' 대회를 아우르는 국제조직의 총체적인 회의가 진행되어 우리나라는 국제적 위상을 더 높였다.

## 2) 국제사회의 권리선언

### (1) 장애인권리선언

1970년대는 장애 및 장애인에 대한 국제적 관심이 고조된 시기였다. UN은 1971년 12월 20일 '지적장애인의권리선언', 1975년 12월 9일 '장애인의 권리선언', 1976년 12월 16일에는 1981년 '세계장애인의 해'로 지정하는 결의를 총회결의로 채택하였다. 이들 권리선언이 법적 효력이 있는 것은 아니었지만, 우리나라 재활행정에 많은 영향을 미치게 되었다.

국제사회는 1970년대 장애인 인권선언이 선포됨으로써 장애인의 인간적 가치를 재인식하게 되는 계기를 갖게 되었으며, 1971년에 UN은 '지적장애인의권리선언(UN 제26차 총회, 결의 2856, 1971년 12월 20일 채택)'에서 '장애인은 그 장애의 원인 및 특질 정도에 상관없이 같은 연령의 시민과 동등한 기본적 권리를 가진다.'고 전 세계에 선언하였다. 1975년 동일한 맥락에서 '장애인의 권리선언'을 통해, 장애인도 다른 사람과 마찬가지로 모든 사회활동에 참여할 권리가 있고, 모든 국가는 장애인의 이 같은 권리를 보호하고 이를 보장하는 적극적 시책을 펴 줄 것을 촉구하였다.

### (2) 10년행동계획 선언

UN은 재활정책의 지속적인 추진을 촉구하는 의미에서 1983~1992년을 'UN장애인10년(UN Decade of Disabled Persons)'으로 선포하고 이를 실천하기 위한 구체적인 지침으로서 '장애인에 관한 세계행동계획(World Program of Action Concerning Disabled Persons, 1983)'을 발표하였다.

UN 가맹국들의 '장애인10년행동계획'은 '완전한 참여'를 실현하는 내용으로, 장애인의 주체적 사회생활 운영, 장애인의 사회적 공헌, 장애인의 정책결정단계의 참가 등을 실현하도록 하였으며, '평등'을 실현하는 내용으로는 일반 국민과 같은 수준의 생활, 평등한 분배 등을 실천하도록 하였다.

'UN장애인10년'이 끝날 무렵, UN은 장애인을 포함한 모든 사회구성원이 함께 잘 살기를 원하는 '만인을 위한 사회(A Society for All)' 지향과 '인식으로부터 실천으로(from Awareness to Action)'라는 표어를 걸고 모든 나라가 실천하기를 권고하는 '장애인의 기회균등을 위한 표준규칙(Standard Rules for the Equalization of Opportunities for Disabled Persons, 1994)'을 채택하였다. 이 표준규칙은 '세계 행동계획'의 내용을 재정리하고 더불어 개인, 즉 장애인의 주체성 및 자조생활과 문화 항목을 추가·보완하였다.

국제사회는 UN권리선언, UN장애인의 해, UN장애인10년(1983~1992), 제1차 아시아·태평양장애인10년(1993~2002), 제2차 아시아·태평양장애인10년(2003~2012)으로 발전하고 있다.

UN 장애인10년·UN ESCAP의 제1, 2차 장애인10년, UN의 '기회균등화를 위한 기본 규칙'(1993), 'UN 장애인권리협약'(2006) 제정 등을 통해 국제적으로 재활에 대한 관심이 고조되었으며, WHO는 장애개념 규정에 대하여 1997년과 2001년 두 차례에 걸쳐 장애개념을 새롭게 정의하는 ICIDH-2(International classification of impairments, disabilities and handicaps)와 ICF(International classification of functioning, disability and health)를 발표하였고, 장벽과 차별 없는 사회를 주장하는 아시아·태평양장애인10년(2003~2012)의 선포, 수년간 논의 끝에 채택된 'UN장애인권리협약'(2008) 등 장애인의 기회균등과 기본적 권리실현을 위한 사회환경의 개선, 법적·제도적 뒷받침을 권고하였다.

## 2. 재활 관련 국제조직

### 1) 국제 가맹 조직

#### (1) 세계재활대회

'세계재활대회'(Rehabilitation International: RI)는 1972년부터 매 4년마다 개최되는 국제학술대회로 현재 80개국이 활동하고 있으며, 우리나라는 '한국장애인재활협회'가 1954년부터 가입하여 활동하고 있다. '세계재활대회'는 1922년부터 결성된 세계민간기구로 각종 정보교류, 학술회의, 공동연구와 국제협력을 추진해오고 있다.

세계재활협회(RI)는 장애인의 권리(Rights) 실현과 사회통합(Inclusion) 활동을 추진하고 있으며, 1968년 9월 홍콩에서 개최된 '제4차 범태평양세계재활대회 (Fourth Pan-Pacific Regional Conference, Hong Kong, 1968)'에 참가한 우리 대표단은 선진 국가들의 재활분야의 발전에 큰 자극을 받게 되었다. 또한 이듬해에는 아일랜드에서 열린 '제11차RI세계대회(Eleventh World Congress, Dublin, Ireland, 1969. 9. 14.~19.)'에 한국대표를 파견하는 등 장애관련 국제기구 가입을 통해 국제교류의 싹을 키웠다. 이 대회 참석을 통해 '한국장애인재활협회'는 다가오는 1970년대를 '재활의 10년(The Decade of Rehabilitation, 1970~1980)'으로 선포함으로써 장애와 재활의 문제를 단순히 의료 또는 구호차원으로 제한하지 않고, 정부의 개입을 강력히 촉구하였다. 이는 장애와 관련하여 국제적 캠페인을 주도한 사례라는 데 의의를 둘 수 있다. 또한 지역사회재활(CBR)과 보편적 디자인(Barrier Free Design), 장애인의 접근성 마크(Symbol of Access)의 소개뿐 아니라 장애를 바라보는 사회적 관점의 변화가 일기 시작했다는 점에서 중요한 의미를 차지하고 있다(한국장애인재활협회, 2002).

'한국장애인재활협회'가 1960년대 'RI 대회'와 1970년대 '재활의 10년'을 통해 이를 국내에 알림과 동시에 우리나라의 변화를 이끌어 왔으며, 대표적으로 1971년 4월 20일을 '재활의 날'로 정하고 1972년부터 매년 기념행사를 치러 왔다. 1973년에는 한국장애인재활협회가 RI 부회장과 함께 당시 김종필 국무총리를 예방하여 '재활의 10년' 선언문을 증정하고 정부의 장애인복지정책수립을 촉구하였다.

1979년에는 우리나라 장애분야 국제교류 역사상 최초 국제회의인 '제6차 범태평양세계재활대회(Sixth Pan Pacific Conference of Rehabilitation International, Seoul, Korea, 1979. 4. 22.~27.)'를 '한국장애인재활협회'가 유치함으로써 장애문제에 대한 국제사회의 관심뿐 아니라 국내적인 관심을 촉구하기도 하였다. 당시 25개국 348명의 외국인과 국내 320명의 인사가 참석한 대규모 대회로서 국가적인 차원에서도 성공적인 대회로 평가받고 있다.

이 대회의 또 다른 역사적 의미는 'RI 1980년대 헌장(The RI Charter for the 80's)'을 제정하기 위해 준비모임을 갖게 되었다. '1980년대 헌장'은 인류가 모든 사람의 권리를 보호하고 책임을 증대시킬 수 있는 시책에 관하여 합의된 성명이라고 할 수 있으며, 당시 제정위원회는 1978년부터 초안작업을 걸쳐 1979년 서울대회와 같은 해 11월 멕시코에서 개최된 '라틴아메리카와 캐리비안 연안의 RI 재활전문가 회의'에서 모임을 갖고 1980년 '제14차 RI세계대회(캐나다 위니펙)'에서 이 헌장을 발표했다. 이 헌장은 1981년 'UN 세계장애인의 해'의 선포에 중요한 문서로 제시되었다.

### (2) 세계장애인연맹

'세계장애인연맹(Disabled Peoples International)'은 1980년 캐나다 위니펙에서 RI대회를 개최하였다. 총회 도중 각국의 장애인단체 대표는 RI총회에 투표권을 행사하고자 하였으나 참여를 거절당하자 당사자는 별도의 조직을 구상하게 되었다.

이때부터 각국의 장애인 대표는 RI 조직 이념을 달리한 당사자가 구심점이 되는 국제조직을 새롭게 창설하게 되었다. 바로 1981년 제1회 싱가포르 '세계장애인연맹'이다. RI조직은 회원이 전문가 중심으로 구성되는 데 반해 DPI 조직은 장애인당사자 중심으로 조직되었다.

우리나라도 '한국장애인연맹'을 결성하였으며, 1986년 지체장애인 10명, 시각장애인 5명, 청각장애인 5명 등 20명의 발기인이 모여 발기인대회를 갖고 '한국장애인연맹'이 출범하였다. '한국장애인연맹'이 발족됨으로써 '세계장애인연맹' 회원국으로서의 활동을 개시하게 되었다. 이후 꾸준한 국제활동을 통해 널리 통용되고 있는 '장애와 인권'의 개념을 국내에 확신시킴으로써 장애인 문제를 인권 차원에서 해결하기 위한 이념적 지평을 여는 데 기여해 왔다(한국 DPI, 2001).

2012년에는 인천에서 '새로운 아시아·태평양장애인10년' 평가 결의를 다짐하였을 뿐만 아니라 AP-DPO UNITED 조직, 즉 장애인당사자 단체로 구성된 '아시아·태평양10년'을 조직적으로 준비하는 기구를 공유하게 되었다.

DPI조직의 역사적 변화는 1970년대 초반 북미와 유럽지역에서 일어났던 여성해방운동, 성적소수자운동, 1968년 유럽 학생운동 등 사회운동사적 흐름과 무관하지 않으며, 장애계도 1970년대 중반을 전후해서 정치적·경제적·사회적 관심을 표방하는 많은 당사자조직이 설립되었다. 장애인권리운동이나 일부 국가에서 잘 알려진 자립생활운동 등이 본격적으로 전개되었으며, 1980년대를 기점으로 시민사회의 성숙과 국내 장애인복지단체 설립에 큰 영향을 미치게 되었다.

### (3) 국제경제사회이사회

국제경제사회이사회(1990)는 국제회의에 국가대표인 공무원뿐만 아니라 비정부조직, 전문가, 당사자의 참여를 적극적으로 권장하였으며, 특히 '장애 관련 주제별 실무위원회(TWGDC)'를 구성하여 민간 차원의 다양한 장애전문가 참여기회를 제공하였다. 이 위원회는 1986년 '장애 관련 아시아 · 태평양지역조직간특별위원회(Asia-Pacific Inter organizational Task Force on Disability-related Concerns)'가 설립되어 다양한 활동을 전개했다. 그 후 2000년에는 지역조정기구 내에 여러 위원회 중 하나인 '장애 관련 주제별위원회(TWGDC)'로 명칭을 변경하였다.

제1차 회의는 2000년 12월 11일에 방콕에서 열렸는데, 당시 '한국장애인재활협회'에서는 강위영 교수가 참석하였다. 또한 제3차 회의에는 보건복지부 공무원 등 정부 관계자가 꾸준히 참석함으로써 정부 관련 국제기구의 교류를 통해 신뢰를 구축하였다. 이 회의는 매년 상 · 하반기에 국제회의와 연계하여 열리고 있으며, '제22차 RI총회'와 별도 회의로 각국 정부 간 회의인 '국제경제사회이사회(UN ESCAP) 회의도 함께 진행되었다.

### (4) 장애인단체의 국제가맹

1959년 '한국농아인협회' 단체로는 처음으로 '세계농아인연맹(World Federation of the Disabled: WDF)'에 가입하였고, 1969년 5월 20일에는 '한국지적장애인애호협회'가 '국제정신박약인연맹'에 가입함으로써 국내적으로 다양한 장애단체의 국제기구 가입이 늘기 시작하였다. 1981년에는 '한국뇌성마비복지회'가 '국제뇌성마비인협회(International Cerebral Palsy Society: ICPS)'에 가입, 1982년에는 '국제뇌성마비인 스포츠와 레크리에이션협회(Cerebral Palsy International Sports and Recreation Society: CPISRS)'에 가입한 이래 다양한 국제행사의 참여뿐 아니라 친선교류를 이어 오고 있다.

우리나라는 그동안 국제교류를 통해 성장해 왔으나 향후 국제적 조직에 걸맞은 역량을 강화할 필요가 있다.

첫째, 장애인단체는 국제교류의 정보를 공유할 수 있어야 한다. 현재는 장애인 관련 임의단체의 경우 그 기능과 역할에도 불구하고 제도권 밖에서 아무런 정책적 배려도 받지 못하고 독자적으로 기능을 수행하고 있기 때문에 다양한 국제교류 활동에도 불구하고 자료가 공유되지 않는 경우가 많다. 장애인의 권리를 주장하고, 인식을 개선시키는 데는 개인보다 단체를 통한 조직적 활동이 효과적이며, 국제적인 연대가 이루어질 때 그 시너지 효과가 극대화됨을 인식하고 장애인단체의 활성화와 함께 현황 파악을 추진해야 한다.

둘째, 국제 장애인계를 이끌어 갈 장애인 지도자의 양성이 요구된다. 장애인 복지에 있어 한국의 위상이 높아지고 있음에도 불구하고 국제교류를 담당할 수 있는 장애인 당사자 인력은 극히 제한되어 있다. 또한 지도자의 역할을 수행할 수 있는 사람도 극소수로 제한되어 있는 실정이다. 소수의 엘리트뿐만 아니라 장애인당사자의 국제교류를 활성화시키는 노력이 지속적으로 추진되어야 한다.

## 3. 국제사회의 공동 과제

### 1) 장애인에 관한 세계행동계획

국제사회는 1981년을 '세계장애인의 해'로 정하고, 모든 회원국으로 하여금 '장애인의 완전한 참여와 평등'을 강력히 촉구하는 계기를 마련하였다. 1982년 12월 3일에는 'UN장애인10년(1983~1992)'을 선포하고, 각 당사국이 이를 실천에 옮기는 데 있어서 하나의 지침이 될 수 있도록 '장애인에 관한 세계행동계획(World Programme of Action)'을 발표하였다. 이러한 계획은 장애예방(Disability Prevention), 재활(Rehabilitation)과 기회의 평등(Equalization of Opportunities)을 핵심으로 사회생활과 개발에 있어 장애인의 평등과 완전참여를 달성하기 위한 효과적인 방법을 채택하도록 지침을 수립하였다.

UN총회는 1992년 10월 14일 결의안에서 12월 3일을 '세계장애인의 날'로 매년 준수할 것을 선포하였다. 또한 '세계장애인의 날'의 제정은 원래 총회에서 장애 이슈에 대한 이해를 증진하고, 정치적·사회경제적·문화적 생활의 모든 측면에서 장애인의 통합을 위한 인식을 증가시키기 위한 실천전략인 '장애인에 관한 세계행동계획'을 채택한 날(1982. 12. 3.)을 기념하기 위한 것이었다.

이 결의안에서는 모든 회원 국가와 국제조직이 장애인의 복지를 향상시키기 위해 지속적이고 효과적인 행동 지침을 권유하고, 국가적 · 지역적 · 국제적 조직은 각 정부에서 '장애인의 날'을 지키는 데 협조할 것을 권고했다. UN에서는 '세계 장애인의 날' 연례행사의 주제를 매년 새롭게 정하고 있으며, 이는 1982년 '세계 행동계획'에서 확립한 장애인에 대한 완전하고 동등한 인권과 참여에 그 목표를 두고 있다.

## 2) 아시아 · 태평양장애인의 행동 계획

UN이 결의한 '장애인10년'이 끝날 무렵, 1993년 '만인을 위한 사회(A Society for ALL) 지향'과 '인식에서 실천으로(From Awareness to Action)'라는 표어를 걸고 각국이 권고하는 '장애인의 기회균등을 위한 기본규칙(UN Standard Rules)'을 제정하여 세계 각국에 배포하고, 이행을 위한 법률 제정과 개발을 촉구하였다.

'아시아 · 태평양지역' 여러 나라도 'UN장애인10년(1983~1992)'의 업적을 평가한 결과 아시아 · 태평양지역은 다른 지역에 비하여 인식의 개선은 있었으나 실제적인 장애인의 삶에는 큰 변화가 없었기 때문에 이 지역에서 'UN장애인10년'의 변화를 지속적으로 이어 가기 위해 지난 1992년 4월 제48차 국제경제사회이사회(UN ESCAP) 총회에 참가한 33개국 회원국은 '아시아 · 태평양장애인10년'(1993~2002)을 결의하고 주요한 행동계획을 발표하였다. 이 시기는 우리나라를 비롯한 아시아 · 태평양지역 정부는 물론 장애 관련 민간단체는 이를 계기로 본격적인 국제교류를 전개한 시기다. 이 시기는 국제사회의 적극적인 참여는 물론 아시아 · 태평양지역 차원에서 민간국제조직기구를 공동으로 결성하거나, 이를 적극적으로 이행하기 위해 국제경제사회이사회(UN ESCAP)와 더불어 국제회의를 유치하는 등 활발한 국제 활동을 전개했던 시기다.

국제경제사회이사회(UN ESCAP) '제1차 아시아 · 태평양장애인10년'(1993~2002)이 범국가차원에서 추진되었다면, 이를 민간차원에서 이행하기 위한 '새로운 아시아 · 태평양지역민간단체연합회(Regional NGO Network: RNN)'를 결성하였다.

그리고 '아시아 · 태평양장애인10년'은 국제경제사회이사회(UN ESCAP) 회의에서 재천명되었다. 지난 2002년 '아시아 · 태평양장애인10년(1993~2002)' 최종

평가(일본 오사카)를 통해 새로운 '제2차 아시아·태평양장애인10년(2003~2012)'을 위한 '비와코 새천년행동계획(BMF)'을 선포하게 되었다. 그중 실천과제로 일곱 가지 영역을 천명하였는데 ① 장애인자조단체, ② 여성장애인, ③ 장애조기발견, ④ 훈련과 자영업을 포함한 고용, ⑤ 건축환경과 대중교통에 대한 접근, ⑥ 정보와 의사소통 및 보조공학, ⑦ 사회보장프로그램을 통한 빈곤경감을 결의하였다.

매 2년마다 아시아·태평양지역의 정부, 장애인, 전문가 및 관계자와 중간평가회의를 통해 점검하였으나, 일본 오사카 대회를 계기로 RNN은 해체되었고, 새로운 10년에 걸맞은 '아시아·태평양장애포럼(Asia and Pacific disability Forum)' 설립을 결의하였다. 2003년 11월 26~28일 '제1차 APDF 총회 및 컨퍼런스'를 싱가포르에서 개최하였으며, 아시아·태평양지역 24개국 300여 명이 참석한 가운데 공식적인 아시아·태평양지역 민간기구를 발족하였다. 한국은 35명의 대표단을 구성하여 참가하였으며, APDF 집행위원회에서 연구 및 개발분과위원장(김형식 RI Korea)을 역임하였다. '아시아·태평양장애인10년'이 2002년 일본에서의 최종평가대회를 통해 종결되었으며, 또 다른 '아시아·태평양장애인10년' (2003~2012)이 선포됨과 동시에, 국제적 차원에서 장애인권리협약 제정을 위한 움직임이 활발하게 전개되었다.

## 3) 국제장애인권리협약

UN의 '국제장애인권리협약'은 2008년에 성사되었다. UN 장애인권리협약(United Nations Convention on the Rights of Persons with Disabilities: CRPD)은 다년간에 걸친 유엔 산하 기관과 각계 인사 및 각국 정부, 그리고 비정부 기구들이 전방위적인 로비 노력을 벌인 끝에 이루어진 결과다. UN 장애인권리협약(UN CRPD)의 목적은 장애인의 필요에 부응하기 위한 UN 차원 인권협약을 이끌어 내는 것으로, 앞서 2006년 12월 13일 유엔 총회 의결을 걸쳐 탄생하게 되었다. 이후 2007년 비준과 서명을 거쳐 2008년 3월 정식 발효에 이르게 되었다. UN 장애인권리협약(UN CRPD)은 50개 조항으로 이루어져 있고 장애인의 인권을 보호하며 이를 더욱 신장하는 것을 주된 목적으로 하고 있다.

UN 장애인권리협약(UN CRPD)은 장애인의 인권에 대한 가장 구체적이고 광범위한 인정이 이루어지도록 하고 있으며, 제1조에서 장애인이 지니는 시민권, 정치, 문화, 사회, 경제적인 권리를 규정하고 있다. UN 장애인권리협약(UN CRPD)의 목적은 장애인으로 하여금 완전하고 평등하게 인권을 향유할 수 있도록 보장하고, 이러한 인권을 보호 및 신장하는 데 있다. 또한 장애인의 기본적인 자유권을 보호 및 천부적 존엄성을 신장하는 것을 목표로 삼고 있다. 이 협약은 기존의 인권 개념을 더욱 구체화하고, 그 범위를 확대하는 것을 목적으로 제정하였다.

UN 장애인권리협약(UN CRPD)은 잠재적인 법적 효력을 지니는 문서의 형식으로 제정되어 장애인을 대상으로 어떠한 종류의 기본적 인권보호 조치가 이루어져야 하는지를 명문화하고 있다. 이 의정서의 내용은 협약 기구를 대상으로 개인이 진정을 제출하도록 내용을 담고 있다. 협약은 다음과 같은 다양한 측면에서 기존의 여러 협약과는 또 다른 특성을 지니고 있다.

- 이 협약은 21세기에 접어들어 최초로 이루어진 인권협약이다.
- UN의 역사상 가장 짧은 협상 기간을 거쳐 탄생하였다.
- 시민 사회가 최초로 광범위하고 적극적으로 협약 선언문의 작성 및 협의 과정에 참여하였다.
- 체결일 당시 UN 협약 사상 가장 많은 국가가 조인하였다.

'세계장애인10년'이 경과되었지만 장애인의 상황은 여전히 열악하며, 특히 아시아 · 태평양지역의 대다수 국가의 상황은 별로 좋아진 점이 없는 실정이었다. 따라서 국제경제사회이사회(UN ESCAP)는 '세계장애인10년'에 이은 '아시아 · 태평양장애인10년'을 선포하기에 이르렀으며, 2012년 '아시아 · 태평양장애인10년'을 마감하고, 다시금 '아시아 · 태평양장애인10년'으로 이어지고 있다.

'아시아 · 태평양장애인10년'이 진행되는 기간 중인 2006년 12년 13일 UN총회는 장애인 권리장전이라고 할 수 있는 다자조약 형태의 'UN 장애인권리협약(convention on the rights of the persons with disabilities: UN CRPD)'을 채택하였고, 2008년 5월 3일 협약이 국제조약으로서 발효되었다. 이 협약이 제정되기까지 각국의 장애인, 장애인단체, 장애 관련 전문가 및 각국 정부가 수많은 논의와 협의를 거쳤다.

아시아·태평양지역에서는 23개국이 이 협약에 서명하였고, 한국 정부는 2007년 3월 20일 이 협약에 서명하고, 2008년 12월 2일 국회의 비준을 얻어 UN 사무총장에게 비준서를 기탁하였다. 다만 한국정부는 국내법과의 상충되는 몇 가지 문제로 협약 제25조 생명보험 관련 규정을 유보하고, 협약 의정서 가입을 유보하였다.

권리협약은 모든 국가에게 가입이 개방되어 있는 다자조약 형태로 되어 있어 어느 특정 가입국과 가입국 간의 법률관계 결정이 아니라, 가입국의 국제사회에 대한 약속이자 의무부담이라는 성격을 지니고 있다. 협약 참가국은 UN 보고서 제출의무를 지는 등 구체적인 의무와 이에 대한 UN의 조치 등에 관한 규정도 포함되어 있기는 하나, 양자조약이나 폐쇄형 다자조약에서와 같이 어느 한 국가가 일방적으로 권리와 의무를 부담하는 형태는 취하지 않는다.

'UN장애인권리협약'은 장애인도 이 사회의 완전한 구성원이므로 정부는 장애인의 권리를 보호하기 위한 접근방법을 모색해야 할 뿐만 아니라 장애인이 겪고 있는 빈곤을 극복할 수 있는 대책을 수립해야 함을 인정하고 있다. 유럽 46개국 중 33개국(EU국가 중 22개국)은 'UN장애인권리협약(UN CRPD)'을 비준한 상태이며, 보다 많은 국가가 참여할 것이다. 그러나 25개국(EU국가 중 17개국)만이 선택의정서(the Optional Protrcol)를 비준했다.

UN 장애인권리협약(UN CRPD)에 따라 국제장애인연맹(DPI)은 현재의 장애인 권리에 관한 관점을 전면 수정하여 재수립하고자 한다. 장애인의 권리는 사람들에게 인식된 상태이므로 이러한 권리를 실제 적용하는 것이 중요하며, 실행과정은 제도와 법의 틀에 따라 달라져야 한다.

국가의 경제 위기는 정부가 인권을 수용하는 데 강한 거부감을 불러일으킨다. 유럽에서는 사상 처음으로 경제위기를 극복하기 위한 일환으로 사회에서 배제되고 차별받는 사람들을 지원하기 위한 사회자금을 삭감했다. UN 장애인권리협약(UN CRPD)에 관한 분석에 따르면 교육, 자립생활 및 사회보호 부문에서 가장 많은 거부감을 보이고 있다.

EU가 처음으로 이를 비준하였으며, 이로 인해 유럽은 의무적으로 장애인에 관한 2010년부터 2020년까지의 전략과 국가적 차원의 긍정적 감시 체제를 확립하게 되었다. 인권에 관한 사항은 수시로 감시가 이루어져야 한다는 점에서 독립기구인 인권기관은 매우 중요한 역할을 한다고 인식하였다. 실제 일부 국가는 이미 'UN장애인권리 위원회'에 첫 보고서를 제출한 상태이며, 다른 국가 역시 장애인연맹(DPOs)의 대안 보고서를 준비한 상태다.

국제적으로 장애운동을 전개하는 데 있어 여전히 몇 가지 문제를 가지고 있다. 변화를 불러올 수 있도록 모든 회원에게 힘이 되어 줄 인권접근에 관한 지식의 부족, 장애인 활동분야의 인권감시의 문제, 인권단체 결성의 어려움 등을 꼽을 수 있다.

UN 장애인권리협약(UN CRPD)은 새로운 기회를 제공하는 동시에 이를 추진해 나가기 위한 수단을 연구하고 있다. 예를 들어, 인권존중에 기초한 장애인사회 모델의 전파, 인권을 보호하기 위한 법 체계의 이용, 포괄적 정책에 포함된 장애인정책의 변화, 재활 및 훈련 관련 서비스의 개발, 사람들과 장애인연맹(DPOs)이 권한을 가지고 실행할 수 있는 조직, 자율적 인권감시 체계의 구축, 국가적·지방적 차원으로의 장애인과 장애인단체들에 대한 권한부여, 장애인이 자신의 권리를 행사함에 있어 직면하게 되는 장애를 밝혀 내고 이를 처리할 수 있도록 새로운 연구 개발이 필요하다.

전 세계인구의 15%가 장애를 가지고 있고, 평생 동안 모든 인간이 장애를 가진 채로 살아가게 된다는 것을 고려할 때, 이러한 장애를 감소시키는 것이야말로 새로운 국제 현안이 되고 있다. 국제장애인연맹(DPI)의 전략에 있어 UN장애인권리협약(UN CRPD)이 미친 공헌은 인권과 관련한 포괄적 발전의 선도자가 되게 하였다. 성별, 인종, 문화, 종교, 성적 취향, 나이 등의 이유로 인해 배제되었던 모든 이들을 대변하는 운동이었다. 권리협약은 제4조 제2항에서 당사자국의 입장에서 적용 가능한 규정과 점진적 적용을 기대하는 조항을 인정하는 것과 경제적·사회적·문화적 권리에 관하여 수용이 불가능한 국가가 있음을 인정하는 것이다.

권리의 일반적인 문제는 권리가 청구권적 권리로서 인정될 수 있는가 하는 문제이며, 아직도 이들 권리의 면에서 은혜적이고 시혜적 성격이 강한 면이 있다. 권리자의 입장에서 정보통신 접근수단의 제공 요구, 이동보장구의 지급 요구, 도로·공공건축물의 개선 개축 요구, 생활보조 급부를 청구하는 등 권리가 청구권으로 인정될 수 있는가 하는 문제다.

관련 국내법이 정비된 국가에서는, 그 권리가 강하게 주장될 수 있겠지만, 국내법이 정비되지 아니한 상황에서 권리협약의 규정을 근거로 이들 권리를 청구권적 권리로 해석하는 데는 무리가 있으며, 국내법이 정비되었다 하더라도 행정적인 조치로 진행되는 것이 대부분이고, 그 이행을 사법적으로 청구할 수 있을 것인가에 대해서는 아직도 논쟁의 여지가 있다.

　한편 한국의 장애 관련 법제도는 크게 복지형 법률과 차별금지형 법률로 구분할 수 있다. 복지형 법률로는 ①「장애인복지법」, ②「장애인활동지원에 관한 법률」, ③「장애인연금법」, ④「장애아동복지지원법」, ⑤「중증장애인생산품우선구매특별법」, ⑥「장애인 등에 대한 특수교육법」, ⑦「장애인고용촉진 및 직업재활법」, ⑧「장애인기업활동촉진법」, ⑨「장애인노인임산부 등의 편의증진보장에 관한 법률」, ⑩「교통약자편의증진법」, ⑪「정보격차해소에 관한 법률」, ⑫ 장애인의 직업재활 및 고용에 관한 협약(ILO협약)이다. 차별금지형 법률로는 ①「장애인차별금지 및 권리구제 등에 관한 법률」, ② 장애인의 권리에 관한 협약, ③ 장애인의 권리에 관한 협약 등으로 나눌 수 있다. 그러나 복지형 법률에도 차별금지형 법규가 혼재되어 있고, 차별금지형 법률에도 복지형 규정이 혼재되어 있다. 이 밖에도 많은 장애 관련 규정이 존재하고 다른 법령에도 분리되어 있다.

## 📖 참고문헌

국제장애인연맹, 한국장애인연맹(2007). 제7회 2007 세계장애인한국대회 초록집.

대구DPI(2006). 장애화의 정치.

부산광역시(2002). 제8회 부산 아·태 장애인 경기대회 백서 평등을 향한 힘찬 도전.

세계재활협회, 한국장애인재활협회(2012). 제22차 RI세계대회.

정무성, 양희택, 노승현(2008). 장애인복지개론. 경기: 학현사.

한국장애인연맹(1993). 아시아·태평양장애인10년 자료집, 1993~2002. 한국장애인연맹.

한국장애인재활협회(2000). 제8회 RI KOREA 재활대회.

한국장애인재활협회(2001). 제9회 RI KOREA 재활대회.

한국장애인재활협회(2002). 아태장애인10년(1993~2002).

한국장애인재활협회(2002). 제10회 RI KOREA 재활대회.

한국장애인재활협회(2003). 제11회 RI KOREA 재활대회.

한국장애인재활협회(2005). 제13회 RI KOREA 재활대회.

Community Based Rehabilitation Asia-Pacific Network. CBR & Inclusive Development in Asia and the Pacific.

Thomas, M., & Ninomiya, A., & Alzawa, E. (2010). CBR & Inclusive Development in Asia and the Pacific. Asia-Pucifie Development Center on Disability(APCD)

부록

# 사회복지법인 및 사회복지시설 재무 · 회계 규칙

[시행 2012.9.2] [보건복지부령 제269호, 2012. 8. 31, 타법개정]

보건복지부 (민간복지과)02-2023-8288

## 제1장 총칙

### 제1조(목적)
이 규칙은 「사회복지사업법」 제23조 제4항, 제34조 제3항 및 제45조 제2항의 규정에 의하여 사회복지법인 및 사회복지시설의 재무 · 회계 및 후원금관리에 관한 사항을 규정하여 재무 · 회계 및 후원금관리의 명확성 · 공정성 · 투명성을 기함으로써 사회복지법인 및 사회복지시설의 합리적인 운영에 기여함을 목적으로 한다. 〈개정 2012. 8. 7〉
[전문개정 2005. 7. 15]

### 제2조(재무 · 회계운영의 기본원칙)
사회복지법인(이하 "법인"이라 한다) 및 사회복지시설(법인이 설치 · 운영하는 사회복지시설을 포함하며, 이하 "시설"이라 한다)의 재무 · 회계는 그 설립목적에 따라 건전하게 운영되어야 한다. 〈개정 2012. 8. 7〉

### 제2조의2(다른 법령과의 관계)
법인 및 시설의 재무 및 회계 처리에 관하여 다른 법령에 특별한 규정이 있는 경우를 제외하고는 이 규칙이 정하는 바에 따른다.
[본조신설 2012. 8. 7]

### 제3조(회계연도)
법인 및 시설의 회계연도는 정부의 회계연도에 의한다. 〈개정 2012. 8. 7〉

### 제4조(회계연도 소속구분)

법인 및 시설의 수입 및 지출의 발생과 자산 및 부채의 증감 · 변동에 관하여는 그 원인
이 되는 사실이 발생한 날을 기준으로 하여 연도소속을 구분한다. 다만 그 사실이 발생한
날을 정할 수 없는 경우에는 그 사실을 확인한 날을 기준으로 하여 연도소속을 구분한다.
〈개정 2012. 8. 7〉

### 제5조(출납기한)

1회계연도에 속하는 법인 및 시설의 세입 · 세출의 출납에 관한 사무는 다음연도 2월말일
까지 완결하여야 한다. 〈개정 1993. 12. 27, 2012. 8. 7〉
[제목개정 1998. 1. 7]

### 제6조(회계의 구분)

① 이 규칙에서의 회계는 법인의 업무전반에 관한 회계(이하 "법인회계"라 한다), 시설의
　운영에 관한 회계(이하 "시설회계"라 한다) 및 법인이 수행하는 수익사업에 관한 회계
　(이하 "수익사업회계"라 한다)로 구분한다.
② 법인의 회계는 법인회계, 해당 법인이 설치 · 운영하는 시설의 시설회계 및 수익사업회
　계로 구분하여야 하며, 시설의 회계는 해당 시설의 시설회계로 한다.
[전문개정 2012. 8. 7]

### 제6조의2(정보통신매체에 의한 재무 · 회계처리)

① 법인의 재무 · 회계는 컴퓨터 회계 프로그램으로 처리할 수 있다.
② 제1항의 규정에 의한 컴퓨터 회계 프로그램에 의하여 전자장부를 사용하는 경우에는
　그 출력물을 보관하는 것으로 각종 장부 등의 비치를 갈음할 수 있다.
[본조신설 2005. 7. 15]

### 제6조의2(정보통신매체에 의한 재무 · 회계처리)

① 법인 및 시설의 재무 · 회계는 컴퓨터 회계 프로그램으로 처리할 수 있다. 〈개정 2012. 8. 7〉
② 보건복지부장관은 법인 및 시설의 재무 · 회계업무의 효율성 및 투명성을 높이기 위하
　여 「사회복지사업법」 제6조의2 제2항에 따른 정보시스템으로서 법인 및 시설의 재무
　회계를 처리하기 위한 정보시스템을 구축 · 운영할 수 있다. 〈신설 2012. 8. 7〉
③ 보건복지부장관, 시 · 도지사, 시장(「제주특별자치도 설치 및 국제자유도시 조성을 위
　한 특별법」 제17조 제2항에 따른 행정시장을 포함한다. 이하 같다) · 군수 · 구청장은
　법인 또는 시설에 대하여 제2항에 따른 시스템을 사용할 것을 권장할 수 있다. 〈신설
　2012. 8. 7〉
④ 「사회복지사업법」 제42조에 따른 보조금을 받는 법인 및 시설은 제1항에 따른 컴퓨터

회계 프로그램 중 보건복지부장관이 검증한 표준연계모듈이 적용된 정보시스템 또는 제2항에 따른 정보시스템을 사용하여 재무·회계를 처리하여야 한다. 다만 보건복지부장관이 정하는 법인 및 시설은 그러하지 아니하다. 〈신설 2012. 8. 7〉

⑤ 제1항에 따른 컴퓨터 회계 프로그램 또는 제2항에 따른 시스템에 의하여 전자장부를 사용하는 경우에는 제24조에 따른 회계장부를 둔 것으로 본다. 〈개정 2012. 8. 7〉

[본조신설 2005. 7. 15]

[시행일: 2013. 1. 1] 제6조의2

# 제2장 예산과 결산

## 제1절 예산

### 제7조(세입·세출의 정의)

1회계연도의 모든 수입을 세입으로 하고, 모든 지출을 세출로 한다.

제8조(예산총계주의원칙) 세입과 세출은 모두 예산에 계상하여야 한다.

[전문개정 1998. 1. 7]

### 제9조(예산편성지침)

① 법인의 대표이사는 제2조의 취지에 따라 매 회계연도 개시 1월전까지 그 법인과 해당 법인이 설치·운영하는 시설의 예산편성 지침을 정하여야 한다. 〈개정 1998. 1. 7, 2012. 8. 7〉

② 법인 또는 시설의 소재지를 관할하는 시장·군수·구청장(자치구의 구청장을 말한다. 이하 같다)은 특히 필요하다고 인정되는 사항에 관하여는 예산편성지침을 정하여 매 회계연도 개시 2월전까지 법인 및 시설에 통보할 수 있다. 〈개정 1998. 1. 7, 2012. 8. 7〉

[제목개정 2012. 8. 7]

### 제10조(예산의 편성 및 결정절차)

① 법인의 대표이사 및 시설의 장은 예산을 편성하여 각각 법인 이사회의 의결 및 「사회복지사업법」 제36조에 따른 운영위원회 또는 「영유아보육법」 제25조에 따른 어린이집 운영위원회(이하 "시설운영위원회"라 한다)에의 보고를 거쳐 확정한다. 다만 법인이 설치·운영하는 시설인 경우에는 시설운영위원회에 보고한 후 법인 이사회의 의결을 거쳐 확정한다. 〈신설 2012. 8. 7〉

② 법인의 대표이사 및 시설의 장은 제1항에 따라 확정한 예산을 매 회계연도 개시 5일전까지 관할 시장·군수·구청장에게 제출하여야 한다. 〈개정 2009. 2. 5, 2012. 8. 7〉

③ 제1항에 따라 예산을 편성할 경우 법인회계와 시설회계의 예산은 별표 1부터 별표

4까지에 따른 세입·세출예산과목 구분에 따라 편성하여야 한다. 다만 다음 각 호의 시설은 각 호에서 정하는 바에 따라 편성한다. 〈개정 2009. 2. 5, 2010. 3. 19, 2012. 8. 7〉

1. 「사회복지사업법」 제34조의5에 따른 사회복지관, 「노인복지법」 제36조 제1항 제1호에 따른 노인복지관, 「장애인복지법」 제58조 제1항 제2호에 따른 장애인복지관, 그 밖에 보건복지부장관이 정하여 고시하는 시설: 별표 5 및 별표 6에 따른 세입·세출예산과목 구분에 따라 편성

2. 「영유아보육법」 제2조에 따른 어린이집: 별표 7 및 별표 8에 따른 세입·세출예산과목 구분에 따라 편성

3. 삭제 〈2012. 8. 7〉

4. 삭제 〈2012. 8. 7〉

④ 시장·군수·구청장은 제2항에 따라 예산을 제출받은 때는 20일 이내에 법인과 시설의 회계별 세입·세출명세서를 시(「제주특별자치도 설치 및 국제자유도시 조성을 위한 특별법」 제15조 제2항에 따른 행정시를 포함한다. 이하 같다)·군·구(자치구를 말한다. 이하 같다)의 게시판과 인터넷 홈페이지에 20일 이상 공고하고, 법인의 대표이사 및 시설의 장으로 하여금 해당 법인 및 시설의 게시판과 인터넷 홈페이지에 20일 이상 공고하도록 하여야 한다. 〈개정 2009. 2. 5, 2012. 8. 7〉

⑤ 제4항에 따른 공고는 「신문 등의 진흥에 관한 법률」 제2조 제1호에 따른 신문 또는 「잡지 등 정기간행물의 진흥에 관한 법률」 제2조 제1호에 따른 정기간행물에 게재하는 것으로 갈음할 수 있다. 〈개정 2009. 2. 5, 2012. 8. 7〉

[전문개정 1998. 1. 7]

## 제11조(예산에 첨부하여야 할 서류)

① 예산에는 다음 각 호의 서류가 첨부되어야 한다. 다만 단식부기로 회계를 처리하는 경우에는 제1호·제2호·제5호 및 제6호의 서류만을 첨부할 수 있고, 국가·지방자치단체·법인 외의 자가 설치·운영하는 시설로서 거주자 정원 또는 일일평균 이용자가 20명 이하인 시설(이하 "소규모 시설"이라한다)은 제2호 및 제6호의 서류만을 첨부할 수 있으며, 「영유아보육법」 제2조에 따른 어린이집은 보건복지부장관이 정하는 바에 따른다. 〈개정 1993. 12. 27, 2012. 8. 7〉

1. 예산총칙
2. 세입·세출명세서
3. 추정대차대조표
4. 추정수지계산서
5. 임·직원 보수일람표
6. 당해예산을 의결한 이사회 회의록 또는 해당 예산을 보고받은 시설운영위원회 회의록 사본

② 제1항 제2호 내지 제5호 서류의 서식은 별지 제1호 서식 내지 별지 제4호 서식에 의한다.

### 제12조(준예산)

회계연도 개시전까지 법인 및 시설의 예산이 성립되지 아니한 때는 법인의 대표이사 및 시설의 장은 시장·군수·구청장에게 그 사유를 보고하고 예산이 성립될 때까지 다음의 경비를 전년도 예산에 준하여 집행할 수 있다. 〈개정 2012. 8. 7〉
1. 임·직원의 보수
2. 법인 및 시설운영에 직접 사용되는 필수적인 경비
3. 법령상 지급의무가 있는 경비

### 제13조(추가경정예산)

① 법인의 대표이사 및 시설의 장은 예산성립 후에 생긴 사유로 인하여 이미 성립된 예산에 변경을 가할 필요가 있을 때는 제10조 및 제11조의 규정에 의한 절차에 준하여 추가경정예산을 편성·확정할 수 있다. 〈개정 2012. 8. 7〉
② 법인의 대표이사 및 시설의 장은 추가경정예산이 확정된 날로부터 7일 이내에 이를 시장·군수·구청장에게 제출하여야 한다. 〈개정 2012. 8. 7〉

### 제14조(예비비)

법인의 대표이사 및 시설의 장은 예측할 수 없는 예산 외의 지출 또는 예산의 초과지출에 충당하기 위하여 예비비를 세출예산에 계상할 수 있다. 〈개정 2012. 8. 7〉
[전문개정 1999. 3. 11]

### 제15조(예산의 목적 외 사용금지)

법인회계 및 시설회계의 예산은 세출예산이 정한 목적 외에 이를 사용하지 못한다.

### 제16조(예산의 전용)

① 법인의 대표이사 및 시설의 장은 관·항·목 간의 예산을 전용할 수 있다. 다만 법인 및 시설(소규모 시설은 제외한다)의 관간 전용 또는 동일 관내의 항간 전용을 하려면 이사회의 의결 또는 시설운영위원회에의 보고를 거쳐야 하되, 법인이 설치·운영하는 시설인 경우에는 시설운영위원회에 보고한 후 법인 이사회의 의결을 거쳐야 한다. 〈개정 1998. 1. 7, 2012. 8. 7〉
② 제1항에도 불구하고 예산총칙에서 전용을 제한하고 있거나 이사회 및 시설 예산심의 과정에서 삭감한 관·항·목으로는 전용하여서는 아니 된다. 〈신설 2012. 8. 7〉
③ 법인의 대표이사 및 시설의 장은 제1항에 따라 관·항 간 예산을 전용한 경우에는 관

할 시장·군수·구청장에게 제19조 및 제20조에 따른 결산보고서를 제출할 때 과목 전용조서를 첨부하여야 한다. 〈개정 2012. 8. 7〉

### 제17조(세출예산의 이월)

법인의 대표이사 및 시설의 장은 법인회계와 시설회계의 세출예산 중 경비의 성질상 당해 회계연도안에 지출을 마치지 못할 것으로 예측되는 경비와 연도 내에 지출원인행위를 하고, 불가피한 사유로 인하여 연도 내에 지출하지 못한 경비를 각각 이사회의 의결 및 시설운영위원회에의 보고를 거쳐 다음 연도에 이월하여 사용할 수 있다. 다만 법인이 설치·운영하는 시설인 경우에는 시설운영위원회에 사전 보고한 후 법인 이사회의 의결을 거쳐야 한다. 〈개정 1998. 1. 7, 2012. 8. 7〉

### 제18조(특정목적사업 예산)

① 법인의 대표이사 및 시설의 장은 완성에 수년을 요하는 공사나 제조 그밖의 특수한 사업을 위하여 2회계연도 이상에 걸쳐서 그 재원을 적립할 필요가 있는 때는 회계연도마다 일정액을 예산에 계상하여 특정목적사업을 위한 적립금으로 적립할 수 있다. 다만 「영유아보육법」 제2조에 따른 어린이집은 그러하지 아니하다. 〈개정 2012. 8. 7〉

② 적립금의 적립 및 사용 계획(변경된 계획을 포함한다)은 시장·군수·구청장에게 사전에 보고하여야 한다. 〈신설 2012. 8. 7〉

③ 적립금은 그 적립목적에만 사용하여야 한다. 〈신설 2012. 8. 7〉

④ 시장·군수·구청장은 법인 및 시설의 재정 상태 등을 고려하여 적립금의 적립여부, 규모 및 적립기간 등에 관하여 필요한 조치를 할 수 있다. 〈신설 2012. 8. 7〉

## 제2절 결산

### 제19조(결산서의 작성 제출)

① 법인의 대표이사 및 시설의 장은 법인회계와 시설회계의 세입·세출 결산보고서를 작성하여 각각 이사회의 의결 및 시설운영위원회에의 보고를 거친 후 다음 연도 3월 31일까지 시장·군수·구청장에게 제출하여야 한다. 다만 법인이 설치·운영하는 시설인 경우에는 시설운영위원회에 보고한 후 법인 이사회의 의결을 거쳐 제출하여야 한다. 〈개정 2012. 8. 7〉

② 시장·군수·구청장은 제1항에 따라 결산보고서를 제출받은 때는 20일 이내에 법인 및 시설의 세입·세출결산서를 시·군·구의 게시판과 인터넷 홈페이지에 20일 이상 공고하고, 법인의 대표이사 및 시설의 장으로 하여금 해당 법인 및 시설의 게시판과 인터넷 홈페이지에 20일 이상 공고하도록 하여야 한다. 〈신설 1998. 1. 7, 2009. 2. 5, 2012. 8. 7〉

1. 삭제 〈2012. 8. 7〉

2. 삭제 〈2012. 8. 7〉

③ 제2항에 따른 공고는 「신문 등의 진흥에 관한 법률」 제2조 제1호에 따른 신문 또는 「잡지 등 정기간행물의 진흥에 관한 법률」 제2조 제1호에 따른 정기간행물에 게재하는 것으로 갈음할 수 있다. 〈개정 2009. 2. 5, 2012. 8. 7〉

**제20조(결산보고서에 첨부하여야 할 서류)**

① 결산보고서에는 다음 각 호의 서류가 첨부되어야 한다. 다만 단식부기로 회계를 처리하는 경우에는 제1호부터 제3호까지 및 제14호부터 제23호까지의 서류만을 첨부할 수 있고, 소규모 시설의 경우에는 제1호 및 제17호의 서류만을 첨부할 수 있으며, 「영유아보육법」 제2조에 따른 어린이집은 보건복지부장관이 정하는 바에 따른다. 〈개정 1993. 12. 27, 1998. 1. 7, 2012. 8. 7〉

1. 세입 · 세출결산서
2. 과목 전용조서
3. 예비비 사용조서
4. 대차대조표
5. 수지계산서
6. 현금 및 예금명세서
7. 유가증권명세서
8. 미수금명세서
9. 재고자산명세서
10. 기타 유동자산명세서(제6호 내지 제9호의 유동자산 외의 유동자산을 말한다)
11. 고정자산(토지 · 건물 · 차량운반구 · 비품 · 전화가입권)명세서
12. 부채명세서(차입금 · 미지급금을 포함한다)
13. 제충당금명세서
14. 기본재산수입명세서(법인만 해당한다)
15. 사업수입명세서
16. 정부보조금명세서
17. 후원금수입명세 및 사용결과보고서(전산파일을 포함한다)
18. 후원금 전용계좌의 입출금내역
19. 인건비명세서
20. 사업비명세서
21. 기타비용명세서(인건비 및 사업비를 제외한 비용을 말한다)
22. 감사보고서
23. 법인세 신고서(수익사업이 있는 경우에 한한다)

② 제1항 제1호 내지 제3호의 서류는 별지 제5호 서식 · 별지 제5호의2 서식 내지 별지

제5호의4 서식 · 별지 제6호 서식 및 별지 제7호 서식에 의하고, 제1항 제4호 및 제5호의 서류는 별지 제2호 서식 및 별지 제3호 서식에 의하며, 제6호부터 제17호까지의 서류는 별지 제8호 서식부터 별지 제19호 서식까지에 따르며, 제19호부터 제22호까지의 서류는 별지 제20호 서식부터 별지 제23호 서식까지에 따른다. 〈개정 2005. 7. 15, 2012. 8. 7〉

# 제3장 회계

## 제1절 총칙

### 제21조(수입 및 지출사무의 관리)
① 법인의 대표이사와 시설의 장은 법인과 시설의 수입 및 지출에 관한 사무를 관리한다.
② 법인의 대표이사와 시설의 장은 수입 및 지출원인행위에 관한 사무를 각각 소속직원에게 위임할 수 있다.

### 제22조(수입과 지출의 집행기관)
① 법인과 시설에는 수입과 지출의 현금출납업무를 담당하게 하기 위하여 각각 수입원과 지출원을 둔다. 다만 법인 또는 시설의 규모가 소규모인 경우에는 수입원과 지출원을 동일인으로 할 수 있다.
② 제1항의 수입원과 지출원은 각각 그 법인의 대표이사와 시설의 장이 임면한다.

### 제23조(회계의 방법)
회계는 단식부기에 의한다. 다만 법인회계와 수익사업회계에 있어서 복식부기의 필요가 있는 경우에는 복식부기에 의한다.
[전문개정 1993. 12. 27]

### 제24조(장부의 종류)
① 법인 및 시설에는 다음의 회계장부를 둔다. 〈개정 1998. 1. 7〉
1. 현금출납부
2. 총계정원장
3. 삭제 〈2012. 8. 7〉
4. 재산대장
5. 비품관리대장
6. 삭제 〈2009. 2. 5〉
7. 삭제 〈1998. 1. 7〉

8. 삭제 〈1998. 1. 7〉

9. 삭제 〈1998. 1. 7〉

10. 삭제 〈1998. 1. 7〉

11. 삭제 〈1998. 1. 7〉

12. 삭제 〈1998. 1. 7〉

② 제1항 제1호부터 제5호까지의 규정에 따른 회계장부는 별지 제24호 서식, 별지 제24호의2서식, 별지 제25호 서식, 별지 제25호의2서식 및 별지 제26호 서식부터 별지 제28호 서식까지에 따른다. 〈개정 2009. 2. 5〉

## 제2절 수입

### 제25조(수입금의 수납)

① 모든 수입금의 수납은 이를 금융기관에 취급시키는 경우를 제외하고는 수입원이 아니면 수납하지 못한다.

② 수입원이 수납한 수입금은 그 다음날까지 금융기관에 예입하여야 한다. 〈개정 1998. 1. 7〉

③ 제1항 및 제2항의 규정에 의한 수입금에 대한 금융기관의 거래통장은 제6조의 규정에 의한 회계별로 구분될 수 있도록 보관·관리하여야 한다. 〈신설 1998. 1. 7〉

### 제26조(과년도 수입과 반납금 여입)

① 출납이 완결한 연도에 속하는 수입 기타 예산 외의 수입은 모두 현년도의 세입에 편입하여야 한다.

② 지출된 세출의 반납금은 각각 지출한 세출의 당해과목에 여입할 수 있다.

### 제27조(과오납의 반환)

과오납된 수입금은 수입한 세입에서 직접 반환한다.

## 제3절 지출

### 제28조(지출의 원칙)

① 지출은 제21조의 규정에 의한 지출사무를 관리하는 자 및 그 위임을 받아 지출명령이 있는 것에 한하여 지출원이 행한다.

② 제1항의 지출명령은 예산의 범위 안에서 하여야 한다.

### 제29조(지출의 방법)

① 지출은 상용의 경비 또는 소액의 경비지출을 제외하고는 예금통장에 의하거나 「전자문서 및 전자거래 기본법」 제2조 제5호에 따른 전자거래로 행하여야 한다. 다만 시설에 지원되는 국가 또는 지방자치단체의 보조금 지출은 보건복지부장관이 지정하는 수

단으로 하여야 한다. 〈개정 2009. 2. 5, 2012. 8. 7, 2012. 8. 31〉

② 제1항에도 불구하고 지출원은 상용의 경비 또는 소액의 경비를 지출할 수 있으며, 이를 위하여 100만 원 이하의 현금을 보관할 수 있다. 〈개정 2009. 2. 5, 2012. 8. 7〉

③ 제1항 및 제2항에 따른 상용의 경비 또는 소액의 경비지출의 범위는 시·도지사가 정할 수 있다. 〈신설 2012. 8. 7〉

### 제30조(지출의 특례)

① 지출에 있어서 선금급을 할 수 있는 경비의 범위는 다음과 같다. 〈개정 2009. 2. 5〉

1. 외국에서 직접 구입하는 기계, 도서, 표본 또는 실험용재료의 대가
2. 정기간행물의 대가
3. 토지 또는 가옥의 임대료와 용선료
4. 운임
5. 소속직원 중 특별한 사정이 있는 자에 대하여 지급하는 급여의 일부
6. 관공서(「공공기관의 운영에 관한 법률」에 따른 공공기관 및 특별법에 의하여 설립된 특수법인을 포함한다)에 대하여 지급하는 경비
7. 외국에서 연구 또는 조사에 종사하는 자에 대하여 지급하는 경비
8. 보조금
9. 사례금
10. 계약금액이 1천만 원 이상인 공사나 제조 또는 물건의 매입을 하는 경우에 계약금액의 100분의 50을 초과하지 아니하는 금액

② 지출에 있어서 개산급을 할 수 있는 경비의 범위는 다음과 같다. 〈개정 2009. 2. 5〉

1. 여비 및 관공비
2. 관공서(「공공기관의 운영에 관한 법률」에 따른 공공기관 및 특별법에 의하여 설립된 특수법인을 포함한다)에 대하여 지급하는 경비
3. 보조금
4. 소송비용

## 제4절 계약

### 제30조의2(계약의 원칙)

계약에 관한 사항은 「지방자치단체를 당사자로 하는 계약에 관한 법률」, 같은 법 시행령 및 같은 법 시행규칙을 준용한다. 다만 국가·지방자치단체·법인 외의 자가 설치·운영하는 시설 및 「영유아보육법」 제2조에 따른 어린이집의 경우에는 그러하지 아니하다. 〈개정 2012. 8. 7〉

[전문개정 2009. 2. 5]

### 제31조(계약담당자)

① 계약에 관한 사무는 각각 그 법인의 대표이사와 시설의 장이 처리한다.

② 법인의 대표이사와 시설의 장은 계약체결에 관한 사무를 소속직원에게 위임할 수 있다.

**제32조 삭제** 〈2009. 2. 5〉

**제33조 삭제** 〈2009. 2. 5〉

**제34조 삭제** 〈2009. 2. 5〉

**제35조 삭제** 〈2009. 2. 5〉

**제36조 삭제** 〈2009. 2. 5〉

**제37조 삭제** 〈2009. 2. 5〉

**제37조의2 삭제** 〈2009. 2. 5〉

# 제4장 물품

### 제38조(물품의 관리자와 출납원)

① 법인의 대표이사와 시설의 장은 그 소관에 속하는 물품(현금 및 유가증권을 제외한 동산을 말한다. 이하 같다)을 관리한다. 〈개정 1998. 1. 7〉

② 법인의 대표이사와 시설의 장은 그 소관에 속하는 물품관리에 관한 사무를 소속직원에게 위임할 수 있다.

③ 법인의 대표이사와 시설의 장(제2항의 규정에 의하여 위임을 받은 자를 포함한다. 이하 "물품관리자"라 한다)은 물품의 출납보관을 위하여 소속직원 중에서 물품출납원을 지정하여야 한다.

### 제39조(물품의 관리의무)

물품관리자 및 물품출납원은 선량한 관리자의 주의로서 사무에 종사하여야 한다.

### 제40조(물품의 관리)

① 물품관리자는 물품을 출납하게 하고자 할 때는 물품출납원에게 출납하여야 할 물품의 분류를 명백히 하여 그 출납을 명령하여야 한다.

② 물품출납원은 제1항의 규정에 의한 명령이 없이는 물품을 출납할 수 없다.

### 제40조의2(재물조사)

법인의 대표이사와 시설의 장은 연 1회 그 관리에 속하는 물품에 대하여 정기적으로 재물조사를 실시하여야 하며, 필요하다고 인정하는 때는 정기재물조사 외에 수시로 재물조사를 할 수 있다.

[본조신설 1998. 1. 7]

### 제41조(불용품의 처리)

① 법인과 시설의 물품관리자는 물품 중 그 사용이 불가능하거나 수리하여 다시 사용할 수 없게 된 물품이 있을 때는 그 물품에 대하여 불용의 결정을 하여야 한다.

② 제1항의 규정에 의한 불용품을 매각한 경우 그 대금은 당해법인 또는 시설의 세입예산에 편입시켜야 한다.

## 제4장의2 후원금의 관리
〈신설 1998. 1. 7〉

### 제41조의2(후원금의 범위 등)

① 법인의 대표이사와 시설의 장은 「사회복지사업법」 제45조에 따른 후원금의 수입 · 지출 내용과 관리에 명확성이 확보되도록 하여야 한다. 시설거주자가 받은 개인결연후원금을 당해인이 정신질환, 기타 이에 준하는 사유로 관리능력이 없어 시설의 장이 이를 관리하게 되는 경우에도 또한 같다. 〈개정 1999. 3. 11, 2012. 8. 7〉

② 삭제 〈1999. 3. 11〉

[본조신설 1998. 1. 7]

### 제41조의3 삭제 〈1999. 3. 11〉

### 제41조의4(후원금의 영수증 발급 등)

① 법인의 대표이사와 시설의 장은 후원금을 받았을 때는 「소득세법 시행규칙」 제101조 제20호의2에 따른 기부금영수증 서식 또는 「법인세법 시행규칙」 제82조 제7항 제3호의3에 따른 기부금영수증 서식에 따라 후원금 영수증을 발급하여야 하며, 영수증 발급 목록을 별도의 장부로 작성 · 비치하여야 한다. 〈개정 2009. 2. 5, 2012. 8. 7〉

② 법인의 대표이사와 시설의 장은 금융기관 또는 체신관서의 계좌입금을 통하여 후원금을 받은 때는 법인명의의 후원금전용계좌나 시설의 명칭이 부기된 시설장 명의의 계좌(이하 "후원금전용계좌 등"이라 한다)를 사용하여야 한다. 이 경우 후원자가 영수증 발급을 원하는 경우를 제외하고는 제1항에 따른 영수증의 발급을 생략할 수 있다. 〈개정 2009. 2. 5〉

③ 법인의 대표이사 및 시설의 장은 후원금을 받았을 때는 각각의 법인 및 시설별로 후원금전용계좌 등을 구분하여 사용하여야 하며, 미리 후원자에게 후원금전용계좌 등의 구분에 관한 사항을 안내하여야 한다. 〈신설 2012. 8. 7〉

④ 모든 후원금의 수입 및 지출은 후원금전용계좌 등을 통하여 처리하여야 한다. 다만 물품 형태의 후원금은 그러하지 아니하다. 〈신설 2012. 8. 7〉

[전문개정 2005. 7. 15]

[제목개정 2009. 2. 5]


### 제41조의5(후원금의 수입 및 사용내용통보)

법인의 대표이사와 시설의 장은 연 1회 이상 해당 후원금의 수입 및 사용내용을 후원금을 낸 법인·단체 또는 개인에게 통보하여야 한다. 이 경우 법인이 발행하는 정기간행물 또는 홍보지 등을 이용하여 일괄 통보할 수 있다.

[본조신설 1998. 1. 7]


### 제41조의6(후원금의 수입·사용결과 보고 및 공개)

① 법인의 대표이사와 시설의 장은 제19조 및 제20조에 따른 결산보고서를 제출할 때 별지 제19호 서식에 의한 후원금수입 및 사용결과 보고서(전산파일을 포함한다)를 관할 시장·군수·구청장에게 제출하여야 한다. 〈개정 2005. 7. 15, 2009. 2. 5, 2012. 8. 7〉

② 시장·군수·구청장은 제1항에 따라 제출받은 후원금수입 및 사용결과 보고서를 제출받은 날부터 20일 이내에 인터넷 등을 통하여 3개월 동안 공개하여야 하며, 법인의 대표이사 및 시설의 장은 해당 법인 및 시설의 게시판과 인터넷 홈페이지에 같은 기간 동안 공개하여야 한다. 다만 후원자의 성명(법인 등의 경우는 그 명칭)은 공개하지 아니한다. 〈신설 2005. 7. 15, 2009. 2. 5, 2012. 8. 7〉

[본조신설 1998. 1. 7]

[제목개정 2005. 7. 15]


### 제41조의7(후원금의 용도 외 사용금지)

① 법인의 대표이사와 시설의 장은 후원금을 후원자가 지정한 사용용도 외의 용도로 사용하지 못한다.

② 보건복지부장관은 후원자가 사용용도를 지정하지 아니한 후원금에 대하여 그 사용기준을 정할 수 있다. 〈신설 2012. 8. 7〉

③ 후원금의 수입 및 지출은 제10조의 규정에 의한 예산의 편성 및 확정절차에 따라 세입·세출예산에 편성하여 사용하여야 한다. 〈개정 2012. 8. 7〉

[본조신설 1998. 1. 7]

# 제5장 감사

### 제42조(감사)

① 법인의 감사는 당해법인과 시설에 대하여 매년 1회 이상 감사를 실시하여야 한다.

② 법인의 대표이사는 시설의 장과 수입원 및 지출원이 사망하거나 경질된 때 그 관장에 속하는 수입, 지출, 재산, 물품 및 현금 등의 관리상황을 감사로 하여금 감사하게 하여야 한다.

③ 제2항의 규정에 의한 감사를 함에 있어서는 전임자가 입회하여야 하며, 전임자가 입회할 수 없는 경우에는 그 전임자가 지정하거나 법인의 대표이사가 관계직원 중에서 지정한 입회인을 입회하게 하여야 한다.

④ 감사는 제1항 내지 제3항의 규정에 의하여 감사를 한 때는 감사보고서를 작성하여 당해법인의 이사회에 보고하여야 하며, 재산상황 또는 업무집행에 관하여 부정 또는 불비한 점이 발견된 때는 시장·군수·구청장에게 보고하여야 한다.

⑤ 제4항의 감사보고서에는 감사가 서명 또는 날인하여야 한다. 〈개정 1998. 1. 7〉

# 제6장 보칙

### 제43조(사무의 인계·인수)

① 회계사무를 담당하는 직원이 교체된 때는 당해사무의 인계·인수는 발령일로부터 5일 이내에 행하여져야 한다. 〈개정 2012. 8. 7〉

② 인계자는 인계할 장부와 증빙서류 등의 목록을 각각 3부씩 작성하여 인계·인수자가 각각 기명날인한 후 각각 1부씩 보관하고, 1부는 이를 예금잔고증명과 함께 인계·인수보고서에 첨부하여 법인의 대표이사 및 시설의 장에게 제출하여야 한다. 이 경우 법인이 설치·운영하는 시설에 있어서는 시설의 장을 거쳐 제출하여야 한다. 〈개정 2012. 8. 7〉

### 제44조(시행세칙)

이 규칙의 시행을 위하여 필요한 세부사항은 보건복지부장관이 정한다. 〈개정 1998. 1. 7, 2008. 3. 3, 2010. 3. 19〉

# 부칙

〈제269호, 2012. 8. 31〉(전자문서 및 전자거래 기본법 시행규칙)

### 제1조(시행일)

이 규칙은 2012년 9월 2일부터 시행한다.

### 제2조 생략

### 제3조(다른 법령의 개정)

① 및 ② 생략

③ 사회복지법인 및 사회복지시설 재무·회계 규칙의 일부를 다음과 같이 개정한다.

　　제29조 제1항 본문 중「전자거래기본법」을「전자문서 및 전자거래 기본법」으로 한다.

④ 생략

### 제4조 생략

# 공익법인의 설립 · 운영에 관한 법률

[시행 2011.9.8] [법률 제10428호, 2011. 3. 7, 일부개정]

법무부 (법무심의관실)02-2110-3164~5

## 제1조(목적)

이 법은 법인의 설립 · 운영 등에 관한 「민법」의 규정을 보완하여 법인으로 하여금 그 공익성을 유지하며 건전한 활동을 할 수 있도록 함을 목적으로 한다.
[전문개정 2008. 3. 14]

## 제2조(적용 범위)

이 법은 재단법인이나 사단법인으로서 사회 일반의 이익에 이바지하기 위하여 학자금 · 장학금 또는 연구비의 보조나 지급, 학술, 자선(慈善)에 관한 사업을 목적으로 하는 법인(이하 "공익법인"이라 한다)에 대하여 적용한다.
[전문개정 2008. 3. 14]

## 제3조(정관의 준칙 등)

① 공익법인은 정관에 다음 사항을 적어야 한다.

1. 목적
2. 명칭
3. 사무소의 소재지
4. 설립 당시 자산의 종류 · 상태 및 평가액
5. 자산의 관리방법과 회계에 관한 사항
6. 이사 및 감사의 정수(定數) · 임기 및 그 임면(任免)에 관한 사항
7. 이사의 결의권 행사 및 대표권에 관한 사항
8. 정관의 변경에 관한 사항
9. 공고 및 공고 방법에 관한 사항
10. 존립시기와 해산사유를 정한 경우에는 그 시기와 사유 및 잔여재산의 처리방법

11. 업무감사와 회계검사에 관한 사항

② 제1항에 따른 정관의 기재 사항과 그 밖에 필요한 사항에 관하여는 대통령령으로 정한다.

[전문개정 2008. 3. 14]

### 제4조(설립허가 기준)

① 주무 관청은 「민법」 제32조에 따라 공익법인의 설립허가신청을 받으면 관계 사실을 조사하여 재단법인은 출연재산의 수입, 사단법인은 회비·기부금 등으로 조성되는 재원(財源)의 수입(이하 각 "기본재산"이라 한다)으로 목적사업을 원활히 수행할 수 있다고 인정되는 경우에만 설립허가를 한다.

② 주무 관청은 공익법인의 설립허가를 할 때 대통령령으로 정하는 바에 따라 회비 징수, 수혜(受惠) 대상에 관한 사항, 그 밖에 필요한 조건을 붙일 수 있다.

③ 공익법인은 목적 달성을 위하여 수익사업을 하려면 정관으로 정하는 바에 따라 사업마다 주무 관청의 승인을 받아야 한다. 이를 변경하려는 경우에도 또한 같다.

[전문개정 2008. 3. 14]

### 제5조(임원 등)

① 공익법인에는 5명 이상, 15명 이하의 이사와 2명의 감사를 두되, 주무 관청의 승인을 받아 그 수를 증감할 수 있다.

② 임원은 주무 관청의 승인을 받아 취임한다.

③ 이사와 감사의 임기는 정관으로 정하되, 이사는 4년, 감사는 2년을 초과할 수 없다. 다만 연임할 수 있다.

④ 이사의 과반수는 대한민국 국민이어야 한다.

⑤ 이사회를 구성할 때 대통령령으로 정하는 특별한 관계가 있는 자의 수는 이사 현원(現員)의 5분의 1을 초과할 수 없다.

⑥ 다음 각 호의 어느 하나에 해당하는 자는 공익법인의 임원이 될 수 없다.

1. 미성년자

2. 금치산자 또는 한정치산자

3. 파산선고를 받은 자로서 복권되지 아니한 자

4. 금고 이상의 형을 받고 집행이 종료되거나 집행을 받지 아니하기로 확정된 후 3년이 지나지 아니한 자

5. 제14조 제2항에 따라 임원 취임승인이 취소된 후 2년이 지나지 아니한 자

⑦ 이사나 감사 중에 결원이 생기면 2개월 내에 보충하여야 한다.

⑧ 감사는 이사와 제5항에 따른 특별한 관계가 있는 자가 아니어야 하며, 그중 1명은 대통령령으로 정하는 바에 따라 법률과 회계에 관한 지식과 경험이 있는 자 중에서 주무 관청이 추천할 수 있다.

⑨ 공익법인은 주무 관청의 승인을 받아 상근임직원의 수를 정하고, 상근임직원에게는 보수를 지급한다.
[전문개정 2008. 3. 14]

## 제6조(이사회)

① 공익법인에 이사회를 둔다.
② 이사회는 이사로 구성한다.
③ 이사장은 정관으로 정하는 바에 따라 이사 중에서 호선(互選)한다.
④ 이사장은 이사회를 소집하며, 이사회의 의장이 된다.
[전문개정 2008. 3. 14]

## 제7조(이사회의 기능)

① 이사회는 다음 사항을 심의 · 결정한다.
1. 공익법인의 예산, 결산, 차입금 및 재산의 취득 · 처분과 관리에 관한 사항
2. 정관의 변경에 관한 사항
3. 공익법인의 해산에 관한 사항
4. 임원의 임면에 관한 사항
5. 수익사업에 관한 사항
6. 그 밖의 법령이나 정관에 따라 그 권한에 속하는 사항
② 이사장이나 이사가 공익법인과 이해관계가 상반될 때는 그 사항에 관한 의결에 참여하지 못한다.
[전문개정 2008. 3. 14]

## 제8조(이사회의 소집)

① 이사장은 필요하다고 인정할 때 이사회를 소집할 수 있다.
② 이사장은 다음 각 호의 어느 하나에 해당하는 소집요구가 있을 때는 그 소집요구일부터 20일 이내에 이사회를 소집하여야 한다.
1. 재적이사의 과반수가 회의의 목적을 제시하여 소집을 요구할 때
2. 제10조 제1항 제5호에 따라 감사가 소집을 요구할 때
③ 이사회를 소집할 때는 적어도 회의 7일 전에 회의의 목적을 구체적으로 밝혀 각 이사에게 알려야 한다. 다만 이사 전원이 모이고, 또 그 전원이 이사회의 소집을 요구할 때는 그러하지 아니하다.
④ 이사회를 소집하여야 할 경우에 그 소집권자가 궐위(闕位)되거나 이사회 소집을 기피하여 7일 이상 이사회 소집이 불가능한 경우에는 재적이사 과반수의 찬동으로 감독청의 승인을 받아 이사회를 소집할 수 있다. 이 경우 정관으로 정하는 이사가 이사회를

주재한다.

[전문개정 2008. 3. 14]

### 제9조(의결정족수 등)

① 이사회의 의사(議事)는 정관에 특별한 규정이 없으면 재적이사 과반수의 찬성으로 의결한다.

② 이사는 평등한 의결권을 가진다.

③ 이사회의 의사는 서면결의에 의하여 처리할 수 없다.

④ 이사회의 의결은 대한민국 국민인 이사가 출석이사의 과반수가 되어야 한다.

[전문개정 2008. 3. 14]

### 제10조(감사의 직무)

① 감사는 다음 각 호의 직무를 수행한다.

1. 공익법인의 업무와 재산상황을 감사하는 일 및 이사에 대하여 감사에 필요한 자료의 제출 또는 의견을 요구하고, 이사회에서 발언하는 일

2. 이사회의 회의록에 기명날인하는 일

3. 공익법인의 업무와 재산상황에 대하여 이사에게 의견을 진술하는 일

4. 공익법인의 업무와 재산상황을 감사한 결과 불법 또는 부당한 점이 있음을 발견한 때 이를 이사회에 보고하는 일

5. 제4호의 보고를 하기 위하여 필요하면 이사회의 소집을 요구하는 일

② 감사는 공익법인의 업무와 재산상황을 감사한 결과 불법 또는 부당한 점이 있음을 발견한 때는 지체 없이 주무 관청에 보고하여야 한다.

③ 감사는 이사가 공익법인의 목적범위 외의 행위를 하거나 그 밖에 이 법 또는 이 법에 따른 명령이나 정관을 위반하는 행위를 하여 공익법인에 현저한 손해를 발생하게 할 우려가 있을 때는 그 이사에 대하여 직무집행을 유지(留止)할 것을 법원에 청구할 수 있다.

[전문개정 2008. 3. 14]

### 제11조(재산)

① 공익법인의 재산은 대통령령으로 정하는 바에 따라 기본재산과 보통재산으로 구분한다.

② 기본재산은 그 목록과 평가액을 정관에 적어야 하며, 평가액에 변동이 있을 때는 지체 없이 정관 변경 절차를 밟아야 한다.

③ 공익법인은 기본재산을 매도·증여·임대·교환 또는 용도변경하거나 담보로 제공하거나 대통령령으로 정하는 일정금액 이상을 장기차입(長期借入)하려면 주무 관청의 허가를 받아야 한다. 다만 「상속세 및 증여세법」 제16조 제2항에 따른 성실공익법인이

기본재산의 100분의 20 범위 이내에서 기본재산의 증식을 목적으로 하는 매도·교환
또는 용도변경 등 대통령령으로 정하는 경우에는 주무 관청에 대한 신고로 갈음할 수
있다. 〈개정 2011. 3. 7〉

④ 공익법인은 목적사업을 수행하기 위하여 그 재산을 선량한 관리자의 주의를 다하여
관리하여야 한다.

[전문개정 2008. 3. 14]

### 제12조(예산 및 결산 등)

① 공익법인의 회계연도는 정부의 회계연도에 따른다.

② 공익법인은 주무 관청에 대하여 대통령령으로 정하는 바에 따라 매 회계연도가 시작
되기 전에 다음 해에 실시할 사업계획 및 예산을 제출하고, 매 회계연도가 끝난 후에
사업실적과 결산을 보고하여야 한다. 이 경우 결산보고에는 대통령령으로 정하는 바에
따라 공인회계사의 감사증명서를 첨부하게 할 수 있다.

③ 공익법인은 결산상 잉여금을 기본재산에 전입하거나 다음 해에 이월하여 목적사업에
사용하여야 한다.

④ 공익법인의 재산관리, 예산편성, 회계 등에 관한 사항은 대통령령으로 정한다.

[전문개정 2008. 3. 14]

### 제13조(잔여재산의 귀속)

① 해산한 공익법인의 남은 재산은 정관으로 정하는 바에 따라 국가나 지방자치단체에
귀속된다.

② 제1항에 따라 국가나 지방자치단체에 귀속된 재산은 공익사업에 사용하거나 이를 유
사한 목적을 가진 공익법인에 증여하거나 무상대부(無償貸付)한다.

[전문개정 2008. 3. 14]

### 제14조(감독)

① 주무 관청은 공익법인의 업무를 감독한다.

② 주무 관청은 다음 각 호의 어느 하나에 해당하는 사유가 있으면 그 사유의 시정을 요
구한 날부터 1개월이 지나도 이에 응하지 아니한 경우에 이사의 취임승인을 취소할 수
있다.

1. 이 법 또는 정관을 위반한 경우

2. 임원 간의 분쟁, 회계부정, 재산의 부당한 손실, 현저한 부당행위 등으로 해당 공익법
인의 설립목적을 달성하지 못할 우려를 발생시킨 경우

3. 목적사업 외의 사업을 수행하거나 수행하려 한 경우

③ 주무 관청은 수익사업을 하는 공익법인에 다음 각 호의 사유가 있다고 인정되면 그 공

익법인에 대하여 그 사업의 시정이나 정지를 명할 수 있다.

1. 수익을 목적사업 외의 용도에 사용할 때
2. 해당 사업을 계속하는 것이 공익법인의 목적에 위배된다고 인정될 때

[전문개정 2008. 3. 14]


### 제15조(조세 감면 등)

공익법인에 출연(出捐)하거나 기부한 재산에 대한 상속세·증여세·소득세·법인세 및 지방세는 「조세특례제한법」으로 정하는 바에 따라 감면할 수 있다.

[전문개정 2008. 3. 14]


### 제16조(설립허가의 취소)

① 설립허가를 한 주무 관청은 공익법인에 다음 각 호의 어느 하나에 해당하는 사유가 있다고 인정될 때는 그 공익법인에 대한 설립허가를 취소할 수 있다. 다만 공익법인의 목적사업이 둘 이상인 경우에는 그 일부의 목적사업에 해당 사유가 있을 때에도 또한 같다.

1. 거짓이나 그 밖의 부정한 방법으로 설립허가를 받은 경우
2. 설립허가 조건을 위반한 경우
3. 목적 달성이 불가능하게 된 경우
4. 목적사업 외의 사업을 한 경우
5. 이 법 또는 이 법에 따른 명령이나 정관을 위반한 경우
6. 공익을 해치는 행위를 한 경우
7. 정당한 사유 없이 설립허가를 받은 날부터 6개월 이내에 목적사업을 시작하지 아니하거나 1년 이상 사업실적이 없을 때

② 제1항에 따른 공익법인의 설립허가취소는 다른 방법으로는 감독목적을 달성할 수 없거나 감독청이 시정을 명령한 후 1년이 지나도 이에 응하지 아니한 경우에 한다.

[전문개정 2008. 3. 14]


### 제16조의2(청문)

주무 관청은 제16조에 따라 공익법인의 설립허가를 취소하려는 경우에는 청문을 하여야 한다.

[전문개정 2008. 3. 14]


### 제17조(감사 등)

① 주무 관청은 감독상 필요하면 공익법인에 대하여 그 업무보고서의 제출을 명하거나 업무재산관리 및 회계를 감사하여 그 적정을 기하고, 목적사업을 원활히 수행하도록

지도하여야 한다.

② 주무 관청은 공익법인의 효율적 감독을 위하여 필요하면 대통령령으로 정하는 바에 따라 공인회계사나 그 밖에 관계 전문기관으로 하여금 제1항에 따른 감사를 하게 할 수 있다.

[전문개정 2008. 3. 14]

### 제18조(권한의 위임)

주무 관청은 이 법에 정한 권한의 일부를 대통령령으로 정하는 바에 따라 하급관청이나 지방자치단체에 위임할 수 있다.

[전문개정 2008. 3. 14]

### 제19조(벌칙)

① 제4조 제3항이나 제11조 제3항 또는 제12조 제3항을 위반하면 3년 이하의 징역 또는 1천만 원 이하의 벌금에 처한다.

② 다음 각 호의 어느 하나에 해당하면 1년 이하의 징역 또는 300만 원 이하의 벌금에 처한다.

1. 제14조 제3항에 따른 명령을 위반한 경우
2. 제12조 제2항을 위반하거나 거짓으로 보고한 경우
3. 제17조에 따른 감사를 거부하거나 기피한 경우
4. 감사가 정당한 사유 없이 직무 수행을 거부하거나 직무를 유기한 경우

③ 이사나 감사가 제1항 및 제2항의 죄를 범하였을 때는 그 행위자를 벌할 뿐만 아니라 그 공익법인에도 제1항 및 제2항의 벌금형을 부과한다. 다만 법인이 그 위반행위를 방지하기 위하여 해당 업무에 관하여 상당한 주의와 감독을 게을리하지 아니한 때와 주무 관청이 추천한 감사의 행위에 대하여는 그러하지 아니하다.

[전문개정 2008. 3. 14]

### 제20조 삭제 〈2008. 3. 14〉

# 부칙
〈제10428호, 2011. 3. 7〉

이 법은 공포 후 6개월이 경과한 날부터 시행한다.

# 장애인복지단체 현황

2014년 1월 기준

| 연 번 | 단체 이름 | 주 소 | 설립일자 |
|---|---|---|---|
| 1 | 한국농아인협회 | 서울시 성동구 성수2가 3동289-20 보라빌딩4층 | 80. 08. 30. |
| 2 | 한국뇌병변장애인인권협회 | 서울시 마포구 망원동 419-3 참존APT상가 203호 | 05. 07. 04. |
| 3 | 한국시각장애인연합회 | 서울시 영등포구 여의도동 17-13 이룸센터 305호 | 81. 05. 01. |
| 4 | 한국신장장애인협회 | 서울시 중랑구 중화동 286-22 청원다미소아파트 상가 제업무시설 301호 | 93. 12. 08. |
| 5 | 한국신체장애인복지회 | 서울시 금천구 가산동 493번지 대륭테크노타워 5차 903-1호 | 81. 10. 21. |
| 6 | 한국여성장애인연합 | 서울시 영등포구 여의도동 17-13 이룸센터 4층 2호 | 00. 10. 05. |
| 7 | 한국자폐인사랑협회 | 서울시 강동구 둔촌동 609-6 은선빌딩 2층 | 06. 12. 26. |
| 8 | 한국장애인단체총연맹 | 서울시 영등포구 여의도동 17-13 이룸센터 4층 | 99. 04. 09. |
| 9 | 한국장애인단체총연합회 | 서울시 영등포구 여의도동 17-13 이룸센터 3층 | 02. 12. 23. |
| 10 | 한국장애인복지관협회 | 서울시 마포구 성산동 114-9 대성빌딩 1층 | 00. 05. 25. |
| 11 | 한국장애인복지시설협회 | 서울시 마포구 도화2동 삼창빌딩 903호 | 83. 05. 30. |
| 12 | 한국장애인부모회 | 서울시 성동구 성수동 1가 13-277 스타키빌딩 3층 | 86. 07. 29. |
| 13 | 한국장애인연맹(DPI) | 서울시 마포구 공덕동 105-200 동아빌딩 2층 | 02. 05. 16. |
| 14 | 한국장애인인권포럼 | 서울시 영등포구 신길3동 355-294 신일빌딩 2층 | 06. 02. 09. |
| 15 | 한국장애인자립생활센터총연합회 | 서울시 영등포구 여의도동 17-13 이룸센터 5층 | 09. 03. 27. |
| 16 | 한국장애인재활협회 | 서울시 서초구 방배3동 990-2 한국제약협회 2층 | 70. 12. 04. |
| 17 | 한국장애인직업재활시설협회 | 서울시 구로구 고척동 75-1 123전자타운 1동 610호 | 06. 08. 01. |
| 18 | 한국지적장애인복지협회 | 서울시 영등포구 여의도동 17-13 이룸센터 4층 | 68. 07. 04. |
| 19 | 한국지체장애인협회 | 서울시 영등포구 여의도동 17-13 이룸센터 3층 | 89. 07. 15. |
| 20 | 한국척수장애인협회 | 서울시 영등포구 여의도동 17-13 이룸센터 4층 | 06. 04. 11. |

| 21 | 장애우권익문제연구소 | 서울시 마포구 망원동 377-1 로얄플라자 8층 | 94. 12. 14. |
| 22 | 장애인먼저실천운동본부 | 서울시 영등포구 여의도동 11-11 한서빌딩 405호 | 03. 12. 13. |
| 23 | 전국장애인부모연대 | 서울시 영등포구 당산동3가 395-25 한얼빌딩 3층 | 09. 06. 12. |
| 24 | 해냄복지회 | 서울시 강남구 역삼동 827-61 2층 | 09. 03. 27. |
| 25 | 한국뇌성마비복지회 | 서울시 강서구 방화동 452-5 | 78. 10. 16. |
| 26 | 한국의지보조기협회 | 서울시 용산구 갈월동 예안빌딩 5층 | 75. 08. 28. |
| 27 | 자행회 | 서울시 중구 장충동 1가 54-1 분도빌딩 208호 | 68. 07. 04. |
| 28 | (재)이형섭복지재단 | 경기도 용인시 기흥구 상하동 505-1 | 08. 10. 22. |
| 29 | (재)푸르메 | 서울시 종로구 신교동 세종마을 푸르메센터 | 05. 03. 09. |
| 30 | (재)한국장애인개발원 | 서울시 영등포구 여의도동 17-13 이룸센터 5층 | 89. 04. 28. |
| 31 | (재)한국장애인재단 | 서울시 중구 순화동 215 바비엥3차 207호 | 04. 02. 21. |

# 찾아보기

## 저자 소개

· 조영길 ·

**학력**　고려대학교 보건대학
　　　　동국대학교 석사(복지행정)
　　　　대구대학교 박사(직업재활)

**현재**　고신대학교 재활학과 교수

**저서**　중증장애인의 독립생활(2010, 시그마프레스)
　　　　지역사회 실천방법(2005, 서울복지재단)
　　　　장애안전 길라잡이(2004, 한국장애인단체총연맹)

# 재활행정 및 정책

2014년 1월 10일 1판 1쇄 발행
2021년 3월 25일 1판 2쇄 발행

지은이 • 조 영 길
펴낸이 • 김 진 환
펴낸곳 • ㈜ **학지사**

04031 서울특별시 마포구 양화로 15길 20 마인드월드빌딩 5층

대표전화 • 02) 330-5114     팩스 • 02) 324-2345

등록번호 • 제313-2006-000265호

홈페이지 • http://www.hakjisa.co.kr
페이스북 • https://www.facebook.com/hakjisabook

ISBN 978-89-997-0178-8 93370

정가 **19,000원**

이 도서의 국립중앙도서관 출판시도서목록(CIP)은 서지정보유통지원시스템
홈페이지(http://seoji.nl.go.kr)와 국가자료공동목록시스템(http://www.nl.go.kr/kolisnet)
에서 이용하실 수 있습니다.
(CIP제어번호: CIP2013024747)

출판 · 교육 · 미디어기업 **학지사**

간호보건의학출판 **학지사메디컬** www.hakjisamd.co.kr
심리검사연구소 **인싸이트** www.inpsyt.co.kr
학술논문서비스 **뉴논문** www.newnonmun.com
원격교육연수원 **카운피아** www.counpia.com